Harald Bruhn, Jörg Perseke, Patrick Vatterodt

Güterverkehr-Spedition-Logistik

Kaufmännische Steuerung und Kontrolle

5. Auflage

Bestellnummer 02306

Bildungsverlag EINS

Die in diesem Produkt gemachten Angaben zu Unternehmen (Namen, Internet- und E-Mail-Adressen, Handelsregistereintragungen, Bankverbindungen, Steuer-, Telefon- und Faxnummern und alle weiteren Angaben) sind i. d. R. fiktiv, d. h., sie stehen in keinem Zusammenhang mit einem real existierenden Unternehmen in der dargestellten oder einer ähnlichen Form. Dies gilt auch für alle Kunden, Lieferanten und sonstigen Geschäftspartner der Unternehmen wie z. B. Kreditinstitute, Versicherungsunternehmen und andere Dienstleistungsunternehmen. Ausschließlich zum Zwecke der Authentizität werden die Namen real existierender Unternehmen und z. B. im Fall von Kreditinstituten auch deren IBANs und BICs verwendet.

Die in diesem Werk aufgeführten Internetadressen sind auf dem Stand zum Zeitpunkt der Drucklegung. Die ständige Aktualität der Adressen kann vonseiten des Verlages nicht gewährleistet werden. Darüber hinaus übernimmt der Verlag keine Verantwortung für die Inhalte dieser Seiten.

Bildquellenverzeichnis

Bergt, Raimo, Berlin/BV1, Köln: S. 27, 46, 71, 126, 176, 185, 293, 324
Behrla/Nöhrbaß GbR, Foto Stephan, Köln/BV1, Köln: S. 13, 18, 34, 40
Fotolia Deutschland GmbH, Berlin: S. 16 (Eisenhans), 107 (Uwe Annas), 153 (photo-dave), 162 (sebastian kaulitzki)
MEV Verlag, Augsburg: S. 74, 90, 203, 216, 246, 274, 306

service@bv-1.de
www.bildungsverlag1.de

Bildungsverlag EINS GmbH
Ettore-Bugatti-Straße 6-14, 51149 Köln

ISBN 978-3-427-**02306**-7

Vorwort

Das vorliegende Buch ist ein Lehr-/Lernbuch zur Kaufmännischen Steuerung und Kontrolle, das sich speziell an Auszubildende zur/zum Kauffrau/Kaufmann für Spedition und Logistikdienstleistung richtet, aber auch an alle Praktiker, die ihr Wissen auffrischen und erweitern möchten.

Dieses Buch ist Teil eines Paketes zum Themenbereich Güterverkehr – Spedition – Logistik, das sich neben diesem Titel aus den Titeln Leistungserstellung in Spedition und Logistik (LSL Best.-Nr. 00306) und Wirtschafts- und Sozialprozesse (WSP Best.-Nr. 00207) zusammensetzt. Diese drei Teile berücksichtigen die Inhalte der schulischen und betrieblichen Ausbildung so, wie sie in der seit Sommer 2004 geltenden „Verordnung über die Berufsausbildung zur/zum Kauffrau/Kaufmann für Spedition und Logistikdienstleistung" vorgesehen sind. Das vorliegende Buch orientiert sich am aktuellen Rahmenlehrplan und ist entsprechend der dort benannten Lernfelder und deren Inhalte aufgebaut, sodass hier die Lernfelder 3 und 7 des Rahmenlehrplans für Kaufleute für Spedition und Logistikdienstleistung enthalten sind (siehe zweite Umschlagseite).

Die einzelnen Kapitel sind so konzipiert, dass sie immer mit einer einleitenden Lernsituation beginnen. Diese Lernsituationen stehen in Bezug zu speditionsspezifischen und logistischen Tätigkeiten, damit also zur Erfahrungswelt der Auszubildenden, und behandeln die wesentlichen Problemstellungen des jeweiligen Kapitels. Die Situationen sind mit Aufgaben versehen, die bei den Schülern das Interesse wecken und für die Lerninhalte sensibilisieren sollen. Das Buch soll die Grundlage für eine intensive fachliche Auseinandersetzung der Auszubildenden mit der Praxis bieten. Anschließend folgt eine detaillierte Sachdarstellung, die sich die Auszubildenden auch selbstständig erschließen können. Wesentliche Inhalte werden durch Merksätze optisch hervorgehoben. In den daran anschließenden Zusammenfassungen werden die Kernaussagen kurz und übersichtlich wiederholt. Schließlich können die Schüler/-innen ihre erworbenen Kenntnisse in einer Reihe von Bearbeitungsaufgaben und Übungsaufgaben einsetzen bzw. in Alternativsituationen anwenden. Sie bieten den Auszubildenden auch die Möglichkeit, die Sachverhalte eigenständig zu wiederholen und zu vertiefen. Somit entsprechen die Kapitel und letztlich die Konzeption des Buches den Anforderungen der Handlungsorientierung. Diese sehen vor, komplexe Problemstellungen zu erkennen, die Lösungsstrategien zu planen, sie durchzuführen und die Ergebnisse zu bewerten.

Die Lernsituationen beziehen sich auf ein Modellunternehmen, die Wall GmbH, Spedition & Logistik, das auf den Seiten 10 und 11 vorgestellt wird.

Das Autorenteam hofft, dass das vorliegende Buch den Leser/-innen bei der Erarbeitung der Themen zur kaufmännischen Steuerung und Kontrolle eine unverzichtbare Hilfe darstellt und einen außerordentlich nahen Bezug zur Praxis der Auszubildenden widerspiegelt. Über Reaktionen, Anregungen und Meinungen würden wir uns sehr freuen.

Das Autorenteam

Inhaltsverzeichnis

Ein Modellunternehmen stellt sich vor

Die Wall GmbH, Spedition & Logistik, stellt ein Referenzunternehmen zu den jeweiligen Lernsituationen dar. Die Wall GmbH, Spedition & Logistik, ist ein mittelständisches Unternehmen mit Hauptsitz in Hamburg. Der Sitz der Wall GmbH, Spedition & Logistik, ist entsprechend der verkehrsgeografisch günstigen Lage an der A1, A7 u. a. Autobahnen sowie der Hafennähe, der Citynähe, dem Vorhandensein anderer Speditionen u. v. a. m. gewählt. Die Wall GmbH, Spedition & Logistik, hat verschiedene Niederlassungen in Deutschland sowie eine in Europa und mehrere in Übersee, z. B. in Hongkong, Südafrika, Indien und Südamerika. Im Übrigen arbeitet die Wall GmbH, Spedition & Logistik, z. B. in Dubai, Shanghai und Mumbai mit Korrespondenten zusammen.

Die Wall GmbH, Spedition & Logistik, arbeitet im Bereich Lkw-Sammelgut- und Systemverkehr sowie in der Beschaffungslogistik mit anderen Unternehmen in Kooperationen zusammen.

Die Wall GmbH, Spedition & Logistik, wird von Frau Seeding als Alleingesellschafterin geführt. Sie beschäftigt ca. 150 Mitarbeiter und 12 Auszubildende, die im nachfolgenden Organigramm zum Teil aufgeführt sind.

Die Wall GmbH, Spedition & Logistik, ist in die Hauptabteilungen Seehafen, Luftfracht, Europaverkehre, Lager & Logistik, Verwaltung, Controlling, Marketing, Personal und EDV sowie in die verschiedenen Unterabteilungen gegliedert.

Generell ist anzumerken, dass es sich bei der Unternehmensbeschreibung um Eck- bzw. Grunddaten handelt, die bestimmten Veränderungen unterliegen können und in den Lernsituationen entsprechend ergänzt werden.

Unternehmensdaten der WALL GmbH, Spedition & Logistik

Wall GmbH Spedition & Logistik Großmannstr. 253 20539 Hamburg	E-Mail: Internet: Tel.: Fax:	service@wall-gmbh.de www.wall-gmbh.de +49 40 31104-0 +49 40 31104-99

Hauptsitz:
Wall GmbH
Spedition & Logistik
Großmannstr. 253
20539 Hamburg

Niederlassung:
Wall GmbH
Spedition & Logistik
Möllerstr. 4
28355 Bremen

Niederlassung:
Wall GmbH
Spedition & Logistik
Flughafenstr. 12
60528 Frankfurt

Niederlassung:
Wall GmbH
Spedition & Logistik
Hauptmannsreute 3 – 5
70192 Stuttgart

Niederlassung:
Wall GmbH
Spedition & Logistik
Salzburger Str. 12
01279 Dresden

Niederlassung:
Wall GmbH
Spedition & Logistik
Dürener Str. 248
50931 Köln

Niederlassung:
Wall GmbH
Spedition & Logistik
Lanzstr. 24
80689 München

Niederlassung:
Wall Ltda.
Spedition & Logistik (E)
Vía Augustina 12
8066 Barcelona/España

Niederlassung:
Wall Ltd.
Spedition & Logistik (HK)
15/G Glouchester Tower
The Landmark 77
Pedder Street
Central/Hongkong

Organisationsplan der Wall GmbH, Spedition & Logistik, Großmannstr. 253, 20539 Hamburg

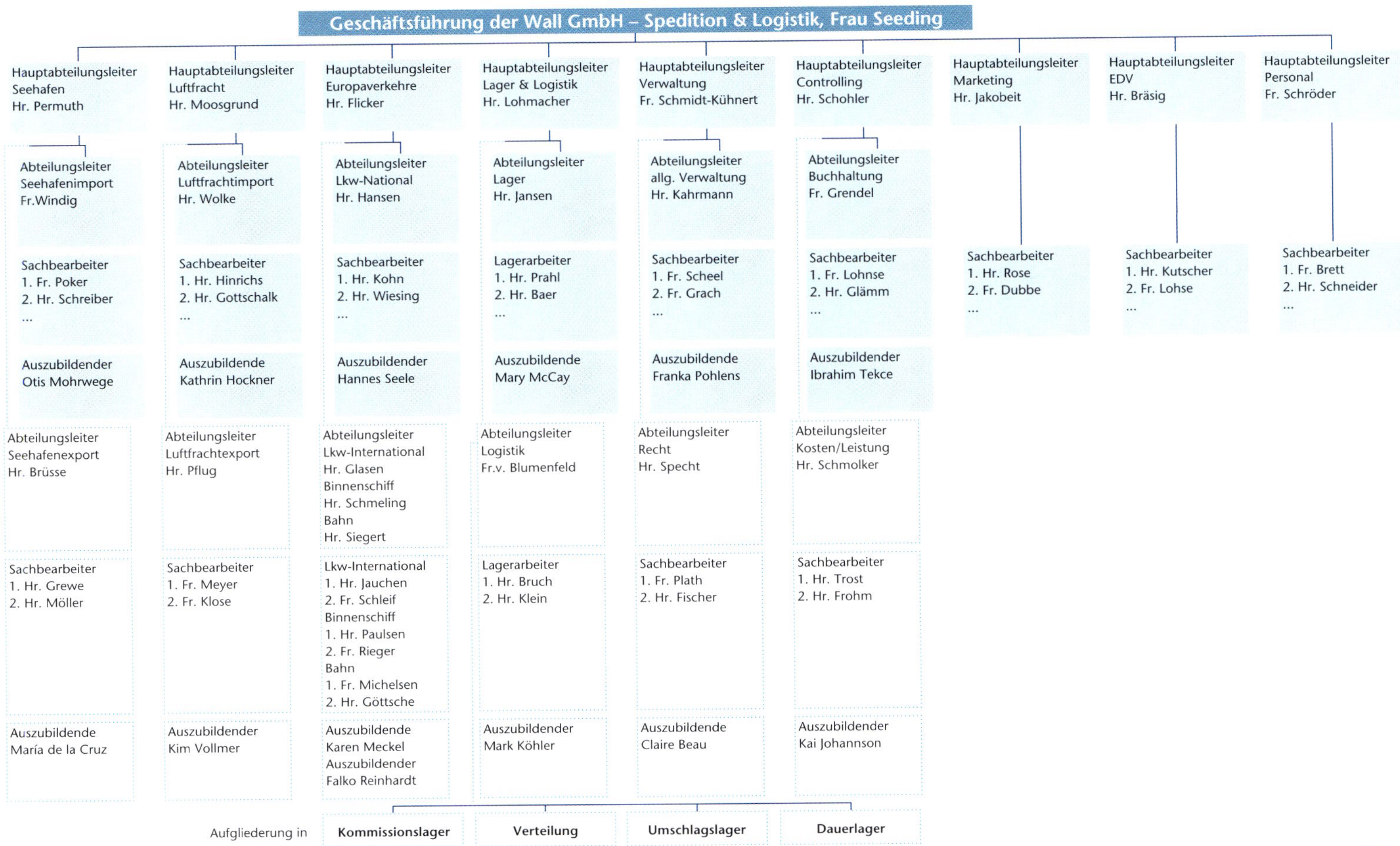

Lernfeld 3
Geschäftsprozesse dokumentieren und Zahlungsvorgänge bearbeiten

1 Aufgaben und rechtliche Grundlagen der Buchführung

LERNSITUATION

Ibrahim Tekce ist seit drei Tagen in der Buchhaltungsabteilung, die zur Controlling-Abteilung gehört, und fühlt sich noch recht fremd hier. Vorher war er in der Luftfracht und hat sich dort sehr wohl gefühlt.

Nun schaut er zunächst den Kolleginnen über die Schulter – und versteht noch nicht viel von dem, was hier abläuft. Einerseits erkennt er vieles aus seiner alten Abteilung wieder, z. B. die Ein- und Ausgangsrechnungen, von denen immer Kopien an die Buchhaltung gingen. Er weiß auch, dass hier alle Rechnungen zusammenlaufen und gebucht werden, aber wie das genau funktioniert, ist ihm ein Rätsel.

Seine Abteilungsleiterin Frau Grendel nimmt sich Zeit für ihn und versucht mit ihm gemeinsam die Aufgaben der Abteilung zu klären.

AUFGABEN

1. Beschreiben Sie die Aufgaben der Buchführung und überlegen Sie, welche Tätigkeiten in der Buchhaltungsabteilung ausgeführt werden.
2. Ist es Ihrer Meinung nach notwendig, Buchführung zu betreiben, oder ist es nicht ausreichend, alle Rechnungen zu sammeln und bei Bedarf darauf zurückzugreifen?
3. Wenn Buchführung betrieben werden muss, gibt es dann nicht auch Vorschriften, die besagen, wie man das tun soll? Welche sind das?

1.1 Aufgaben der Buchführung

Die Buchführung soll ein Unternehmen in die Lage versetzen, wirtschaftlich zu arbeiten, um so einen größtmöglichen Gewinn zu erzielen. Das kann nur erreicht werden, wenn genaue Kenntnisse über alle Ausgaben und Einnahmen vorhanden sind. Der Kaufmann möchte wissen, ob sich das Kapital, das er in ein Unternehmen investiert hat, vermehrt oder vermindert hat – er will wissen, ob das Unternehmen mit Gewinn oder Verlust gewirtschaftet hat.
Das alles kann nur durch eine lückenlose Aufzeichnung aller Zahlungsvorgänge – egal ob Eingänge oder Ausgänge – mithilfe von Belegen (z. B. Quittungen, Ein- und Ausgangsrechnungen, Kontoauszüge) erreicht werden.

MERKE
Buchführung ist die lückenlose Aufzeichnung aller Geschäftsfälle eines Unternehmens.

Die Buchführung zeigt dem Unternehmer aber auch, welche Werte sich im Unternehmen befinden (Vermögen) und wie hoch die Schulden sind (Fremdkapital). Ebenso kann man anhand der Buchführung schnell nachvollziehen, wie sich diese Werte im Laufe des Jahres ändern.
Da die Buchführung alle Aufwendungen und Erträge erfasst, werden diese Zahlen als Grundlage für Preiskalkulationen genutzt.
Weiterhin wird mithilfe der Buchführung die Steuerschuld ermittelt.
Gegenüber Kreditinstituten dienen Buchführungskennzahlen zum Nachweis der Kreditwürdigkeit.

1.2 Rechtliche Anforderungen an die Buchführung

Die Buchführung ist für jeden Kaufmann von größter Wichtigkeit, da sie eine unerlässliche Grundlage für Entscheidungen ist. Eine lückenlose und korrekte Aufzeichnung aller Geschäftsfälle versteht sich daher von selbst.
Dennoch verpflichten zahlreiche Gesetze und Auflagen den Kaufmann zur Buchführung. Die Vorschriften lassen sich in vier Bereiche aufteilen:

1. Handelsgesetzliche Regelungen des HGB für alle Kaufleute

Das HGB berücksichtigt handelsrechtliche Vorschriften zur Buchführung, die alle Kaufleute betreffen, in den §§ 238 ff.
Nach § 238 Absatz 1 HGB besteht für alle Kaufleute Buchführungspflicht:

> Jeder Kaufmann ist verpflichtet, Bücher zu führen und in diesen seine Handelsgeschäfte und die Lage seines Vermögens nach den Grundsätzen ordnungsmäßiger Buchführung ersichtlich zu machen. Die Buchführung muss so beschaffen sein, dass sie einem sachverständigen Dritten innerhalb angemessener Zeit einen Überblick über die Geschäftsvorfälle und über die Lage des Unternehmens vermitteln kann. Die Geschäftsvorfälle müssen sich in ihrer Entstehung und Abwicklung verfolgen lassen.

2. Steuerrechtliche Vorschriften für alle Buchführungspflichtigen

- Die wichtigste steuerrechtliche Regelung ist die Abgabenordnung (AO), hier finden sich die meisten Regelungen zur Gestaltung der Buchführung. Im § 140 AO wird die Buchführungspflicht aller Kaufleute auch auf den Zweck der Steuerberechnung übertragen.
- Nach § 141 AO sind auch gewerbliche Unternehmer zur Buchführung verpflichtet, die nach dem HGB keine Kaufleute sind (z. B. Kleingewerbetreibende und Handwerksbetriebe, die nicht im Handelsregister als Kaufmann eingetragen sind), wenn eine der beiden Voraussetzungen erfüllt ist:
  - Umsätze von mehr als 500 000 € im Kalenderjahr oder
  - einen Gewinn von mehr als 50 000 € im Wirtschaftsjahr.

Weitere Vorschriften finden sich
- im Einkommensteuergesetz (EStG),
- in den Einkommensteuerrichtlinien (EStR),
- im Körperschaftsteuergesetz (KStG),
- im Umsatzsteuergesetz (UStG).

3. Ergänzende Vorschriften zur Buchführung und über den Jahresabschluss für bestimmte Rechtsformen

Verschiedene Gesetzeswerke gehen auf individuelle Einzelbestimmungen in Abhängigkeit von der Rechtsform ein. Es sind für
- alle Kapitalgesellschaften und Genossenschaften das HGB (§§ 264 – 339),
- Aktiengesellschaften das Aktiengesetz (AktG),
- GmbH das GmbH-Gesetz (GmbHG),
- Genossenschaften das Genossenschaftsgesetz (GenG).

4. Der Bundesverband der Deutschen Industrie (BDI) empfiehlt „Richtlinien zur einheitlichen Gestaltung und Organisation des Rechnungswesens"

Um Betriebe in gleichen Wirtschaftszweigen leichter vergleichen zu können, gelten für jeden Wirtschaftszweig gleiche Kontenrahmen[1]; für das Speditionsgewerbe hat der Deutsche Speditions- und Logistikverband (DSLV) einen für alle Speditionen empfohlenen „Kontenrahmen für das Speditions- und Lagereigewerbe" herausgegeben.[2]

MERKE

Jeder Kaufmann ist verpflichtet, Bücher zu führen und in diesen seine Handelsgeschäfte und die Lage seines Vermögens nach den Grundsätzen ordnungsgemäßer Buchführung ersichtlich zu machen.
Gesetze und Verordnungen regeln die Buchführungspflichten. Die meisten Regelungen zur Buchführung finden sich in der Abgabenordnung.

1.3 Grundsätze ordnungsmäßiger Buchführung

Aus den vielen rechtlichen Vorschriften und aus der kaufmännischen Praxis haben sich verschiedene „Grundsätze ordnungsmäßiger Buchführung" abgeleitet, die verbindlich zu berücksichtigen sind. Eine Buchführung ist immer dann „ordnungsgemäß", wenn sie **wahr,**

---

[1] *Siehe Kapitel 6*

[2] *Siehe Faltblatt, hinten*

klar und vollständig ist, also die Regelungen der §§238 ff. HGB berücksichtigt. Im Einzelnen lassen sich daraus mehrere Grundsätze ableiten, von denen die wichtigsten sind:

- **Keine Buchung ohne Beleg**. Die Belege müssen fortlaufend nummeriert und aufbewahrt werden.
- Die Buchführung muss **wahr, klar und übersichtlich** strukturiert sein. Ein Dritter (z. B. Buchprüfer) muss sich jederzeit einen Überblick über die Lage des Unternehmens machen können.
- Alle Geschäftsfälle sind **vollständig, übersichtlich geordnet, zeitlich und sachlich lückenlos** zu erfassen.
- **Keine Verrechnung** einzelner Geschäftsfälle miteinander.
- **Zeitgerechte Buchung**, d.h. maximal vier Wochen zwischen Geschäftsfall und Buchung. Innerhalb von sechs Monaten nach dem Bilanzstichtag muss die Abschlussbilanz erstellt werden.
- Aufzeichnung der Buchungen in einer **lebenden Sprache**.
- **Keine Radierungen, kein Unleserlichmachen** von Buchungen. Der ursprüngliche Inhalt muss erkennbar bleiben.
- **Keine Bleistifteintragungen.**
- **Keine Leerzeilen** zwischen den Buchungen.
- **Tägliche Buchung der Kasseneinnahmen und -ausgaben.**
- Bei Gründung und **Auflösung** des Unternehmens sowie am **Ende** des **Geschäftsjahres** müssen ein **Inventar** sowie die **Bilanz** aufgestellt werden.
- Der **Jahresabschluss** (Bilanz und Gewinn- und Verlustrechnung) ist vom Kaufmann persönlich zu **unterschreiben**.
- Die Belege, Handelsbücher, Inventare und Bilanzen müssen **zehn Jahre aufbewahrt** werden.

Eine Buchführung, die den GoB entspricht, besitzt bei Auseinandersetzungen mit Finanzbehörden oder vor Gericht Beweiskraft. Auch Kreditgeber, Anteilseigner oder andere staatliche Organe vertrauen einer nach den GoB geführten Buchführung.
Verstöße gegen die GoB können strafrechtlich als versuchte Steuerhinterziehung verfolgt werden. Weiterhin kann die Unternehmensbesteuerung von den Finanzbehörden geschätzt werden, die meistens weitaus höher als bei korrekter Befolgung der GoB ausfällt.

MERKE

- Die Buchführung muss so beschaffen sein, dass sie einem sachverständigen Dritten innerhalb angemessener Zeit einen Überblick über die Geschäftsvorfälle und über die Lage des Unternehmens vermitteln kann.
- Die Buchführung muss den gesetzlichen Bestimmungen entsprechen.
- GoB stellen Rechtsnormen zum Führen von Handelsbüchern auf.

ZUSAMMENFASSUNG

Buchführung ist die lückenlose und korrekte Aufzeichnung aller Geschäftsfälle in einem Unternehmen. Sie dient der Information des Unternehmers selbst, aber auch Dritten wie Steuerbehörden oder Kreditgebern, über die Lage des Unternehmens.
Verschiedene rechtliche Vorschriften schreiben vor, in welcher Form die Buchführung zu erfolgen hat. Diese lassen sich zu allgemeingültigen „Grundsätzen ordnungsmäßiger Buchführung (GoB)“ zusammenfassen.

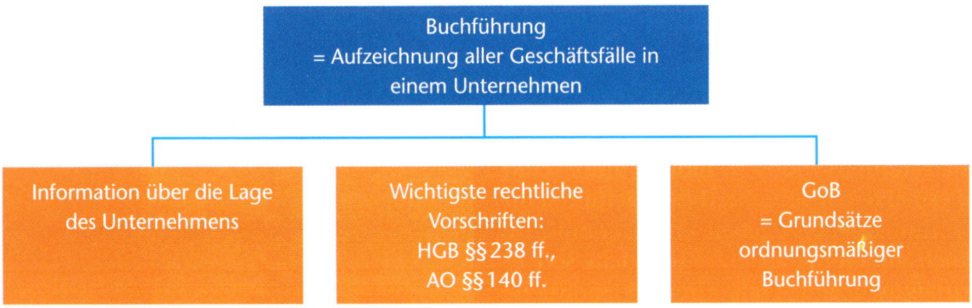

BEARBEITUNGSVORSCHLAG

Ibrahim hat sich langsam in der neuen Abteilung eingelebt; seine Tätigkeit macht auch schon mehr Spaß als am Anfang. Am Wochenende trifft er sich mit Freunden, von denen einige auch eine Ausbildung absolvieren. Einer von ihnen meint nun zu Ibrahim, dass in seinem Betrieb gar keine Buchführung stattfindet. Eine Freundin behauptet, wenn schon Buchführung, dann diene sie nur internen Zwecken wie z. B. Ermittlung des Gewinns, Dritte dürften diese Unterlagen gar nicht einsehen.

Klären Sie, ob die zwei oben genannten Behauptungen zutreffen.

ÜBUNGSAUFGABEN

1. Welche Rechtsgrundlagen (Gesetzestexte) müssen Sie kennen, wenn Sie die Buchhaltung eines neu zu gründenden Unternehmens aufbauen sollen?

2. Beschreiben Sie den Sinn der GoB.

3. Welche der folgenden Situationen verstoßen gegen die GoB?
   a) Ibrahim hat beim Buchen einen Fehler gemacht und löscht die Zeile mit Tipp-Ex, um sie anschließend zu überschreiben.
   b) Frau Grendel weiß, dass in der Importabteilung noch eine Rechnung aus dem letzten Monat liegt, und lässt daher eine Zeile frei, um diese Rechnung später dort einzubuchen.
   c) Kassenbelege werden ab sofort nur noch ab 10,00 € ausgestellt.
   d) Die Bilanz wird vom Unternehmer (Kaufmann) persönlich mit Ort und Datum unterzeichnet.
   e) Der amerikanische Mutterkonzern verlangt, dass die Buchführung in Englisch gemacht wird, da im Unternehmen Englisch die Geschäftssprache ist und ohnehin zu 90 % englischsprachige Mitarbeiter im Unternehmen beschäftigt sind. So lassen sich viele Fehler vermeiden.
   f) Das Kassenbuch muss laut Arbeitsanweisung immer mittwochs und freitags geführt werden. Die Belege sind daher in der Kasse aufzubewahren.

2 Inventur – Inventar – Bilanz

LERNSITUATION

Anfang Januar – Jahresabschluss: Ibrahim und seine Kolleginnen aus der Abteilung sind im Stress. Jeder hat einen Batzen voller Formulare in die Hand gedrückt bekommen und ist im Betrieb unterwegs. Ibrahim darf ins Lager – Inventur machen. Das kennt er schon aus seiner Schulzeit. Da hat er nämlich beim Supermarkt um die Ecke sein Taschengeld aufgebessert – bei der Inventur. Nur dass er diesmal im Lager Stapler, Paletten, Schreibtische und Regale statt Konservendosen zählen muss. Und diesmal reicht es nicht, die ausgefüllten Inventurblätter abzugeben – nein, er muss sie auch zusammenfassen. Außerdem soll er zusammen mit Frau Grendel sämtliche Schulden des Unternehmens feststellen und aufschreiben. Und das alles am Wochenende.

Ibrahim versteht, dass ein Unternehmer gerne wissen möchte, ob nicht etwas aus dem Unternehmen abhanden gekommen ist, genau wie die Leitung im Supermarkt erfahren möchte, ob auch genau so viele Konservendosen im Regal stehen, wie die Bücher es belegen. Aber wieso alles an einem Tag am Wochenende? Und was hat die Inventur mit den Schulden zu tun?

AUFGABEN

1. Erläutern Sie, welche verschiedenen Tätigkeiten bei der Inventur durchgeführt werden.
2. Finden Sie heraus, wann eine Inventur durchgeführt werden muss.
3. Erklären Sie, welche Möglichkeiten der Betrieb in der Zukunft hätte, um die Inventur weniger zeitraubend und aufwendig durchzuführen.

2.1 Inventur

Jeder Kaufmann ist gesetzlich verpflichtet, festzustellen, wie hoch die Vermögenswerte des Unternehmens sind und wie groß dessen Schulden sind. Die Erfassung dieser Zahlen nennt man Inventur (lat.: invenire = finden, vorfinden). Da die Inventur relativ aufwendig ist, genügt es, die Inventur bei der Unternehmensgründung bzw. dessen Übernahme, am Schluss eines jeden Geschäftsjahres und bei der Auflösung des Unternehmens durchzuführen.

Laut § 240 HGB wird verlangt:

> § 240 Inventar
> (1) Jeder Kaufmann hat zu Beginn seines Handelsgewerbes seine Grundstücke, seine Forderungen und Schulden, den Betrag seines baren Geldes sowie seine sonstigen Vermögensgegenstände genau zu verzeichnen und dabei den Wert der einzelnen Vermögensgegenstände und Schulden anzugeben.
> (2) Er hat demnächst für den Schluss eines jeden Geschäftsjahrs ein solches Inventar aufzustellen. Die Dauer des Geschäftsjahrs darf zwölf Monate nicht überschreiten. [...]

Die Ermittlung der Bestände an Vermögen und Schulden erfolgt sowohl körperlich als auch buchmäßig.

Körperliche Inventur

Bei der körperlichen Inventur werden alle Vermögensteile durch Zählen, Messen und Wiegen erfasst und bewertet. Da dieser Teil der Inventur sehr aufwendig ist, muss er gut vorbereitet werden, um alle Vermögensteile zu erfassen, aber auch Doppelzählungen zu vermeiden. Meist wird während der körperlichen Inventur der Betrieb geschlossen bzw. die Inventur am Wochenende durchgeführt, um Störungen zu vermeiden. So wird in Speditionen die Inventur für Lagerkunden dann stattfinden, wenn keine Lagerbewegungen stattfinden. Personal und Hilfsmittel wie Aufnahmelisten müssen in ausreichender Zahl bereitgestellt werden, um die Inventur zügig durchführen zu können. So wird der Betrieb in verschiedene Aufnahmebereiche aufgeteilt, in denen eine Person die Bestandsaufnahme überwacht und kontrolliert. Die Tätigkeit der Inventur wird meist von zwei Personen durchgeführt, von denen eine Person zählt, während die andere die Daten aufschreibt.

Inventurliste

					Wert		
Lfd. Nr.	Gegenstand	Nr.	Einheit	Menge	Je Einheit	Gesamt	Bemerkungen
1	Notebook	B121	Stück	1	2500,00 €	2500,00 €	–

Vermögensteile, die durch die körperliche Inventur erfasst werden, sind:

- Anlagevermögen (z. B. Lkw, Transportanlagen, Betriebs- und Geschäftsausstattung),
- Vorratsvermögen (z. B. Treibstoffvorräte, Ersatzteile, Reifen),
- Bare Zahlungsmittel (z. B. Kassenbestand).

Buchmäßige Inventur

Vermögen und Schulden, welche nicht durch eine körperliche Inventur – also durch Zählen, Messen und Wiegen – erfasst werden können, werden mithilfe der Aufzeichnungen der Buchhaltung und durch Belege erfasst. Diese buchmäßige Bestandsaufnahme erfasst unter anderem folgende Vermögens- und Schuldenteile:

- Forderungen (z. B. Außenstände bei Kunden),
- Bankguthaben,
- Schulden/Verbindlichkeiten (z. B. Bankkredite).

MERKE
Inventur ist die mengen- und wertmäßige Erfassung aller Vermögens- und Schuldenwerte eines Unternehmens zu einem bestimmten Termin (Stichtag).

2.1.1 Stichtagsinventur

In den meisten Speditionen erfolgt die Bestandsaufnahme jährlich zum selben Tag am Abschlussstichtag des Geschäftsjahres. Wenn das Geschäftsjahr dem Kalenderjahr entspricht, ist dies der 31. Dezember. Da die Inventur zeit- und arbeitsintensiv ist, darf die Bestandsaufnahme zeitnah innerhalb von zehn Tagen vor oder nach dem Abschlussstichtag des Geschäftsjahres erfolgen. Alle Änderungen, die sich in diesem Zeitraum ergeben, müssen mengen- und wertmäßig erfasst werden. Wenn der 31. Dezember auf einen Geschäftstag fällt, verlegen viele Unternehmen die Inventur auf das folgende Wochenende.

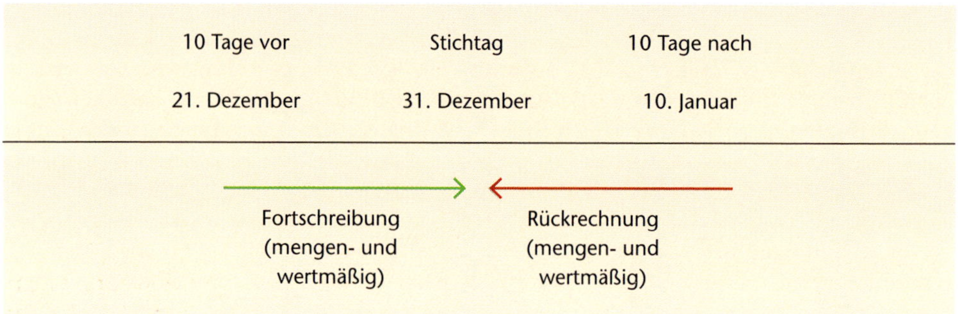

2.1.2 Verlegte Inventur

Wenn es betrieblich oder organisatorisch notwendig ist, kann eine verlegte Inventur als modifizierte Form der Stichtagsinventur durchgeführt werden (§ 241 Abs. 3 HGB). Unternehmen dürfen dann die körperliche Bestandsaufnahme innerhalb von drei Monaten vor bzw. zwei Monaten nach dem Inventurstichtag durchführen. Die Bestände müssen jedoch unter Beachtung der Grundsätze ordnungsmäßiger Buchführung wertmäßig fortgeschrieben oder rückgerechnet werden. Eine mengenmäßige Fortschreibung braucht im Gegensatz zu den Regelungen bei der Stichtagsinventur nicht durchgeführt zu werden.

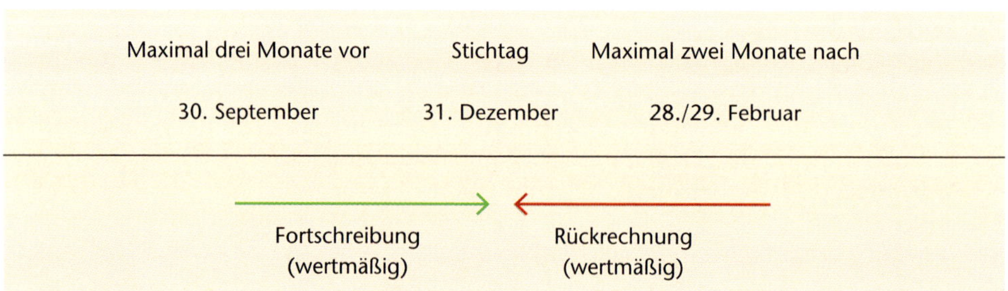

Beispiel

Fortschreibung			Rückrechnung		
	Warenwert am Tag der Inventur (z. B. 30.09.)	2 480,00 €		Warenwert am Tag der Inventur (z. B. 28.02.)	1 950,00 €
+	Warenzugang bis zum Inventurstichtag (z. B. 30.09. – 31.12.)	1 120,00 €	+	Warenzugang seit dem Inventurstichtag (z. B. 31.12. – 28.02.)	2 450,00 €
		3 600,00 €			4 400,00 €
./.	Warenabgang bis zum Inventurstichtag zu Einstandspreisen (z. B. 30.09. – 31.12.)	600,00 €	./.	Warenabgang seit dem Inventurstichtag zu Einstandspreisen (z. B. 31.12. – 28.02.)	1 400,00 €
=	Warenwert am Inventurstichtag 31.12.	3 000,00 €	=	Warenwert am Inventurstichtag 31.12.	3 000,00 €

2.1.3 Vereinfachte Inventurverfahren

Verschiedene Inventurverfahren erlauben es, den zeitlichen und organisatorischen Aufwand möglichst gering zu halten. Zwei dieser vereinfachten Verfahren zur Bestandserfassung sind die permanente Inventur und die Stichprobeninventur.

Permanente Inventur (§ 241 Abs. 2 HGB)

Diese Art der Inventur wird auch als laufende Inventur bezeichnet. Anwenden darf man dieses Verfahren immer dann, wenn sichergestellt ist, dass alle Zu- und Abgänge des Bestandes fortlaufend mengenmäßig in einer ausführlichen Kartei (Datei) erfasst werden. Eine körperliche Inventur zur Überprüfung der Kartei (Datei) muss dennoch einmal jährlich durchgeführt werden, wobei der Zeitpunkt frei wählbar ist. In Speditionen bietet sich das permanente Verfahren für die Lagerkartei an, in der die Bestände sowie die Zu- und Abgänge zwischen den tatsächlichen Inventurzeitpunkten und den Inventurstichtagen abzulesen sind. Verbreitet ist die permanente Inventur im Einzelhandel (z. B. Supermärkte), in der aufgrund der hohen Warenbestände eine Stichtagsinventur zum Ende des Geschäftsjahres zu aufwendig wäre.

Stichprobeninventur (§ 241 Abs. 1 HGB)

Es ist möglich, Inventurwerte aufgrund von Stichproben mithilfe von anerkannten mathematisch-statistischen Methoden zu ermitteln. Hierbei muss aber sichergestellt sein, dass die auf dieser Grundlage ermittelten Bestände nach Art, Menge und Wert denen einer tatsächlich durchgeführten körperlichen Inventur entsprechen.

MERKE

- Stichtagsinventur = Zeitnahe Bestandsaufnahme innerhalb von zehn Tagen vor oder nach dem Inventurstichtag.
- Verlegte Inventur = Der Inventurtermin liegt maximal drei Monate vor oder zwei Monate nach dem Inventurstichtag.
- Permanente Inventur = Fortlaufende Bestandsaufnahme während des ganzen Jahres.
- Stichprobeninventur = Errechnung des Bestandes mithilfe mathematisch-statistischer Verfahren aufgrund von Stichproben.

2.2 Inventar

Nachdem die Inventur durchgeführt wurde, wird ein Verzeichnis aller erfassten Vermögensgegenstände und Schulden erstellt. Diese nach Art, Menge und Wert gegliederte Aufstellung aller Bestände nennt man Inventar. Das HGB verlangt, dass jeder einzelne Gegenstand am Ende eines Geschäftsjahres in diesem Inventar verzeichnet sein muss (§240 Abs. 1 und 2 HGB). Da es übersichtlicher ist, bestimmte Vermögensgegenstände im Inventar zu Gruppen zusammenzufassen (z. B. Fuhrpark oder Forderungen), das HGB aber eine detaillierte Aufstellung verlangt, werden Listen der zusammengefassten Gegenstände an das Inventar angehängt.

Zweck des Inventars ist eine Gegenüberstellung aller Vermögensgegenstände und Schulden/Fremdkapital. Zieht man die Schulden bzw. das Fremdkapital vom Vermögen ab, verbleibt als Rest das Reinvermögen des Unternehmens, welches man als Eigenkapital bezeichnet. Daher besteht das Inventar aus drei Teilen. Es wird in Form einer Staffelrechnung aufgestellt:

Inventar

1. Teil	Vermögen	
2. Teil	Schulden/Verbindlichkeiten =	Fremdkapital
3. Teil	Errechnung des Reinvermögens =	Eigenkapital

A. Vermögen

Der erste Teil des Inventars wird nach dem Prinzip der aufsteigenden Liquidität, das heißt der Möglichkeit des schnellen und leichten Umwandelns der Vermögenswerte in flüssige Mittel (= liquide Mittel) bzw. Zahlungsmittel geordnet. So sind Vermögenswerte, die sich besonders leicht und schnell in Zahlungsmittel liquidieren lassen, zuletzt aufgeführt (Bankguthaben), während besonders schwer oder nur langsam in flüssige Mittel umzusetzende Vermögensteile zuerst aufgeführt werden (Grundstücke). Dieses Gliederungsprinzip entspricht den im Unternehmen lang- und kurzfristig angelegten Vermögenswerten: Langfristig angelegtes Vermögen, das dem Unternehmen dauerhaft dient, wird Anlagevermögen genannt. Dagegen wird kurzfristig gebundenes Kapital, das sich ständig in Höhe und Art ändert und dem Umsatzprozess dient, Umlaufvermögen genannt. So beginnt das Inventar mit dem Anlagevermögen – mit dem am wenigsten liquiden Anlagegut an erster Stelle – und endet mit dem Umlaufvermögen – mit dem am leichtesten zu liquidierenden Anlagegut an letzter Stelle.

B. Schulden

Der zweite Teil des Inventars wird nach dem Prinzip der Fälligkeit bzw. Fristigkeit, das heißt nach der Dringlichkeit der Rückzahlung der Schulden geordnet. So sind Schulden oder Verbindlichkeiten, die erst nach einem langen Zeitraum zurückzuzahlen sind, zuerst aufgeführt (z. B. Hypotheken), während demnächst fällige Schulden oder Verbindlichkeiten zuletzt aufgeführt werden (z. B. Verbindlichkeiten gegenüber Lieferanten). Im Inventar werden die Schulden in zwei Gruppen unterteilt: in lang- und kurzfristige Verbindlichkeiten. Dabei gehören zu den langfristigen Schulden alle Verbindlichkeiten mit einer Fälligkeit bzw. Laufzeit von mindestens fünf Jahren.

C. Ermittlung des Reinvermögens (= Eigenkapital)

Das Reinvermögen ist die Differenz zwischen der Summe des Vermögens und der Summe der Schulden. Das Reinvermögen entspricht dem Eigenkapital des Unternehmens.

Summe des Vermögens (Anlage- und Umlaufvermögen)
./. Summe der Schulden (lang- und kurzfristige Verbindlichkeiten)
= Reinvermögen (Eigenkapital)

Gliederungsschema für ein Inventar

zum 31. Dezember 20..

	€	€
A. Vermögen		
I. Anlagevermögen		
1. Grundstücke		
2. Gebäude		
3. Fuhrpark		
4. Transportanlagen und Geräte		
5. Betriebsausstattung		
6. Büroausstattung		
II. Umlaufvermögen		
1. Vorräte		
2. Forderungen lt. Liste		
3. Kassenbestand lt. Kassenbuch		
4. Bankguthaben		
Summe des Vermögens		
B. Schulden		
I. Langfristige Verbindlichkeiten		
1. Hypotheken		
2. Darlehen		
II. Kurzfristige Verbindlichkeiten		
1. Verbindlichkeiten aus Lieferungen und Leistungen		
2. Bankschulden		
Summe der Schulden		
C. Ermittlung des Eigenkapitals		
Summe des Vermögens		
./. Summe der Schulden		
Eigenkapital (Reinvermögen)		

MERKE
Das Inventar ist ein mengen- und wertmäßiges Bestandsverzeichnis aller Vermögens- und Schuldenbestände an einem bestimmten Stichtag.

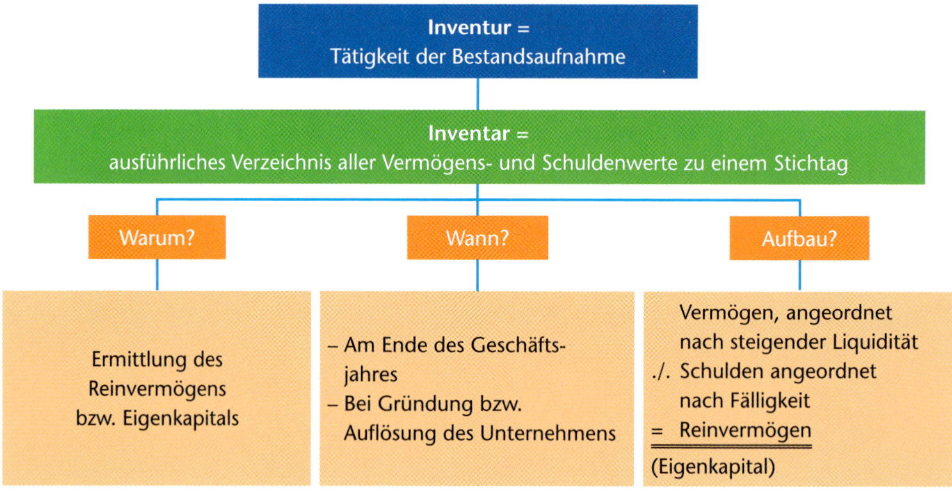

2.3 Bilanz

Ein Inventar ist aufgrund seiner Ausführlichkeit unübersichtlich – jeder einzelne Vermögensgegenstand bzw. alle Gruppen von Vermögensgegenständen sind darin nacheinander aufgeführt. Es dient dem Kaufmann jedoch zur Information darüber, wie die einzelnen Vermögens- und Schuldenbestandteile genau zusammengesetzt sind.
Einen schnellen Überblick über das Vermögen und die Schulden bietet die Bilanz, da alle Mengenangaben weggelassen werden und nur die Gesamtwerte gleichartiger Posten enthalten sind. Die Bilanz ist daher als Informationsinstrument wichtig für externe Betrachter des Unternehmens wie z. B. Kreditgeber und Aktionäre. Laut § 242 Abs. 1 HGB muss zum Stichtag neben dem Inventar auch eine Bilanz erstellt werden:

> „Der Kaufmann hat zu Beginn seines Handelsgewerbes und für den Schluss eines jeden Geschäftsjahrs einen das Verhältnis seines Vermögens und seiner Schulden darstellenden Abschluss (Eröffnungsbilanz, Bilanz) aufzustellen. Auf die Eröffnungsbilanz sind die für den Jahresabschluss geltenden Vorschriften entsprechend anzuwenden, soweit sie sich auf die Bilanz beziehen."

Wenn zum Schluss eines jeden Geschäftsjahres eine Schlussbilanz erstellt werden muss, muss auch zum Anfang eines neuen Geschäftsjahres eine Bilanz erstellt werden. Diese Bilanz entspricht der Schlussbilanz des vorigen Geschäftsjahres und heißt Eröffnungsbilanz.

Die Schlussbilanz entspricht von den Werten her dem Inventar. Jedoch ist die Darstellung eine Gegenüberstellung des Vermögens auf der einen und der Schulden und des Eigenkapitals auf der anderen Seite in Kontenform. „Bilanz" bedeutet im wörtlichen Sinn „Waage" und leitet sich aus dem italienischen „bilancia" ab.

2.3.1 Aktiva und Passiva

Die zwei Seiten der Bilanz heißen Aktiva und Passiva.
Auf der Aktivseite ist das Vermögen nach aufsteigender Liquidität zusammengestellt, entsprechend der Gliederung des Inventars. Hier ist das langfristig im Unternehmen

gebundene Anlagevermögen und das kurzfristig angelegte Umlaufvermögen verzeichnet. Der Begriff „Aktiva“ weist darauf hin, dass diese Vermögensteile aktiv eingesetzt werden, um Leistungen wie z. B. Speditionsaufträge durchzuführen.
Die Passivseite enthält das Eigenkapital und das Fremdkapital, entsprechend dem Inventar gegliedert nach Fälligkeit. Der Begriff „Passiva“ weist auf die Funktion dieses Teils der Bilanz hin: Eigen- und Fremdkapital „dienen“ allein der Finanzierung des Vermögens.
Zweck der Bilanz ist es, die im Unternehmen vorhandenen Vermögensteile den darauf ruhenden Ansprüchen gegenüberzustellen. Bei Auflösung des Unternehmens müssten nämlich alle Gläubiger (Verbindlichkeiten/Fremdkapital) aus dem Vermögen (Aktiva) ausbezahlt werden. Den Eigentümern stehen nach Auszahlung der Schulden alle Reste aus dem Vermögen zu. Dieser Restbetrag entspricht dem Eigenkapital.
Beide Auszahlungsansprüche – die der Gläubiger und die der Eigentümer – werden aus dem Vermögen (Aktiva) bedient. Das erklärt die Tatsache, dass es zwischen der Summe des Vermögens (Aktiva) und der Summe der Ansprüche (Passiva = Eigen- und Fremdkapital) keinen Unterschied gibt.

MERKE
Die Bilanz ist eine kurz gefasste wertmäßige Gegenüberstellung von Vermögen (Aktiva) und Kapital (Passiva) zu einem Stichtag.

Die Bilanz ist wie folgt gegliedert:

Aktiva	Bilanz Passiva
I. Anlagevermögen II. Umlaufvermögen	I. Eigenkapital II. Fremdkapital
Summe = Gesamtvermögen	Summe = Gesamtkapital

2.3.2 Inhalt der Bilanz

Das HGB schreibt vor, welchen Inhalt die Bilanz haben muss:

„§ 247 Inhalt der Bilanz
(1) In der Bilanz sind das Anlage- und das Umlaufvermögen, das Eigenkapital, die Schulden [...] gesondert auszuweisen und hinreichend aufzugliedern.
(2) Beim Anlagevermögen sind nur die Gegenstände auszuweisen, die bestimmt sind, dauernd dem Geschäftsbetrieb zu dienen. [...]“

Eine ordnungsmäßig gegliederte Bilanz enthält unbedingt:

- Angabe des Vermögens, unterteilt in Anlage- und Umlaufvermögen, gegliedert nach der Liquidität,
- Angabe des Kapitals, unterteilt in Eigenkapital sowie lang- und kurzfristiges Fremdkapital, gegliedert nach der Fristigkeit,
- Gleichheit der Summen der Vermögensseite (Aktiva) und der Kapitalseite (Passiva),
- Bezeichnung der Firma und des Datums der Bilanz in der Kopfzeile,
- Ort, Datum und Unterschrift des Kaufmanns.

Die rechte Seite der Bilanz, die Passivseite, gibt Auskunft über die Mittelherkunft und beantwortet folgende Fragen:

- Woher kommt das Kapital, mit dem das Unternehmen finanziert wird?
- Wie viel Fremdkapital und wie viel Eigenkapital befindet sich im Unternehmen?
- Wie viel Kapital war insgesamt notwendig, um die auf der Aktivseite der Bilanz aufgeführten Vermögensbestandteile zu beschaffen?

Die linke Seite der Bilanz, die Aktivseite, gibt Auskunft über die Mittelverwendung und beantwortet die Fragen:

- Wo wurde das Kapital im Unternehmen verwendet?
- Wie sind die Vermögenswerte im Unternehmen verteilt?
- Wie viel wurde im mittel- bis langfristig genutzten Anlagevermögen investiert, wie viel Vermögen steckt im kurzfristig genutzten Umlaufvermögen?

Eine schematische Bilanz der Wall GmbH, Spedition & Logistik, entsprechend dem obigen Inventarschema, hätte folgendes Aussehen:

Wall GmbH, Spedition & Logistik
Bilanz zum 31. Dezember 20.. in €

Aktiva	Passiva
I. Anlagevermögen	I. Eigenkapital
1. Grundstücke	II. Fremdkapital
2. Gebäude	1. Hypotheken } [handschriftlich: langfristig]
3. Fuhrpark	2. Darlehen
4. Transportanlagen und Geräte	3. Verbindlichkeiten } [handschriftlich: kurzfristig]
5. Betriebsausstattung	4. Bankschulden
6. Büroausstattung	
II. Umlaufvermögen	
1. Vorräte	
2. Forderungen	
3. Kasse	
4. Bankguthaben	
Bilanzsumme	Bilanzsumme

Hamburg, den (Tag, Monat, Jahr) Unterschrift (Seeding) ______

↓ Kapitalverwendung (Investierung) ↓ Kapitalherkunft (Finanzierung)

Zwischen beiden Bilanzseiten besteht ein Zusammenhang, der sich rechnerisch mithilfe von Bilanzgleichungen darstellen lässt:

Bilanzgleichungen

Aktiva	=	Passiva
Vermögen	=	Kapital
Investition (Mittelverwendung)	=	Finanzierung (Mittelherkunft)
Vermögen	=	Eigenkapital + Fremdkapital
Vermögen – Fremdkapital	=	Eigenkapital
Vermögen – Eigenkapital	=	Fremdkapital
Anlagevermögen + Umlaufvermögen	=	Eigenkapital + Fremdkapital
AV + UV	=	EK + FK
AV	=	EK + FK – UV

Inventar und Bilanz zeigen beide den Stand des Vermögens und des Kapitals eines Unternehmens. Sie unterscheiden sich nur in der Art der Darstellung:

Bilanz	Inventar
▪ Kontenform ▪ Gegenüberstellung ▪ Nur Wertangaben ▪ Nur Angabe der Gesamtwerte der einzelnen Bilanzpositionen ▪ Eigenkapital ist Ausgleichsfaktor, damit beide Seiten der Bilanz gleich groß sind	▪ Staffelform ▪ Liste ▪ Wert- und Mengenangaben ▪ Angaben aller Vermögens- und Kapitalposten als Einzel- und Gesamtwert ▪ Eigenkapital ist Restgröße, wird durch Abzug der Schulden vom Vermögen errechnet

ZUSAMMENFASSUNG

Jeder Kaufmann ist verpflichtet, zu Beginn seines Handelsgewerbes und zum Ende eines jeden Geschäftsjahres ein Inventar aufzustellen, in dem alle Vermögensgegenstände und Schulden genau mit ihren Werten angegeben sind. Die Aufstellung eines solchen Inventars zum Abschlussstichtag heißt Stichtagsinventur. Da diese Art der Inventur sehr zeitraubend und aufwendig ist, gibt es verschiedene Möglichkeiten, den Zeitpunkt der Inventur zu verlegen (z. B. verlegte Inventur, permanente Inventur) oder für bestimmte Vermögenswerte während der Inventur nur Stichproben durchzuführen (Stichprobeninventur).
Da das Inventar sehr ausführlich ist und eher der internen Information dient, ist die Bilanz als kurz gefasste kontenförmige Gegenüberstellung von Vermögen und Kapital Informationsquelle für Dritte.

Inventur
Aufnahme der Vermögens- und Schuldenbestände

↓

Inventar
Ausführliches listenförmiges mengen- und wertmäßiges Verzeichnis der Vermögens- und Schuldenbestände

↓

Bilanz
Kurz gefasste kontenförmige Gegenüberstellung von Vermögen und Kapital

BEARBEITUNGSVORSCHLAG

Wall GmbH, Logistik & Spedition, Hamburg
Zusammengefasste Inventurliste
zum 31. Dezember 20..

Vermögens- bzw. Schuldenposten	Anzahl/Anlage	Wert in €
Lagergrundstück	1	445 000,00
Bürogebäude	1	1 280 000,00
Lagerhalle	1	1 475 000,00
Lkw lt. Verzeichnis	21 (Anlage 1)	960 000,00
Kleintransporter lt. Verzeichnis	19 (Anlage 2)	540 000,00
Betriebsausstattung lt. Verzeichnis	Anlage 3	955 000,00
Büroausstattung lt. Verzeichnis	Anlage 4	645 000,00
Treibstoff lt. Verzeichnis	Anlage 5	730 000,00
Reifen und Ersatzteile lt. Verzeichnis	Anlage 6	567 000,00
Büromaterial lt. Verzeichnis	Anlage 7	103 000,00
Forderungen lt. Verzeichnis	Anlage 8	4 300 000,00
Kassenbestand lt. Kassenbuch	Anlage 9	100 000,00
Bankguthaben Haspa lt. Kontoauszug	Anlage 10	2 657 000,00
Bankguthaben Deutsche Bank lt. Kontoauszug	Anlage 11	543 000,00
Hypothek Haspa lt. Kontoauszug	Anlage 12	750 000,00
Hypothek Deutsche Bank lt. Kontoauszug	Anlage 13	550 000,00
Darlehen Haspa lt. Kontoauszug	Anlage 14	1 300 000,00
Rückstellungen für Pensionen lt. Verzeichnis	Anlage 15	700 000,00
Verbindlichkeiten aus Lieferungen und Leistungen lt. Verzeichnis	Anlage 16	5 100 000,00
Kontokorrentkredit Haspa lt. Kontoauszug	Anlage 17	543 000,00
Kontokorrentkredit Deutsche Bank lt. Kontoauszug	Anlage 18	657 000,00
Umsatzsteuerschuld		200 000,00

Die Wall GmbH, Spedition & Logistik, hat am ersten Januarwochenende die Inventur durchgeführt. Ibrahims Aufgabe ist es nun, zusammen mit den Kolleginnen, Frau Grendel bei der Erstellung des Inventars und der Bilanz zur Hand zu gehen. Die Inventurwerte aus dem Lager kennt Ibrahim bereits, da er die Inventur selbst durchgeführt hat und diese bereits kontrolliert wurde und in Ordnung war. Diese Werte wurden mit den anderen Inventurwerten zu einer Liste zusammengefasst. Aus dieser Liste soll er nun das Inventar erstellen und daraus eine Bilanz entwickeln.

1. Stellen Sie aus den obigen (bereits zusammengefassten) Inventurwerten ein Inventar nach dem folgenden Schema in einer Kalkulationstabelle zusammen. Die Tabelle soll selbstständig die Summen und die Zwischensummen mithilfe der Summenfunktion errechnen und folgendes Aussehen haben, wobei die fehlenden Überschriften und die einzelnen Positionen ergänzt werden müssen.

	A	B	C	D
1	**Inventar der Wall GmbH, Spedition & Logistik, zum 31. Dezember 20..**			
2	**A. Vermögen**		€	€
3	*I. Anlagevermögen*			
4				
5				
6				
7				
8				
9				
10				
11				
12				
13				
14				
15				
16				
17	*II. Umlaufvermögen*			
18	1. Vorräte			
19		Treibstoff lt. Verzeichnis (Anlage 5)		
20		Reifen und Ersatzteile lt. Verzeichnis (Anl. 6)		
21		Büromaterial lt. Verzeichnis (Anl. 7)		
22				
23				
24				
25				
26				
27				
28				
29				
30				
31	**Summe des Vermögens**			
32				
33	**B. Schulden**			
34	*I. Langfristige Schulden*			
35				
36				
37				
38				
39				
40				
41				
42				
43				
44				
45				
46				
47				
48				
49				
50				
51				
52				
53				
54				
55	**Summe der Schulden**			
56				
57	**C. Ermittlung des Eigenkapitals**			
58	Summe des Vermögens			
59	./. Summe der Schulden			
60	Eigenkapital (Reinvermögen)			
61	./. Summe der Schulden			
62	Eigenkapital (Reinvermögen)			
63				

2. Die Zeit drängt, da die Bilanz pünktlich fertig werden muss. Frau Seeding fragt heute bereits zum zweiten Mal nach der Bilanz ... Ibrahim muss sich also beeilen und darf trotzdem keine Fehler machen. Erstellen Sie aus dem Inventar eine ordnungsmäßige Bilanz nach folgendem Schema:

Wall GmbH, Spedition & Logistik
Bilanz zum 31. Dezember 20..

Aktiva	Passiva
I. Anlagevermögen	I. Eigenkapital
1. Grundstücke	II. Fremdkapital
2. Gebäude	1. Hypotheken
3. Fuhrpark	2. Darlehen
4. Transportanlagen und Geräte	3. Verbindlichkeiten
5. Betriebsausstattung	4. Bankschulden
6. Büroausstattung	
II. Umlaufvermögen	
1. Vorräte	
2. Forderungen	
3. Kasse	
4. Bankguthaben	
Bilanzsumme	Bilanzsumme

Hamburg, den (Tag, Monat, Jahr) Unterschrift (Seeding) ____________

3. Frau Grendel ist zufrieden mit Ibrahim und den anderen Kolleginnen aus der Abteilung, da sie rechtzeitig mit den Abschlussarbeiten fertig geworden sind. Frau Grendel möchte nun noch von Ibrahim wissen, was die Firma eigentlich wert ist, sollte sie zum Stichtag verkauft werden.
Ermitteln Sie aus den Inventar- und Bilanzdaten einen angemessenen Kaufpreis für die Wall GmbH, Spedition & Logistik.
Welche Informationen wären darüber hinaus nötig, um einen Firmenwert einschätzen zu können?

ÜBUNGSAUFGABEN

1. Welcher Unterschied besteht zwischen Inventur und Inventar?
2. Erläutern Sie den Unterschied zwischen körperlicher Inventur und buchmäßiger Inventur.
3. Begründen Sie, warum bei der permanenten Inventur einmal jährlich eine körperliche Inventur durchgeführt werden muss.
4. Zu welchen Anlässen muss eine Inventur durchgeführt werden?
5. Eine Inventur zum 31. Dezember 20.. ergab folgende Werte:

Vermögens- bzw. Schuldenposten	Anzahl/Anlage	Wert in € **Je Stück**
Lkw	2 Stück/Anlage 1	120 000,00
Lieferwagen	1 Stück	24 000,00
Personalcomputer	1 Stück	3 000,00
Laserdrucker	1 Stück	500,00
Schreibtisch	2 Stück	600,00
Stühle	7 Stück	200,00
Sonstige Büroausstattung	Anlage 2	12 000,00

Treibstoff	Anlage 3	15 000,00
Schmierstoffe	Anlage 4	2 000,00
Reifen	Diverse/Anlage 5	1 200,00
Kassenbestand lt. Kassenbuch	Anlage 6	7 800,00
Guthaben Haspa lt. Kontoauszug	Anlage 7	13 000,00
Guthaben Postbank lt. Kontoauszug	Anlage 8	1 600,00
Darlehen Dresdner Bank lt. Kontoauszug	Anlage 9	45 000,00
Verbindlichkeiten aus Lieferungen und Leistungen	Anlage 10	26 000,00
Forderungen aus Lieferungen und Leistungen	Anlage 11	35 000,00

Stellen Sie ein Inventar zum 31.12.20.. auf.

6. Am Ende des Folgejahres ergaben sich folgende Inventurwerte:

Vermögens- bzw. Schuldenposten	Anzahl/Anlage	Wert in € **Je Stück**
Lkw	3 Stück/Anlage 1	100 000,00
Lieferwagen	1 Stück	22 000,00
Personalcomputer	1 Stück	2 000,00
Laserdrucker	1 Stück	300,00
Schreibtisch	2 Stück	500,00
Stühle	7 Stück	100,00
Sonstige Büroausstattung	Anlage 2	9 000,00
Treibstoff	Anlage 3	13 000,00
Schmierstoffe	Anlage 4	3 000,00
Reifen	Diverse/Anlage 5	2 200,00
Kassenbestand lt. Kassenbuch	Anlage 6	5 200,00
Guthaben Haspa lt. Kontoauszug	Anlage 7	9 000,00
Guthaben Postbank lt. Kontoauszug	Anlage 8	3 500,00
Darlehen Dresdner Bank lt. Kontoauszug	Anlage 9	75 000,00
Verbindlichkeiten aus Lieferungen und Leistungen	Anlage 10	36 000,00
Forderungen aus Lieferungen und Leistungen	Anlage 11	18 000,00

Stellen Sie ein Inventar zum 31.12.20.. auf. Welche Veränderungen sind beim Vermögen und den Schulden sowie beim Reinvermögen im Vergleich zum Inventar des Vorjahres (Aufgabe 4) eingetreten?

7. Ordnen Sie die unten angegebenen Posten den richtigen Oberbegriffen zu:

a) Anlagevermögen
b) Umlaufvermögen
c) Langfristige Schulden
d) Kurzfristige Schulden
e) Eigenkapital

Posten:

1. 5 Lieferwagen
2. Darlehensschulden
3. Kassenbestand
4. Forderungen
5. Lagerregale
6. 12 Hubwagen
7. 7 Schreibtische

8. Büromaterial (z. B. Kugelschreiber, Kopierpapier)
9. Bankguthaben
10. Büromöbel
11. 12 Notebooks
12. Lkw-Parkplatz/Freigelände
13. Verbindlichkeiten aus Lieferungen und Leistungen
14. Bürogebäude
15. Reinvermögen
16. Kassenbestand
17. Geschäfts-Pkw
18. Guthaben bei der Postbank
19. Hypothekenschulden
20. Treibstoffvorrat

8. Welcher Unterschied besteht zwischen dem Anlage- und dem Umlaufvermögen?

9. Nach welchen zwei Kriterien wird das Inventar geordnet? Für welche Werte gelten diese Kriterien?

10. Stellen Sie eine ordnungsmäßige Bilanz aus folgenden Inventarwerten auf:

Fuhrpark:	120 000,00 €
Bankguthaben:	80 000,00 €
Darlehen:	100 000,00 €

Stellen Sie alle Bilanzgleichungen auf.

11. Die Wall GmbH, Spedition & Logistik, hat folgende Inventarliste zum 31.12.20.. erstellt. Leider ist diese nicht korrekt gegliedert und noch nicht zusammengefasst; zudem fehlt die Ermittlung des Reinvermögens/Eigenkapitals. Erstellen Sie aus dem Inventar eine ordnungsgemäße Bilanz.

Inventar der Wall GmbH, Spedition & Logistik, zum 31.12.20..

1 EDV-Anlage	200 000,00 €
10 Lieferwagen	200 000,00 €
20 Laserdrucker	5 000,00 €
240 Stühle	15 000,00 €
80 Schreibtische	30 000,00 €
Darlehensschulden	900 000,00 €
Forderung aus Lieferungen und Leistungen	2 000 000,00 €
Grundstücke und Gebäude	1 200 000,00 €
Guthaben Dresdner Bank lt. Kontoauszug (Anlage 9)	550 000,00 €
Guthaben Haspa lt. Kontoauszug (Anlage 7)	900 000,00 €
Guthaben Postbank lt. Kontoauszug (Anlage 8)	350 000,00 €
Hypothekenschulden	1 500 000,00 €
Kassenbestand lt. Kassenbuch (Anlage 6)	300 000,00 €
kurzfristige Verbindlichkeiten ggü. Kreditinstituten	200 000,00 €
Lkw lt. Verzeichnis (Anlage 1)	700 000,00 €
Reifen (Anlage 5)	40 000,00 €
Schmierstoffe (Anlage 4)	60 000,00 €
sonst. Büroausstattung (Anlage 2)	650 000,00 €
sonst. Vorräte	750 000,00 €
Treibstoff (Anlage 3)	350 000,00 €
Verbindlichkeiten aus Lieferungen und Leistungen	1 100 000,00 €

12. Die Spedition Rasch in Lübeck hat zum 31. Dezember 20.. folgende Inventurwerte ermittelt. Erstellen Sie eine ordnungsgemäße Bilanz (unter Wegfall der Inventaraufstellung) auf Grundlage der folgenden Angaben:

- Forderungen gegen x 14 400,00 €;
- Forderungen gegen y 10 600,00 €;
- Bürogebäude 500 000,00 €;
- Kassenbestand 2 500,00 €;
- Guthaben bei Haspa 12 500,00 €;
- Darlehensschulden (bei Volksbank) 130 000,00 €;
- Lagerhalle 300 000,00 €;
- Hypothekenschulden (bei Vereinsbank) 450 000,00 €;
- Bankguthaben (bei Dresdner Bank) 14 900,00 €;
- Geschäftsausstattung 100 000,00 €;
- Bestand an Lkw 400 000,00 €;
- Verbindlichkeiten aus Lieferungen und Leistungen 42 900,00 €;
- Treibstoffvorrat 12 800,00 €;
- Kleintransporter 180 000,00 €.

3 Konten aus der Bilanz ableiten

LERNSITUATION

Ibrahim stellt fest, dass mit jedem Geschäftsvorfall, der eine Wertveränderung auslöst, die Bilanz verändert wird. Hierzu wird jeder einzelne Posten aus der Bilanz separat als Konto geführt. Er überlegt welche Auswirkungen Geschäftsvorfälle grundsätzlich auf die Bilanz haben können.

AUFGABEN

1. Überlegen Sie mit Ibrahim, welche Auswirkungen Geschäftsvorfälle auf die Bilanz haben können.
2. Erklären Sie, weshalb es sinnvoll ist, die Bilanz in Konten aufzulösen.

3.1 Bestandskonten

Für jede in der Bilanz aufgeführte Vermögens- und Kapitalposition werden einzelne, eigenständige **Konten** geführt. Diese Konten werden als **Bestandskonten** bezeichnet. Das Bestandskonto teilt sich in eine linke und in eine rechte Seite. Die **linke Seite** ist die **Soll-Seite** und die **rechte Seite** die **Haben-Seite**. Somit wird eine Buchung auf der **linken Seite** als **Soll-Buchung** und eine auf der **rechten Seite** als **Haben-Buchung** bezeichnet.

Die **Vermögenskonten**, die in der Bilanz auf der linken Seite stehen, wie z. B. Grundstücke und Gebäude, Fuhrpark, Bank o. a., werden als **Aktivkonten** bezeichnet.

Soll	Grundstücke und Gebäude	Haben
...	... | ...	...

Soll	Fuhrpark	Haben
...	... | ...	...

Soll	Bank	Haben
...	... | ...	...

Die **Kapitalkonten**, die in der Bilanz auf der rechten Seite stehen, wie z. B. Eigenkapital, Darlehen, Verbindlichkeiten a. LL. o. a., werden als **Passivkonten** bezeichnet.

Soll	Eigenkapital	Haben
… …		… …

Soll	Darlehen	Haben
… …		… …

Soll	Verbindlichkeiten a. LL.	Haben
… …		… …

Der Betrag aus der Bilanz zu einem Stichtag, z. B. zum Monats- oder Jahresende, wird in das Bestandskonto als **Anfangsbestand** (AB) übernommen. Die Aktivkonten übernehmen somit auf der **Soll**-Seite den Anfangsbestand aus der Bilanz zum jeweiligen Stichtag. Jeder **Zugang** wird bei den Aktivkonten auf der **Soll**-Seite gebucht und jeder **Abgang** auf der **Haben**-Seite. Für den Abschluss des Aktivkontos zu einem Stichtag (z. B. Monats- oder Jahresende) ist i. d. R. die Summe der wertmäßig größeren Soll-Seite maßgebend. Es wird i. d. R. zuerst die Soll-Seite addiert und die meistens wertmäßig kleinere Haben-Seite mit einem **Saldo** an die Summe der Soll-Seite angeglichen. Somit ergeben beide Seiten (Soll- und Haben-Seite) die gleichen Summen. Der Saldo wird in eine neue Bilanz (das Schlussbilanzkonto = **SBK**) als **Endbestand** des aktiven Bestandskontos übertragen.

Soll		Aktivkonten		Haben
Anfangsbestand (AB)	…	– Abgang		…
+ Zugang	…	Saldo (SBK)		…
	addierte Summe			Summe

Die Passivkonten übernehmen auf der **Haben**-Seite den Anfangsbestand (AB) aus der Bilanz zum jeweiligen Stichtag. Jeder **Zugang** wird bei Passivkonten auf der **Haben**-Seite gebucht und jeder **Abgang** auf der **Soll**-Seite. Für den Abschluss des Passivkontos zu einem Stichtag ist zuerst die i. d. R. wertmäßig größere Haben-Seite zu addieren und dann die i. d. R. wertmäßig kleinere Soll-Seite mit einem Saldo an die Summe der Haben-Seite anzugleichen. Somit ergeben sich auch hier auf beiden Seiten die gleichen Summen. Der **Saldo** wird in eine neue Bilanz (**SBK**) als Endbestand des passiven Bestandskontos übertragen.

Soll		Passivkonten		Haben
– Abgang	…	Anfangsbestand (AB)		…
Saldo (SBK)	…	+ Zugang		…
	Summe			addierte Summe

Bilanz der Wall GmbH, Spedition & Logistik

Aktiva	zum 31.12.20.. in Tsd. €				Passiva
I. Anlagevermögen			**I. Eigenkapital**	5700	5700
Grundstücke und Gebäude	3200				
Fuhrpark	1500		**II. Fremdkapital**		
BGA	1800	6500	*1. langfristig*		
			Hypotheken	1300	
II. Umlaufvermögen			Darlehen	1300	2600
Vorräte	1400		*2. kurzfristig*		
Forderungen a. LL.	4300		Rückstellungen	700	
Kasse	100		Verbl. a. LL.	5100	
Bank	3200	9000	Verbl. ggü. KI	1200	
			USt	200	7200
		15500			15500

Hamburg, den 31. Dezember 20.. Unterschrift

3.2 Wertveränderungen in der Bilanz durch Geschäftsvorfälle

Die in der Bilanz aufgeführten Werte sind während des Geschäftsjahres einer ständigen Änderung unterworfen. Jeder Geschäftsvorgang ändert die wirtschaftliche Lage des Unternehmens und somit auch die **Bilanz**. Eigentlich müsste nach jedem Geschäftsvorfall eine neue Bilanz erstellt werden. Bei der Vielzahl der Geschäftsvorfälle ist dies allerdings ein nicht zu bewältigender Arbeitsaufwand und eine zu große Datenflut. Damit aber die **Wertveränderungen** in der Bilanz nachvollzogen werden können, werden sie auf den **Bestandskonten** zwischengebucht und am Jahresende in die **Bilanz** übertragen. Zur Veranschaulichung werden vier Geschäftsvorfälle dargestellt, die unterschiedliche Auswirkungen auf die Bilanz der Wall GmbH, Spedition & Logistik, haben.

Beispiel

*Geschäftsvorfall **1** am 05.01.20...*

Die Wall GmbH, Spedition & Logistik, kauft einen Lkw für 80000,00 € und bezahlt die Rechnung per Banküberweisung:

Fuhrpark	+ 80000,00 €	auf 1580000,00 €
Bank	– 80000,00 €	auf 3120000,00 €

Dieser Geschäftsvorfall wird als **Aktivtausch** bezeichnet. Es werden **zwei** Aktivkonten verändert. Der Fuhrpark nimmt um 80000,00 € zu, die Bank nimmt um 80000,00 € ab. **Die Bilanzsumme verändert sich nicht.**

Geschäftsvorfall **2** *am 06.01.20…*
Die Wall GmbH, Spedition & Logistik, nimmt ein Darlehen in Höhe von 25 000,00 € auf, um eine Lieferantenverbindlichkeit zu tilgen:

Verbindlichkeiten a. LL.	– 25 000,00 €	auf 5 075 000,00 €
Darlehen	+ 25 000,00 €	auf 1 325 000,00 €

Dieser Geschäftsvorfall wird als **Passivtausch** bezeichnet. Es werden **zwei** Passivkonten vermindert. Die Verbindlichkeiten a. LL. nehmen um 25 000,00 € ab, das Darlehen nimmt um die gleiche Summe zu. **Die Bilanzsumme verändert sich nicht.**

Geschäftsvorfall **3** *am 08.01.20…*
Die Wall GmbH, Spedition & Logistik, überweist der Clasen Spedition eine fällige Rechnung über 2 000,00 €:

Verbindlichkeiten a. LL.	– 2 000,00 €	auf 5 073 000,00 €
Bank	– 2 000,00 €	auf 3 118 000,00 €

Bei diesem Geschäftsvorfall werden **ein** Aktivkonto (Bank) und **ein** Passivkonto (Verbindlichkeiten) berührt. Die Verbindlichkeiten a. LL. nehmen um 2 000,00 € ab und das Konto Bank nimmt ebenfalls um den gleichen Betrag ab. Somit wird dieser Geschäftsvorfall als **Aktiv-Passiv-Minderung** bezeichnet. **Die Bilanzsumme vermindert sich.**

Geschäftsvorfall **4** *am 30.01.20…*
Die Wall GmbH, Spedition & Logistik, kauft eine neue Computer-Anlage auf Rechnung für 125 000,00 €:

BGA	+ 125 000,00 €	auf 1 925 000,00 €
Verbindlichkeiten a. LL.	+ 125 000,00 €	auf 5 198 000,00 €

Dieser Geschäftsvorfall wird als **Aktiv-Passiv-Mehrung** bezeichnet. Es werden jeweils **ein** Aktiv- und ein Passivkonto berührt. Das Konto BGA nimmt um 125 000,00 € zu und das Konto Verbindlichkeiten a. LL. nimmt ebenfalls um 125 000,00 € zu. **Die Bilanzsumme erhöht sich.**

Bilanz der Wall GmbH, Spedition & Logistik
zum 31.12.20.. in Tsd. €

Aktiva			Passiva		
I. Anlagevermögen			**I. Eigenkapital**	5 700	5 700
Grundstücke und Gebäude	3 200				
Fuhrpark	1 580		**II. Fremdkapital**		
BGA	1 925	6 705	*1. langfristig*		
			Hypotheken	1 300	
II. Umlaufvermögen			Darlehen	1 325	2 625
Vorräte	1 400		*2. kurzfristig*		
Forderungen a. LL.	4 300		Rückstellungen	700	
Kasse	100		Verbl. a. LL.	5 198	
Bank	3 118	8 918	Verbl. ggü. KI	1 200	
			USt	200	7 298
		15 623			15 623

Hamburg, den 31. Dezember 20.. Unterschrift

ZUSAMMENFASSUNG

Aktivtausch:
Ein Aktivkonto nimmt um den gleichen Betrag **zu**, wie ein anderes Aktivkonto **ab**nimmt.
Die Bilanzsumme bleibt gleich.

Aktiva	Bilanz zum 31.12.20..		Passiva
…	+ 375,00		…
…	– 375,00		…

Passivtausch:
Ein Passivkonto nimmt um den gleichen Betrag **zu**, wie ein anderes Passivkonto **ab**nimmt. **Die Bilanzsumme bleibt gleich.**

Aktiva	Bilanz zum 31.12.20..		Passiva
…	…		– 825,00
…	…		+ 825,00

Aktiv-Passiv-Minderung:
Auf der Aktiv- und der Passivseite nimmt jeweils ein Konto um den gleichen Betrag **ab**.
Die Bilanzsumme nimmt ab.

Aktiva	Bilanz zum 31.12.20..		Passiva
…	– 450,00		– 450,00

Aktiv-Passiv-Mehrung:
Auf der Aktiv- und der Passivseite nimmt jeweils ein Konto um den gleichen Betrag **zu**.
Die Bilanzsumme nimmt zu.

Aktiva	Bilanz zum 31.12.20..		Passiva
…	+ 450,00		+ 450,00

ÜBUNGSAUFGABEN

1. Geben Sie an, ob es sich bei den folgenden Geschäftsvorfällen um einen **Aktivtausch**, einen **Passivtausch**, eine **Aktiv-Passiv-Minderung** oder um eine **Aktiv-Passiv-Mehrung** handelt.
   a) Die Clasen Spedition erhält für ihre Tankstelle einen Treibstoffvorrat auf Ziel.
   b) Eine Verbindlichkeit wird in ein Darlehen umgewandelt.
   c) Die Clasen Spedition verkauft zwei alte Lkw.
   d) Auf dem Bankkonto erfolgt eine Bareinzahlung, das Bargeld kommt aus der Kasse.
   e) Aus der Kasse werden 1 500,00 € entnommen, um ergonomische Sitzkissen zu kaufen.
   f) Die Clasen Spedition nimmt ein Darlehen auf und erhält das Geld auf ihr Bankkonto.
   g) Ein Kunde bezahlt seine Schulden durch Banküberweisung.
   h) Die Clasen Spedition bezahlt ihre Schulden an einen Frachtführer durch Banküberweisung.
   i) Verkauf von alten Büroschreibtischen gegen Bankscheck.

2. Stellen Sie die Auswirkungen auf die Bilanz dar.

Bilanz der Clasen Spedition

Aktiva — zum 31.12.20.. in Tsd. € — Passiva

Aktiva			Passiva		
I. Anlagevermögen			**I. Eigenkapital**	1 310	1 310
Grundstücke und Gebäude	2 820				
Fuhrpark	750		**II. Fremdkapital**		
BGA	505	4 075	*1. langfristig*		
			Hypotheken	1 800	
II. Umlaufvermögen			Darlehen	1 100	2 900
Vorräte	345		*2. kurzfristig*		
Forderungen a. LL.	825		Rückstellungen	400	
Kasse	100		Verbl. a. LL.	935	
Bank	1 200	2 470	Verbl. ggü. KI	200	
			USt	800	2 335
		6 545			6 545

Hamburg, den 31. Dezember 20.. Unterschrift

Geben Sie an, ob es sich um einen **Aktivtausch**, einen **Passivtausch**, eine **Aktiv-Passiv-Minderung** oder um eine **Aktiv-Passiv-Mehrung** handelt, und erstellen Sie am Ende eine neue Bilanz

Geschäftsvorfall		Betrag in €	Aktiv-tausch	Passiv-tausch	Aktiv-Passiv-Minderung	Aktiv-Passiv-Mehrung
04.01.	Rückzahlung einer Hypothek durch Banküberweisung	70 000,00				
05.01.	Neuanschaffung von Büromöbeln auf Ziel	30 000,00				
06.01.	Ein Kunde zahlt eine Rechnung durch Banküberweisung	750,00				
08.01.	Kauf eines Active Bords	2 500,00				
10.01.	Begleichung einer Lieferantenrechnung durch Banküberweisung	3 570,00				
13.01.	Überweisung fälliger Steuerschulden an das Finanzamt	6 200,00				
20.01.	Umwandlung einer Verbindlichkeit in ein Darlehen	18 000,00				
25.01.	Barabhebung vom Bankkonto für die Geschäftskasse	2 000,00				

4 Buchungstechnik der doppelten Buchführung

LERNSITUATION

Der Auszubildende Ibrahim sortiert wie jeden Morgen die Post. Unter den Eingängen befindet sich eine Beschwerde eines Kunden, der behauptet, er habe eine Rechnung, die die Wall GmbH, Spedition & Logistik, bereits zweimal angemahnt hat, bezahlt. Ibrahim ordnet dieses Schreiben der Abteilungsleiterin Frau Grendel zu. Sie will der Beschwerde des Kunden nachgehen, indem sie den Vorgang im Grundbuch und auch im Hauptbuch nachvollzieht.

AUFGABEN

1. Stellen Sie fest, wie eingehende Rechnungen in Ihrem Unternehmen erfasst werden.
2. Erläutern Sie, warum die Buchungstechnik der doppelten Buchführung erforderlich ist.

4.1 Fünf-Fragen-Methode zum Buchungssatz

Alle Geschäftsvorfälle des laufenden Geschäftsjahres werden mithilfe von Belegen in den **aktiven** und **passiven** Bestandskonten gebucht. Dabei werden die Belege nach dem Eingangsdatum in zeitlicher Reihenfolge lückenlos mittels eines **Buchungssatzes** erfasst.

Um den Buchungssatz leichter zu erstellen ist eine **Fünf-Fragen-Methode** hilfreich:

1. Frage: Welche **Konten** sind betroffen?
2. Frage: Ist es ein **Aktiv**- oder ein **Passiv**konto?
3. Frage: Nimmt das Konto „**zu**“ oder „**ab**“?
4. Frage: Ist es eine „**Soll-**“ oder eine „**Haben-Buchung**“?
5. Frage: Wie lautet der Buchungssatz?
- **zuerst** immer das **Soll-Konto** nennen
- es folgt das Verbindungswort „**an**“
- und schließlich das Konto der **Gegenbuchung**

Der einfache Buchungssatz

Beispiele für den „**einfachen Buchungssatz**"

1. Kauf eines Lkw per Scheck 160 000,00 €

		Konto 1	Konto 2
1. Frage:	Konten:	Fuhrpark	Bank
2. Frage:	Aktiv-/Passivkonto:	Aktivkonto	Aktivkonto
3. Frage:	Zugang/Abgang:	Zugang	Abgang
4. Frage:	Soll-/Haben-Buchung:	Soll-Buchung	Haben-Buchung
5. Frage:	Buchungssatz:	**Fuhrpark 160 000,00 €**	
		an	**Bank 160 000,00 €**

Das Konto „Fuhrpark" nimmt im **Soll** um 160 000,00 € zu und das Aktivkonto „Bank" nimmt im **Haben** um 160 000,00 € **ab**.

2. Barkauf eines Notebooks für die Sekretärin 1 590,00 €

		Konto 1	Konto 2
1. Frage:	Konten:	Kasse	Büro- und Geschäftsausstattung (BGA)
2. Frage:	Aktiv-/Passivkonto:	Aktivkonto	Aktivkonto
3. Frage:	Zugang/Abgang:	Abgang	Zugang
4. Frage:	Soll-/Haben-Buchung	Haben-Buchung	Soll-Buchung
5. Frage:	Buchungssatz:	**BGA 1 590,00 €**	
		an	**Kasse 1 590,00 €**

Das Aktivkonto „BGA" nimmt im **Soll** um 1 590,00 € zu und das Aktivkonto „Kasse" nimmt im **Haben** um 1 590,00 € **ab**.

Der zusammengesetzte Buchungssatz

Werden bei einem Geschäftsvorfall mehr als **zwei** Konten betroffen, handelt es sich um einen „**zusammengesetzten Buchungssatz**". Zu berücksichtigen ist, dass die Buchungen auf der Soll-Seite und die Buchungen auf der Haben-Seite insgesamt wertmäßig übereinstimmen müssen.

Beispiele für den „**zusammengesetzten Buchungssatz**"

3. Kauf eines Lkw gegen 25 000,00 € Barzahlung und 135 000,00 € Banküberweisung

Frage:	Konto 1	Konto 2	Konto 3
1. Konten:	Fuhrpark	Kasse	Bank
2. Aktiv-/Passivkonto:	Aktivkonto	Aktivkonto	Aktivkonto
3. Zugang/Abgang:	Zugang	Abgang	Abgang
4. Soll-/Haben-Buchung	Soll-Buchung	Haben-Buchung	Haben-Buchung
5. Buchungssatz:	**Fuhrpark 160 000,00 €**		
		an	**Kasse 25 000,00 €**
		an	**Bank 135 000,00 €**

Das Aktivkonto „Fuhrpark“ nimmt im **Soll** um 160 000,00 € **zu** und die Aktivkonten „Kasse“ und „Bank“ nehmen im **Haben** um insgesamt 160 000,00 € **zu.**

4. Verkauf eines Grundstückes für 250 000,00 €
   Der Käufer zahlt 50 000,00 € in bar, überweist 100 000,00 € von seinem Bankkonto und möchte den Restbetrag in drei Monaten zahlen.

Frage	Konto 1	Konto 2	Konto 3	Konto 4
1. Konten:	Grundstücke und Gebäude (GuG)	Kasse	Bank	Forderungen
2. Aktiv-/Passivkonto:	Aktivkonto	Aktivkonto	Aktivkonto	Aktivkonto
3. Zugang/Abgang:	Abgang	Zugang	Zugang	Zugang
4. Soll-/Haben-Buchung	Haben-Buchung	Soll-Buchung	Soll-Buchung	Soll-Buchung
5. Buchungssatz:	**Kasse**	**50 000,00 €**		
	Bank	**100 000,00 €**		
	Forderungen a. LL.	**100 000,00 €**		
			an GuG	**250 000,00 €**

Die Aktivkonten „Forderungen a. LL.“, „Kasse“ und „Bank“ nehmen im **Soll** um insgesamt 250 000,00 € **zu** und das Aktivkonto „GuG“ nimmt im **Haben** um 250 000,00 € **ab.**

4.2 Grundbuch

Das **Grundbuch** wird oftmals auch als **Journal** bezeichnet. In ihm werden Eröffnungsbuchungen, laufende Buchungen, vorbereitende Abschlussbuchungen und auch Abschlussbuchungen vorgenommen. Die Aufzeichnung der Buchungssätze im Grundbuch erfolgt in einer tabellarischen Auflistung, wobei die Spalten und Bezeichnungen in den jeweiligen Unternehmen unterschiedlich sein können.

Die Buchungssätze aus **4.1** werden folgendermaßen in das Grundbuch eingetragen:

Grundbuch Monat Mai 20..

Laufende Nummer	Datum	Buchungssatz	Soll €	Haben €
1	25.05.	Fuhrpark	160 000,00	
		an Bank		160 000,00
2	26.05.	BGA	1 590,00	
		an Kasse		1 590,00
3	27.05.	Fuhrpark	16 000,00	
		an Kasse		25 000,00
		an Bank		135 000,00
4	28.05.	**Kasse**	**50 000,00**	
		Bank	**100 000,00**	
		Forderungen a. LL.	**100 000,00**	
		an GuG		**250 000,00**

Das Grundbuch bietet keine übersichtliche Darstellung der laufenden Geschäftsvorfälle. Will die Buchhaltungsabteilung eines Unternehmens zum Beispiel einen Überblick über alle Forderungen eines Monats oder eines längeren Zeitraums erhalten, so müssen alle Grundbuchaufzeichnungen des Monats oder des längeren Zeitraums durchgesehen werden.

4.3 Hauptbuch

Es ist zweckmäßig, parallel zum Grundbuch eine weitere Aufzeichnung zu führen, die die Geschäftsvorfälle nach sachlichen Kriterien, also nach Konten, ordnet. Diese Aufzeichnungen der Geschäftsvorfälle in Kontenform wird als **Hauptbuch** bezeichnet.
Jeder Geschäftsvorfall muss **doppelt** erfasst werden, mit einer **Soll**- und einer **Haben-Buchung** auf **zwei** Konten. Im Hauptbuch werden alle Buchungssätze, die vorher im Grundbuch aufgezeichnet worden sind, auf sogenannte **T-Konten** übertragen. Die Bezeichnung „T-Konten" kommt daher, dass die Form aus Überschrift und Teilung von Soll-Seite und Haben-Seite dem Buchstaben „T" ähnlich sieht.
In die T-Konten werden alle Buchungen aus dem Grundbuch übertragen:

1. Buchungssatz **Fuhrpark 160 000,00 €**
an **Bank 160 000,00 €**

Soll	Fuhrpark		Haben
Bank	160 000,00		

Soll	Bank		Haben
		Fuhrpark	160 000,00

Das Konto Aktivkonto „Fuhrpark" nimmt im **Soll** um 160 000,00 € **zu** und das Aktivkonto „Bank" nimmt im **Haben** um 160 000,00 € **ab**.

2. Buchungssatz: **BGA 1 590,00 €**
an **Kasse 1 590,00 €**

Soll	Kasse		Haben
		BGA	1 590,00

Soll	BGA		Haben
Kasse	1 590,00		

Das Aktivkonto „BGA" nimmt im **Soll** um 1 590,00 € **zu** und das Aktivkonto „Kasse" nimmt im **Haben** um 1 590,00 € **ab**.

3. Buchungssatz: **Fuhrpark 160 000,00 €**
an **Kasse 25 000,00 €**
an **Bank 135 000,00 €**

Soll	Fuhrpark		Haben
Kasse	25 000,00		
Bank	135 000,00		

Soll	Kasse		Haben
		Fuhrpark	25 000,00

Soll	Bank		Haben
		Fuhrpark	135 000,00

Das Aktivkonto „Fuhrpark“ nimmt im **Soll** um 160 000,00 € **zu** und die Aktivkonten „Kasse“ und „Bank“ nehmen im **Haben** um insgesamt 160 000,00 € **zu**.

4. Buchungssatz:	**Kasse**	**50 000,00 €**		
	Bank	**100 000,00 €**		
	Forderungen a. LL.	**100 000,00 €**		
			an	**GuG 250 000,00 €**

Soll	GuG		Haben
		Kasse	50 000,00
		Bank	100 000,00
		Forderungen	100 000,00

Soll	Kasse		Haben
GuG	50 000,00		

Soll	Bank		Haben
GuG	100 000,00		

Soll	Forderungen a. LL.		Haben
GuG	100 000,00		

Die Aktivkonten „Forderungen“, „Kasse“ und „Bank“ nehmen im **Soll** um insgesamt 250 000,00 € **zu** und das Aktivkonto „GuG“ nimmt im **Haben** um 250 000,00 € **ab**.

ZUSAMMENFASSUNG

Zur Ermittlung des Buchungssatzes ist die Fünf-Fragen-Methode anzuwenden:

1. Frage: Konten
2. Frage: Aktiv-/Passivkonto
3. Frage: Zu-/Abgang
4. Frage: Soll-/Haben-Buchung
5. Frage: Buchungssatz
- zuerst Soll-Buchung
- Verbindungswort „an“
- zuletzt Haben-Buchung

Einfacher Buchungssatz: Es werden immer **zwei** Konten berührt.
Zusammengesetzter Buchungssatz: Es werden **mehr als zwei** Konten berührt, wobei gilt: Summe der Soll-Buchungen = Summe der Haben-Buchungen.
Buchungen werden nach dem „Prinzip der doppelten Buchführung“ zunächst im **Grundbuch** und dann in den **T-Konten** (Hauptbuch) erfasst.

ÜBUNGSAUFGABEN

1. Bilden Sie für folgende Geschäftsvorfälle die Buchungssätze und tragen Sie sie in ein **Journal** ein. Verwenden Sie zur Erstellung der Buchungssätze die **Fünf-Fragen-Methode.**
   a) Barabhebung vom Bankkonto für die Geschäftskasse
   b) Kauf eines Gabelstaplers auf Rechnung
   c) Ausgangsrechnungen an verschiedene Kunden
   d) Zahlungseingänge von Kunden für offen stehende Rechnungen
   Postgiro 1 800,00 €
   Bank 5 635,00 €
   e) Begleichung von 16 000,00 € Schulden. Barzahlung über 2 500,00 € und Überweisung von 8 350,00 €. Der Restbetrag wird in ein Darlehen umgewandelt.

2. Erstellen Sie die Eröffnungsbilanz zum 01.03.20.. für folgende Konten:
   Grundstücke und Gebäude, Fuhrpark, BGA, Treibstoffvorräte, Forderungen, Bank, Kasse, Eigenkapital, Darlehen, Verbindlichkeiten
   Anfangsbestände der Wall GmbH, Spedition & Logistik, Hamburg am 01.03.20..
   Grundstücke und Gebäude 3 200 000,00 €, Fuhrpark 1 500 000,00 €;
   BGA 1 800 000,00 €; Treibstoffvorräte 1 200 000,00 €; Forderungen 4 300 000,00 €; Bankguthaben 3 200 000,00 €; Kassenbestand 100 000,00 €; Darlehen 1 300 000,00 €; Verbindlichkeiten 4 850 000,00 €

   Geschäftsvorgänge im März:

	Wert in €
a) 04.03. Überweisungen von Kunden für fällige Rechnungsbeträge, die auf dem Forderungskonto gebucht waren	56 000,00
b) 05.03. Barkauf von Bürostühlen	2 100,00
c) 08.03. Verkauf von Büromöbeln (Buchwert 7 500,00 €) gegen Scheck über	7 500,00
d) 10.03. Bezug von Dieselölvorrat auf Rechnung	2 700,00
e) 15.03. Überweisung der Gewerbesteuer an das Finanzamt	1 800,00
f) 18.03. Überweisung an die Hypothekenbank Darlehenszinsen	2 000,00
g) 20.03. Darlehenstilgung	8 000,00
h) 21.03. Überweisung von Seefrachten, die auf dem Verbindlichkeitenkonto gebucht waren, an die Reedereiagenten	9 800,00
i) 23.03. Zielkauf eines Boten-Pkw	20 900,00
j) 25.03. Vereinbarungsgemäß wird eine Verbindlichkeit in Höhe von 65 400,00 € in eine Darlehensschuld umgewandelt	65 400,00

3. Buchen Sie im **Grundbuch** und auf den Konten und entwickeln Sie die Bilanz zum 31.03.20..

5 Buchung von Erfolgsvorgängen der betrieblichen Leistungsprozesse

LERNSITUATION

Karen Meckel ist momentan in der Disposition internationaler Lkw-Transporte tätig und teilt Fahrzeugen ihre Touren in West- und Südwesteuropa zu. In Absprache mit Frau Schleif, der zuständigen Mitarbeiterin, bereitet sie auch die Abrechnung mit den Kunden vor. Dabei fällt ihr auf, dass diese Abrechnungen ganz andere Positionen aufweisen, als sie sie in der Theorie kennengelernt hat. Denn bisher ging es in der Buchung auf Bestandskonten um die Beschaffung von Fahrzeugen oder Ersatzteilen oder aber um die Zahlung von Verbindlichkeiten oder Forderungen. Irgendwie passt aber ihre Abrechnung nicht in diese Buchungsvorgänge hinein. Auf die Frage, in welche Bestandsposten denn diese Abrechnungen eingehen, antwortet Frau Schleif: „Ich glaube, in die Forderungen, wenn Sie eine Rechnung an einen Auftraggeber schreiben." Karen überlegt kurz und entgegnet: „Aber ich brauche doch immer zwei Konten ...?" „Stimmt, das andere Konto ist jeweils das Eigenkapital. Denn wenn wir eine Leistung für einen Kunden erbringen, trägt die zum Gewinn bei. Und ganz einfach ausgedrückt erhöht sich durch den Gewinn das Eigenkapital."
Jetzt ist Karen leicht verwirrt, denn das Eigenkapital hat sie bisher nur als Differenz zwischen Vermögen und Schulden kennengelernt. Daher hakt sie nach: „Das kann ich mir aber noch nicht so richtig vorstellen." Frau Schleif überlegt kurz und erklärt dann: „Also, wir nehmen mal einen von den Aufträgen nach Lille in Nordfrankreich, die wir häufiger abwickeln. Für den letzten habe ich vorher mit dem Auftraggeber 684,50 € als Gesamtpreis vereinbart. Wenn wir jetzt die Rechnung dafür schreiben und herausschicken, stellen wir eine Forderung. So weit alles klar, oder?" Karen nickt und Frau Schleif fährt fort: „Stellen Sie sich das Schlussbilanzkonto vor:

- Der Betrag im Konto Forderungen erhöht sich,
- aber es verändert sich kein anderer Vermögensposten.
- Und Schulden entstehen auch nicht durch diese Rechnung.

Dann muss sich doch das Eigenkapital um den gleichen Betrag erhöhen, denn Eigenkapital = Vermögen – Schulden. Das kennen Sie ja schon."
„Gut", antwortet Karen, „So weit komme ich mit, also ist alles Gewinn, was im Eigenkapital landet?"
„Naja, das müssen wir uns einmal etwas genauer ansehen: Wir bleiben bei dem Transport von Hamburg nach Lille und sehen uns die Gesamtabrechnung an. Versuchen wir doch, für diesen Auftrag den Aufwand und die Erlöse herauszubekommen und den Gewinn zu ermitteln", sagt Frau Schleif und nimmt die Akte zur Hand.

„Der Aufwand setzt sich folgendermaßen zusammen:
Wir haben einen Fuhrunternehmer mit der Beförderung beauftragt, die Callsen Transport KG aus Hamburg. Die Fracht für 28 Paletten Geschenkpapier mit 8 259 kg aus dem Hamburger Freihafen nach F-59000 Lille beträgt gemäß Angebot 640,00 €.

Außerdem haben wir an der Freihafengrenze einen Zolldeklaranten mit der Eröffnung eines Versandverfahrens beauftragt, dafür sind 15,00 € vereinbart. Unseren eigenen Aufwand, also mein Gehalt, Ihre Ausbildungsvergütung, Frachtbriefvordruck, Miete für das Büro, Telefon- und Faxkosten für die Auftragsbestätigungen, Heizung, Licht usw. können wir nur als Durchschnittswert abschätzen. Es wird für einen Auftrag dieser Art als Verwaltungspauschale bei 8,00 € liegen. Dieser Satz wird von der Abteilung „Kosten- und Leistungsrechnung“ ermittelt.
Mit dem Auftraggeber, der „Streifenkaro Design GbR“, haben wir eine Abfertigungsprovision von 25,00 €[1] und eine Pauschale für Porti/Papiere von 4,50 € vereinbart, die Fracht und Zollabfertigung geben wir gemäß Auslage weiter.

Aufwand	
Fracht an Callsen Transport KG	640,00 €
ATLAS-Versandverfahren	15,00 €
Verwaltungspauschale	8,00 €
Arbeitszeitaufwand	10,00 €
Gesamtaufwand	673,00 €
Ertrag	
Fracht	640,00 €
ATLAS-Versandverfahren	15,00 €
Abfertigungsprovision	25,00 €
Porti/Papiere	4,50 €
Gesamtertrag	684,50 €
Gewinn	**11,50 €**

Wenn wir den gesamten Aufwand von den Erlösen abziehen, erhalten wir den Gewinn des Unternehmens, für diesen Auftrag in Höhe von 11,50 €.“

AUFGABEN

1. Grenzen Sie die Begriffe „Bestand“, „Aufwand“ und „Ertrag“ gegeneinander ab.
2. Geben Sie jeweils Beispiele für Konten dieser Arten.
3. Benennen Sie die Konten, über die Speditionsaufwand und Mietertrag abgeschlossen werden.
4. Erläutern Sie den Zusammenhang zwischen einem Aufwand(-skonto) und dem Eigenkapital.
5. Grenzen Sie Kosten und Aufwand bzw. Erlöse und Ertrag gegeneinander ab.

5.1 Abgrenzung von Bestand und Erfolg

In der Inventur werden nur die *Bestände* an Vermögen und Schulden zu einem bestimmten Zeitpunkt ermittelt. Auch alle bisherigen Geschäftsfälle haben nur Zu- und Abgänge

[1] *Meist wird mit dem Auftraggeber ein Gesamtpreis vereinbart, nicht eine feste Vergütung pro Auftrag. Die Angebotsgestaltung dient in diesem Fall der Nachvollziehbarkeit, ebenso die Verwendung der Verwaltungspauschale.*

von Beständen behandelt, also z. B. Zugang des Treibstoffbestandes oder des Fuhrparks, Abgang von Zahlungen vom Bankkonto usw. Bei allen Konten, auf denen diese Geschäftsfälle gebucht werden, handelt es sich um *Bestandskonten*. Dabei fällt auf, dass die Haupttätigkeitsbereiche der Spedition in diesen Buchungen noch gar nicht berücksichtigt sind.
Um Speditionsleistungen zu erbringen, sind *Aufwendungen* nötig, die entweder im eigenen Betrieb entstehen (z. B. Verbrauch von Material, Gehälter oder andere Aufwendungen, die nicht exakt einem Auftrag zuzurechnen sind oder aber von anderen Betrieben als Fremdleistungen „eingekauft" werden. Nehmen Auftraggeber unsere Speditionsleistungen in Anspruch, so werden dafür Vergütungen berechnet, für unseren Betrieb entstehen damit *Erträge*.

Aufwendungen	= alle Minderungen im Betriebsvermögen, die dem Geschäftsjahr zugerechnet werden, zu dem sie wirtschaftlich gehören
Erträge	= alle Mehrungen des Betriebsvermögens, die im Geschäftsjahr realisiert werden

Der positive wirtschaftliche **Erfolg** eines Speditionsunternehmens entsteht dadurch, dass Leistungen für Auftraggeber erbracht werden und dabei die Aufwendungen geringer sind als die Erträge.

Aufwendungen durch	Erträge durch
Lohnkosten: Löhne, Spesen für Fahrer, gesetzliche soziale Abgaben	Seehafenspedition Export, Import
Gehaltskosten: Gehälter, gesetzliche soziale Abgaben, Auszubildendenvergütung	Luftfrachtspedition Export, Import
Fuhrparkkosten: Treibstoffverbrauch, Reifenverbrauch, Kfz-Reparaturen, Kfz-Versicherung, Kfz-Steuer	Kraftwagenspedition, Sammelgutabfertigung, Nationale Ladungsverkehre, Internationale Ladungsverkehre
Raumkosten: Miete, Energieverbrauch, Reinigung	
Verwaltungskosten: Büromaterialverbrauch, Kosten des Geldverkehrs, Reparaturen BGA, Kommunikation	
betriebliche Steuern (Gewerbesteuer, Vermögensteuer), betriebliche Versicherungen, Beiträge, Gebühren	Lagerei
Unternehmenskosten: Provisionen, Werbekosten, Rechts-/Prüfungs-/Beratungskosten	Logistikprojekte
Wertminderungen (= Abschreibung)	
(Auftragsgebundene) Speditionskosten: für Leistungen anderer Spediteure, Frachtführer, Lagereibetriebe, Transportversicherer, Zolldeklaranten usw.	Mieterträge, Zinserträge
Aufwendungen mindern das Eigenkapital.	Erträge mehren das Eigenkapital.

Im Gegensatz zu Bestandsposten gehen die Aufwendungen direkt in der Leistungserstellung auf, sie können danach nicht weiter genutzt werden.

Beispiel

Während ein Drucker (Bestandsposten in der Geschäftsausstattung) abgenutzt wird, aber für viele Druckvorgänge zur Verfügung steht, kann das Druckerpapier (Aufwandsposten als Büromaterialverbrauch) nur einmal benutzt werden. Es kann dann nicht mehr als Bestand geführt werden. Auch alle anderen Aufwandsposten sind nicht für eine mittel- oder langfristige Verwendung geeignet.

5.2 Auftragsgebundene Speditionskosten und Betriebskosten

In der Betriebswirtschaftslehre werden für die Darstellung der finanziellen Situation des Unternehmens nach außen (externes Rechnungswesen) die Begriffe „Aufwand“ und „Ertrag“ benutzt. Damit ist in erster Linie die Finanzbuchhaltung gemeint; die Beträge, die hier einbezogen werden dürfen, richten sich nach den gesetzlichen Vorgaben.

Für die Kalkulation im Unternehmen (internes Rechnungswesen) wird analog dazu das Begriffspaar „Kosten“ und „Erlöse“ bzw. „Leistungen“ verwendet[1]. Als Kosten werden neben einem Teil der Aufwendungen auch Beträge herangezogen, denen keine Aufwendungen zugrunde liegen, z. B. kalkulatorische Zinsen. Auch die Erlöse können sich von den Erträgen betragsmäßig unterscheiden.

Die Begriffe „Kosten“ und „Erlöse“ werden außerdem für die Benennung von Konten im Kontenrahmen verwendet. So gelangen die Begriffe zwar auch in die Buchführung, aber eben nur als Bezeichnung von Beträgen in bestimmten Konten[2].

Die Kosten werden in zwei Kontenarten eingeteilt, die *auftragsgebundenen Speditionskosten (ASK)* und die *Betriebskosten*. Die auftragsgebundenen Kosten[3] sind bei der Erfüllung eines bestimmten Auftrags entstanden und lassen sich diesem *Auftrag* auch *ganz direkt zuordnen*. Das ist meistens bei *außerhalb des eigenen Unternehmens entstandenen Aufwendungen* der Fall, wenn Leistungen von anderen Unternehmen in Anspruch genommen und berechnet worden sind.

Beispiel

In der Lernsituation wäre das die Fracht, die der Wall GmbH, Spedition & Logistik, von einem fremden Frachtführer für den Transport von Hamburg nach Lille in Rechnung gestellt wird, ebenso die Kosten durch die Beantragung des Versandverfahrens durch einen externen Zolldeklaranten für diese Sendung.

Kosten, die im eigenen Unternehmen entstanden sind und daher in der Buchhaltung einem Auftrag nicht eindeutig zuzuordnen sind, werden als *Betriebskosten* gebucht. Es handelt sich oft um eine kaum überschaubare Menge kleiner Kostenpositionen, die anteilig berücksichtigt werden müssen. So sind Löhne und Gehälter, Kosten für das Büro, die Kommunikation mit den Auftraggebern und Partnern oder das Marketing nur sehr schwer direkt einem Vorgang zuzuordnen, in der Buchhaltung kann das nicht nachvollzogen werden.

Die Berechnung der Kosten für einzelne Aufträge geschieht daher in der Kosten- und Leistungsrechnung, nicht in der Buchführung.
In der Lernsituation werden diese Beträge als Verwaltungspauschale und Arbeitszeitaufwand bezeichnet.

---

[1] *Vergleiche Kapitel 15 ff.*
[2] *Vergleiche Kapitel 6.*
[3] *Die auftragsgebundenen Speditionskosten werden im Text und als Kontenbezeichnung auch nur „Speditionskosten“ genannt oder mit „SpK“ abgekürzt.*

Auch Kosten, die einfacher dem einzelnen Auftrag zuzurechnen wären, wie Treibstoff für Fahrzeuge im Selbsteintritt oder Lohnkosten von Lagerpersonal beim Kommissionieren, werden als Betriebskosten aufgefasst, denn sie entstehen im Unternehmen selbst und sind nicht trennscharf und exakt einem Auftrag zuzuordnen.

MERKE

	Auftragsgebundene Speditionskosten
+	Betriebskosten
=	Aufwand

Wird eine Sendung im Selbsteintritt befördert und werden die Dokumente für die Zollabfertigung selbst erstellt, ist der Anteil der Betriebskosten sehr hoch, bis zu 100 %. Wenn Fuhrunternehmer, Zolldeklaranten oder andere Unternehmen einbezogen werden, steigt der Anteil der auftragsgebundenen Speditionskosten entsprechend stark. Die Anteile variieren zwischen einerseits einem hohen Grad von Betriebskosten, typischerweise im Selbsteintritt mit Lkw, und andererseits einem Hauptanteil an auftragsgebundenen Kosten, wenn nur die reine Geschäftsbesorgung erledigt wird, beispielsweise im Seeverkehr.

Die Betriebskosten werden, anders als in dem vereinfachten Auftragsbeispiel in der Lernsituation, in der betrieblichen Praxis nicht für einzelne Aufträge gebucht. Gemäß den Grundsätzen ordnungsgemäßer Buchführung darf vor der Buchung von Belegen keine Aufrechnung (oder Teilung) der Beträge stattfinden. Daher werden die Miete, Telefonrechnung oder das Gehalt eines Mitarbeiters als Gesamtbetrag gebucht, nicht pro einzelnem Auftrag. Also kann nur die Summe der Erträge einer Periode der Summe an Betriebskosten desselben Zeitraums gegenübergestellt werden.

Weiter bearbeitet wird das Datenmaterial, das Grundlage für die Buchführung ist, in der Kosten- und Leistungsrechnung[1].

Diese Möglichkeit der direkten Zurechnung ist in der Buchführung aber nicht vorgesehen. Hier geht es um die Ermittlung des Gesamterfolgs des Betriebes, also der möglichst lückenlosen Auf- und Gegenüberstellung aller Aufwendungen und Erträge in einem bestimmten Zeitraum. In der Lernsituation wird daher nur zur Verdeutlichung des Zusammenhangs ein überschaubares Beispiel dargestellt.

MERKE

Die bei der betrieblichen Leistungserstellung anfallenden Aufwendungen werden in zwei Kontenarten unterschieden.

- Die auftragsgebundenen Speditionskosten entstehen außerhalb des eigenen Betriebes und können einem bestimmten Auftrag direkt zugeordnet werden. Sie werden in der Buchführung den Bereichen, z. B. Seehafen-Export, Nationaler Lkw-Verkehr, zugewiesen.
- Die Betriebskosten entstehen im Betrieb selbst und werden in der Buchführung nicht mit einzelnen Aufträgen in Verbindung gebracht. Sie werden nach den Kostenarten unterschieden, z. B. Lohn, Steuern, Miete.

---

[1] *Vergleiche Kapitel 15 ff.*

5.3 Buchung auf Erfolgskonten

5.3.1 Grundsätzliche Buchung des Erfolgs

Die Erfolgskonten wirken sich fast direkt auf das Eigenkapital aus:

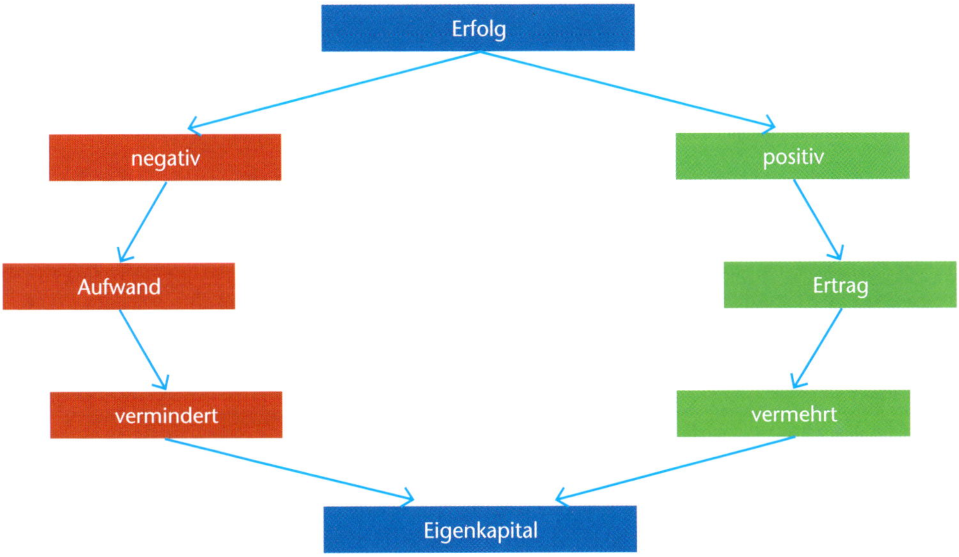

Dieses spiegelt sich auch auf den Einzelkonten wider, wie das Beispiel zweier Erfolgskonten zeigt[1]:

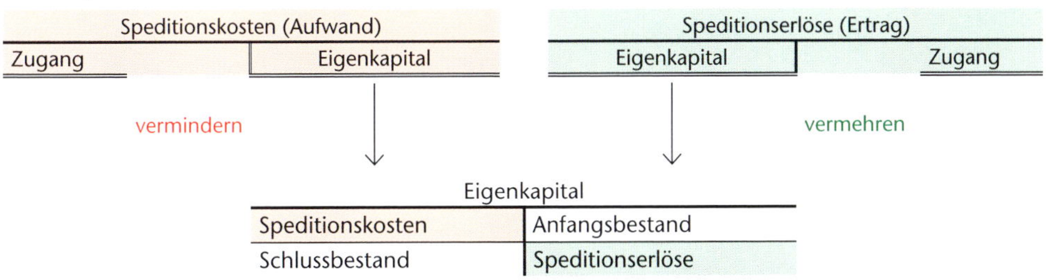

Im Gegensatz zu Bestandskonten werden die Erfolgskonten nicht mit einem Anfangsbestand geführt. Da die auf den Konten angesammelten Beträge am Ende der Periode komplett verrechnet und die Differenz aus Aufwand und Ertrag als Saldo in das Eigenkapital übertragen wird, sind die Erfolgskonten danach und zu Beginn der nächsten Periode „leer".

Das Eigenkapitalkonto ist ein passives Bestandskonto, der Bestand wird also auf der Haben-Seite geführt. Beträge, die das Eigenkapital mehren, müssen daher auf der Haben-Seite erscheinen. Alle Beträge, die auf der Soll-Seite des Kontos gebucht werden, werden entsprechend vom Eigenkapital abgezogen und vermindern es. Da jeder **Aufwand** das Eigenkapital mindert, müssen Aufwendungen auf der **Soll-Seite gebucht** werden. Dies gilt auch für die Führung jedes einzelnen Aufwandskontos. So wird jeder Aufwand für

[1] *Das Abschlusskonto für das Betriebsergebnis wird hier zur Vereinfachung nicht berücksichtigt.*

auftragsgebundene Speditionskosten auf der Soll-Seite des Kontos Speditionskosten gebucht. Der Saldo wird entsprechend am Ende der Periode im Haben gebildet und von dort in das Betriebsergebniskonto übertragen, in der Abbildung auf Seite 51 vereinfacht direkt in das Eigenkapital.

Die einzelnen Aufwands- und Ertragskonten, aber auch die Abschlusskonten, wie beispielsweise das Betriebsergebniskonto, werden verwendet, um weniger Beträge im Eigenkapitalkonto selbst zu buchen. Sie sind gewissermaßen Unterkonten für das Eigenkapital und dienen der Einheitlichkeit und Übersichtlichkeit.

MERKE

Aufwand wird im Soll des einzelnen Erfolgskontos gebucht.

Beispiel

In der Lernsituation würde die Frachtrechnung der Callsen Transport KG als Aufwand folgendermaßen verbucht werden:

Buchungssatz:

Speditionskosten	640,00 €	an Verbindlichkeiten a. LL.	640,00 €

Die Abrechnung an den Auftraggeber wird auf der entgegengesetzten Seite zum Aufwand gebucht. Da **Erträge** das Eigenkapital vermehren, also dazu addiert werden, müssen sie auf der Haben-Seite des Eigenkapitalkontos erscheinen. Dafür ist es notwendig, dass sie auf dem entsprechenden Ertragskonto (hier: Speditionserlöse) auf der **Haben-Seite gebucht** werden. Der Saldo wird dann im Soll gebildet und in das Abschlusskonto übertragen, um letztendlich zum Eigenkapital addiert zu werden.

MERKE

Ein Ertrag wird auf dem entsprechenden Erfolgskonto im Haben gebucht.

Beispiel

In der Lernsituation würde entsprechend die Ausgangsrechnung an den Auftraggeber, die „Streifen-Karo Design GbR", so verbucht werden:

Buchungssatz:

Forderungen a. LL.	684,50 €	an Speditionserlöse	684,50 €

MERKE

Jeder Aufwand wird in einem näher bezeichneten Aufwandskonto auf der Soll-Seite gebucht und wirkt sich als Minderung auf das Eigenkapital aus. Jede erbrachte Leistung wird auf der Haben-Seite des entsprechenden Ertragskontos gebucht und erhöht das Eigenkapital.

5.3.2 Buchung von Vorräten für den Verbrauch

Die im Betrieb angelegten und gebuchten Vorräte werden langfristig gesehen nur angeschafft, um die bei der Leistungserstellung verbrauchten Güter möglichst schnell ersetzen zu können. Vorräte wandeln sich also in Verbrauch. Für einige Güter ist eine Anschaffung in größeren Mengen sinnvoll, auch wenn sie nicht sofort verbraucht werden. Das gilt für alle Güter, bei denen ein Fixbetrag einen großen Teil des Wertes ausmacht, beispielsweise der Druck bei Geschäftspapier. Außerdem sind Mengenrabatt, saisonbedingte Preisschwankungen oder längere Lieferfristen mögliche Ursachen für Vorratshaltung.

Solange die Vorräte nicht verwendet werden, sind sie noch nicht als Aufwand anzusehen. Sie behalten ihren Wert weitgehend, bis sie tatsächlich in der Leistungserstellung aufgehen, also verbraucht werden. Werden Güter dann aus dem Vorrat entnommen und verbraucht, muss dieser Verbrauch gebucht werden. Zum einen, um den Abgang, also die Minderung des Bestandes an Vorräten, zu dokumentieren. Zum anderen aber auch, weil der Verbrauch eines Gutes für die Leistungserstellung als Aufwand festgehalten werden muss, da er Kosten verursacht und den Erfolg des Unternehmens beeinflusst.

Beispiel

Der Abgang vom Vorratskonto, z. B. bei der Entnahme eines Kartons mit Speditionsaufträgen aus dem Vorrat an Büromaterial, führt zu einer Minderung auf dem Konto „Büromaterialvorrat". Die Minderung auf einem aktiven Bestandskonto (Bestand im Soll) wird auf der Haben-Seite gebucht. Der Aufwand wird auf der Soll-Seite des Aufwandskontos, hier „Büromaterialverbrauch" gebucht. Der Buchungssatz lautet also:

Buchungssatz:			
Büromaterialverbrauch	45,00 €	an Büromaterialvorrat	45,00 €

In manchen Fällen ist es schwierig, den genauen Zeitpunkt zu definieren, zu dem ein Gut aus dem Vorrat in den Verbrauch übergeht. Kleinere Mengen von geringwertigen Gütern werden daher häufig sofort als Verbrauch gebucht. So ist es sinnvoll, einen Karton mit Formularen im Wert von 50,00 € sofort als Verbrauch zu buchen, auch wenn die Formulare erst im Laufe der kommenden sechs Monate benutzt werden[1].

Bei größeren Mengen und hochwertigen Gütern nimmt man Schnittstellen zu Hilfe, an denen die Überführung vom Vorrat in den Verbrauch leicht zu erfassen ist. Für Büromaterial ist die Buchung von Materialbezugsscheinen bei der Entnahme aus dem Lager bequem und leicht nachzuvollziehen. Dadurch ist sichergestellt, dass die Vorratsmengen entsprechend aktualisiert und entnommene Güter auch buchhalterisch in Aufwand überführt werden.

Beispiel

Betreibt ein Fuhrunternehmen eine Tankstelle für die eigenen Fahrzeuge oder wird Treibstoff unterwegs getankt, gilt er direkt nach dem Einfüllen in den Fahrzeugtank als verbraucht. Bei Reifen wird der Verbrauch auf die Entnahme aus dem Lager und die Montage an das entsprechende Fahrzeug datiert, auch wenn die Reifen noch nicht abgenutzt sind.

MERKE

Wird ein Gut aus dem Vorrat entnommen und verbraucht, handelt es sich um Aufwand, der auf einem entsprechenden Konto als Betriebskosten, also Treibstoffverbrauch, Büromaterialverbrauch etc. verbucht wird. Dieser Aufwand wird als Zugang im Soll auf dem Aufwandskonto, als Minderung im Haben auf dem aktiven Bestandskonto gebucht.

---

[1] *Zur wertmäßigen Einordnung vergleiche Kapitel 7.5.*

5.3.3 Buchung von Gutschrift und Storno auf Rechnungen

Im Alltagsgeschäft kommt es vor, dass Rechnungen von den jeweiligen Auftraggebern moniert werden, weil die Höhe des Rechnungsbetrages nicht dem vereinbarten Preis entspricht oder durch Fehler in der Auftragsdokumentation falsche Posten berechnet werden. In diesen Fällen gibt es mehrere Möglichkeiten, auf die Kritik des Kunden einzugehen und den Vorgang zu korrigieren.
Ist der Rechnungsbetrag tatsächlich zu hoch ausgefallen, kann entweder die gesamte Rechnung storniert, also für nicht gültig erklärt werden. Dem Auftraggeber wird dann eine komplett neue Rechnung über den korrekten Betrag ausgestellt.

Es ist auch möglich, einen Teilbetrag nachträglich gutzuschreiben. In diesem Fall wird die Differenz zwischen dem falschen und dem vereinbarten Rechnungsbetrag berechnet und dieser Betrag als Gutschrift an den Kunden ausgestellt. Er zieht diesen Betrag von der Original-Rechnung ab und zahlt nur den Restbetrag. Das sieht beispielsweise folgendermaßen aus:

Warenexporteur moniert Frachtrechnung Hamburg – Kiew:	
Rechnungsbetrag:	2 250,00 €
Frachtvereinbarung:	2 100,00 €
Differenzbetrag:	150,00 €

Storno:	
stornierte Rechnung:	2 250,00 €
neue Rechnung:	2 100,00 €
Zahlbetrag:	2 100,00 €

Gutschrift:	
Original-Rechnung:	2 250,00 €
Gutschrift:	150,00 €
Zahlbetrag:	2 100,00 €

Beispiel
In beiden Fällen muss aber nicht nur die Rechnung an den Auftraggeber korrigiert werden. Gleichzeitig ändert sich auch die Ertragslage des Unternehmens. Statt der 2 250,00 € Speditionserlöse kommen vom Auftraggeber nur 2 100,00 €. Der mögliche Überschuss verringert sich also um 150,00 €. Die Speditionserlöse verringern sich, daher muss in diesem Fall genau umgekehrt auf dem Ertragskonto gebucht werden, also im Soll. Gleichzeitig verringern sich auch die Forderungen, da der Kunde nur einen geringeren Betrag zahlen wird. Die Minderung des aktiven Bestandskontos „Forderungen a. LL." bedeutet eine Buchung auf der Haben-Seite.

Der Buchungssatz für die Gutschrift lautet:

② Speditionserlöse	150,00 €	an Forderungen a. LL.	150,00 €

Als Faustregel kann man den **ursprünglichen Buchungssatz**, der mit der Gutschrift korrigiert wird (oder der vom Storno aufgehoben wird), **umdrehen**. Dann zieht man den Gutschriftbetrag auf der entgegengesetzten Seite der vorhergehenden Buchung wieder ab.

Vorhergehender, ursprünglicher Buchungssatz:

① Forderungen a. LL.	2 250,00 €	an Speditionserlöse	2 250,00 €

In Kontenform ist zu erkennen, dass die Gutschrift die ursprüngliche Forderung bzw. den Ertrag auf den tatsächlichen vereinbarten Betrag reduziert:

Soll	Forderungen a. LL.		Haben
EBK	320 000,00	② SpE	150,00
① SpE	2 250,00	SBK	322 100,00
	322 250,00		322 250,00

Soll	Speditionserlöse		Haben
② Ford. a. LL.	150,00	① Ford.	2 250,00
GuV	2 100,00		
	2 250,00		2 250,00

Bei der Buchung des Stornos geht man auch vom ursprünglichen Buchungssatz aus und bucht die Beträge komplett zurück. In diesem Fall würde der **Storno-Buchungssatz** also lauten:

Der Buchungssatz für die Gutschrift lautet:

② Speditionserlöse	2 250,00 €	an Forderungen a. LL.	2 250,00 €

Dann wird die **neue, korrigierte Rechnung** gebucht:

Der Buchungssatz für die Gutschrift lautet:

③ Forderungen a. LL.	2 100,00 €	an Speditionserlöse	2 100,00 €

Bei zu hoch ausgestellten **Eingangsrechnungen**, beispielsweise von Fuhrunternehmern oder Reedereien, die Fracht in Rechnung stellen, wird das gleiche Prinzip angewendet. Allerdings ist der Spediteur dann Rechnungsempfänger.

Beispiel

Eine Reederei sendet die Rechnung für den Seetransport eines 40-Fuß-Containers über einen Betrag von 2 800,00 €. Der Buchungssatz für diese Eingangsrechnung lautet:

Der Buchungssatz für die Eingangsrechnung lautet:

① Speditionskosten	2 800,00 €	an Verbindlichkeiten a. LL.	2 800,00 €

Bei der Eingangsrechnung über eine Fracht, die bei der Wall GmbH, Spedition & Logistik, vorliegt, wurde irrtümlich die Beförderung eines 40-Fuß-Containers statt eines 20-Fuß-Containers berechnet. Die Rechnung beträgt 2 800,00 €, die Offerte für 20-Fuß-Container liegt jedoch bei 1 800,00 €. Daraufhin moniert ein Mitarbeiter aus dem Seefracht-Export die Rechnung. Da tatsächlich nur ein 20-Fuß-Container verschifft wurde, einigt man sich auf eine Gutschrift zum Ausgleich, also über 1 000,00 €. Diese wird entsprechend gebucht, um sowohl die Speditionskosten auf den tatsächlichen Wert zu verringern als auch die Verbindlichkeiten für die spätere Überweisung korrekt zu führen. Die Buchung der Gutschrift lautet:

Der Buchungssatz für die Gutschrift lautet:

② Verbindlichkeiten a. LL.	1 000,00 €	an Speditionskosten	1 000,00 €

Ein Storno würde mit dem gleichen Buchungssatz gebucht, aber mit einem Betrag von 2 800,00 €. Dann würde eine weitere Rechnung geschickt und nach Eingang mit dem Buchungssatz ①, aber mit einem Betrag von 1 800,00 € gebucht.

MERKE

Bei einem Storno wird die bestehende Rechnung annulliert, bei einer Gutschrift auf die bestehende Rechnung erhält der Rechnungsempfänger einen um den Wert der Gutschrift verminderten Rechnungsbetrag.

Vorgehen:

- Ursprünglichen Buchungssatz ermitteln
  - bei Ausgangsrechnungen meist: Forderungen a. LL. an Speditionserlöse
  - bei Eingangsrechnungen meist: Speditionskosten an Verbindlichkeiten aus a. LL.
- Buchungssatz umdrehen

5.4 Abschluss von Erfolgskonten

5.4.1 Bruttoabschluss der Erfolgskonten

Die einzelnen Erfolgskonten werden nicht direkt in das Eigenkapital abgeschlossen, sondern über **Ergebniskonten**.
Die einfachste Form einer Erfolgsrechnung kann als **Gewinn- und Verlustrechnung** in **Kontoform** angelegt werden. Hier werden alle Aufwendungen und Erträge in nur einem übergeordneten Konto, nämlich dem **Gewinn- und Verlustkonto (GuV)**, zusammengefasst. Der Saldo ist das **Gesamtergebnis**. In der speditionellen Praxis werden mehrere Ergebniskonten verwendet, um alle Aufwendungen und Erträge zu sammeln. Zwei davon seien hier vorgestellt:

In Speditionen werden Aufwand und Ertrag aus der betrieblichen Tätigkeit in das **Betriebsergebniskonto (BEK)** abgeschlossen. Dieses Abschlusskonto dient für alle Beträge, die regelmäßig aus der **betrieblichen Tätigkeit** entstehen und **in die Abrechnungsperiode** einzuordnen sind. Dazu zählen die auftragsgebundenen Speditionskosten und Speditionserlöse, aber auch Betriebskosten, sofern sie rechtzeitig abgerechnet wurden. Wenn alle Geschäftsfälle dem entsprechen, reicht das BEK aus.

Sind jedoch andere Geschäftsfälle entstanden, so werden die daraus entstandenen Aufwendungen und Erträge in ein anderes Ergebniskonto abgeschlossen, das **neutrale Ergebniskonto (NEK)**. **Nicht regelmäßige** (also außerordentliche oder außergewöhnliche) Aufwendungen können z. B. Schadenersatzzahlungen an Auftraggeber sein, ohne dass die Versicherung Ersatz leistet, Erträge können z. B. durch den Verkauf einer Lagerhalle über (Buch-)Wert entstehen. **Betriebsfremde** Aufwendungen und Erträge entstehen beispielsweise, wenn beim Verkauf einer Beteiligung ein Verlust entsteht oder ein Mietertrag durch Vermietung eines Teils der Bürofläche entsteht. **Periodenfremd** sind Aufwand und Ertrag, falls sie im Vorjahr entstanden sind, z. B. Bußgeld für ein Verkehrsdelikt im Vorjahr oder falls der eigentliche Auftrag erst in der Folgeperiode abgewickelt wird, z. B. bei Vorauszahlungen durch den Auftraggeber.

Die Salden aus dem Betriebsergebniskonto und dem neutralen Ergebniskonto werden im **Gesamtergebniskonto (GEK)** zusammengefasst. Dort entsteht das Gesamtergebnis, das auch dem Resultat des Gewinn- und Verlustkontos entspricht.

MERKE

Aufwendungen und Erträge werden in spezielle Konten abgeschlossen:
regelmäßige, periodengerechte, betriebliche Tätigkeit in der Spedition → Betriebsergebniskonto BEK
nicht regelmäßig, periodenfremd, betriebsfremd → neutrales Ergebniskonto NEK
übergeordnet: „gewöhnliche" Geschäftstätigkeit → Gesamtergebniskonto GEK
entsprechend: allgemeiner Sammelbegriff → Gewinn- und Verlustkonto GuV

Der Abschluss der Erfolgskonten über BEK oder GuV könnte für die Lernsituation (Seite 46) folgendermaßen aussehen:

Soll	Speditionskosten		Haben
Verbl. a. LL.	640,00	GuV/BEK	655,00
Verbl. a. LL.	15,00		
	655,00		655,00

Soll	Speditionserlöse		Haben
GuV/BEK	684,50	Ford.	684,50

Soll	Verwaltungskosten		Haben
Verbl. a. LL.	8,00	GuV/BEK	8,00

Soll	Gehalt		Haben
Bank	10,00	GuV	10,00

Soll	GuV/BEK		Haben
Speditionskosten	655,00	Speditionserlöse	684,50
Verwaltungskosten	8,00		
Gehalt	10,00		
Eigenkapital (Gewinn)	11,50		
	684,50		684,50

Soll	Eigenkapital		Haben
SBK	10011,50	EBK	10000,00
		GuV/BEK (Gewinn)	11,50
	10011,50		10011,50

Die Darstellung ist vereinfacht. Die einzelnen Buchungen sind hier nur auf den Eingangsauftrag bezogen.
In der Praxis werden die Buchungen für Betriebskosten, also hier Gehalt oder Verwaltungskosten, nicht pro Auftrag abgerechnet. Das Gehalt wird pro Mitarbeiter gebucht, die Verwaltungskosten werden nach unterschiedlichen Kostenarten getrennt. Dies können Büromaterialverbrauch, Kosten des Geldverkehrs, Leasing für Bürogeräte, Kommunikationskosten usw. sein.

Der Erfolg aus diesem Auftrag wird als Saldo des BEK ermittelt und in das Eigenkapital-Konto gebucht. Dabei bedeutet ein Saldo im Soll des BEK eine Mehrung des Eigenkapitals (Addition auf die Haben-Seite des Eigenkapitals), also Gewinn.

Es ist aber auch denkbar, dass die Kosten die abgerechneten Leistungen übersteigen und mit einem Auftrag Verlust gemacht wird. Für den gleichen Transport wäre es möglich, dass durch einen Fehler der Disponentin bei der Wall GmbH, Spedition & Logistik, der Transport erst verspätet durchgeführt werden konnte. Als Ausgleich für den beim Auftraggeber entstandenen Schaden einigte man sich, auf die Vergütung und Porti/Papiere zu verzichten. Die Speditionserlöse mussten um die 25,00 € Abfertigung und 4,50 € P/P verringert werden, betrugen also nur noch 655,00 €. Die Aufwendungen für den Auftrag waren allerdings nicht geringer. Daraus ergibt sich dann folgende Buchung auf dem BEK:

Soll	GuV/BEK		Haben
Speditionskosten	655,00	Speditionserlöse	655,00
Verwaltungskosten	8,00	Eigenkapital (Verlust)	18,00
Gehalt	10,00		
	673,00		673,00

Soll	Eigenkapital		Haben
SBK	9982,00	EBK	10000,00
GuV/BEK (Verlust)	18,00		
	10000,00		10000,00

In diesem Fall ist durch die geringeren Erträge ein Saldo auf der anderen Seite des BEK entstanden. Ein Saldo auf der Haben-Seite des BEK ergibt eine Minderung des Eigenkapitals (Buchung auf der Soll-Seite des Eigenkapital-Kontos), einen Verlust.

Im Gegensatz zu den meisten anderen Konten ist beim BEK oder GuV die Seite, auf der der Saldo des Kontos ermittelt wird, nicht vorher abzusehen, sondern richtet sich nach dem Erfolg des Unternehmens in der vorangegangenen Periode:

Übersicht Abschluss Bestands-/Ertragskonten

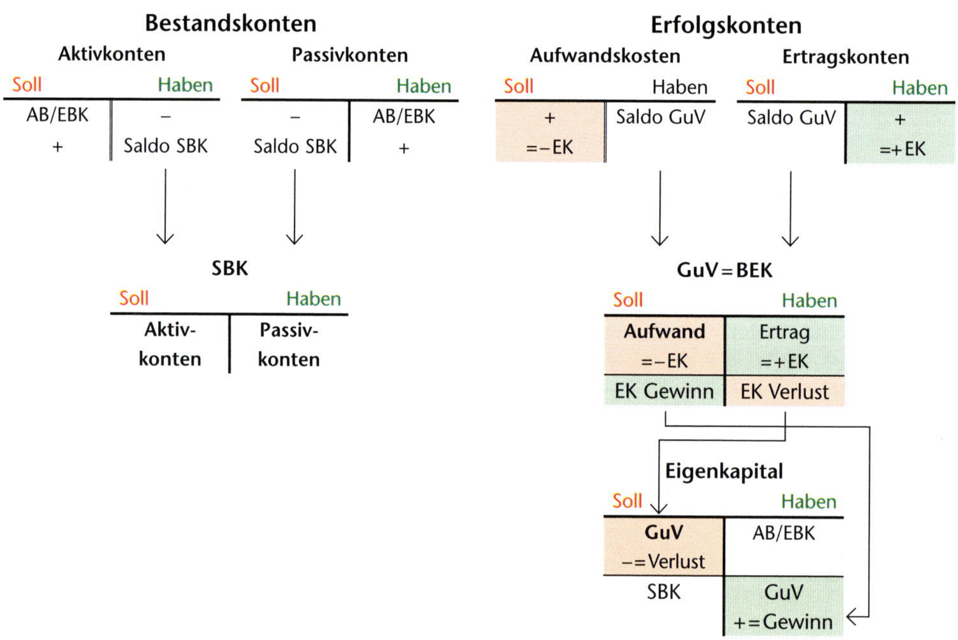

MERKE
Der Saldo des GuV oder BEK richtet sich nach dem Erfolg des Unternehmens:
Übersteigen die Erträge die Aufwendungen, wird das Konto also mit Gewinn abgeschlossen, ergibt sich der Saldo im Soll. Er wird auf der Haben-Seite des Eigenkapitalkontos zum Bestand addiert.
Fallen die Erträge geringer aus als die Aufwendungen, entsteht der Saldo als Verlust im Haben. Er wird auf die Soll-Seite des Eigenkapitalkontos übertragen und mindert so den Bestand an Eigenkapital am Ende der Periode.

Nachdem bisher zur Vereinfachung nur ein einzelner Fall dargestellt wurde, sollen jetzt Erfolgsbuchungen für ein ganzes Unternehmen durchgeführt werden.

Die Auszubildende Karen Meckel fragt ihren Onkel, der selbst ein kleines Speditionsunternehmen mit vier Mitarbeitern führt, ob sie einmal einen Blick in die GuV, die der Steuerberater aufstellt, werfen darf. Herr Meckel besorgt ihr daraufhin die Daten der vergangenen beiden Jahre für sein Unternehmen.
Die Meckel Spedition vermietet einen Teil ihrer angemieteten Räume weiter an ein Handelsunternehmen. Dadurch entstehen Mieterträge, die nicht direkt der betrieblichen Tätigkeit einer Spedition entsprechen. Wenn solche Erträge berücksichtigt werden müssen, werden sie nicht in das **BEK** abgeschlossen, sondern über das neutrale Ergebniskonto NEK in das **Gesamtergebniskonto (GEK)**. Zur Vereinfachung werden alle Aufwands- und Ertragskonten hier nur ins BEK abgeschlossen. Es sind nur einige Beispiel-Geschäftsfälle angegeben:

Aktiva	Schlussbilanz der Meckel Spedition zum 31.12. Jahr 1 in €		Passiva
I. Anlagevermögen		**I. Eigenkapital**	140 000,00
1. Fuhrpark	200 000,00		
2. BGA	210 000,00	**II. Fremdkapital**	
		1. Darlehen	300 000,00
II. Umlaufvermögen		2. Verbindlichkeiten a. LL.	410 000,00
1. Vorräte	55 000,00		
2. Forderungen a. LL.	320 000,00		
3. Bank	65 000,00		
	850 000,00		850 000,00

Geschäftsfälle des laufenden Jahres:

1. Zahlung von Miete per Banküberweisung	8 000,00 €
2. Eingang einer Bankgutschrift für den Abschlag in einem Logistikprojekt, ohne vorherige Rechnungsbuchung	3 000,00 €
3. Ausgangsrechnung für Lkw-Transportleistungen	78 000,00 €
4. Überweisung von Gehältern an Mitarbeiter	50 000,00 €
5. Verkauf eines Druckers auf Rechnung	400,00 €
6. Betanken eigener Lkws an der Betriebstankstelle	200,00 €
7. Eingangsrechnung eines Lkw-Fuhrunternehmens	18 000,00 €
8. Ein Auftraggeber überweist einen offenen Rechnungsbetrag	12 000,00 €

MERKE

Empfohlene Ablaufschritte bei der Buchung eines Geschäftsganges mit Bestands- und Erfolgskonten:

Falls erforderlich, zunächst das EBK erstellen und Eröffnungsbuchungen für die Bestandskonten bilden. Dann die Buchungssätze für die Geschäftsfälle im Journal aufzeichnen.

Buchung im Hauptbuch:

1. Einrichten aller Bestandskonten, die in der Schlussbilanz (oder dem EBK) verzeichnet sind.
2. Anfangsbestände entsprechend der letzten Schlussbilanz oder dem EBK eintragen.
3. Eröffnen der Erfolgskonten nach Bedarf, also wenn sich eine Buchung aus den laufenden Geschäftsfällen ergibt.
4. Die Salden auf den einzelnen Erfolgskonten bilden, BEK eröffnen und die Salden dorthin übertragen. Siehe dazu 5.4.1.
5. Den Saldo im BEK ermitteln und in das Eigenkapitalkonto als Gewinn oder Verlust übertragen.
6. Abschließen der Bestandskonten, Salden als Schlussbestände in das neue SBK übertragen. Dabei auch den Schlussbestand auf dem Eigenkapitalkonto ermitteln und übertragen.
7. Kontrollieren, ob die Summe des Vermögens der Kapitalseite entspricht.
   Das Eigenkapital muss dem Vermögen abzüglich der Schulden entsprechen:
   Anlagevermögen + Umlaufvermögen – Fremdkapital =
   Eigenkapital der Vorperiode + Gewinn /– Verlust des laufenden Jahres.

Buchung im Journal

Das EBK und die Eröffnungsbuchungen werden hier nicht gesondert erstellt, sondern nur die Buchungssätze für die laufenden Geschäftsfälle:

Buchungssatz			
① Mietaufwand	an	Bank	8 000,00 €
② Bank	an	Logistikerlöse	3 000,00 €
③ Forderungen a. LL.	an	Speditionserlöse	78 000,00 €
④ Gehälter	an	Bank	50 000,00 €
⑤ Forderungen a. LL.	an	BGA	400,00 €
⑥ Treibstoffverbrauch	an	Vorräte	200,00 €
⑦ Speditionskosten	an	Verbindlichkeiten a. LL.	18 000,00 €
⑧ Bank	an	Forderungen a. LL.	12 000,00 €

Einrichten, Buchen und Abschließen der Bestandskonten (1., 5., 6.)

Soll	Fuhrpark		Haben
EBK	200 000,00	SBK	200 000,00

Soll	BGA		Haben
EBK	210 000,00	⑤ Ford. a. LL.	400,00
		SBK	209 600,00
	210 000,00		210 000,00

Soll	Vorräte		Haben
EBK	55 000,00	⑤ Treibst. v.	400,00
		SBK	54 800,00
	55 000,00		55 000,00

Soll	Eigenkapital		Haben
SBK	144 800,00	EBK	140 000,00
		BEK	4 800,00
	144 800,00		144 800,00

Soll	Darlehen		Haben
SBK	300000,00	EBK	300 000,00

Soll	Verbindlichkeiten a. LL.		Haben
SBK	428 000,00	EBK	410 000,00
		⑦ SpK	18 000,00
	428 000,00		428 000,00

Soll	Forderungen a. LL.		Haben
EBK	320 000,00	⑤ Bank	12 000,00
③ SpE	78 000,00	SBK	386 400,00
⑤ BGA	400,00		
	398 400,00		398 400,00

Soll	Bank		Haben
EBK	65 000,00	⑧ Mietaufw.	8 000,00
② Log.Erlöse	3 000,00	④ Gehälter	50 000,00
⑧ Ford.	12 000,00	SBK	22 000,00
	80 000,00		80 000,00

Einrichten, Buchen und Abschließen der Erfolgskonten (3., 4.)

Soll	Mietaufwendungen		Haben
① Bank	8 000,00	BEK	8 000,00

Soll	Logistikerlöse		Haben
BEK	3 000,00	② Bank	3 000,00

Soll	Gehälter		Haben
④ Bank	50 000,00	BEK	50 000,00

Soll	Speditionserlöse		Haben
BEK	78 000,00	③ Ford	78 000,00

Soll	Treibstoffverbauch		Haben
⑥ Vorräte	200,00	BEK	200,00

Soll	Speditionskosten		Haben
② Verbl.	18 000,00	BEK	18 000,00

Soll	Betriebsergebniskonto		Haben
SpK	18 000,00	SpE	78 000,00
Mietaufwendungen	8 000,00	Logistikerlöse	3 000,00
Gehälter	50 000,00		
Treibstoffverbrauch	200,00		
Eigenkapital (Gewinn)	4 800,00		
	81 000,00		81 000,00

Abschlussbuchungssatz des BEK-Kontos mit Gewinn:

Buchungssatz:

BEK	an	Eigenkapital	4 800,00 €

Übertragen der Schlussbestände in das SBK, Kontrolle der Summen (6., 7.)

Schlussbilanz der Meckel Spedition
zum 31.12. Jahr 2 in €

Aktiva			Passiva		
I	Anlagevermögen		I	Eigenkapital	144 800,00
	1. Fuhrpark	200 000,00			
	2. BGA	209 600,00	II	Fremdkapital	
				1. Darlehen	300 000,00
II	Umlaufvermögen			2. Verbindlichkeiten a. LL.	428 000,00
	1. Vorräte	54 800,00			
	2. Forderungen a. LL.	386 400,00			
	3. Bank	22 000,00			
		872 800,00			872 800,00

MERKE

Grundsätzliche Regeln bei Buchungen auf den Erfolgskonten:

Buchung von Erträgen:
auf dem Ertragskonto im Haben (erhöht das EK im Haben)
Abschlussbuchung des Ertragskontos:
Ertragskonto an BEK
Buchung von Aufwendungen:
auf dem Aufwandskonto im Soll (verringert das EK im Soll)
Abschlussbuchung des Aufwandskontos:
BEK an Aufwandskonto
Abschlussbuchung für das BEK:
Saldo im Soll = Gewinn, denn der Betrag wird auf die Haben-Seite des Eigenkapitals übertragen, also dazu addiert:
BEK an Eigenkapital
Saldo im Haben = Verlust, denn der Betrag wird auf die Soll-Seite des Eigenkapitals übertragen, also davon abgezogen
Eigenkapital an BEK

5.4.2 Abgrenzung von Brutto- und Nettoabschluss

Im letzten Beispiel wurden sämtliche Aufwands- und Ertragskonten direkt in das GEK abgeschlossen. Der Saldo, der sich bei diesem Vorgehen im GEK ergeben hat und in das Eigenkapital übertragen wurde, war als Gewinn ausgewiesen worden. Dieses Verfahren heißt **Bruttoabschluss**. Der Saldo wird als Nettospeditionsgewinn/Nettospeditionsverlust bezeichnet.

Es gibt noch ein anderes Abschlussverfahren: den **Nettoabschluss**. Beim Nettoabschluss werden die Betriebskosten zunächst nicht berücksichtigt. Man verrechnet nur die auftragsgebundenen Speditionskosten mit den Speditionserlösen. Dabei wird das Konto, welches die geringere Summe aufweist, im anderen Konto abgeschlossen. Im Normalfall sollten die Speditionserlöse die auftragsgebundenen Speditionskosten übersteigen. Dann wird der Saldo vom Speditionskosten-Konto direkt in das Speditionserlöse-Konto abgeschlossen.

Beispiel

Im vereinfachten Fall für das kleine Speditionsunternehmen würde eine Variation der eben geschilderten Situation die Bandbreite verdeutlichen:
Statt der (auftragsgebundenen) Logistikerlöse könnten die 3000,00 € auch aus der Mietzahlung entstanden sein. Die wird durch ein Handelsunternehmen geleistet, das einen Teil des Speditionsgebäudes als Bürofläche gemietet hat. In diesem Fall handelt es sich nicht um Erlöse aus betrieblicher Tätigkeit, sondern um betriebsfremde, neutrale Erlöse.
Sie werden nicht im Rahmen der Verrechnung auftragsgebundener Kosten mit den Speditionserlösen berücksichtigt.
Erst danach, wenn der Reingewinn im GEK ermittelt wird, kommen auch die Beträge aus dem neutralen Ergebnis zum Tragen. Der Nettoabschluss würde folgendermaßen aussehen:

Soll	Speditionskosten		Haben
Verbl.	18000,00	SpE	18000,00

Soll	Speditionserlöse		Haben
SpK	18000,00	Ford.	78000,00
BEK	60000,00		
	78000,00		78000,00

Der Saldo wird nach Abzug der auftragsgebundenen Speditionskosten in das BEK übertragen. Der Betrag, in diesem Fall 60000,00 €, ist der **Bruttospeditionsgewinn**. Er bezeichnet den Gewinn nach Abzug der auftragsgebundenen Speditionskosten von den Speditionserlösen. In der Bilanzbewertung entspricht er dem **Rohertrag** oder **Rohgewinn**.
Von diesem Bruttospeditionsgewinn werden dann im BEK die Betriebskosten abgezogen, um den **Nettospeditionsgewinn** zu erhalten, vereinfacht auch **Reingewinn** genannt. In diesem Fall beträgt er 16800,00 €. Der Nettospeditionsgewinn im eben beschriebenen Nettoabschlussverfahren entspricht dem Gewinn, der im Bruttoabschluss ermittelt wird. Der einzige Zwischenschritt ist die vorherige Verrechnung der auftragsgebundenen Speditionskosten.
Diese **interne Verrechnung** ist nicht erlaubt, wenn Aufwendungen und Erträge in der Bilanz oder Erfolgsrechnung ausgewiesen werden. Sie widerspricht den Grundsätzen ordnungsgemäßer Buchführung.

Soll	Betriebsergebniskonto		Haben
Mietaufwendungen	8000,00	SpE (Bruttospeditionsgewinn)	60000,00
Gehälter	50000,00	Logistikerlöse	3000,00
Treibstoffverbrauch	200,00		
Eigenkapital (Nettospeditionsgewinn)	4800,00		
	63000,00		63000,00

MERKE

Unterschied im Vorgehen beim Brutto- und Nettoabschluss

Bruttoabschluss:
Die Kosten und Erlöse werden unmittelbar in das BEK abgeschlossen.
Es wird nur der Nettospeditionsgewinn/-verlust ermittelt.

Nettoabschluss:
Zunächst werden Speditionskosten und Speditionserlöse gegeneinander abgeschlossen.
Buchungssatz: Speditionserlöse an Speditionskosten
Der Überschuss aus dem Konto mit dem höheren Betrag wird in das BEK übertragen. Fast immer: Bruttospeditionsgewinn, Speditionserlöse > Speditionskosten
Buchungssatz: Speditionserlöse an BEK
Im BEK werden die Betriebskosten und der Bruttospeditionsgewinn verrechnet.
Es wird der Nettospeditionsgewinn/-verlust ermittelt.

Die Abschlüsse in grafischer Übersicht[1]**:**

Erlöse	Bruttoabschluss	Nettoabschluss		Erlösanteile
	Speditionsgewinn 4 800,00 €		Nettospeditionsgewinn 4 800,00 €	Vergütung für eigene Leistungen 63 000,00 €
Gesamte Speditionserlöse 81 000,00 €	Gesamter Speditionsaufwand 73 200,00 € = Bruttoabschluss	Bruttospeditionsgewinn 60 000,00 €	Betriebskosten 55 200,00 €	
		Speditionskosten 18 000,00 €	Speditionskosten 18 000,00 €	Auslagen für fremde Leistungen 18 000,00 €

5.5 GuV nach dem Umsatzkostenverfahren

Nachdem Karen das System der Buchung und Zuordnung in der Gewinn- und Verlustrechnung einigermaßen verstanden hat, möchte sie zum Vergleich einmal die GuV einer anderen, größeren Spedition sehen, um zu testen, ob die Realität von ihrem Beispiel abweicht. Im Internet findet sie die Bilanz und auch die Gewinn- und Verlustrechnung der Bradenstein Speditions AG. Für die GuV macht es anscheinend einen großen Unterschied, ob es sich um ein kleines Unternehmen wie die Spedition von Karens Onkel oder um ein Großunternehmen handelt.

Bradenstein Speditions AG Gewinn- und Verlustrechnung zum 31.12.20.. in Mio. €	
Umsatzerlöse	330
Umsatzkosten/Herstellkosten[2]	279
Bruttoergebnis vom Umsatz	**51**
Vertriebskosten	5,7
Allgem. Verwaltungskosten	30,8
sonstige betriebliche Erträge	10
sonstige betriebliche Aufwendungen	10,2

[1] *Um den exakten Bedeutungen zu entsprechen, wurden zur Ermittlung des Speditionsgewinns aus dem vorhergehenden Beispiel Mieterträge (mit entsprechenden Mietaufwendungen) ergebnisneutral herausgenommen.*
[2] *Sämtlicher Aufwand in den Speditionsabteilungen und auftragsgebundene Speditionskosten.*

Bradenstein Speditions AG Gewinn- und Verlustrechnung zum 31.12.20.. in Mio. €	
(EBITA[1])	14,3
Abschreibungen auf den Firmenwert	12
Betriebsergebnis (EBIT)	2,3
Zinsen u. ä. Erträge	3,2
Zinsen u. ä. Aufwendungen	2,1
Ergebnis der gewöhnlichen Geschäftstätigkeit (EGT)	3,4
Steuern vom Einkommen und Ertrag	3,5
Jahresfehlbetrag	–0,1

Karen findet in dieser GuV die Bereiche, die sie bereits kennengelernt hat, nur teilweise wieder, und dann auch mit leicht veränderten Namen.

Die Gewinn- und Verlustrechnung ist nicht mehr in Kontoform angegeben. Es handelt sich um die detailliertere und für Kapitalgesellschaften auch in Deutschland vorgeschriebene **Staffelform**. Da hier deutlich mehr Zwischenergebnisse gebildet werden, ist eine tabellarische Darstellung übersichtlicher als einzelne Konten. Bei der Staffelform kann zwischen dem Gesamtkosten- und dem Umsatzkostenverfahren gewählt werden. Das **Gesamtkostenverfahren** legt das Hauptgewicht auf die Leistungen der Geschäftsperiode, auch wenn diese nicht am Markt abgesetzt worden sind. Das ist für Industriebetriebe oft sinnvoll, weil nicht nur Umsatzerlöse, sondern auch Bestandsmehrungen und andere Eigenleistungen[2] in die Erfolgsrechnung einbezogen werden. Für Dienstleistungsbetriebe wie die Spedition ist dieses Verfahren aber weniger interessant. Hier ist es günstiger, das **Umsatzkostenverfahren** zu nutzen. Die Aufstellung der Umsatzkosten ist vor allem im englischsprachigen Raum verbreitet und deshalb in Unternehmen mit ausländischen Anteilseignern sehr gängig. Dabei geht man strikt davon aus, dass die Leistungen auch tatsächlich verkauft worden sind, also zu Umsatzerlösen wurden. Von den **Umsatzerlösen** werden dann die Kosten abgezogen, gegliedert nach den Funktionsbereichen Fertigung (in der Spedition die operativen Speditionsabteilungen), Vertrieb und Verwaltung. Die Abschreibungen (siehe Kapitel 7) sind dabei schon in diese Bereiche einbezogen, nur immaterielle Abschreibungen auf den Firmenwert werden gesondert ausgewiesen.

Die neuen Begriffe sind teilweise leicht auf das anwendbar, was bereits bekannt ist:
Der **Rohertrag** entspricht dem Roh- oder **Bruttoergebnis**, der **Betriebserfolg** ist ungefähr das, was bisher als **Nettospeditionsgewinn** oder **Reingewinn** bezeichnet wurde.
Um das **Ergebnis der gewöhnlichen Geschäftstätigkeit (EGT)** zu berechnen, werden der Betriebserfolg und der Finanzerfolg berücksichtigt. Zum Finanzerfolg zählen alle Aufwendungen und Erträge, die außerhalb der betrieblichen Tätigkeit erwirtschaftet wurden, also Zinsen, Beteiligungen an anderen Unternehmen, Spekulationsgewinne/-verluste.

Im Gegensatz zum neutralen Ergebniskonto der Spedition werden im Finanzergebnis aber keine **außerordentlichen, außergewöhnlichen** oder **periodenfremden** Aufwendungen und Erträge berücksichtigt. Diese sind im EGT nicht enthalten, sondern werden erst dazugerechnet, bevor das **Ertragssteueraufkommen** ermittelt wird. Zusammen mit dem Steuerabzug entsteht dann der **Jahresüberschuss** oder **Fehlbetrag**.

---

[1] *EBIT (earns before interest and taxes) wurde aus dem angelsächsischen Raum eingeführt für den Betriebserfolg des Unternehmens. Als EBITA („a" für amortisation) wird der Erfolg vor Abzug immaterieller Anlagen (Firmenwert) bezeichnet. EBITDA („d" für depriciation) wird der Betriebserfolg genannt, wenn auch die Abschreibungen auf Sachanlagen noch nicht von den Umsatzerlösen abgezogen wurden.*

[2] *Zum Beispiel bereits produzierte Waren oder ausgearbeitete Logistikkonzepte in der Spedition, die aber noch nicht an Auftraggeber verkauft sind.*

	Gesamtkostenverfahren		Umsatzkostenverfahren
	Umsatzerlöse		Umsatzerlöse
+/–	Bestandsveränderungen	–	Herstellungskosten
+	Aktivierte Eigenleistungen		
+	Sonst. betriebliche Erträge		
=	**Betriebsleistung**	=	**Bruttoergebnis (DB)**
–	Materialaufwand	–	Vertriebskosten
–	Fremdleistungen	–	Allgem. Verwaltungskosten
=	**Rohertrag**		
–	Personalaufwand	+	Sonst. betriebliche Erträge
–	Sonst. Aufwendungen	–	Sonst. betriebliche Aufwendungen
–	AfA		
=	**Betriebserfolg (EBIT)**	=	**Betriebserfolg (EBIT)**
+/–	Finanzerfolg	+/–	Finanzerfolg
=	**EGT**	=	**EGT**
+/–	a. o. Erträge/Aufwendungen		
–	Steuern vom Einkommen/Ertrag	–	Steuern
=	Jahresüberschuss/-fehlbetrag		
+/–	Auflösung/Dotierung von Rücklagen		
+/–	Gewinn/Verlustvortrag Vorjahr		
=	Bilanzgewinn/-verlust	=	Jahresergebnis (Überschuss/Fehlbetrag)

Für die Berechnung der Einzelergebnisse werden gesonderte Konten gebildet, diese werden aber in der Gewinn- und Verlustrechnung nicht detailliert abgebildet. Ähnlich wie in das SBK nur Schlussbestände der Bestandskonten übertragen werden, gehen in die GuV nur die Salden der Gewinn- und Verlustkonten ein.

Zu diesen Konten gehören u.a. das Betriebsergebniskonto (BEK), auf dem das Betriebsergebnis ermittelt wird, das Finanzergebniskonto, das Ergebniskonto der gewöhnlichen Geschäftstätigkeit, das außerordentliche Ergebniskonto (Gesamtkostenverfahren), und das Gesamtergebniskonto (GEK) vor/nach Steuern[1]. Die Kontobezeichnungen decken sich meist mit den Namen, die bereits für die Posten in der Gewinn- und Verlustrechnung genannt wurden.

MERKE

In der Gewinn- und Verlustrechnung in Staffelform werden im Gegensatz zur einfachen GuV in Kontoform mehrere Ergebnisse gebildet und als Tabelle ausgewiesen:
Der Rohertrag (Bruttoergebnis) entspricht ungefähr dem bisher verwendeten Bruttospeditionsgewinn.
Das Betriebsergebnis beinhaltet die Kosten, die innerhalb des Betriebes selbst durch die normale Geschäftstätigkeit anfallen (ungefähr entsprechend BEK).
Im Finanzergebnis werden Zinsen, Finanzanlagen, Beteiligungen zusammengefasst und fließen in das Ergebnis vor Steuern (Ergebnis der gewöhnlichen Geschäftstätigkeit) ein.
Wenn vorhanden, werden dann noch außergewöhnliche Erträge und Aufwendungen berücksichtigt, auf jeden Fall aber Steuern auf Einkommen und Ertrag.
Das Endergebnis ist der Rein- oder Bilanzgewinn.

[1] *Siehe Darstellung auf der folgenden Seite.*

ZUSAMMENFASSUNG

Erfolgskonten
- werden zu Beginn der Buchführungsperiode ohne Bestand eröffnet
- enthalten alle Aufwendungen und Erträge der Periode

bestehen aus:

Auftragsgebundene Speditionskosten
- entstehen extern
- sind einem Auftrag zuzuordnen
- Buchung im Soll

Speditionserlöse
- entstehen für Leistungen, die für Auftraggeber erbracht werden
- Buchung im Haben

Saldo ergibt:

Bruttospeditionsgewinn/-verlust
(für interne Zwecke)

abzüglich

Betriebskosten
- entstehen im Unternehmen
- sind nicht einem Auftrag direkt zuzuordnen
- Buchung im Soll

Saldo ergibt:

Nettospeditionsgewinn/-verlust

+ Finanzergebnis

Übertrag in das

Betriebsergebniskonto (BEK)

Übertrag in das

Gesamtergebniskonto (GEK)

Oberbegriff Abschlusskonten: **GuV**

Saldo als Gewinn/Verlust in das

Eigenkapital (EK)
- Buchung Gewinn im Haben
- Buchung Verlust im Soll

BEARBEITUNGSVORSCHLAG

Notieren Sie aus dem Gedächtnis einzelne private Einnahmen und Ausgaben, die Sie im letzten Monat hatten.

a) Vergleichen Sie Ihre privaten Einnahmen und Ausgaben mit Kategorien in einem Unternehmen, indem Sie die notierten „Geschäftsfälle" in die Bereiche Bestandsänderung, Aufwand und Ertrag einordnen.

b) Geben Sie eine Einschätzung, ob sich Ihr Eigenkapital im vergangenen Monat vermehrt (Gewinn) oder vermindert (Verlust) hat, und versuchen Sie, die dafür entscheidenden Positionen herauszufinden.

ÜBUNGSAUFGABEN

1. Ordnen Sie folgende Positionen danach, ob es sich um aktive/passive Bestandskonten, Betriebskosten/auftragsgebundene Speditionskosten oder Ertrag handelt.
   a) Lkw im Fuhrpark
   b) Treibstoffverbrauch
   c) Darlehenszinsen
   d) BGA
   e) Ausgangsrechnung Einfuhrabgaben
   f) Eingangsrechnung Einfuhrabgaben
   g) Lkw-Speditionsleistungen
   h) Fracht an Fuhrunternehmer
   i) Darlehen
   j) Miete für das genutzte Bürogebäude
   k) Treibstoffvorrat
   l) Lkw-Reparatur
   m) Telefongebühren
   n) Mitarbeitergehälter

2. Bilden Sie die Buchungssätze zu folgenden Geschäftsfällen:
   a) Zahlung von Kfz-Steuern per Banküberweisung
   b) Bankgutschrift für Vermietung von Büroräumen an ein Handelsunternehmen
   c) Anmeldung der Beträge für die DTV-Verkehrshaftungsversicherung
   d) Ausgangsrechnung für Lkw-Frachten
   e) Banküberweisung von Mitarbeitergehältern
   f) Ein Kunde erhält eine Gutschrift, da die vorherige Frachtrechnung zu hoch war
   g) Verkauf eines Druckers auf Rechnung
   h) Eingangsrechnung für eine Warentransportversicherungsprämie
   i) Barquittung für unterwegs getanktes Benzin
   j) Eingangsrechnung über Lkw-Frachten eines Fuhrunternehmers
   k) Zinsbelastung durch die Hausbank für ein Darlehen
   l) Kauf eines gebrauchten Lieferwagens auf Ziel
   m) Barkauf von Briefmarken
   n) Tilgung eines Darlehens vom Bankkonto
   o) Barzahlung einer Rechnung über Lagergeld ohne vorherige Buchung der Rechnung
   p) Das Lagergeld wird einem Kunden weiterbelastet
   q) Monatsabrechnung des Internet-Providers für DFÜ
   r) Rechnung eines Lieferanten für Dieselkraftstoff an die eigene Tankstelle

3. Nennen Sie den entsprechenden Geschäftsfall, der zu folgendem Buchungssatz führte:

a) Reifenverbrauch	an	Reifenvorrat
b) Kommunikationskosten	an	Bank
c) Bank	an	Kasse
d) Speditionskosten	an	Verbl. a. LL.
e) Forderungen	an	Speditionserlöse
f) Speditionserlöse	an	Forderungen

g) Miete	an	Bank
h) Löhne	an	Bank
i) Fuhrpark	an	Verbl. a. LL.
j) SBK	an	BGA
k) Speditionserlöse	an	GuV
l) Eigenkapital	an	GuV
m) Eigenkapital	an	SBK

4. Bilden Sie die Abschlussbuchungssätze für folgende Konten:

a) GuV mit Gewinn
b) Treibstoffvorrat
c) Büromaterialverbrauch
d) Mieterträge
e) Speditionskosten
f) Eigenkapital
g) GEK mit Verlust
h) Forderungen a. LL.
i) Speditionserlöse
j) Mietaufwand
k) Treibstoffverbrauch

5. Ermitteln Sie den Gewinn/Verlust im GuV für folgende Situation:

Speditionserlöse

S	H
	235 000,00

Seehafen-Speditionskosten

S	H
91 000,00	

Löhne

S	H
22 000,00	

Miete

S	H
21 000,00	

Kraftwagen-Speditionskosten

S	H
60 000,00	

Treibstoffverbrauch

S	H
8 000,00	

Büromaterialverbrauch

S	H
2 000,00	

Porti

S	H
2 500,00	

Zinsen

S	H
3 100,00	

6. Buchen Sie die folgenden Geschäftsfälle der Roadtrans Spedition auf T-Konten und schließen Sie die Konten ordnungsgemäß ab:

Fuhrpark	250 000,00 €	Kasse	4 000,00 €
BGA	170 000,00 €	Verbindlichkeiten	225 000,00 €
Bank	55 000,00 €	Darlehen	230 000,00 €
Forderungen	205 000,00 €	Eigenkapital	?
Vorräte	40 000,00 €		

Benötigte Aufwands- und Ertragskonten:
Büromaterialverbrauch, Zinsaufwand, Reifenverbrauch, Gehälter, Kraftwagenspeditionskosten, Kraftwagenspeditionserlöse

a) Barkauf von Geschäftspapier zum Verbrauch	1 000,00 €
b) Ausgang einer Rechnung über Lkw-Frachten	32 000,00 €
c) Eingangsrechnung vom Empfangsspediteur	27 000,00 €
d) Zahlungseingang von Frachtrechnungen	45 000,00 €

e) Überweisungen an die Hausbank:	Darlehen	50 000,00 €
	Zinsen	2 000,00 €
f) Entnahme neuer Reifen aus dem Vorrat		8 000,00 €
g) Überweisung von Gehalt		25 000,00 €
h) Ausgangsrechnung für Sammelguttransporte		28 000,00 €
i) Kauf mehrerer PCs auf Ziel		12 000,00 €

7. Ermitteln Sie den Gewinn der Schäfer Logistics KG aus folgenden Positionen:

a) Berechnen Sie den Roh- und den Reingewinn.

b) Führen Sie die entsprechenden Konten und ermitteln Sie daraus die Bruttogewinne der Abteilungen Kraftwagenspedition, Seehafenspedition, Luftfrachtspedition und dann den Nettogewinn im GEK.

Kraftwagenspeditionserlöse	125 000,00 €
Gehälter	49 000,00 €
Seehafenspeditionserlöse	74 000,00 €
Luftfrachtspeditionserlöse	85 000,00 €
Luftfrachtspeditionskosten	91 000,00 €
Seehafenspeditionskosten	42 000,00 €
Kraftwagenspeditionskosten	61 000,00 €
Steuern und Versicherungen	12 000,00 €
Miete	19 000,00 €
Kommunikationskosten	2 000,00 €

8. Buchen Sie entsprechend der Vorüberlegungen im Hauptbuch. Schließen Sie dann alle Konten ab und erstellen Sie die Schlussbilanz der Seeler Logistik.

Aktiva	**Eröffnungsbilanz zum 01.01.20.. in €**		**Passiva**
I Anlagevermögen		**I Eigenkapital**	36 500,00
1. Fuhrpark	50 000,00		
2. Geschäftsausstattung	8 000,00	**II Fremdkapital**	
		1. Darlehen	36 000,00
II Umlaufvermögen		2. Verbindlichkeiten a. LL.	3 000,00
1. Vorräte	1 500,00		
2. Forderungen a. LL.	0,00		
3. Bank	16 000,00		
	75 500,00		75 500,00

1. Unsere Mietzahlung per Bankeinzug	12 000,00 €
2. Miete wird vom Untermieter per Überweisung gezahlt	3 000,00 €
3. Ausgangsrechnung für Seeexport-Abfertigung	68 000,00 €
4. Zahlung von Gehalt per Dauerauftrag	18 000,00 €
5. Verkauf eines Druckers auf Rechnung	150,00 €
6. Einbau von Lkw-Verschleißteilen aus dem Lager	200,00 €
7. Eingangsrechnung über Seefrachten	36 000,00 €
8. Ein Teil der Seeexport-Abfertigung wird bezahlt	12 000,00 €

6 Kontenrahmen und Kontenplan

LERNSITUATION

In den ersten Tagen in der Buchhaltungsabteilung wundert sich der Auszubildende Ibrahim, dass die Sachbearbeiterin Frau Glamm nur Zahlen und keine Kontenbezeichnungen bei den Buchungsvorgängen verwendet.

AUFGABEN

1. Erläutern Sie, welche Bedeutung ein Kontenrahmen für die Speditionsbranche hat.
2. Unterscheiden Sie Bestandskonten von Erfolgskonten.

Der DSLV (Deutscher Speditions- und Logistikverband) hat für seine Mitgliedsunternehmen einen **Kontenrahmen** als Empfehlung veröffentlicht. Die Buchführung soll nicht nur Auskunft über Höhe, Zusammensetzung, Verwendung des dem Unternehmen dienenden Kapitals und den Erfolg geben, sondern auch Zahlen für die Kosten- und Leistungsrechnung, die Statistik und die betriebliche Planung liefern. Diese Anforderungen sind von der Buchführung nur dann leistbar, wenn alle Geschäftsvorfälle nach einem einheitlichen Ordnungsrahmen gebucht werden. Grundlage für diesen einheitlichen Ordnungsrahmen bildet der **Kontenplan** des einzelnen Unternehmens, der sich aus dem Kontenrahmen der Speditionsbranche entwickelt. Der Kontenrahmen wird ständig überarbeitet und neu herausgegeben.

Der Speditionskontenrahmen wird in 10 Kontenklassen (0 bis 9) unterteilt.

Kontenklasse 0	Anlagevermögen, langfristiges Eigen- und Fremdkapital
Kontenklasse 1	liquide Mittel, Forderungen und kurzfristige Verbindlichkeiten
Kontenklasse 2	Abgrenzungsposten, z. B. außerordentliche Aufwendungen und Erträge u. a.
Kontenklasse 3	Vorräte des Unternehmens (z. B. Treibstoff, Ersatzteile, Reifen ...)
Kontenklasse 4	Betriebskosten
Kontenklasse 5 + 6	frei für die interne Leistungsverwendung
Kontenklasse 7	Auftragsgebundene Speditionskosten
Kontenklasse 8	Erlöskonten
Kontenklasse 9	Eröffnungskonten und Abschlusskonten (z. B. EBK, BEK, SBK ...)

Die Kontenklasse gibt Auskunft über den Abschluss der Konten.

MERKE

Bestandskonten 0, 1 und 3 → Abschluss über das SBK
Erfolgskonten 4, 7 und 8 → Abschluss über das BEK/GEK bzw. GuV

Manche der im Kontenrahmen aufgeführten Konten werden im einzelnen Unternehmen nicht benötigt. Jedes Unternehmen muss die zu benutzenden Konten in einem Kontenplan festlegen. Der Kontenplan mit dem die Wall GmbH, Spedition & Logistik, arbeitet, enthält nur einen Ausschnitt aus dem Kontenrahmen mit geringfügigen Abweichungen, um die Kontenzahlen zu beschränken. Der Kontenplan ist im Anhang als Faltblatt zu finden. Die Kontenklassen sind jeweils weiter in Kontengruppen, Konten und Unterkonten gegliedert.

ZUSAMMENFASSUNG

- Der Speditionskontenrahmen wird in 10 Kontenklassen unterteilt.
- Die Bestandskonten 0,1 und 3 werden in das SBK abgeschlossen und die Erfolgskonten 4, 7 und 8 in das BEK, GEK/GuV.
- Jedes Unternehmen erstellt seinen eigenen Kontenplan.

ÜBUNGSAUFGABEN

1. Um welche Geschäftsvorfälle handelt es sich?
   a) 710 und 145 an 160
   b) 140 an 160, 810 und 167
   c) 160 an 102
   d) 102 und 160 an 140
   e) 70 und 145 an 160

2. Geben Sie die jeweilige Kontennummer und Kontenklasse an.

Konto	Kontennummer	Kontenklasse
Gebäude	011	0
Forderungen	14	1
BEK	90	9
Gehälter	410	4
Güterschadenhaftpflicht-versicherung	452	4
Speditionskosten	70-77	7
Verbindlichkeiten	16	1
Umsatzsteuer	167	1
Treibstoffvorräte	300	3
Fuhrpark	022	0
Darlehen	040-045	0
Eigenkapital	05	0
Speditionserlöse	80-87	8

3. Bilden Sie die Buchungssätze für den Abschluss folgender Konten:
   a) Büromaterialvorrat
   b) Eigenkapital
   c) Gehälter
   d) Speditionserlöse
   e) Büromaterialverbrauch
   f) Verbindlichkeiten
   g) Umsatzsteuer, wenn die Umsatzsteuer größer ist als die Vorsteuer
   h) Vorsteuer, wenn die Umsatzsteuer größer ist als die Vorsteuer
   i) Vorsteuer, wenn die Umsatzsteuer kleiner ist als die Vorsteuer
   j) BEK mit Verlust
   k) BEK mit Gewinn
   l) Kasse
   m) Güterschadenhaftpflichtversicherung
   n) Forderungen
   o) Speditionskosten

7 Abschreibungen

LERNSITUATION

Die Geschäftsführerin der Wall GmbH, Spedition & Logistik, Frau Seeding, möchte zwei neue Lkws für ihren Fuhrpark anschaffen. Die Lkws sollen zwei alte ersetzen, da diese nach fünf Jahren Nutzung nicht mehr fahrtüchtig sind. In einer Konferenz mit den betroffenen Abteilungsleitern sind einige Punkte erörtert worden.

Auszug aus dem Sitzungsprotokoll:
Angebote für Lkws liegen vor; die Anschaffungskosten sind sehr hoch und eine nicht unerhebliche finanzielle Belastung für den Betrieb. Trotzdem ist man sich darüber einig, im Betrieb eigene Lkws zu haben, da man sich für einen eigenen Fuhrpark entschieden hat, um im Selbsteintritt Transporte durchführen zu können.

Frau Grendel, die Abteilungsleiterin Buchhaltung, stellt fest, dass die Lkws im Schnitt fünf Jahre im Einsatz sind, bevor neue angeschafft werden müssen. Durch den Gebrauch in der Firma verlieren die Lkws im Laufe der Zeit an Wert. Weiterhin merkt Frau Grendel an, dass Lkws, die die Wall GmbH, Spedition & Logistik, aus betrieblichen Gründen bereits nach zwei Jahren verkauft hatte, zum Teil nur noch für die Hälfte des Anschaffungspreises veräußert wurden. Viele Lkws, die fünf Jahre im Einsatz waren, konnten nur zu einem sehr niedrigen Preis abgegeben werden oder mussten sogar verschrottet werden.

Frau Seeding möchte von Frau Grendel wissen, welche Auswirkungen die regelmäßige Anschaffung der Lkws auf den Betrieb hat und inwiefern sich der Wertverlust der Lkws bemerkbar macht.

AUFGABEN

1. In welchem Teil der Bilanz tauchen die Lkws auf?
2. Stellen Sie fest, wie der Wertverlust der Lkws in der Buchhaltung berücksichtigt wird.
3. Klären Sie, wie man die Anschaffungskosten für die Lkws bereits „im Voraus" erwirtschaften kann, um eine Kreditaufnahme zu vermeiden.

7.1 Abschreibung auf Anlagen

Grundsätzlich muss jedes Anlagegut in der Bilanz mit dem tatsächlichen Wert erfasst werden. Anlagegüter können an Wert verlieren. Beispiele hierfür sind:

- Gebrauch (Verschleiß von Lkws),
- Technischer Fortschritt (leistungsfähigere Lastzüge mit niedrigerem Kraftstoffverbrauch),
- Wirtschaftliche Zwänge (einige Gabelstapler werden durch einen Nachfragerückgang überflüssig).

Die Höhe der Abnutzung nennt man Abschreibung, steuerrechtlich auch AfA (Absetzung für Abnutzung). Abschreibungen erfassen einen Wertverlust. Alle abnutzbaren Anlagegüter sind am Ende eines jeden Geschäftsjahres mit den Anschaffungskosten, vermindert um die Abschreibungen, zu bewerten und in die Bilanz einzustellen. Zu den abnutzbaren Anlagegütern gehören bewegliche und unbewegliche Wirtschaftsgüter des Anlagevermögens, z. B. Fuhrpark, Maschinen sowie Betriebs- und Geschäftsausstattung. Nicht abnutzbare Anlagegüter dürfen nur mit ihren Anschaffungskosten in die Bilanz eingestellt werden. Dazu gehören z. B. Grundstücke (§ 253 HGB). Diese können nicht „abnutzen“, da Grund und Boden erhalten bleiben.

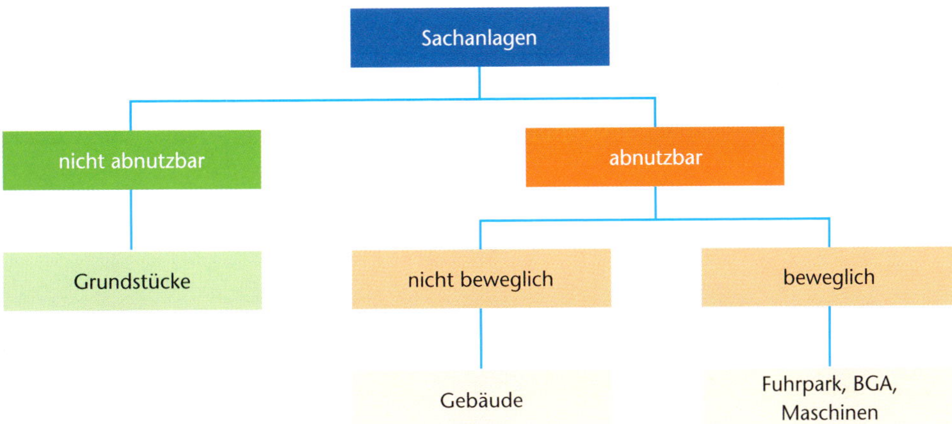

Buchhalterisch stellen Abschreibungen einen Aufwand dar. Sie mindern damit den Gewinn des Unternehmens.
Unterschieden werden planmäßige und außerplanmäßige Abschreibungen:

- Abnutzbare Anlagegüter werden planmäßig entsprechend ihrer betriebsgewöhnlichen Nutzungsdauer entweder **linear** oder **leistungsabhängig** abgeschrieben. Unternehmen haben ein Interesse daran, möglichst schnell und hoch abzuschreiben, da Abschreibungsbeträge als Aufwand den zu versteuernden Gewinn mindern. Je höher diese Beträge sind, desto geringer fällt der steuerpflichtige Gewinn aus. Die Finanzverwaltung hat daher verbindliche Tabellen veröffentlicht, die die branchenabhängige gewöhnliche Nutzungsdauer der abnutzbaren Anlagegüter festlegen.

Auszug aus der AfA-Tabelle Personen- und Güterbeförderung (im Straßen- und Schienenverkehr)
Quelle: BStBl 1998 I S. 123

Anlagegüter	Nutzungsdauer in Jahren	Linearer AfA-Satz v. H.
Güterwagen (einschl. Gelenkwagen-Waggons)	20	5
Kessel- und Spezialwagen	15	7
Personenkraftwagen	5	20
Lastkraftwagen, Sattelschlepper, Kipper		
unter 7,5 t zulässigem Gesamtgewicht	6	17
ab 7,5 t zulässigem Gesamtgewicht	5	20
Anhänger, Auflieger, Wechselaufbauten, Transportcontainer	6	17

Für Lastkraftwagen können im Wege der leistungsabhängigen AfA auch kürzere Abschreibungszeiträume angesetzt werden.
Bei einer Berechnung der jährlichen Absetzungen für Abnutzung nach Kilometerleistung wird eine Gesamtlaufleistung von 1 Mio. km zugrunde gelegt.

- Außerplanmäßige Abschreibungen dürfen immer dann erfolgen, wenn Anlagegüter beschädigt (z. B. Unfallschaden), aufgrund technischen Fortschritts (moderne Umschlagsanlagen) oder außergewöhnlicher Ereignisse (unvorhergesehener Umsatzrückgang) unbrauchbar werden.

MERKE
Bewegliche Wirtschaftsgüter des Anlagevermögens müssen mit dem Wert in der Bilanz erscheinen, der ihnen beizumessen ist.
Abschreibungen erfassen Wertminderungen durch Abnutzung, technischen Fortschritt oder wirtschaftliche Entwertung.

7.2 Berechnung der Abschreibung

Die Höhe der jährlichen Abschreibung hängt von der Nutzungsdauer des Anlagegutes und der gewählten Abschreibungsmethode ab.

7.2.1 Lineare Abschreibung (Abschreibung vom Anschaffungswert)

Bei der linearen Abschreibung sind die abgeschriebenen Beträge in jedem Jahr gleich hoch, weil die Wertminderung mit einem festen Prozentsatz vom Anschaffungswert berechnet wird. Ein Wechsel zu einer anderen Abschreibungsmethode ist nicht zulässig.

Beispiel
Kauf eines Sattelzuges zum 1. Januar 20.., 44 t zul. Gesamtgewicht, Anschaffungswert 50 000,00 €, gewöhnliche Nutzungsdauer lt. AfA-Tabelle: fünf Jahre, erwartete Laufleistung: 1 Mio. km, Abschreibung vom Anschaffungswert.

$$\text{Abschreibungsbetrag} = \frac{\text{Anschaffungswert}}{\text{Nutzungsdauer}} = \frac{50\,000{,}00}{5} = 10\,000{,}00 \text{ € jährlich}$$

$$\text{Abschreibungsprozentsatz} = \frac{100\,\%}{\text{Nutzungsdauer}} = \frac{100}{5} = 20\,\% \text{ jährlich}$$

MERKE
Bei der linearen Abschreibung sind die Abschreibungsbeträge gleich hoch und werden errechnet, indem der Anschaffungswert durch die Nutzungsdauer geteilt wird.

7.2.2 Leistungsabhängige Abschreibung

Diese Abschreibungsmethode darf bei beweglichen Wirtschaftsgütern des Anlagevermögens, bei denen sie wirtschaftlich begründet ist, angewandt werden. Dazu gehören z. B. Lkws oder Maschinen, die eine sehr hohe Laufleistung innerhalb weniger Jahre haben. Hierbei ist die Abschreibung nach Maßgabe der Leistung des Wirtschaftsguts vorzunehmen, also z. B. nach Maschinenstunden oder gelaufenen Kilometern.

Der Kaufpreis wird durch die Gesamtleistung – bei Lkws die Gesamtkilometerleistung – dividiert. Daraus ergibt sich der Abschreibungsbetrag pro Leistungseinheit – bei einem Lkw ist das der Abschreibungsbetrag je Kilometer. Die Multiplikation der gesamten Jahreslaufleistung mit dem Abschreibungsbetrag je Leistungseinheit – also Kilometer – ergibt die jährliche Abschreibungshöhe. Im Transportgewerbe ist bei Lkw eine angenommene Laufleistung von 1 Mio. km steuerrechtlich vorgeschrieben.

Beispiel
Kauf eines Sattelzuges zum 1. Mai 20.., 44 t zul. Gesamtgewicht, Anschaffungswert 50 000,00 €, gewöhnliche Nutzungsdauer lt. AfA-Tabelle: fünf Jahre, erwartete Laufleistung: 1 Mio. km, leistungsabhängige Abschreibung.
Errechnung des Abschreibungsbetrages je Leistungseinheit/km:

Abschreibungsbetrag je Leistungseinheit =

$$\frac{\text{Anschaffungswert}}{\text{Gesamtleistung}} = \frac{50\,000{,}00}{1\,000\,000} = 0{,}05 \text{ €/km}$$

7.2.3 Vergleich der Abschreibungsmethoden

Beispiel

Kauf eines Sattelzuges zum 1. Mai 20.., 44 t zul. Gesamtgewicht, Anschaffungswert 50 000,00 €, gewöhnliche Nutzungsdauer lt. AfA-Tabelle: fünf Jahre, erwartete Laufleistung: 1 Mio. km

Zeitpunkt	Abschreibung vom Anschaffungswert Linear 20 %	Leistungsabhängige Abschreibung (0,05 €/km)	Laufleistung
Anschaffungswert	50 000,00 €	50 000,00 €	
./. Abschreibung nach dem 1. Jahr	10 000,00 €	9 000,00 €	Jahr 1: 180 000 km
Buch- oder Restwert nach dem 1. Jahr	40 000,00 €	41 000,00 €	
./. Abschreibung nach dem 2. Jahr	10 000,00 €	11 500,00 €	Jahr 2: 230 000 km
Buch- oder Restwert nach dem 2. Jahr	30 000,00 €	29 500,00 €	
./. Abschreibung nach dem 3. Jahr	10 000,00 €	13 000,00 €	Jahr 3: 260 000 km
Buch- oder Restwert nach dem 3. Jahr	20 000,00 €	16 500,00 €	
./. Abschreibung nach dem 4. Jahr	10 000,00 €	6 500,00 €	Jahr 4: 130 000 km
Buch- oder Restwert nach dem 4. Jahr	10 000,00 €	10 000,00 €	
./. Abschreibung nach dem 5. Jahr	10 000,00 €	10 000,00 €	Jahr 5: 200 000 km
Buch- oder Restwert nach dem 5. Jahr	0,00 €	0,00 €	

Wird das Anlagegut nach Ablauf der Nutzungsdauer im Unternehmen weiterhin genutzt, so muss es mit einem Erinnerungswert von 1,00 € in den Büchern geführt werden.

7.3 Buchung der Abschreibung

Die Abschreibungen senken den Wert der Anlagegüter auf den Anlagekonten. Die Buchung der Abschreibung erfolgt direkt auf dem betroffenen Anlagekonto, daher wird diese Form der Buchung „direkte Abschreibung" genannt. Die Abschreibungen werden auf dem Aufwandskonto **„247 Abschreibungen"** gesammelt, das über das Betriebsergebniskonto **„90 BEK"** abgeschlossen wird.

Beispiel

Abschreibung eines Sattelzuges zum 1. Mai 20.., 44 t zul. Gesamtgewicht, mit einem Anschaffungswert von 50000,00 €, gewöhnliche Nutzungsdauer lt. AfA-Tabelle: fünf Jahre, erwartete Laufleistung: 1 Mio. km, der Sattelzug ist der einzige Lkw im Unternehmen.
Abschreibung vom Anschaffungswert:

Anfangsbestand 022	*Fuhrpark:*	50000,00 €
Anfangsbestand 05	*Eigenkapital:*	100000,00 €

Buchungssätze der Abschreibung bis zur Bilanzerstellung:

Buchungssatz:

Nr.	Konto	Betrag in €		Konto	Betrag in €
1	247 Abschreibungen auf Anlagen	10000,00	an	022 Motorfahrzeuge	10000,00
2	90 BEK	10000,00	an	247 Bilanzmäßige Abschreibungen auf Anlagen	10000,00
3	05 Eigenkapital	10000,00	an	90 BEK	10000,00
4	98 Schlussbilanzkonto	40000,00	an	022 Motorfahrzeuge	40000,00
5	05 Eigenkapital	90000,00	an	98 Schlussbilanzkonto	90000,00

Darstellung der Buchungen auf T-Konten:

Soll — 022 Motorfahrzeuge — Haben

	AB	50000,00	1	247	10000,00
			4	98	40000,00
		50000,00			50000,00

Soll — 247 Abschreibungen — Haben

1	022	10000,00	2	90	10000,00
		10000,00			10000,00

Soll — 90 BEK — Haben

2	247	10000,00	3	05	10000,00
		10000,00			50000,00

Soll — 05 Eigenkapital — Haben

3	90	10000,00		AB	100000,00
5	98	90000,00			
		100000,00			100000,00

Soll — 98 Schlussbilanzkonto — Haben

4	022	40000,00	5	05	90000,00
	-----	-------------		-----	-------------
	-----	-------------		-----	-------------
		-------------			-------------

MERKE

Abschreibungen werden in der Kontenklasse 2 auf dem Konto „247 Abschreibungen" gebucht.
Der Buchungssatz lautet:
247 Abschreibung .... an Anlagekonto (Klasse 0) ....

7.4 Monatsgenaue Abschreibung

Grundsätzlich muss bei abnutzbaren Wirtschaftsgütern des Anlagevermögens die Abschreibung ab dem Monat der Anschaffung beginnen.

Beispiel

Abschreibung eines Sattelzuges zum 17. Mai 20.., 44 t zul. Gesamtgewicht, mit einem Anschaffungswert von 37 500,00 €, gewöhnliche Nutzungsdauer lt. AfA-Tabelle: fünf Jahre, erwartete Laufleistung: 1 Mio. km, der Sattelzug ist der einzige Lkw im Unternehmen.
Abschreibung vom Anschaffungswert. Der jährliche Abschreibungsbetrag beträgt demnach 7 500,00 €. Da der Sattelzug im Mai angeschafft wurde, ist die Abschreibung im ersten Jahr nur für acht Monate anzusetzen, also

$$\frac{7\,500{,}00}{12} \cdot 8 = 5\,000{,}00\ €$$

In den Folgejahren wird dann mit dem vollen Betrag von 7 500,00 € abgeschrieben.

Buchungssätze der Abschreibung bis zum Jahresende des Anschaffungsjahres:

Buchungssatz Nr.	Konto	Betrag in €		Konto	Betrag in €
1	247 Abschreibungen auf Anlagen	5 000,00	an	022 Motorfahrzeuge	5 000,00
2	90 BEK	5 000,00	an	247 Abschreibungen auf Anlagen	5 000,00
3	05 Eigenkapital	5 000,00	an	90 GuV	5 000,00

7.5 Abschreibung geringwertiger Wirtschaftsgüter

Anschaffungskosten für abnutzbare Wirtschaftsgüter des Anlagevermögens, die einen Nettowert von 150,00 € nicht übersteigen, müssen sofort im Jahr der Anschaffung vollständig als Betriebsausgaben steuerwirksam geltend gemacht werden und dürfen nicht auf ihren Nutzungszeitraum verteilt abgeschrieben werden.
Dazu gehören z. B. Taschenrechner, Tischlampen und sonstige kleine Bürotechnik. Sie werden beim Kauf z. B. über das Konto **„440 Büromaterialverbrauch"** gebucht.

Beispiel

Die Wall GmbH kauft am 13. März einen Datenscanner für das Lager gegen Barzahlung. Der Nettopreis beträgt 125,00 €.

Buchungssatz:

Buchungssatz					
Nr.	Konto	Betrag in €		Konto	Betrag in €
1	440 Büromaterialverbrauch	125,00			
	1457 Vorsteuer	23,75	an	100 Kasse	148,75

7.5.1 410,00-Euro-Methode

Anschaffungskosten für abnutzbare Wirtschaftsgüter des Anlagevermögens, die einen Nettowert von 410,00 € nicht übersteigen, können sofort im Jahr der Anschaffung vollständig steuerwirksam geltend gemacht werden und brauchen nicht auf ihren Nutzungszeitraum verteilt abgeschrieben werden.

Beispiel

Die Wall GmbH kauft am 13. Januar einen Datenscanner für das Lager gegen Barzahlung. Der Nettopreis beträgt 350,00 €. Der Scanner soll mit der 410,00-Euro-Methode am Ende des Jahres voll abgeschrieben werden.

Buchungssätze bis zum Jahresende

Buchungssatz					
Nr.	Konto	Betrag in €		Konto	Betrag in €
1	024 BGA	350,00			
	1457 Vorsteuer	66,50	an	100 Kasse	416,50
2	483 Abschreibungen auf Anlagen	350,00	an	024 BGA	350,00

7.5.2 GWG-Sammelposten

Für bewegliche, abnutzbare und selbstständig bewertbare Anlagegüter mit einem Anschaffungspreis (netto) über 150,00 € aber nicht über 1 000,00 € kann die Abschreibung auch über einen Sammelposten erfolgen. Unabhängig von der Art des Gutes werden diese in einem Sammelkonto erfasst, welches jedes Jahr neu gebildet wird. Dieses Sammelkonto – auch **Sammelposten GWG** genannt – wird jährlich linear mit 20 % abgeschrieben. Nach fünf Jahren ab Einrichtung dieses Sammelpostens sind die Anlagegüter abgeschrieben. Es kann jedes Jahr ein neuer Sammelposten GWG eingerichtet werden, auf dem dann laufend die Neuanschaffungen der geringwertigen Anlagegüter erfasst und gemeinsam abgeschrieben werden. Die Kontenbezeichnung lautet „**Sammelposten GWG**". Für das Jahr 2015 lautet das Konto „**0251 Sammelposten GWG 2015**", für 2016 „**0252 Sammelposten GWG 2016**" usw.

Sollte ein geringwertiges Wirtschaftsgut vor Ende der Nutzungsdauer von fünf Jahren aus dem Sammelkonto ausscheiden, hat das keinen Einfluss auf die Abschreibungen und den Wert des Sammelkontos. Verkäufe oder Verluste durch Zerstörungen, Diebstähle etc. berühren das Sammelkonto nicht. Die Nutzung von GWG-Sammelposten und 410,00-Euro-Methode schließen sich gegenseitig aus.

Beispiel

- Kauf eines Beamers am 17. Juli 2015 auf Ziel, netto 850,00 €, zzgl. 19% USt 161,50 €, brutto 1011,50 €.
- Kauf eines Schrankes am 10. September 2015 per Barzahlung, brutto 714,00 €, netto 600,00 €.

Anfangsbestand 05 *Eigenkapital:* 50000,00 €

Buchungssätze der Anschaffung und Abschreibung im Sammelposten GWG bis zur Bilanzerstellung

Buchungssatz Nr.	Konto	Betrag in €		Konto	Betrag in €
1	0251 Sammelposten GWG 2015	850,00	an	160 Verbindlichkeiten a. LL.	1011,50
	145 Vorsteuer	161,50			
2	0251 Sammelposten GWG 2015	600,00	an	100 Kasse	714,00
	145 Vorsteuer	114,00			
3	247 Abschreibungen auf Anlagen	290,00	an	0251 Sammelposten GWG 2015	290,00
4	90 BEK	290,00	an	247 Abschreibungen auf Anlagen	290,00
5	05 Eigenkapital	290,00	an	90 BEK	290,00
6	98 Schlussbilanzkonto	1160,00	an	0251 Sammelposten GWG 2015	1160,00
7	05 Eigenkapital	49710,00	an	98 Schlussbilanzkonto	49710,00

Darstellung der Buchungen auf T-Konten:

Soll — 0251 Sammelp. GWG 2015 — Haben

		Soll			Haben
	160	850,00	3	247	290,00
	100	600,00	6	98	1 160,00
		1450,00			1450,00

Soll — 247 Abschreibungen — Haben

		Soll			Haben
3	0251	290,00	4	90	290,00
		290,00			290,00

Soll — 90 BEK — Haben

		Soll			Haben
4	247	290,00	5	05	290,00
		290,00			290,00

Soll — 05 Eigenkapital — Haben

		Soll			Haben
3	90	290,00		AB	50000,00
5	98	49710,00			
		50000,00			50000,00

Soll — 98 Schlussbilanzkonto — Haben

		Soll			Haben
6	0251	1160,00	7	05	49710,00
	-----	-------------		-----	-------------
	-----	-------------		-----	-------------
		-------------			-------------

MERKE
Geringwertige Wirtschaftsgüter haben Anschaffungskosten über 150,00 €, jedoch nicht über 1 000,00 €. Diese können über ihre Nutzungsdauer monatsgenau abgeschrieben werden oder alternativ:

- gemeinsam mit anderen geringwertigen Wirtschaftsgütern in einem Sammelkonto erfasst und linear mit 20 % über fünf Jahre abgeschrieben werden,
- bei Anschaffungskosten bis 410,00 € netto im Anlagevermögen aktiviert und vollständig im Jahr der Anschaffung abgeschrieben werden.

Abnutzbare Wirtschaftsgüter des Anlagevermögens mit Anschaffungskosten unter 150,00 € müssen als Aufwand gebucht werden.

7.6 Bedeutung der Abschreibung

Abschreibungen haben neben der Erfassung von Wertverlusten und der korrekten Bewertung der Wirtschaftsgüter des Anlagevermögens weitere Aufgaben: Abschreibungen verringern als Kosten den zu versteuernden Gewinn. Die Anschaffungskosten eines Anlagegegenstandes werden auf die Nutzungsjahre verteilt.

Unternehmen können die Wahlmöglichkeiten der Abschreibungsarten für steuerliche Zwecke nutzen: Die lineare Abschreibung senkt die Steuerlast über den gesamten Abschreibungszeitraum gleichmäßig. Die leistungsbezogene Abschreibung kann nicht für diesen Zweck genutzt werden, da die Leistungen (z. B. Kilometer) nicht im Voraus bekannt sind und daher die erwartete Steuerminderung auch nicht im Voraus geplant werden kann.

7.7 Der Abschreibungskreislauf

Die Abschreibung ist ein wichtiges Finanzierungsinstrument in Unternehmen. Wie andere Kosten auch werden die Abschreibungsbeträge in die Verkaufspreise einkalkuliert. Bei entsprechenden Umsatzerlösen fließen die Abschreibungsbeträge in das Unternehmen zurück. Die Ansammlung dieser Mittel über den Abschreibungszeitraum kann so für Ersatzinvestitionen genutzt werden.

Diesen Prozess kann man sich als Kreislauf vorstellen:

- Abschreibungen senken das Anlagevermögen;
- über den Umsatzprozess (Kalkulation im Verkaufspreis) fließen die Abschreibungsbeträge in das Umlaufvermögen (Bank) zurück;
- das Umlaufvermögen (Bank) steht für Neuanschaffungen (Ersatzinvestitionen) zur Verfügung.

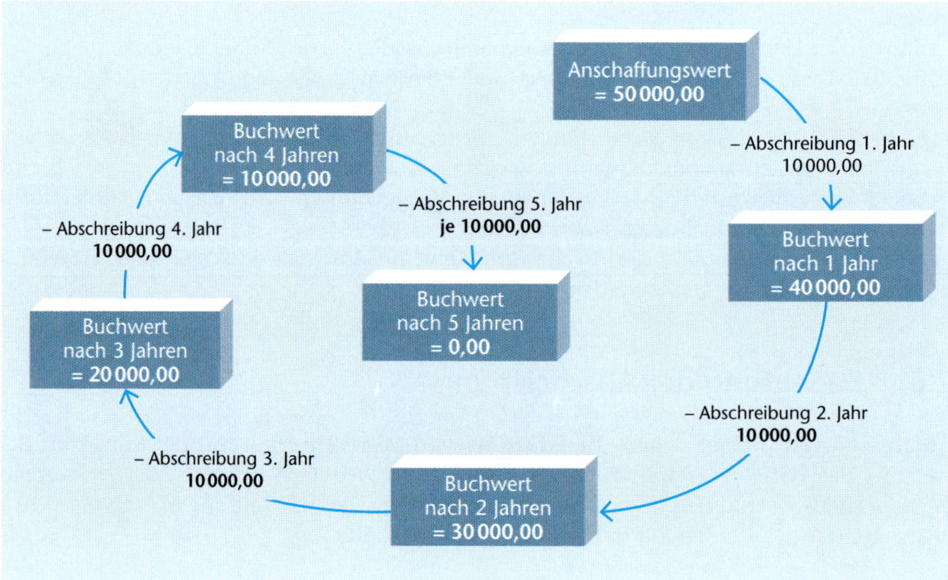

ZUSAMMENFASSUNG

Um den Wertverlust von abnutzbaren Anlagegütern korrekt darzustellen, muss dieser in der Buchhaltung erfasst werden. Zum einen müssen die Konten der abnutzbaren Anlagegüter um den Wertverlust nach unten korrigiert werden, zum anderen müssen diese Wertverluste auf einem Gegenkonto gebucht werden. Dazu dient das Konto 247 Abschreibungen auf Anlagen. Dieses Konto gehört zu den Aufwendungen und senkt damit den Gewinn.

Da ein niedriger Gewinn auch die Steuerlast senkt, hat die Finanzverwaltung Vorschriften bezüglich der Höhe und Dauer der Abschreibungen erlassen, sogenannte AfA-Tabellen.
Je nach Anlagegut sind steuerrechtlich zwei verschiedene Abschreibungsmethoden zulässig:

- Lineare Abschreibung
- Leistungsabhängige Abschreibung

Alle Abschreibungen auf Anlagen werden mit folgendem Buchungssatz gebucht:
247 Abschreibungen auf Anlagen an 0.. Anlagekonto

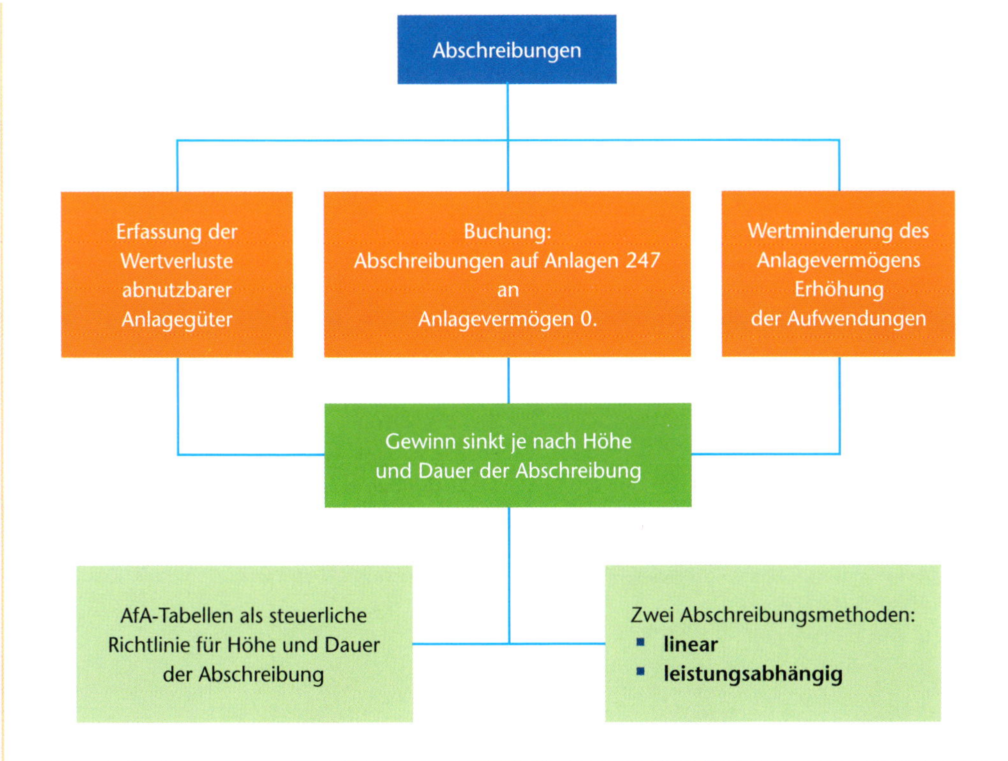

BEARBEITUNGSVORSCHLAG

Nachdem die Konferenz sich für den Kauf von zwei neuen Lkw entschieden hat, hat Frau Seeding mehrere Angebote verglichen und sich für das günstigste in Höhe von 54 200,00 € netto je Lkw entschieden. Bevor jedoch die beiden Lkws angeschafft werden können, sind immer noch einige Fragen offen, die die Buchhaltung im Voraus klären soll. Frau Seeding hat folgende Memo der Abteilungsleiterin Frau Grendel zur Bearbeitung gegeben:

Mitteilung an Frau Grendel 13.01.20..
Konferenz am 12.01.20.. – Lkw-Neuanschaffung

Frau Grendel, bitte klären Sie folgende noch unklare Punkte:

- Wie drückt die Abschreibung unseren (steuerpflichtigen) Gewinn?
- Müssen wir überhaupt abschreiben, oder reicht es nicht aus, die Anschaffung als Aufwand zu buchen?
- Welche Abschreibungsmethode (wenn nötig) würden Sie empfehlen?
- Wie hoch dürfen wir eigentlich maximal abschreiben?
- Verändern sich neben dem EK eigentlich noch andere Posten der Bilanz im ersten Jahr nach der Anschaffung der Lkws?

1. Klären Sie die offenen Punkte aus der Mitteilung an Frau Grendel.
2. Zwei Wochen später: Die beiden Lkws stehen einsatzbereit auf dem Hof, Frau Seeding und die Fahrer sind zufrieden. Frau Grendel muss nun die Anschaffung buchen und entscheiden, welche Abschreibungsmethode am günstigsten ist. Dazu hat sie folgendes Datenblatt erstellt, das noch ausgefüllt werden muss:

	Datenblatt Lkw
Anschaffungspreis netto:	*54 200,00 €*
Anschaffungsdatum:	*30. Januar 20..*
Erwartete Nutzungsdauer:	*fünf Jahre*
Kilometerleistung (geschätzt):	
Jahr 1:	*180 000 km*
Jahr 2:	*220 000 km*
Jahr 3:	*300 000 km*
Jahr 4:	*270 000 km*
Jahr 5:	*30 000 km*

Zeitpunkt	Leistungsabhängige Abschreibung	Laufleistung	Abschreibung linear
Anschaffungswert			
./. Abschreibung nach dem 1. Jahr			
Buch- oder Restwert nach dem 1. Jahr			
./. Abschreibung nach dem 2. Jahr			
Buch- oder Restwert nach dem 2. Jahr			
./. Abschreibung nach dem 3. Jahr			
Buch- oder Restwert nach dem 3. Jahr			
./. Abschreibung nach dem 4. Jahr			
Buch- oder Restwert nach dem 4. Jahr			
./. Abschreibung nach dem 5. Jahr			
Buch- oder Restwert nach dem 5. Jahr			

a) Es soll die Anschaffung dieses Lkw gebucht werden.
b) Am Ende des ersten Nutzungsjahres muss die lineare Abschreibung des Lkw gebucht werden.

ÜBUNGSAUFGABEN

1. Ibrahim ist die erste Woche in der Buchhaltung und bekommt von der Abteilungsleiterin Frau Grendel gleich eine Sonderaufgabe zugeteilt. Er soll entscheiden, welche der Posten in der folgenden Liste für eine Abschreibung auf Anlagen überhaupt infrage kommen.

Nr.	Posten	AfA? Ja	AfA? Nein
1	Grundstücke		X
2	Gebäude	X	
3	Eigenkapital		X
4	Betriebs- und Geschäftsausstattung	X	
5	Fuhrpark	X	
6	Bankdarlehen		X
7	Kasse		X
8	Büromaterial		X

2. Ibrahim soll folgende Zahlen für die lineare Abschreibung ermitteln:

a) Wie hoch sind die Abschreibungsprozentsätze bei folgenden Nutzungsdauern?

aa) 5 Jahre　　ac) 15 Jahre
ab) 10 Jahre　　ad) 50 Jahre

b) Wie lang ist die Nutzungsdauer bei folgenden Abschreibungsprozentsätzen?

ba) 2,5 %　　bc) 6,25 %
bb) 4 %　　bd) 12,5 %

3. Bei mehreren Geschäftsvorfällen waren sich die Mitarbeiter der Abteilung uneins, ob man diese als Abschreibung oder als Aufwand buchen darf. Sie fragen Ibrahim nach seiner Meinung zu folgenden Situationen:

a) Die Geschirrspülmaschine der Teeküche (Anschaffungspreis 550,00 €) macht nach nur einem Jahr intensiver Nutzung komische Geräusche. Eine Reparatur lohnt nicht. Daher wird die Maschine verschrottet und ab sofort per Hand abgewaschen.

b) Eine mobile Hebebühne wird für 15 000,00 € angeschafft. Man rechnet mit einer Nutzungsdauer von elf Jahren.

c) Die immer noch gebrauchstüchtigen (und Migräne verursachenden) Nadeldrucker werden nach nur einem Jahr Nutzungsdauer durch leistungsfähigere Laserdrucker ersetzt.

d) Durch einen Umsatzrückgang ist nur noch die Hälfte der vor zwei Jahren angeschafften Hochregale in Gebrauch. Es wird auch in Zukunft keine Umsatzsteigerung erwartet.

4. Die Lagerabteilung hat am 12. Februar 20.. für 476,00 € brutto einen Packtisch für Kleinsendungen bar gekauft. Die übliche Nutzungsdauer beträgt 4 Jahre.

a) Ibrahim soll prüfen, welche Abschreibungsmethoden hierfür zulässig sind.

b) Die Anschaffung sowie die Abschreibung (der Tisch wird noch im gleichen Jahr voll abgeschrieben) sollen gebucht werden.

5. Die Wall GmbH, Spedition und Logistik, hat beschlossen im aktuellen Geschäftsjahr über einen GWG-Sammelposten abzuschreiben. Am Ende des Geschäftsjahres liegt ein Auszug aus dem Inventar vor. Alle Anschaffungen erfolgten auf Ziel.

Nr.	Datum	Art	€ netto	19 % USt in €
1	17.03.	Schreibtisch	540,00	102,60
2	15.07.	Netzwerkserver	800,00	152,00
3	19.08.	Schwerlastregal	680,00	129,20
4	10.12.	Lichterkette	170,00	32,30

a) Buchen Sie die Anschaffungen. Richten Sie das Sammelkonto GWG ein.
b) Buchen Sie die Abschreibung für das erste Jahr. Schließen Sie das Sammelkonto GWG ab.
c) Im zweiten Nutzungsjahr geht das Schwerlastregal kaputt, man hat mit einer Lebensdauer von 15 Jahren gerechnet. Wie wirkt sich der Vorfall auf den Sammelposten GWG aus?

6. Eine neue Schreibtischlampe wurde am 13. März 20.. für 59,00 € netto bar angeschafft.
a) Welche Abschreibungsmethode ist hierfür zulässig?
b) Die Anschaffung soll gebucht werden.

7. Das Büro hat am 23. August 20.. einen neuen Teppichboden für 19 040,00 € brutto auf Ziel gekauft. Er soll über acht Jahre linear abgeschrieben werden.
a) Wie hoch ist die Abschreibung im ersten Jahr?
b) Wie lautet der Buchungssatz für die Abschreibung am Ende des ersten Jahres?

8. Errechnen Sie die fehlenden Werte.

Abschreibungsbetrag € (linear)	Abschreibungs-prozentsatz	Anschaffungswert € netto	Nutzungsdauer Jahre
a) 1.000	10	10 000,00	10
b) 625	12,5	5 000,00	8
c) 25 000,00	12,5	200.000	8
d) 4.800	4	120 000,00	25
e) 15 000,00	12,5	120.000	8
f) 15.000	20	75 000,00	5

9. Es wurde am 24. Januar 20.. ein neuer Kleintransporter für netto 48 000,00 € angeschafft. Die Nutzungsdauer soll sechs Jahre betragen. Berechnen Sie die jährliche lineare Abschreibung in den ersten vier Jahren.

10. Zum Abschluss des Geschäftsjahres 2015 sind folgende Buchungen vorzunehmen:
a) jährliche Abschreibung des Stahlsilos für Schüttgut: 4 % linear (Anschaffungskosten 2005: 300 000,00 €
b) jährliche Abschreibung der Büromöbel: 7,7 % linear (die Neueinrichtung erfolgte im Januar 2012, Buchwert am 1. Januar 2015: 76 900,00 €)

11. Ein Transporter hat bei linearer Abschreibung nach dem dritten Jahr einen Restbuchwert von 16 500,00 €. Die geschätzte Nutzungsdauer beträgt sechs Jahre. Wie hoch war der Anschaffungswert?

12. Ein Sattelschlepper mit einem Anschaffungswert von 180 000,00 € hatte eine Nutzungsdauer von fünf Jahren. Es wurde leistungsabhängig abgeschrieben. Die Fahrleistung hat sich wie folgt auf die Jahre verteilt:
1. Jahr: 114 700 km
2. Jahr: 125 000 km
3. Jahr: 160 000 km
4. Jahr: 278 300 km
5. Jahr: 72 000 km
Berechnen Sie die Abschreibungsbeträge, die in den einzelnen Jahren anfielen.

13. Nach zwei Jahren Nutzungsdauer beträgt der Restbuchwert einer Drehbank 49 000,00 €. Die angenommene Nutzungsdauer beträgt 16 Jahre. Es wird linear abgeschrieben.
a) Wie hoch ist der Abschreibungsprozentsatz?
b) Wie hoch war der Anschaffungswert?
c) Wie hoch ist die jährliche Abschreibung?
d) Wie lautet der Buchungssatz für die jährliche Abschreibung?
e) Wie lauten die Buchungssätze am Ende des zweiten Jahres für die Abschlussbuchungen der beteiligten Konten (Anfangsbestand Konto Eigenkapital: 50 000 €)?

14. Kauf eines Schreibtisches auf Ziel: 360,00 € netto. Nutzungsdauer 5 Jahre.
a) Buchen Sie die Anschaffung.
b) Der Schreibtisch soll am Ende des Jahres abgeschrieben werden. Buchen Sie dementsprechend; es wird kein Sammelkonto GWG eingerichtet.

15. Entscheiden Sie, wie folgende abnutzbare Anlagegüter abgeschrieben werden bzw. als Sofortaufwand gebucht werden.

Anlagegut/ Nutzungsdauer	Anschaffungswert netto in €	Sofortaufwand	Geringwertiges Wirtschaftsgut	Linearer Afa-Satz in %
Hochregallager/ 15 Jahre	150 000,00	nein	nein	6,66
Pkw/5 Jahre	30 000,00			
PC/3 Jahre	850,00			
Drucker/3 Jahre	99,00			
Bürogebäude/ 50 Jahre	900 000,00			
Schreibtisch/ 10 Jahre	500,00			
Stuhl/5 Jahre	180,00			

8 Die Umsatzsteuer

LERNSITUATION

Ibrahim weiß nicht, ob er für einen Transport nach Minsk Umsatzsteuer berechnen soll, da diese nicht auf der Rechnung auftaucht. Für einen Transport nach Wien wird die Umsatzsteuer nämlich berechnet. Er ist sich nicht sicher, wie er die Umsatzsteuer richtig bucht. Außerdem möchte er gerne wissen, wie er die Umsatzsteuer von Eingangsrechnungen buchen soll. Er weiß zwar, dass beide meist 19 % der Nettosumme betragen, aber welche Auswirkungen diese Steuer auf den Betrieb hat, ist ihm nicht klar. Frau Grendel hat mal etwas von Vorsteuer und Umsatzsteuervoranmeldungen erzählt … Ob das etwas damit zu tun hat? Bis jetzt musste er die Rechnungen nur mit dem Nettobetrag buchen, die Steuer haben seine Kollegen in der Abteilung gebucht.

AUFGABEN

1. Worin besteht der Unterschied zwischen Vorsteuer und Umsatzsteuer?
2. Stellen Sie fest, für welche internationalen Transporte Umsatzsteuer in Rechnung gestellt werden muss.
3. Wie wird die Umsatzsteuer bei Ausgangsrechnungen, wie bei Eingangsrechnungen gebucht?
4. Welche Auswirkung hat die Umsatzsteuer auf den Gewinn?

8.1 Funktion der Umsatzsteuer

Die Umsatzsteuer – abgekürzt USt – ist eine Steuer, die auf die Umsatzleistung eines Betriebes erhoben wird. So ist nach dem Umsatzsteuergesetz (UStG) neben Lieferungen und Leistungen unter anderem jeder Transport, den eine Spedition im Inland gegen Entgelt erbringt, umsatzsteuerpflichtig.

Nach § 1 UStG sind folgende Umsätze umsatzsteuerpflichtig:
- Lieferungen und sonstige Leistungen, die ein Unternehmer im Inland gegen Entgelt im Rahmen seines Unternehmens ausführt,
- Einfuhr von Gegenständen aus Drittlandsgebieten in das Zollgebiet,
- innergemeinschaftlicher Erwerb gegen Entgelt.

Grundsätzlich muss jedes Unternehmen die in den Ausgangsrechnungen enthaltene Umsatzsteuer an das Finanzamt abführen. Auf der anderen Seite darf es aber nach § 15 UStG bereits gezahlte Umsatzsteuer aus seinen Eingangsrechnungen (Vorsteuer) davon abziehen, sodass nur der Mehrwert, also nur der vom Unternehmen geschaffene Wert, besteuert wird.[1] Dieser Restbetrag muss als Umsatzsteuerzahllast an das Finanzamt abgeführt werden. Der Mehrwert ist rechnerisch die Differenz zwischen allen Preisen der Nettoeinkäufe und allen Preisen der Nettoverkäufe (netto = ohne Umsatzsteuer).

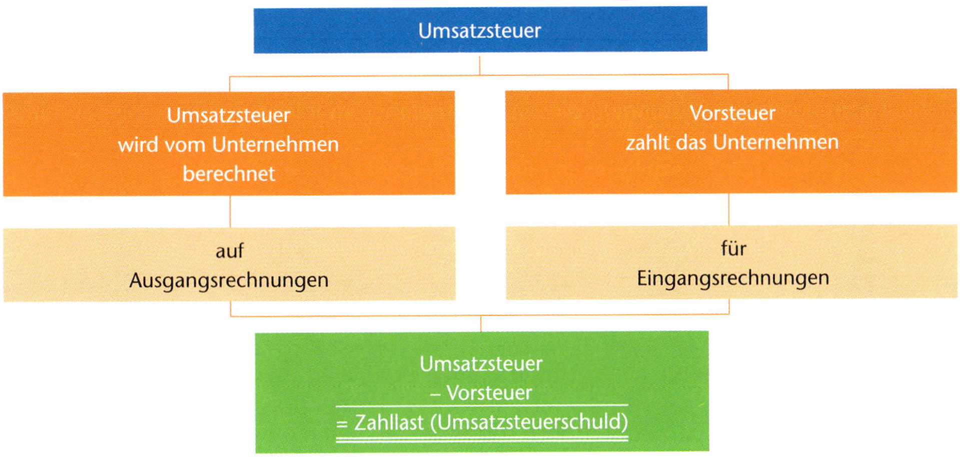

Die Umsatzsteuer verursacht im Unternehmen keine Kosten, da sie dem Nettobetrag der Ausgangsrechnungen aufgeschlagen wird und von den Kunden voll bezahlt wird. Die vom Unternehmen an Lieferanten gezahlte Umsatzsteuer, die in den Eingangsrechnungen enthalten ist, wird vom Finanzamt voll erstattet. Daher bezeichnet man die Umsatzsteuer im Unternehmen auch als durchlaufenden Posten; sie hat aufgrund ihrer Kostenneutralität keinen Einfluss auf den Unternehmenserfolg.
Der zurzeit gültige Umsatzsteuersatz beträgt 19 %. Für bestimmte Waren und Dienstleistungen gilt ein ermäßigter Umsatzsteuersatz von zurzeit 7 %. So fallen z. B. folgende Umsätze unter den ermäßigten Umsatzsteuersatz:
- Verlagserzeugnisse wie Bücher und Zeitschriften
- Theater, Konzerte und andere kulturelle Veranstaltungen
- Lebensmittel, Schnittblumen und andere Agrarprodukte

[1] *Häufig wird der Begriff „Umsatzsteuer" synonym mit dem Begriff „Mehrwertsteuer" verwendet. Hier wird nur der steuerrechtliche Begriff „Umsatzsteuer" benutzt.*

Einige Umsätze sind vollständig von der Umsatzsteuer befreit, so z. B.:

- Versicherungen
- Grundstücks- und Hauskäufe
- Kredite
- Exporte in Drittländer außerhalb der EU
- Arzthonorare

Speditionsdienstleistungen werden grundsätzlich mit 19 % Umsatzsteuer versteuert. Jedoch unterliegen einige Leistungen nicht der Umsatzsteuerpflicht: Besorgung von Transporten im grenzüberschreitenden Verkehr von und nach Ländern außerhalb der Europäischen Union sowie die Lagerei und der Umschlag in Zollfreigebieten sind von der Umsatzsteuer befreit.

Innerhalb der Europäischen Union gilt der Warenverkehr nicht mehr als Im- oder Export, sondern als innergemeinschaftlicher Handel und unterliegt grundsätzlich der Umsatzsteuer des Landes, in dem der Transport beginnt. Wenn der (ausländische) Kunde jedoch seine Umsatzsteuer-IdNr. angibt, so wird die Leistung vom Spediteur netto gestellt und der Rechnungsempfänger muss nach dem Umsatzsteuersatz seines Heimatlandes, das die IdNr. vergeben hat, Umsatzsteuer abführen.

Unternehmen sind verpflichtet, den Umsatzsteuersatz auf ihren Rechnungen auszuweisen. Bei Rechnungsbeträgen von über 100,00 € muss auch der enthaltene Umsatzsteuerbetrag gesondert ausgewiesen werden.

MERKE

- Alle Lieferungen und Leistungen, die ein Unternehmer im Inland gegen Entgelt ausführt, sind umsatzsteuerpflichtig.
- Umsatzsteuer ist für Unternehmen ein durchlaufender Posten und damit kostenneutral.

8.2 Die Umsatzsteuer und die Wertschöpfung

Fast jede Ware durchläuft mehrere Unternehmen, bevor sie beim Endverbraucher ankommt. Sie wird in verschiedenen Unternehmen produziert, bearbeitet, gelagert, manipuliert, veredelt und transportiert. Auf jeder dieser Produktionsstufen erhöht sich der Preis der Ware. Sie wird damit mehr wert. Jedes der an dieser Kette beteiligten Unternehmen trägt zu dieser Wertschöpfung bei. Der Mehrwert, den ein beteiligtes Unternehmen schöpft, lässt sich anhand der Differenz des Einkaufspreises der Ware oder Dienstleistung und des Verkaufspreises derselben Ware errechnen.

8.2.1 Wertschöpfung im Unternehmen

So ist auch der Spediteur an Wertschöpfungsketten beteiligt. Er kauft Transportleistungen bei Frachtführern ein und stellt diese Transporte seinen Kunden zu einem höheren Preis in Rechnung, da er seine eigene Dienstleistung (Speditionsleistung = Organisation des Transports) in den Verkaufspreis mit einkalkuliert.

Beispiel

Die Wall GmbH, Spedition & Logistik, führt für den Kunden Friedman Baubedarf KG eine Beförderung von 25 t Rigips-Platten von Hamburg nach Augsburg durch. Mit dem Transport beauftragt sie den Frachtführer Bradenwo.

Die Wall GmbH, Spedition & Logistik, erhält eine Rechnung vom Frachtführer Bradenwo über 2200,00 € zuzüglich 19% USt Mit dem Kunden Friedman Baubedarf KG rechnet die Wall GmbH, Spedition & Logistik, 3000,00 € zuzüglich 19% USt ab.

	Nettobetrag	+ 19% USt	Bruttobetrag
Eingangsrechnung	2200,00 €	418,00 €	2618,00 €
Ausgangsrechnung	3000,00 €	570,00 €	3570,00 €
Wertschöpfung	800,00 €	152,00 €	952,00 €

Mit dem Finanzamt rechnet die Wall GmbH, Spedition & Logistik, auf folgende Art ab: Den vom Kunden Friedman Baubedarf KG erhaltenen Umsatzsteuerbetrag von 570,00 € muss die Wall GmbH, Spedition & Logistik, an das Finanzamt abführen. Sie bucht deshalb diesen Betrag als Verbindlichkeit gegenüber dem Finanzamt. Auf der anderen Seite hat die Wall GmbH, Spedition & Logistik, das Recht, die von ihr an den Frachtführer Bradenwo gezahlte Umsatzsteuer in Höhe von 418,00 € vom Finanzamt zurückzufordern. Sie bucht deshalb diesen Betrag als Forderung gegenüber dem Finanzamt.

	Umsatzsteueranteil	Buchung als
Rechnung an Friedman	570,00 €	Verbindlichkeit ggü. dem Finanzamt
Rechnung von Bradenwo	– 418,00 €	Forderung ggü. dem Finanzamt
Umsatzsteuerschuld/Zahllast	= 152,00 €	Anspruch des Finanzamtes

Die Verrechnung der Verbindlichkeiten mit den Forderungen gegenüber dem Finanzamt ergibt die Umsatzsteuerschuld bzw. Zahllast, sofern die in einem bestimmten Zeitraum vom Unternehmen gezahlte Umsatzsteuer kleiner als die erhaltene Umsatzsteuer ist.

8.2.2 Wertschöpfung in der Gesamtwirtschaft

Sinn der Umsatzsteuer und ihrer Verrechnung im Unternehmen ist es, den Endverbraucher mit der Umsatzsteuer zu belasten. Auf jeder Produktionsstufe vom Urproduzenten einer Ware über die Weiterverarbeitung, den Transport und den Handel dürfen die beteiligten Unternehmen ihre gezahlte Umsatzsteuer vom Finanzamt zurückfordern und müssen erhaltene Umsatzsteuer an das Finanzamt weiterleiten. Der Endverbraucher kann das nicht, vielmehr trägt er die gesamte Umsatzsteuerlast, indem er sie an den Verkäufer des Gutes zahlt.

Ein Beispiel soll die Wertschöpfungskette verdeutlichen:

Ein Bauer produziert für 200,00 € netto Getreide und verkauft es für 250,00 € netto an eine Getreidemühle, die daraus 200 Beutel Mehl mahlt. Eine Bäckerei kauft die Beutel für netto 350,00 € ein, backt Brot daraus und verkauft sie für 2,00 € netto je Brot an den Endverbraucher.

	Ausgangs-rechnung	Eingangs-rechnung	Ausgangs-rechnung	Eingangs-rechnung	Ausgangs-rechnung
Nettobetrag + 19% USt	250,00 € 47,50 €	250,00 € 47,50 €	350,00 € 66,50 €	350,00 € 66,50 €	400,00 € 76,00 €
Bruttobetrag	297,50 €	297,50 €	416,50 €	416,50 €	476,00 €
Mehrwert	250,00 €		350,00 € – 250,00 € = 100,00 €		400,00 € – 350,00 € = 50,00 €
Summe aller Mehrwerte	400,00 €				
Zahllast (USt – VSt)	47,50 €		66,50 € – 47,50 € = 19,00 €		76,00 € – 66,50 € = 9,50 €
USt gesamt	19 % von 400,00 € = 76,00 €				

MERKE

- Ein Gut erfährt auf dem Weg über die Produktionsstufen eine Wertsteigerung = Wertschöpfung.
- Der Mehrwert ergibt sich aus dem Nettoverkaufspreis abzüglich des Nettoeinkaufspreises.
- Die Differenz zwischen erhaltener und gezahlter Umsatzsteuer ist die Zahllast, diese muss das Unternehmen an das Finanzamt abführen.
- Der Endverbraucher trägt die gesamte Umsatzsteuerlast.

8.3 Buchung der Umsatzsteuer

8.3.1 Das Umsatzsteuerkonto

Sobald ein Unternehmen einen umsatzsteuerpflichtigen Umsatz erzielt hat, z. B. nach Durchführung eines Transportes und Buchung der dazugehörigen Ausgangsrechnung, entsteht gegenüber dem Finanzamt eine Verbindlichkeit in Höhe der dem Rechnungsempfänger berechneten Umsatzsteuer. Die Buchung erfolgt daher auf einem passiven Bestandskonto, dem Verbindlichkeitenkonto „167 Umsatzsteuer (USt)“ auf der Haben-Seite. Dieses Konto ist ein Unterkonto des Kontos „16 Verbindlichkeiten“.

Beispiel

Für einen Transport von 10 t Holzspäne stellt die Wall GmbH, Spedition & Logistik, eine Rechnung an den Auftraggeber Magdeburger Holzgasbetriebe OHG aus.

Auszug aus der Ausgangsrechnung an die Magdeburger Holzgasbetriebe OHG:

10 t Holzspäne per Lkw von Hamburg nach Magdeburg:	450,00 €
+ 19 % USt	85,50 €
= Rechnungsbetrag	535,50 €

Die Ausgangsrechnung enthält 19 % Umsatzsteuer, die der Rechnungsempfänger an den Rechnungsaussteller neben dem Erlös zahlen wird. Die Umsatzsteuer ist aus Sicht des

Rechnungsausstellers eine Verbindlichkeit an das Finanzamt, während der Nettobetrag der Speditionserlös ist.

Es ist wie folgt zu buchen:

Nr.	Konto	Betrag in €		Konto	Betrag in €
1	140 Forderungen a. LL.	535,50	an	84 Kraftwagen-speditionserlöse	450,00
			an	167 Umsatzsteuer	85,50

Darstellung der Buchungen auf T-Konten:

Soll	140 Forderungen a. LL.				Haben
1	84/167	535,50			

Soll	84 Kraftwagenspeditionserlöse				Haben
			1	140	450,00

Soll	167 Umsatzsteuer				Haben
			1	140	85,50

Der Bruttobetrag, also der Speditionserlös inklusive Umsatzsteuer, wird auf der Soll-Seite des aktiven Bestandskontos „Forderungen auf Lieferungen und Leistungen" gebucht. Der Nettobetrag wird auf der Haben-Seite des Ertragskontos „Erlöse" gebucht und führt so zu einer Eigenkapitalmehrung. Der Umsatzsteuerbetrag wird auf der Haben-Seite des Bestandskontos „Umsatzsteuer" gebucht; das Konto **„Umsatzsteuer" ist ein Passivkonto**.

8.3.2 Das Vorsteuerkonto

Immer dann, wenn ein Unternehmen eine umsatzsteuerpflichtige Vorleistung in Anspruch nimmt, z. B. nach Empfang der Eingangsrechnung eines Frachtführers für einen Transport und Buchung der Rechnung, entsteht gegenüber dem Finanzamt eine Forderung in Höhe der dem Unternehmen berechneten Umsatzsteuer. Die an andere Unternehmen gezahlten Umsatzsteuerbeträge nennt man auch **Vorsteuer**. Die Buchung erfolgt daher auf einem aktiven Bestandskonto, dem Forderungskonto *„145 Vorsteuer (VSt)"* auf der Soll-Seite. Dieses Konto ist ein Unterkonto des Kontos *„14 Forderungen"*.

Beispiel

Für einen Transport von 10 t Holzspäne von Hamburg nach Magdeburg beauftragt die Wall GmbH, Spedition & Logistik, den Frachtführer Bradenwo, dieser stellt folgende Rechnung an die Wall GmbH, Spedition & Logistik, aus.

Auszug aus der Eingangsrechnung des Frachtführers Bradenwo an die Wall GmbH, Spedition & Logistik:

10 t Holzspäne per Lkw von Hamburg nach Magdeburg:	300,00 €
+ 19 % USt	57,00 €
= Rechnungsbetrag	357,00 €

Die Eingangsrechnung enthält 19 % Umsatzsteuer, die der Rechnungsempfänger an den Rechnungsaussteller neben dem Erlös zahlen wird. Die Umsatzsteuer ist aus Sicht des Rechnungsempfängers eine Forderung an das Finanzamt, während der Nettobetrag die (auftragsgebundenen) Kosten sind.

Es ist wie folgt zu buchen:

Nr.	Konto	Betrag in €		Konto	Betrag in €
2	74 Kraftwagen-speditionskosten	300,00			
	145 Vorsteuer	57,00	an	160 Verbindlichkeiten a. LL.	357,00

Darstellung der Buchungen auf T-Konten:

Soll	74 Kraftwagenspeditionskosten				Haben
2	160	300,00			

Soll	145 Vorsteuer				Haben
2	160	57,00			

Soll	160 Verbindlichkeiten a. LL.				Haben
			2	74/145	357,00

Der Bruttobetrag, also die Kosten (Kraftwagenspeditionskosten) inklusive Vorsteuer/Umsatzsteuer, wird auf der Haben-Seite des passiven Bestandskontos „Verbindlichkeiten aus Lieferungen und Leistungen“ gebucht. Der Nettobetrag wird auf der Soll-Seite des Aufwandskontos (Kraftwagenspedition/Auftragsgebundene, direkt zurechenbare Kosten) gebucht und führt so zu einer Eigenkapitalminderung. Der Umsatzsteuerbetrag bzw. Vorsteuerbetrag wird auf der Soll-Seite des Bestandskontos „Vorsteuer“ gebucht; das Konto **„Vorsteuer“ ist ein Aktivkonto**.

MERKE

- Die Buchung der auf Eingangsrechnungen ausgewiesenen Umsatzsteuer erfolgt auf dem Konto „145 Vorsteuer“ im Soll.
- Die Buchung der auf Ausgangsrechnungen ausgewiesenen Umsatzsteuer erfolgt auf dem Konto „167 Umsatzsteuer“ im Haben.
- Die Nettobeträge werden auf die Erfolgskonten „Aufwendungen“ bzw. „Erträge“ gebucht.
- Die Bruttobeträge werden auf die Bestandskonten „Forderungen“ bzw. „Verbindlichkeiten“ und bei sofortiger Zahlung auf die Konten „Bank“ oder „Kasse“ gebucht.

8.4 Abschluss der Umsatzsteuerkonten

Da Unternehmen das Recht haben, gezahlte und erhaltene Umsatzsteuer miteinander zu verrechnen, und nur den Differenzbetrag an das Finanzamt überweisen müssen bzw. zurückfordern dürfen, muss eines der Konten „145 Vorsteuer“ oder „167 Umsatzsteuer“ abgeschlossen werden. Ebenso müssen am Jahresende eventuelle Schlussbestände der Konten in die Bilanz übernommen werden.

8.4.1 Buchung der Zahllast

Laut Gesetz muss jedes Unternehmen bis zum Zehnten eines jeden Folgemonats zur Ermittlung der Zahllast die Vorsteuer mit der Umsatzsteuer verrechnen und seine Steuerschuld an das Finanzamt überweisen. Die Verrechnung erfolgt, indem der Saldo des umsatzschwächeren Kontos auf das umsatzstärkere Konto gebucht wird.

Ermittlung der Umsatzsteuerzahllast

Der Saldo des umsatzstärkeren Kontos – nachdem der Saldo des umsatzschwächeren Kontos auf das umsatzstärkere Konto gebucht wurde – ist die Zahllast und wird überwiesen. Für gewöhnlich übersteigen im Speditionsbetrieb die monatlichen Erlöse die Kosten für Vorleistungen, sodass die Umsatzsteuer die Vorsteuer übersteigt. Damit muss der Saldo des Kontos „Vorsteuer" auf das Konto „Umsatzsteuer" gebucht werden. Die anschließende Saldierung des Umsatzsteuerkontos ergibt die zu überweisende Zahllast.

Beispiel

Die Umsatzsteuerzahllast aus dem Beispiel von Kapitel 8.3 soll ermittelt und überwiesen werden.

Es ist wie folgt zu buchen:

Ermittlung und Buchung der Zahllast

Nr.	Konto	Betrag in €		Konto	Betrag in €
3	167 Umsatzsteuer	57,00	an	145 Vorsteuer	57,00

Überweisung der Zahllast

Nr.	Konto	Betrag in €		Konto	Betrag in €
4	167 Umsatzsteuer	28,50	an	102 Bank	28,50

Darstellung der Buchungen auf T-Konten:

Soll		145 Vorsteuer			Haben
2	160	57,00	3	167	57,00
		57,00			57,00

Soll		167 Umsatzsteuer			Haben
3	145	57,00	1	140	85,50
4	102	28,50			
		85,50			85,50

Soll		102 Bank			Haben
			4	167	28,50

MERKE

- Ermittlung der Zahllast: 167 Umsatzsteuer.... an 145 Vorsteuer....
- Überweisung der Zahllast: 167 Umsatzsteuer.... an 102 Bank....

Ermittlung des Vorsteuerüberhangs

Im seltenen Fall, dass in einem Monat höhere Kosten für Vorleistungen als Erlöse entstehen (z. B. durch steuerfreie Umsatzerlöse in der Exportspedition oder Saisonbetrieb), übersteigt die Vorsteuer die Umsatzsteuer. Nur dann wird der Saldo des Kontos „Umsatzsteuer" auf das Konto „Vorsteuer" gebucht. Die Saldierung des Vorsteuerkontos ergibt dann eine Forderung an das Finanzamt, die Vorsteuerüberhang genannt wird und vom Finanzamt an das Unternehmen überwiesen wird.

Beispiel

Monatsergebnis	Summe	Umsatzsteueranteil
Ausgangsrechnungen	2 105,27 €	400,00 €
Eingangsrechnungen	5 052,64 €	960,00 €
Vorsteuer-Überhang/Forderung an das Finanzamt		= 560,00 €

Auf den Umsatzsteuerkonten ergibt sich nach Zusammenfassung der einzelnen Umsatzsteuerbeträge folgendes Bild:

Soll	145 Vorsteuer				Haben
	160	960,00			

Soll	167 Umsatzsteuer				Haben
				140	400,00

Es ist wie folgt zu buchen:

Ermittlung und Buchung der Vorsteuerüberhangs					
Nr.	**Konto**	**Betrag in €**		**Konto**	**Betrag in €**
1	167 Umsatzsteuer	400,00	an	145 Vorsteuer	400,00

Überweisung der Vorsteuerüberhangs					
Nr.	**Konto**	**Betrag in €**		**Konto**	**Betrag in €**
2	102 Bank	560,00	an	145 Vorsteuer	560,00

Darstellung der Buchungen auf T-Konten:

Soll	145 Vorsteuer				Haben
	160	960,00	1	167	400,00
			2	102	560,00
		960,00			960,00

Soll	167 Umsatzsteuer				Haben
1	145	400,00		140	400,00
		400,00			400,00

Soll	102 Bank				Haben
2	145	560,00			

MERKE
- Ermittlung des Vorsteuerüberhangs: 167 Umsatzsteuer.... an 145 Vorsteuer....
- Überweisung des Vorsteuerüberhangs: 102 Bank.... an 145 Vorsteuer....

8.4.2 Passivierung und Aktivierung der Umsatzsteuer

Wenn zum Bilanzstichtag die Zahllast noch nicht überwiesen wurde bzw. ein Vorsteuerüberhang besteht, müssen diese Beträge in der Bilanz ausgewiesen werden. Die Ausweisung als Forderung bzw. Verbindlichkeit ist erforderlich, da die Umsatzsteuerkonten alle abgeschlossen werden und im folgenden Geschäftsjahr die jeweiligen Beträge in die Konten wieder übernommen werden können.

Passivierung der Umsatzsteuerzahllast

Besteht zum Ende des Geschäftsjahres eine noch nicht beglichene Zahllast, so muss diese in der Bilanz auftauchen. Da die Zahllast im Konto Umsatzsteuer ermittelt wird, erscheint sie in der Bilanz unter diesem Konto. Das Konto Umsatzsteuer ist ein passives Bestandskonto, in der Bilanz steht es daher auf der Passivseite unter den Verbindlichkeiten. Gebucht wird die Zahllast, indem der Saldo des Umsatzsteuerkontos an das Schlussbilanzkonto gebucht wird.

Beispiel

Am Ende des Geschäftsjahres soll die Umsatzsteuerzahllast aus dem Beispiel von Kapitel 8.3 ermittelt und passiviert werden.

Es ist wie folgt zu buchen:

Ermittlung und Buchung der Zahllast					
Nr.	Konto	Betrag in €		Konto	Betrag in €
3	167 Umsatzsteuer	57,00	an	145 Vorsteuer	57,00
Passivierung der Zahllast					
Nr.	Konto	Betrag in €		Konto	Betrag in €
4	167 Umsatzsteuer	28,50	an	98 SBK	28,50

Soll		145 Vorsteuer			Haben
2	160	57,00	3	167	57,00
		57,00			57,00

Soll		167 Umsatzsteuer			Haben
3	145	57,00	1	140	85,50
4	98	28,50			
		85,50			85,50

Soll		98 Schlussbilanzkonto			Haben
			4	167	28,50

MERKE

- Ermittlung der Zahllast: 167 Umsatzsteuer.... an 145 Vorsteuer....
- Passivierung der Zahllast: 167 Umsatzsteuer.... an 98 Schlussbilanzkonto....

Aktivierung des Vorsteuerüberhangs

In seltenen Fällen besteht zum Ende des Geschäftsjahres ein noch nicht vom Finanzamt beglichener Vorsteuerüberhang. Da der Vorsteuerüberhang im Konto „Vorsteuer“ ermittelt wird, erscheint dieser in der Bilanz unter diesem Konto. Das Konto „Vorsteuer“ ist ein aktives Bestandskonto, in der Bilanz steht es daher auf der Aktivseite unter den Forderungen. Gebucht wird der Vorsteuerüberhang, indem der Saldo des Vorsteuerkontos auf das Schlussbilanzkonto gebucht wird.

Beispiel

Monatsergebnis	Summe	Umsatzsteueranteil
Ausgangsrechnungen	2105,27 €	400,00 €
Eingangsrechnungen	5052,64 €	960,00 €
Vorsteuer-Überhang/Forderung an das Finanzamt		= 560,00 €

Auf den Umsatzsteuerkonten ergibt sich nach Zusammenfassung der einzelnen Umsatzsteuerbeträge folgendes Bild:

Soll		145 Vorsteuer			Haben
	160	960,00			

Soll		167 Umsatzsteuer			Haben
				140	400,00

Es ist wie folgt zu buchen:

Ermittlung und Buchung der Vorsteuerüberhangs					
Nr.	**Konto**	**Betrag in €**		**Konto**	**Betrag in €**
1	167 Umsatzsteuer	400,00	an	145 Vorsteuer	400,00

Überweisung der Vorsteuerüberhangs					
Nr.	**Konto**	**Betrag in €**		**Konto**	**Betrag in €**
2	98 SBK	560,00	an	145 Vorsteuer	560,00

Darstellung der Buchungen auf T-Konten:

Soll		145 Vorsteuer			Haben
	160	960,00	1	167	400,00
			2	98	560,00
		960,00			960,00

Soll		167 Umsatzsteuer			Haben
1	145	400,00		140	400,00
		400,00			400,00

Soll		98 Schlussbilanzkonto			Haben
2	145	560,00			

MERKE
- Ermittlung des Vorsteuerüberhangs: 167 Umsatzsteuer.... an 145 Vorsteuer....
- Aktivierung des Vorsteuerüberhangs: 98 Schlussbilanzkonto... an 145 Vorsteuer....

8.5 Umsatzsteuerkorrekturen

Es kommt immer wieder vor, dass Rechnungen nur zum Teil oder z. B. bei Konkurs gar nicht bezahlt werden, diese versehentlich zu hoch ausgestellt wurden oder Skonto gezogen wird. Da die Rechnungen und die Umsatzsteuer bereits gebucht wurden, muss auf den betroffenen Konten eine Korrekturbuchung vorgenommen werden.

Fall 1: Gewährung von Skonto

Obwohl Rechnungen des Spediteurs laut ADSp Ziffer 18 sofort (und ohne Abzug) fällig sind, ziehen einige Kunden dennoch Skonto ab. Sofern diese Vorgehensweise vom Unternehmen akzeptiert wird, müssen Korrekturbuchungen vorgenommen werden.

Beispiel

Die Wall GmbH, Spedition & Logistik, führt für den Kunden Friedman Baubedarf KG eine Beförderung von 25 t Rigips-Platten per Lkw von Hamburg nach Augsburg durch. Die Wall GmbH, Spedition & Logistik, berechnet 3 000,00 € zuzüglich 19 % USt.

LSL

Die Ausgangsrechnung ist wie folgt zu buchen:

Nr.	Konto	Betrag in €		Konto	Betrag in €
1	140 Forderungen a. LL.	3 570,00	an	84 Kraftwagen-speditionserlöse	3 000,00
			an	167 Umsatzsteuer	570,00

Der Kunde Friedman Baubedarf überweist daraufhin 3 498,60 €. Es stellt sich in der Buchhaltung schnell heraus, dass der Kunde zwei Prozent Skonto von der Rechnung abgezogen hat. Da die Geschäftsleitung gegen dieses Verhalten nichts einzuwenden hat, werden die nötigen Korrekturbuchungen vorgenommen. Die Erlöse und die Umsatzsteuer sind geringer als vorher.

Die Korrektur ist wie folgt zu buchen:

Nr.	Konto	Betrag in €		Konto	Betrag in €
2	102 Bank	3 498,60			
	84 Kraftwagenspeditionserlöse	60,00			
	167 Umsatzsteuer	11,40	an	140 Forderungen a. LL.	3 570,00

Darstellung der Buchungen auf T-Konten:

Soll	140 Forderungen a. LL.		Haben		
2	84/167	3 570,00	2	102/84/167	3 570,00

Soll	84 Kraftwagenspeditionserlöse		Haben		
2	140	60,00	1	140	3 000,00

Soll	102 Bank		Haben		
2	140	3 498,60			

Soll	167 Umsatzsteuer		Haben		
2	140	11,40	1	140	570,00

Fall 2: Inanspruchnahme von Skonto

Viele Lieferanten räumen ihren Kunden bei sofortiger Zahlung die Möglichkeit eines Preisnachlasses ein. Der Skonto ist ein prozentualer Abschlag vom Rechnungsbetrag und wird normalerweise bei Käufen mit Zahlungsziel gewährt. Er beträgt meist zwei oder drei Prozent und kann z. B. bei sofortiger Zahlung oder Zahlung innerhalb von zehn Tagen ausgenutzt werden. Hier müssen ebenfalls die entsprechenden Korrekturbuchungen vorgenommen werden.

Beispiel

Die Wall GmbH, Spedition & Logistik, kauft für den Konferenzraum einen neuen Beamer bei der Comptex AG auf Ziel. Die Comptex AG berechnet hierfür 1 200,00 € zuzüglich 19 % USt, bei Zahlung innerhalb von zehn Tagen zwei Prozent Skonto, 30 Tage netto Kasse.

Die Eingangsrechnung ist wie folgt zu buchen:

Nr.	Konto	Betrag in €		Konto	Betrag in €
1	024 Betriebs- und Geschäftsausstattung	1 200,00			
	145 Vorsteuer	228,00	an	160 Verbindlichkeiten a. LL.	1 428,00

Die Wall GmbH, Spedition & Logistik, weiß, dass Nutzung von Skonto betriebswirtschaftlich sinnvoll ist, und überweist innerhalb von zehn Tagen den Rechnungsbetrag unter Abzug von zwei Prozent Skonto. In der Buchhaltung werden daraufhin die nötigen Korrekturbuchungen vorgenommen. Die Höhe der Verbindlichkeit muss korrigiert werden, damit werden aber auch der Wert der Geschäftsausstattung und die Vorsteuer geringer als vorher.

Die Korrektur ist wie folgt zu buchen:

Nr.	Konto	Betrag in €		Konto	Betrag in €
2	160 Verbindlichkeiten	1 428,00	an	102 Bank	1 399,44
				024 Betriebs- und Geschäftsausstattung	24,00
				145 Vorsteuer	4,56

Darstellung der Buchungen auf T-Konten:

Soll	160 Verbindlichkeiten a. LL.				Haben
2	102/024/145	1 428,00	1	024/145	1 428,00

Soll	024 BGA				Haben
1	140	1 200,00	2	160	24,00

Soll	102 Bank				Haben
			2	160	1 399,44

Soll	145 Vorsteuer				Haben
1	160	228,00	2	160	4,56

Fall 3: Korrektur einer zu hohen Eingangsrechnung

Gelegentlich berechnen Lieferanten versehentlich zu hohe Beträge. Diese zu hohen Rechnungsbeträge werden meist sofort gebucht und müssen nach Klärung des Missverständnisses korrigiert werden. Zum einen muss die Höhe der Verbindlichkeiten korrigiert werden, zum anderen fallen die Werte der Betriebs- und Geschäftsausstattung und die Vorsteuer niedriger aus.

Beispiel

Die Wall GmbH, Spedition & Logistik, kauft für die Lagermitarbeiter einen neuen Spind auf Ziel. Der vereinbarte Kaufpreis beträgt 500,00 € netto. Die Möbelpark KG berechnet hierfür jedoch 600,00 € zuzüglich 19 % USt.

Die Eingangsrechnung wurde wie folgt gebucht:

Nr.	Konto	Betrag in €		Konto	Betrag in €
1	024 Betriebs- und Geschäftsausstattung	600,00			
	145 Vorsteuer	114,00	an	160 Verbindlichkeiten a. LL.	714,00

Die Wall GmbH, Spedition & Logistik, klärt telefonisch das Missverständnis auf, eine Gutschrift über 100,00 € liegt vor. In der Buchhaltung werden daraufhin die nötigen Korrekturbuchungen vorgenommen. Die Höhe der Verbindlichkeit muss korrigiert werden, damit werden aber auch der Wert der Geschäftsausstattung und die Vorsteuer geringer als vorher.

Die Korrektur ist wie folgt zu buchen:

Nr.	Konto	Betrag in €		Konto	Betrag in €
2	160 Verbindlichkeiten a. LL.	119,00	an	024 Betriebs- und Geschäftsausstattung	100,00
				145 Vorsteuer	19,00

Darstellung der Buchungen auf T-Konten:

Soll	160 Verbindlichkeiten a. LL.				Haben
2	024/154	119,00	1	024/154	714,00

Soll	024 BGA				Haben
1	160	600,00	2	160	100,00

Soll	145 Vorsteuer				Haben
1	160	114,00	2	160	19,00

Fall 4: Korrektur einer zu hohen Ausgangsrechnung

Ähnlich wie im Fall 3 verhält es sich mit zu hoch ausgestellten Ausgangsrechnungen. Da die Ausgangsrechnungen unverzüglich nach der Ausstellung gebucht werden, muss der vom Kunden reklamierte Betrag in der Buchhaltung korrigiert werden.

Beispiel

Die Wall GmbH, Spedition & Logistik, führt für den Kunden Schlüter GmbH eine Beförderung von 12 t Möbeln von Hamburg nach Duisburg durch. Die Wall Spedition GmbH, Spedition & Logistik, berechnet 850,00 € zuzüglich 19 % USt.

Die Ausgangsrechnung ist wie folgt zu buchen:

Nr.	Konto	Betrag in €		Konto	Betrag in €
1	140 Forderungen a. LL.	1 011,50	an	84 Kraftwagenspeditionserlöse	850,00
			an	167 Umsatzsteuer	161,50

Der Kunde Schlüter GmbH reklamiert den Betrag, da mit dem Verkäufer lediglich 800,00 € netto vereinbart waren. Nach Durchsicht der Unterlagen bemerkt man den Fehler und schickt der Schlüter GmbH eine Gutschrift über 50,00 € netto. Es werden die nötigen Korrekturbuchungen vorgenommen. Neben der geringeren Forderung sind die Erlöse und die Umsatzsteuer niedriger als vorher.

Die Korrektur ist wie folgt zu buchen:

Nr.	Konto	Betrag in €		Konto	Betrag in €
2	84 Kraftwagenspeditionserlöse	50,00			
	167 Umsatzsteuer	9,50	an	140 Forderungen a. LL.	59,50

Darstellung der Buchungen auf T-Konten:

Soll	140 Forderungen a. LL.				Haben
2	84/167	1 011,50	2	84/167	59,50

Soll	84 Kraftwagenspeditionserlöse				Haben
2	140	50,00	1	140	850,00

Soll	167 Umsatzsteuer				Haben
2	140	9,50	1	140	161,50

MERKE

- Korrekturbuchungen sind eine Umkehrung der ursprünglichen Buchungssätze.
- Bei den Korrekturen müssen neben dem zu korrigierenden Nettobetrag auch die anteilig zu korrigierende Umsatz- bzw. Vorsteuer errechnet und gebucht werden.
- Bei Skontozahlungen erfolgt die Korrektur in einem Zug mit der Buchung des Geldeingangs bzw. -ausgangs.

ZUSAMMENFASSUNG

- Die Umsatzsteuer ist für Unternehmen kostenneutral; sie ist ein durchlaufender Posten.
- Träger der Umsatzsteuer ist der Endverbraucher.
- Erhaltene Umsatzsteuer wird auf dem passiven Bestandskonto „167 Umsatzsteuer“ gebucht.
- Gezahlte Umsatzsteuer wird auf dem aktiven Bestandskonto „145 Vorsteuer“ gebucht.
- Die Differenz zwischen Vorsteuer und Umsatzsteuer ist die Zahllast. Sie wird ermittelt, indem der Saldo des Kontos „145 Vorsteuer“ an das Konto „167 Umsatzsteuer“ gebucht wird. Der Buchungssatz lautet: Umsatzsteuer an Vorsteuer.
- Zum Ende eines Geschäftsjahres muss die Zahllast passiviert werden, sodass der Saldo des Kontos „167 Umsatzsteuer“ in die Bilanz übernommen wird.

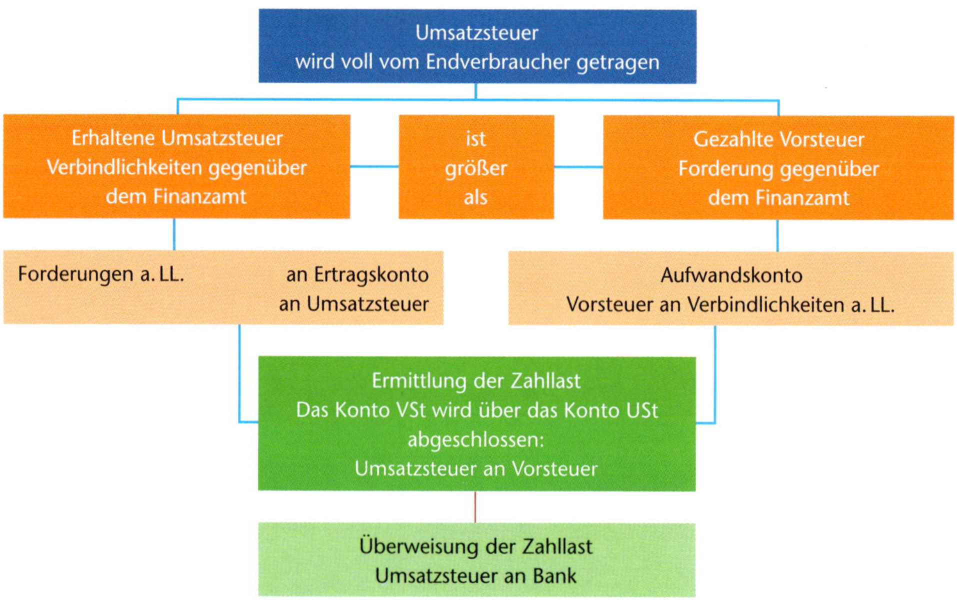

BEARBEITUNGSVORSCHLÄGE

Im Monat Dezember liegen folgende Ein- und Ausgangsrechnungen mit 19 % Umsatzsteuer zur Eintragung auf den T-Konten „Umsatzsteuer" und „Vorsteuer" vor:

Diverse Eingangsrechnungen: 41 650,00 € brutto

Diverse Ausgangsrechnungen: 71 400,00 € brutto

a) Buchen Sie die Ein- und Ausgangsrechnungen auf den Umsatzsteuerkonten. Tragen Sie dazu die ermittelten Zahlen auf T-Konten ein (USt und VSt).
   Folgende Korrekturen sind vorzunehmen:
   Skonti Eingangsrechnungen: 833,00 € brutto
   Gutschriften Ausgangsrechnungen: 1 428,00 € brutto
b) Buchen Sie die Korrekturen, indem Sie die Werte in die T-Konten eintragen (USt und VSt).
c) Die Zahllast ist zu ermitteln und zu buchen. Da der Jahresabschluss bevorsteht, muss diese passiviert werden. Übertragen Sie dazu die Werte in die T-Konten (USt, VSt, SBK).

ÜBUNGSAUFGABEN

1. Erklären Sie, warum die Umsatzsteuer von den Verbrauchern auch Mehrwertsteuer genannt wird.
2. Warum ist die Umsatzsteuer für Unternehmen ein „durchlaufender Posten"?
3. Erklären Sie den Begriff „Zahllast".
4. a) Welche Situation liegt vor, wenn in einem Monat das Konto „Vorsteuer" einen höheren Saldo als das Konto „Umsatzsteuer" aufweist?
   b) Welche Buchungssätze sind zu bilden?
5. Wann wird die Umsatzsteuer auf die Passivseite der Bilanz übernommen?
6. Welche der folgenden Aussagen sind richtig, welche falsch?

Nr.	Fall	richtig	falsch
1	Die Zahllast ist der Saldo des Kontos Umsatzsteuer.	☐	☐
2	Umsatzsteuerpflichtige Verkäufe werden auf das Konto Vorsteuer gebucht.	☐	☐
3	Umsatzsteuererstattungen werden auf das Konto Vorsteuer gebucht.	☐	☐
4	Eingangsrechnungen mit Umsatzsteuer werden auf das Konto Vorsteuer gebucht.	☐	☐
5	Die Korrekturbuchung nach Ausnutzung von Skonto für eine Eingangsrechnung wird auf das Konto Umsatzsteuer gebucht.	☐	☐
6	Die Umsatzsteuerkorrektur für eine zu hoch ausgestellte Eingangsrechnung wird auf dem Konto Vorsteuer im Soll gebucht.	☐	☐

7. Bilden Sie die Buchungssätze für die folgenden Geschäftsfälle:

a) Kauf von Kopierpapier für brutto 233,24 € und Zahlung in bar.

b) Eingangsrechnung über einen Satz Winterreifen für das Kfz des Prokuristen:

Nettobetrag	490,00 €
+ 19 % USt	93,10 €
Bruttobetrag	583,10 €

c) Ausgangsrechnung über 2 261,00 € brutto für erbrachte Sammelgutaufträge

d) Frachtführer Bradenwo schickt eine Eingangsrechnung für innerdeutsche Transporte: Nettobetrag 2 000,00 € + 19 % USt

e) Begleichung der Eingangsrechnung des Frachtführers Bradenwo per Scheck

f) Eingangsrechnung für die Reparatur eines Lieferwagens über 1 650,00 € netto

g) Errechnen Sie die Zahllast und bilden Sie die nötigen Buchungssätze: Saldo Konto Vorsteuer = 13 325,00 €, Saldo Konto Umsatzsteuer = 23 455,00 €

h) ha) Eintreffen einer Eingangsrechnung für neue Drehstühle über 1 547,00 € brutto

hb) Überweisung der Rechnung unter Abzug von 2 % Skonto

i)
- Versand einer Ausgangsrechnung über 12 600,00 € netto für eine Projektverladung
- Der Kunde überweist nach 5 Tagen unter Abzug von 2 % Skonto (bei Zahlung innerhalb von 8 Tagen wurde abweichend von den ADSp Skonto gewährt).

j)
- Eingangsrechnung über 71,40 € brutto für sechs Adressstempel
- Nach Überprüfen der Sendung stellt sich heraus, dass wir nur fünf Stempel erhalten haben. Der Verkäufer erstellt eine entsprechende Gutschrift.

k) ka) Versand einer Rechnung für erbrachte Dauerlagerleistungen über 900,00 € netto

kb) Der Kunde reklamiert die Höhe der Rechnung, sodass er eine Gutschrift über 100,00 € erhält.

l) Zum Jahresabschluss besteht eine Zahllast von 1 854,00 €.

m) Die einbehaltene Umsatzsteuer wird an das Finanzamt überwiesen; 500,00 €.

n) Zum Monatsende wurde eine Zahllast von 1 350,00 € ermittelt. Wie ist zu buchen?

o) Zum Jahresende besteht ein Vorsteuerüberhang von 2 450,00 €. Wie ist zu buchen?

p) Passivieren sie zum Jahresende die Umsatzsteuerzahllast in Höhe von 6 340,00 €.

q) Kauf von Treibstoff für die betriebseigene Tankstelle, 10 000,00 € netto auf Ziel

r) Eingangsrechnung über 2 470,44 € brutto für erbrachte Sammelguttransporte

s) Wir verkaufen für 25 000,00 € ein ungenutztes Grundstück, welches als Parkplatz diente. Die Zahlung erfolgt sofort per Überweisung.

t) Ein Kunde zahlt einen Sammelguttransport im Nahbereich in bar; 59,50 € brutto.

9 Der Jahresabschluss

LERNSITUATION

Es ist Jahresabschluss: Ibrahim Tekce hat von Frau Lohse die Inventurlisten des Betriebes erhalten und geprüft. Anschließend hat die gesamte Abteilung mithilfe der Inventurlisten das Inventar erstellt. Nun soll Ibrahim die Zahlen aus dem Inventar, mit denen aus der Buchführung vergleichen. Erst wenn diese übereinstimmen, kann mit dem Erstellen der Bilanz begonnen werden – und erst, wenn das Vermögen und die Schulden richtig „bewertet" wurden.

Frau Grendel sagt: „Guck dir mal die Preise für Lkw-Ersatzreifen an, Ibrahim. Die sind im laufenden Jahr ganz schön gesunken. Und jetzt schau dir mal die Inventurliste an: Die meisten Reifen wurden am Anfang des Jahres gekauft, als sie noch ziemlich teuer waren. Also stehen die mit einem hohen Preis im Inventar. Wenn wir die Reifen mit diesem Preis in unsere Bilanz übernehmen, wäre das an sich richtig, denn so viel haben wir ja tatsächlich bezahlt. Aber es gibt da eine Vorschrift, die besagt, dass wir unsere Vermögensgegenstände nach dem Niederstwertprinzip bewerten müssen. Für die Reifen müssen wir daher den niedrigeren, in diesem Fall den zurzeit geltenden Marktpreis für unsere Bilanz ansetzen. Das geschieht aus reiner Vorsicht. Sollten wir nämlich plötzlich in finanzielle Probleme geraten und dringend Bares benötigen, könnten wir zum Beispiel unsere Reifenvorräte verkaufen. Der Chef schaut in die Bilanz und sieht: ‚Toll, wir haben da einen dicken Batzen Geld in unsere Reifen gesteckt, da kriegen wir bestimmt noch viel dafür, wenn wir die verkaufen!' Was der Chef dann nicht weiß: Die Preise sind stark gesunken, die Reifen sind gar nicht mehr so viel wert. Gleiches gilt aber auch andersherum: Wenn wir die Reifen günstig erstanden haben und der Marktpreis für die Reifen steigt, ist das zwar schön, aber aus reiner Vorsicht werden wir die Reifen mit unserem Anschaffungspreis bewerten – auch hier gilt das Niederstwertprinzip – denn man weiß ja nie ... Ein anderes Prinzip ist das Höchstwertprinzip; da kannst du mal selbst überlegen, für welche Teile der Bilanz dieses Prinzip wohl gilt!"

Ibrahim nickt – er hat zwar den Sinn des Niederstwertprinzips verstanden, aber möchte noch weitere Fragen zur Bewertung der Bilanz klären, bevor er sich an die Arbeit machen kann.

AUFGABEN

1. Nennen Sie die beiden Prinzipien zur Bilanzbewertung. Für welche Teile der Bilanz gelten diese?
2. Korrigieren Sie für folgendes Inventar den Wert der Reifen. Tagespreis/Marktpreis zum Bilanzstichtag: je Reifen: 130,00 €. Wie muss die Korrektur gebucht werden?

Wall GmbH, Spedition & Logistik, Hamburg
Zusammengefasste Inventurliste (Auszug)
zum 31. Dezember 20..

Vermögens- bzw. Schuldenposten	Anzahl/Anlage	Wert in €
Lagergrundstück	1	445 000,00 €
Bürogebäude	1	1 280 000,00 €
Lagerhalle	1	1 475 000,00 €
Lkw lt. Verzeichnis	21	960 000,00 €
Kleintransporter lt. Verzeichnis	19	540 000,00 €
Betriebsausstattung lt. Verzeichnis		1 155 000,00 €
Büroausstattung lt. Verzeichnis		645 000,00 €
Treibstoff lt. Verzeichnis		730 000,00 €
Reifen	Siehe Anlage	6 720,00 €
Büromaterial lt. Verzeichnis		103 000,00 €
Forderungen lt. Verzeichnis		4 300 000,00 €
Kassenbestand lt. Kassenbuch		100 000,00 €
Bankguthaben Haspa lt. Kontoauszug		2 657 000,00 €

Anlage 8:
Inventurliste *Reifen* Ort: *Dauerlager/Reifenlager*

Art	Anzahl	Anschaffungspreis	Gesamt
Continental/Lkw 385/65R 19.5 reinforced	10	160,00	1 600,00
Dto.	8	167,50	1 340,00
Dto.	20	155,00	3 100,00
Dto.	4	170,00	680,00
Gesamt	42		6 720,00

Gezählt: *Tekce* Aufgeschrieben: *Glemm* Datum: 29.12.20..

Zum Jahresabschluss gehören umfangreiche Tätigkeiten und Vorarbeiten, die viel Personal binden. Daher werden meist zurzeit der Erstellung des Jahresabschlusses die Wochenenden genutzt, um den normalen Geschäftsbetrieb nicht zu sehr zu stören. Die erste Tätigkeit beim Jahresabschluss ist die Durchführung der Inventur mit der Aufstellung des Inventars.[1] Bevor jedoch aus dem Inventar die Bilanz abgeleitet wird, müssen die einzelnen Posten des Inventars **bewertet** werden.
Dann wird die **Bilanz** aufgestellt, die je nach Rechtsform des Unternehmens mehr oder weniger stark gegliedert sein muss.
Zum Jahresabschluss gehört eine Gewinn- und Verlustrechnung, die das Unternehmensergebnis bzw. Gesamtergebnis/**Betriebsergebnis** beschreibt.[2] Je nach Rechtsform wird der Gewinn unterschiedlich verteilt.
In größeren Speditionen mit der Rechtsform einer Kapitalgesellschaft wird der Jahresabschluss durch einen **Anhang** ergänzt, der die Zahlen der Bilanz und des Unternehmensergebnisses erläutert.

[1] *Siehe Kapitel 2.1 Inventar.*
[2] *Siehe Kapitel 5.4 Abschluss von Erfolgskonten.*

Bei Kapitalgesellschaften muss noch zusätzlich ein Lagebericht vorgelegt werden, der den Geschäftsverlauf und die Lage des Unternehmens beschreibt.

9.1 Bewertungsgrundsätze der Bilanz

Um eine Bilanz aufstellen zu können, muss nach der Durchführung der Inventur und der Aufstellung des Inventars eine Bewertung der einzelnen Positionen durchgeführt werden. Die Vermögenswerte der Inventur erfassen nur die jeweiligen Anschaffungswerte, die Schuldenwerte der Inventur erfassen nur die Nennwerte der Schulden, nicht den tatsächlichen Betrag, der zurückgezahlt werden muss. Werden nur diese Werte in die Bilanz übernommen, wird dem Grundsatz der Bilanzwahrheit widersprochen – die angegebenen Werte entsprechen möglicherweise nicht der Realität. Eine Bewertung der Vermögens- und Schuldenwerte ist daher unumgänglich. Das HGB schreibt vor, welche Bewertungsgrundsätze gesetzlich zulässig sind. Diese Vorschriften dienen in erster Linie dem Gläubigerschutz, es gilt der Grundsatz der **vorsichtigen Bewertung**.

§ 252 HGB Allgemeine Bewertungsgrundsätze
(1) Bei der Bewertung der im Jahresabschluss ausgewiesenen Vermögensgegenstände und Schulden gilt insbesondere Folgendes: [...]
4. Es ist vorsichtig zu bewerten, namentlich sind alle vorhersehbaren Risiken und Verluste, die bis zum Abschlussstichtag entstanden sind, zu berücksichtigen, selbst wenn diese erst zwischen dem Abschlussstichtag und dem Tag der Aufstellung des Jahresabschlusses bekannt geworden sind; Gewinne sind nur zu berücksichtigen, wenn sie am Abschlussstichtag realisiert sind. [...]

Ein Beispiel soll das **Vorsichtsprinzip** erläutern:

Der gesamte Fuhrpark der Wall GmbH, Spedition & Logistik, wird linear über fünf Jahre abgeschrieben. Tatsächlich ist eine leistungsbezogene Abschreibung erforderlich, da viele der Lkws bereits nach drei Jahren ihre planmäßige Kilometerleistung erfüllt haben und demnach bereits einen Restwert von null haben. Die Vermögensposition „Motorfahrzeuge" ist zu hoch bewertet. Ein beträchtlicher Teil des Vermögens der Wall GmbH, Spedition & Logistik, ist zu hoch angesetzt. Bei Kreditverhandlungen dient die Bilanz den Banken als Information über die Kreditwürdigkeit. Das Vermögen der Wall GmbH, Spedition & Logistik, ist mitentscheidend für die Kreditwürdigkeit; so kann der Fuhrpark mit seinem Wert als Kreditsicherungsinstrument dienen. Bei falschen Angaben durch falsche Bewertung wird die Bank getäuscht.

Das Vorsichtsprinzip dient auch dem Bestandsschutz des Unternehmens: Wird das Vermögen zum Beispiel durch zu niedrige Abschreibungen zu hoch angesetzt, erhöhen sich auch fälschlicherweise der Unternehmensgewinn und damit die Ausschüttungen. Das Kapital des Unternehmens wird dadurch gefährdet; der Fortbestand des Unternehmens ist nicht sicher gewährleistet.

9.1.1 Bewertung des Anlagevermögens

Hinter dem Vorsichtsprinzip bei der Bewertung des Vermögens steckt das Niederstwertprinzip. Grundsätzlich dürfen die Anschaffungskosten der Positionen des Anlagevermögens in der Bilanz nicht überschritten werden. Der Unternehmer wird sein Anlagevermögen vorsichtig, das heißt nach dem niedrigeren Wert bewerten, wenn dieser Wert zulässig ist.

Da das Anlagevermögen langfristig an das Unternehmen gebunden ist, gibt es gewisse Wahlmöglichkeiten. Man spricht daher vom **gemilderten Niederstwertprinzip**. Dabei gelten für die einzelnen Positionen des Anlagevermögens folgende Vorschriften:[1]

- **Grundstücke (nicht abnutzbares Anlagevermögen)** sind mit den Anschaffungskosten anzusetzen. Bei einer dauernden Wertminderung muss man eine Sonderabschreibung vornehmen.
  Beispiel: Eine Autobahn wird an der Grundstücksgrenze erbaut, die Grundstückspreise fallen daraufhin.
  Wahlmöglichkeit durch das gemilderte Niederstwertprinzip: Wenn die Wertminderung nur vorübergehend ist, darf man mithilfe der Sonderabschreibung zum niedrigeren Wert abschreiben oder aber den höheren Anschaffungswert beibehalten.
  Beispiel: Eine Großbaustelle verursacht die nächsten fünf Jahre Lärm.
- **Bauten (abnutzbares Anlagevermögen)** werden linear abgeschrieben. Die Anschaffungskosten sind um die entsprechenden Abschreibungsbeträge zu mindern. Eine voraussichtlich dauernde Wertminderung muss durch eine außerplanmäßige Abschreibung aktiviert werden.
  Beispiel: Schäden am Bauwerk, die nicht behoben werden können.
- **Bewegliches Anlagevermögen (abnutzbares Anlagevermögen wie Fuhrpark, Maschinen, Betriebs- und Geschäftsausstattung)** wird wahlweise linear oder leistungsgemäß abgeschrieben. Eine voraussichtlich dauernde Wertminderung muss durch eine außerplanmäßige Abschreibung aktiviert werden.
  Beispiel: technische Veralterung bei Maschinen.

9.1.2 Bewertung des Umlaufvermögens

Das Umlaufvermögen ist nicht zum dauernden Gebrauch im Unternehmen vorgesehen; es verbleibt nur kurzfristig und wird mehrmals im Jahr umgeschlagen. Es gilt das **strenge Niederstwertprinzip**. Gegenstände des Umlaufvermögens sind höchstens mit ihren Anschaffungskosten zu bewerten. Ist der Tageswert zum Bilanzstichtag niedriger, muss der Posten des Umlaufvermögens zum niedrigeren Tageswert bewertet werden.

MERKE

◆ Bewertung zum Tageswert:	Tageswert < Anschaffungswert
◆ Bewertung zum Anschaffungswert:	Tageswert > Anschaffungswert

Das strenge Niederstwertprinzip besagt, dass von beiden Werten stets der niedrigere Wert in der Bilanz angesetzt werden muss. Bei niedrigeren Tageswerten muss der Wert durch Abschreibungen herabgesetzt werden.
Dabei gelten für die einzelnen Positionen des Anlagevermögens folgende Vorschriften:

- **Vorräte** wie Treib- und Schmierstoffe, Reifen- und Ersatzteilvorräte und Büromaterial werden zu den Anschaffungskosten angesetzt. Wenn der Tageswert am Bilanzstichtag niedriger ist, so ist dieser in der Bilanz anzusetzen.
  Beispiel: Der Treibstofftank der betriebseigenen Tankstelle der Wall GmbH, Spedition & Logistik, enthält zum Bilanzstichtag 1 500 l Diesel. Der Wert der Treibstoffvorräte beträgt laut Einkaufsbelegen 1 125,00 €. Am Bilanzstichtag kostet der Liter Diesel im Einkauf 0,85 €. 1 500 l würden jetzt

[1] Zu den Buchungen der Abschreibungen siehe Kapitel 7.3 Abschreibungen.

1 275,00 € kosten. Nach dem strengen Niederstwertprinzip muss der niedrigere Preis in der Bilanz angesetzt werden.

- **Forderungen** sind in der Bilanz zum Wert der Inventur anzusetzen.
  Zweifelhafte Forderungen sind mit dem wahrscheinlichen Wert auszuweisen.
  Beispiel: Der Kunde zahlt möglicherweise gar nicht oder nur einen Teil der Rechnung.

  Uneinbringliche Forderungen sind voll abzuschreiben.
  Beispiel: Der Kunde hat Insolvenz angemeldet. Laut Insolvenzverwalter wird das Verfahren mangels Masse eingestellt.
- **Liquide Mittel** sind grundsätzlich nach dem Inventurbestand in die Bilanz einzustellen.

9.1.3 Bewertung der Schulden

Zum Bilanzstichtag müssen alle Verbindlichkeiten zum Höchstwert angesetzt werden.

§ 253 HGB Wertansätze der Vermögensgegenstände und Schulden

(1) […] Verbindlichkeiten sind zu ihrem Rückzahlungsbetrag […] anzusetzen […].

- Das **Eigenkapital** ist zum Nennwert in der Bilanz anzusetzen.
- **Verbindlichkeiten** sind zu ihrem Rückzahlungsbetrag in die Bilanz einzustellen.
- **Währungsverbindlichkeiten** müssen mit dem jeweils höheren Rückzahlungsbetrag ausgewiesen werden. Dabei ist von zwei möglichen Werten auszugehen, die bei Währungsverbindlichkeiten aufgrund möglicher Kursschwankungen geprüft werden müssen. Es gilt stets der höhere Kurswert. Am Bilanzstichtag muss der Anschaffungskurs der Verbindlichkeit mit dem Tageskurs der Verbindlichkeit verglichen werden. Ist der Tageskurs der Verbindlichkeit höher als der Anschaffungskurs, so muss der Tageskurs zugrunde gelegt werden. Ist der Anschaffungskurs der Verbindlichkeit höher als der Tageskurs zum Bilanzstichtag, so muss der Anschaffungskurs zugrunde gelegt werden.

MERKE
- Bewertung zum Tageskurs: Tageskurs > Anschaffungskurs
- Bewertung zum Anschaffungskurs: Tageskurs < Anschaffungskurs

Das Höchstwertprinzip besagt, dass von zwei möglichen Werten von Verbindlichkeiten stets der höhere Wert in der Bilanz angesetzt werden muss. Bei höheren Tageskursen muss der erhöhte Wert der Verbindlichkeit korrigiert werden. Bei niedrigeren Tageskursen wird der Anschaffungswert der Verbindlichkeit beibehalten.

Beispiel

Die Wall GmbH, Spedition & Logistik, hat eine Rechnung für Seefrachten in Höhe von 2 500,00 USD am 20.12.20.. erhalten. Zahlungsziel sind 30 Tage. Der Wechselkurs betrug am 20.12.20.. 1,15 EUR. Damit hat diese Verbindlichkeit einen Gegenwert in Höhe von 2 875,00 €. Es wurde wie folgt gebucht:

Soll	160 Verbindlichkeiten a. LL.				Haben
			1	70	2 875,00

Soll	70 Speditionskosten				Haben
1	160	2 875,00			

Am Bilanzstichtag (der 31.12.) stellt sich heraus, dass der Kurs für den USD gestiegen ist. Der Wechselkurs für den USD beträgt zum 31.12. 1,25 EUR. Die Verbindlichkeit beträgt nach diesem Kurs 3 125,00 €. Nach dem Höchstwertprinzip muss diese Verbindlichkeit nach dem höheren Tageskurs bewertet werden. Daher muss die Verbindlichkeit nach oben korrigiert werden. Es wird wie folgt gebucht:

Soll	160 Verbindlichkeiten a. LL.				Haben
			1	70	250,00

Soll	70 Speditionskosten				Haben
1	160	250,00			

Am 20.12. wurden bereits 2 875,00 € gebucht. Die Verbindlichkeiten müssen daher um weitere 250,00 € erhöht werden, um auf 3 125,00 € zu kommen.

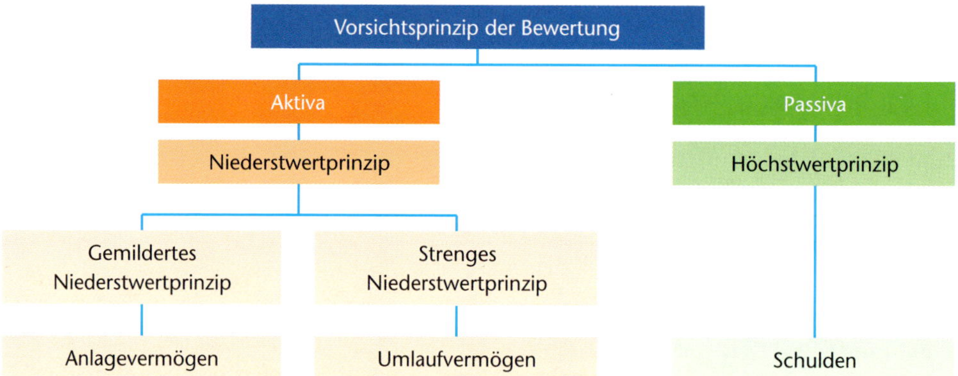

MERKE
- Das Vermögen muss nach dem Niederstwertprinzip bewertet werden.
- Die Schulden müssen nach dem Höchstwertprinzip bewertet werden.

9.2 Die Aufstellung der Bilanz

Der Jahresabschluss muss je nach Rechtsform eine andere Zusammensetzung haben. Da die meisten Speditionen in der Rechtsform einer mittelständischen GmbH geführt werden, gelten für diese Unternehmen die gesetzlichen Bestimmungen für „kleine Kapitalgesellschaften“. Wer zu einer „kleinen Kapitalgesellschaft“ gehört, muss nach § 267 HGB zwei der folgenden Merkmale erfüllen:
- Bilanzsumme bis 4 840 000,00 €
- Jahresumsatz bis 9 680 000,00 €
- Im Durchschnitt nicht mehr als 50 Arbeitnehmer

Für diese Unternehmen gelten nicht so strenge Bilanzierungsvorschriften wie für große Kapitalgesellschaften, eine einfach gegliederte (verkürzte) Bilanz ist ausreichend. Außerdem entfällt die Prüfungspflicht durch externe Wirtschaftsprüfer und die Offenlegungspflichten sind erleichtert.
Die folgenden Ausführungen beziehen sich auf diese Unternehmensgröße.
Die Bilanz wird als Stichtagsrechnung zum Ende des Geschäftsjahres aufgestellt. Für die „kleinen Kapitalgesellschaften“ gilt nach dem § 266 Abs. 1 Satz 2 HGB folgendes verkürztes Gliederungsschema.

Wall GmbH, Spedition & Logistik

Aktiva	Bilanz zum 31. Dezember 20.. Passiva
A. Anlagevermögen	**A. Eigenkapital**
I. Immaterielle Vermögensgegenstände	I. Stammkapital
II. Sachanlagen	II. Kapitalrücklage
III. Finanzanlagen	III. Gewinnrücklage
	IV. Gewinnvortrag/Verlustvortrag
B. Umlaufvermögen	V. Jahresüberschuss/Jahresfehlbetrag
I. Vorräte	**B. Rückstellungen**
II. Forderungen und sonstige Vermögensgegenstände	**C. Verbindlichkeiten**
III. Wertpapiere	**D. Rechnungsabgrenzungsposten**
IV. Schecks, Kassenbestand, Bankguthaben	
C. Rechnungsabgrenzungsposten	
Bilanzsumme	Bilanzsumme

Für Einzelkaufleute (e. K.) und Personengesellschaften (OHG, KG) gelten keine Gliederungsvorschriften, aber sie orientieren sich am obigen Schema.
Die Gliederung des Vermögens (Aktiva) erfolgt nach dem Prinzip der aufsteigenden Liquidität, wobei die am leichtesten zu liquidierenden Vermögensbestandteile ganz unten stehen. Die Gliederung des Kapitals (Passiva) erfolgt nach dem Prinzip der Fristigkeit, wobei die Finanzierungsmittel mit der kürzesten Bindungsdauer zuletzt aufgeführt werden.
Die einzelnen Bilanzposten bestehen unter anderem aus folgenden Inhalten:

Aktiva:	
Immaterielle Vermögensgegenstände:	Lizenzen, Patente, Konzessionen
Sachanlagen:	Grundstücke und Gebäude, Betriebs- und Geschäftsausstattung, Motorfahrzeuge
Finanzanlagen:	langfristige Beteiligungen, langfristige Wertpapiere
Vorräte:	Treib- und Schmierstoffe, Reifen-, Ersatzteil- und Heizölvorräte
Forderungen und sonstige Vermögensgegenstände:	Forderungen aus Lieferungen und Leistungen, Vorsteuer
Wertpapiere:	Beteiligungen, sonstige Wertpapiere
Schecks, Kassenbestand, Bankguthaben:	alle Zahlungsmittel
Rechnungsabgrenzungsposten:	Zahlungen für Fremdleistungen, die erst im folgenden Geschäftsjahr ausgeführt werden

Passiva:	
Stammkapital:	auch gezeichnetes Kapital, Haftungskapital der Gesellschafter
Kapitalrücklage:	Bei der AG der Erlös, der bei der Ausgabe von Anteilen über den Nennwert hinaus erzielt wird (Agio)
Gewinnrücklage:	Aus dem Jahresüberschuss zu bildende Rücklagen, die aus gesetzlichen (keine Vorschrift bei der GmbH) und satzungsgemäßen Rücklagen bestehen
Gewinnvortrag/Verlustvortrag:	Nicht ausgeschütteter Gewinn bzw. ausgewiesener Verlust vom Vorjahr
Jahresüberschuss/Jahresfehlbetrag:	Unternehmensergebnis
Rückstellungen:	Ungewisse Verbindlichkeiten, deren Höhe nach kaufmännischer Vorsicht eingeschätzt wurde; dazu gehören Pensions- oder Steuerrückstellungen
Verbindlichkeiten:	Verbindlichkeiten gegenüber Kreditinstituten, Verbindlichkeiten aus Lieferungen und Leistungen, andere kurzfristige Verbindlichkeiten
Rechnungsabgrenzungsposten:	Erhaltene Zahlungen für Leistungen, die erst im folgenden Geschäftsjahr ausgeführt werden

Da die Bilanz die Vermögens- und Kapitalverhältnisse des Unternehmens abbilden soll, gelten für die Bilanz nach den §§ 243–246 HGB folgende **Grundsätze**:

- Der Jahresabschluss ist nach den Grundsätzen ordnungsmäßiger Buchführung aufzustellen.
- Er muss klar und übersichtlich sein.
- Der Jahresabschluss ist innerhalb der einem ordnungsmäßigen Geschäftsgang entsprechenden Zeit aufzustellen.
- Der Jahresabschluss ist in deutscher Sprache und in Euro aufzustellen.
- Der Jahresabschluss ist vom Kaufmann unter Angabe des Datums zu unterzeichnen. Sind mehrere persönlich haftende Gesellschafter vorhanden, so haben sie alle zu unterzeichnen.
- Der Jahresabschluss hat sämtliche Vermögensgegenstände, Schulden, Rechnungsabgrenzungsposten, Aufwendungen und Erträge zu enthalten [...].
- Posten der Aktivseite dürfen nicht mit Posten der Passivseite, Aufwendungen nicht mit Erträgen [...] verrechnet werden.

MERKE

Die Bilanz ist eine kurz gefasste wertmäßige Gegenüberstellung von Vermögen (Aktiva) und Kapital (Passiva) zu einem Stichtag.

Bei der Aufstellung der Bilanz gelten je nach Unternehmenstyp und -größe verschiedene Gliederungsvorschriften.

9.3 Erfolgsrechnung

9.3.1 Aufbau der Gewinn- und Verlustrechnung

Die Bilanz wird durch die Erfolgsrechnung des Unternehmens – auch Gewinn- und Verlustrechnung genannt – ergänzt. Das geschieht üblicherweise, indem die gesamten Aufwendungen und Erträge, die im Konto „90 Betriebsergebniskonto BEK" bzw. „94 Gesamtergebniskonto GEK" gesammelt wurden, in Staffelform aufgegliedert und nach den gesetzlichen Vorschriften bezeichnet werden. Die Darstellung in Staffelform erleichtert die Analyse der Erfolgsrechnung, da mehrere Zwischenergebnisse ausgewiesen werden, was in einem T-Konto nicht möglich wäre. Zudem stimmen die Positionen der Gewinn- und Verlustrechnung (Erfolgsrechnung) nicht mit der Systematik des Kontenrahmens überein. Die Erfolgsrechnung muss außerhalb des Systems der Buchführung erstellt werden und benötigt Zahlen aus der Kosten- und Leistungsrechnung. Laut HGB wird die Erfolgsrechnung „Gewinn- und Verlustrechnung" genannt, im Speditionskontenrahmen wird das dazugehörige Konto „Gesamtergebniskonto" genannt.
Im Folgenden wird die Gliederung des Gesamtergebnisses nach §275 Abs. 3 HGB vorgestellt, die sich für Speditionsbetriebe, die als „kleine Kapitalgesellschaften" gelten, anbietet.

§275 HGB Gliederung der Gewinn- und Verlustrechnung

Die Gewinn- und Verlustrechnung ist in Staffelform nach [...] dem Umsatzkostenverfahren aufzustellen. Dabei sind die [...] Posten in der angegebenen Reihenfolge gesondert auszuweisen.			
	Gesamtergebniskonto-Position		**Erläuterung**
	Umsatzerlöse		Speditionserlöse und sonstige Erträge
–	Herstellungskosten der zur Erzielung der Umsatzerlöse erbrachten Leistungen		Speditionskosten
=	Rohergebnis (Bruttoergebnis vom Umsatz)		
– – – +	Vertriebskosten Allgemeine Verwaltungskosten Sonstige betriebliche Aufwendungen Sonstige betriebliche Erträge	–	Summe der betrieblichen Aufwendungen (u. a. Abschreibungen, Personalaufwand, Miete)
		=	Betriebsergebnis (EBIT)[1]
+ –	Zinsen und ähnliche Erträge Zinsen und ähnliche Aufwendungen	±	Finanzergebnis
		=	Ergebnis aus gewöhnlicher Geschäftstätigkeit
+ –	Außerordentliche Erträge Außerordentliche Aufwendungen	±	Außerordentliches Ergebnis
– –	Steuern vom Einkommen und Ertrag Sonstige Steuern	–	Steuern
=	Jahresüberschuss/Jahresfehlbetrag	=	Gesamtergebnis (Gewinn und Verlust)

[1] *Abk. für „Earnings Before Interest and Taxes".*
Die Gewinnkennzahl EBIT entspricht dem Jahresüberschuss vor Zinsaufwand, außerordentlichem Ergebnis und Steuern eines Unternehmens und stellt ein Maß an Bargeldrentabilität dar. Das EBIT kann auch als betriebliches Ergebnis bezeichnet werden.

Beispiel

Die Wall GmbH, Spedition & Logistik, muss zum Jahresabschluss des 31.12.20.. aus folgendem Gesamtergebniskonto eine Gewinn- und Verlustrechnung (Erfolgsrechnung) erstellen.

Soll — 94 Gesamtergebniskonto — Haben

70	Speditionskosten	27 600 000,00	890	Speditionserlöse	36 500 000,00
41	Gehälter	4 100 000,00	27	Zinserträge	10 000,00
42	Fuhrparkkosten	1 900 000,00	25	Außerordentliche Erträge	220 000,00
43	Raumkosten	800 000,00			
44	Verwaltungskosten	550 000,00			
22	Zinsaufwendungen	400 000,00			
247	Abschreibungen	690 000,00			
23	Steuern	70 000,00			
20	Außerordentliche Aufwendungen	10 000,00			
	Gewinn	610 000,00			
		36 730 000,00			36 730 000,00

	Gesamtergebniskonto-Position	Rechenweg	Erläuterung
	Umsatzerlöse	36 500 000,00	Speditionserlöse
–	Herstellungskosten der zur Erzielung der Umsatzerlöse erbrachten Leistungen	27 600 000,00	Speditionskosten
=	Rohergebnis	8 900 000,00	
–	Vertriebskosten	690 000,00 4 100 000,00 1 900 000,00 800 000,00	Abschreibungen Gehälter/Personalkosten Fuhrparkkosten Raumkosten
–	Allgemeine Verwaltungskosten	550 000,00	
–	Sonstige betriebliche Aufwendungen		
		= 860 000,00	Betriebsergebnis (EBIT)
+ –	Zinsen und ähnliche Erträge Zinsen und ähnliche Aufwendungen	10 000,00 400 000,00	Finanzergebnis = – 390 000,00
		= 470 000,00	Ergebnis aus gewöhnlicher Geschäftstätigkeit
+ –	Außerordentliche Erträge Außerordentliche Aufwendungen	220 000,00 10 000,00	Außerordentliches Ergebnis = + 210 000,00
– –	Steuern vom Einkommen und Ertrag Sonstige Steuern	70 000,00	Steuern
=	Jahresüberschuss/Jahresfehlbetrag	= 610 000,00	Gesamtergebnis (Gewinn oder Verlust)

MERKE
Die Gewinn- und Verlustrechnung als Teil der Erfolgsrechnung beschreibt das Gesamtergebnis des Unternehmens in einer übersichtlichen Staffelform. Sie besteht aus folgenden Grundbestandteilen:

I. Betriebsergebnis
II. +/– Finanzergebnis
III. = Ergebnis der gewöhnlichen Geschäftstätigkeit
IV. +/– außerordentliches Ergebnis
V. = Jahresüberschuss/Jahresfehlbetrag

9.3.2 Verwendung und Buchung des Gewinns bei verschiedenen Unternehmensformen

Bislang wurde unterstellt, dass das Gesamtergebniskonto direkt über das Eigenkapitalkonto abgeschlossen wird und somit ein eventueller Gewinn in der Gesamtheit im Unternehmen verbleibt. Diese Buchungsart (94 GEK an 05 EK) wird jedoch nur bei Einzelunternehmen durchgeführt, da eine Trennung von Privat- und Geschäftsvermögen aufgrund der unbeschränkten Haftung nicht notwendig ist und daher die Gewinne direkt das Eigenkapitalkonto erhöhen.

Offene Handelsgesellschaft

In der OHG wird für jeden Gesellschafter ein besonderes Eigenkapitalkonto geführt. Sofern im Gesellschaftsvertrag nichts anderes vereinbart wurde, wird der Kapitalanteil jedes Gesellschafters nach dem HGB mit vier Prozent verzinst, der Rest des Gewinns wird nach Köpfen aufgeteilt.
Der Buchungssatz zur Erfassung der Gewinnverteilung lautet wie folgt:

Nr.	Konto	Betrag in €		Konto	Betrag in €
	94 GEK		an	050 Kapitalkonto Gesellschafter X	
			an	051 Kapitalkonto Gesellschafter Y	

Kommanditgesellschaft

Bei der KG wird für jeden Komplementär (Vollhafter) ein eigenes Kapitalkonto geführt. Eventuelle Gewinne werden auf diese Konten gebucht. Kommanditisten (Teilhafter) haben kein Kapitalkonto, daher müssen die Gewinnanteile der Kommanditisten bis zur Auszahlung als sonstige Verbindlichkeit gebucht werden.
Sofern im Gesellschaftsvertrag nichts anderes vereinbart wurde, wird laut HGB der Kapitalanteil jedes Gesellschafters mit vier Prozent verzinst, der Rest des Gewinns wird in einem angemessenen Verhältnis unter den Gesellschaftern verteilt.

Der Buchungssatz zur Erfassung der Gewinnverteilung für die Komplementäre lautet wie folgt:

Nr.	Konto	Betrag in €		Konto	Betrag in €
	94 GEK		an	050 Kapitalkonto Gesellschafter X	
			an	051 Kapitalkonto Gesellschafter Y	

Der Buchungssatz zur Erfassung der Gewinnverteilung für die Kommanditisten lautet wie folgt:

Nr.	Konto	Betrag in €		Konto	Betrag in €
	94 GEK		an	169 sonstige Verbindlichkeiten	

Gesellschaft mit beschränkter Haftung

In der GmbH können Gewinne in die Gewinnrücklage eingestellt werden oder als Gewinn vorgetragen werden (Einstellung in den Gewinnvortrag). Bei der GmbH besteht keine gesetzliche Verpflichtung zur Bildung von Rücklagen, sie ist freiwillig und wird vereinbart.

Die Gesellschafter haben keine eigenen Kapitalkonten, daher müssen auszuzahlende Gewinnanteile bis zur Auszahlung als sonstige Verbindlichkeit gebucht werden. Die Gewinnanteile errechnen sich laut HGB nach dem Verhältnis der Kapitalanteile der Gesellschafter, sofern im Gesellschaftervertrag nichts anderes bestimmt ist.

Beispiel

Die Wall GmbH, Spedition & Logistik, hat einen Jahresüberschuss von 610 000,00 € erwirtschaftet. Über die Gewinnverwendung hat die Gesellschafterversammlung auf Grundlage des Gesellschaftervertrages wie folgt entschieden:

Bildung neuer Rücklagen:	210 000,00 €
Einstellung in den Gewinnvortrag:	100 000,00 €
Ausschüttung an die Gesellschafter: 300 000,00 €. Davon an	
– 1. Fr. Seeding als geschäftsführende Gesellschafterin	150 000,00 €
– 2. Fr. Benst	50 000,00 €
– 3. Hr. Scheiten	50 000,00 €
– 4. Hr. Bienes	50 000,00 €
Gesamt:	650 000,00 €

Der Buchungssatz zur Bildung des Gewinnvortrages lautet wie folgt:

Nr.	Konto	Betrag in €		Konto	Betrag in €
	94 GEK	100 000,00	an	054 Gewinnvortrag	100 000,00

Der Buchungssatz zur Bildung der Rücklage lautet wie folgt:

Nr.	Konto	Betrag in €		Konto	Betrag in €
	94 GEK	210 000,00	an	052 Gewinnrücklagen	210 000,00

Der Buchungssatz zur Erfassung der Gewinnverteilung für die Gesellschafter lautet wie folgt (Nummerierung der Geschäftsfälle analog zur Nummerierung der Gesellschafter):

Nr.	Konto	Betrag in €		Konto	Betrag in €
1	94 GEK	150 000,00	an	169 sonstige Verbindlichkeiten	150 000,00
2	94 GEK	50 000,00	an	169 sonstige Verbindlichkeiten	50 000,00
3	94 GEK	50 000,00	an	169 sonstige Verbindlichkeiten	50 000,00
4	94 GEK	50 000,00	an	169 sonstige Verbindlichkeiten	50 000,00

Aktiengesellschaft

In der AG müssen vor einer Ausschüttung von Gewinnen an die Aktionäre folgende Regelungen eingehalten werden:

1. Als Rücklagen müssen so lange fünf Prozent des Jahresüberschusses den gesetzlichen Rücklagen zugeführt werden, bis zehn Prozent des Grundkapitals oder ein höherer Anteil gemäß Satzung (satzungsgemäße Rücklagen) erreicht sind.
2. Weitere Rücklagen dürfen – falls in der Satzung vorgesehen – nicht mehr als 50 % des Jahresüberschusses ausmachen (satzungsgemäße Rücklagen).
3. Die Hauptversammlung kann einen Teil des Gewinns in weitere Gewinnrücklagen (sonstige Gewinnrücklagen) einstellen.
4. Sie kann einen Gewinnvortrag für das nächste Jahr zurückstellen.
5. Der restliche Betrag wird ausgeschüttet. In einer AG errechnen sich die Anteile der Aktionäre am Gewinn grundsätzlich aus der Höhe der Aktiennennwerte: Jede Aktie erhält einen bestimmten Prozentsatz auf den Nennwert der Aktie. Über die Höhe des auszuschüttenden Gewinnes (Dividende) beschließt die Hauptversammlung.

Folgende Buchungssätze sind nach der obigen Reihenfolge nötig:

Nr.	Konto	Betrag in €		Konto	Betrag in €
1	94 GEK		an	053 gesetzliche Rücklagen	
2	94 GEK		an	052 satzungsgemäße Rücklagen	
3	94 GEK		an	052 Gewinnrücklagen	
4	94 GEK		an	054 Gewinnvortrag	

Der Buchungssatz zur Erfassung der Dividende für die Aktionäre lautet wie folgt:

Nr.	Konto	Betrag in €		Konto	Betrag in €
5	94 GEK		an	169 sonstige Verbindlichkeiten	

9.4 Anhang zum Jahresabschluss bei Kapitalgesellschaften

Der Anhang dient als eigenständiger Informationsteil des Jahresabschlusses bei Kapitalgesellschaften.
Der Anhang soll die Erfolgsrechnung bzw. Gewinn- und Verlustrechnung sowie die Bilanz leichter interpretierbar machen, indem diese näher erläutert werden (Erläuterungsfunktion).
Außerdem enthält der Anhang weiterführende Informationen, die die Bilanz und Erfolgsrechnung unübersichtlich machen würden (Informations- und Entlastungsfunktion).
Weitere Zusatzinformationen dienen dem besseren Einblick in die Vermögens-, Finanz- und Ertragslage des Unternehmens (Ergänzungsfunktion).

Folgende wichtige Einzelangaben enthält der Anhang:

- Darstellung der Bilanzierungs- und Bewertungsmethoden,
- Verbindlichkeitenspiegel: Auflistung aller Verbindlichkeiten nach Art, Umfang und Herkunft (z. B. große Kredite bestimmter Banken),
- Offenlegung wesentlicher Unternehmensverbindungen (z. B. wichtige Geschäftspartner),
- bei der AG Organbezüge und -kredite (Vorstand/Aufsichtsrat),
- Einfluss steuerlicher Vorschriften auf den Jahresabschluss,
- bei größeren Kapitalgesellschaften Aufgliederung der Umsatzerlöse nach Tätigkeitsbereichen und geografischen Märkten.

MERKE
Die Funktionen des Anhangs sind die
- Informationsfunktion,
- Erläuterungsfunktion,
- Entlastungsfunktion,
- Ergänzungsfunktion.

9.5 Lagebericht bei mittelgroßen und großen Kapitalgesellschaften

Der Lagebericht muss nur bei mittelgroßen und großen Kapitalgesellschaften als ergänzendes Informationsinstrument neben Jahresabschluss und Anhang erstellt werden.
Folgende Punkte werden im Lagebericht erläutert:

- als Pflichtbestandteil eine Darstellung des Geschäftsverlaufes und der Lage der Gesellschaft mit Vermittlung eines den tatsächlichen Verhältnissen entsprechenden Bildes,

- als Soll-Bestandteil Vorgänge von besonderer Bedeutung nach Schluss des Geschäftsjahres,
- als Soll-Bestandteil voraussichtliche Entwicklung der Gesellschaft,
- als Soll-Bestandteil Bereich Forschung und Entwicklung mit Zielen, Schwerpunkten, Investitionen.

MERKE

Lageberichte müssen nur mittelgroße und große Kapitalgesellschaften erstellen.
Der Lagebericht enthält als Mindestbestandteil eine
- Darstellung des Geschäftsverlaufs und der Lage des Unternehmens.

Sofern notwendig, müssen
- besondere Vorgänge nach Schluss des Geschäftsjahres,
- voraussichtliche Entwicklungen und
- Forschungs- und Entwicklungsaktivitäten

erläutert werden.

BEARBEITUNGSVORSCHLÄGE

1. Ermitteln Sie, ob die Tectrans GmbH als „kleine Kapitalgesellschaft" gelten kann. Legen Sie dabei folgende Daten zugrunde: Umsatzerlöse: 9 250 000,00 €, Bilanzsumme: 2 830 000,00 €, Beschäftigte: 150 (Jahresdurchschnitt).
2. Prüfen Sie, ob folgende Unternehmen als „kleine Kapitalgesellschaften" gelten.
   a) Bradenwo GmbH: Umsatzerlöse: 5 950 000,00 €, Bilanzsumme: 5 565 000,00 €, Beschäftigte: 35 (Jahresdurchschnitt).
   b) Robrocco AG: Beschäftigte: 44 (Jahresdurchschnitt), Bilanzsumme: 3 400 000,00 €, 12 345 000,00 € Umsatz.
   c) Brusek Lagerei GmbH: Bilanzsumme: 5 535 000,00 €. Beschäftigte im Jahresdurchschnitt: 45, Jahresumsatz: 9 890 000,00 €.
3. Das Ersatzteillager der Wall GmbH, Spedition & Logistik, hat laut Inventur einen Wert von 33 513,00 €. Darunter befinden sich eine große Partie spezieller Stoßdämpfer, deren Marktwert zum Bilanzstichtag alleine 25 000,00 € beträgt. Insgesamt beträgt der Verkaufswert aller Ersatzteile 42 500,00 €. Mit welchem Wert muss das Ersatzteillager in der Bilanz auftauchen?
4. Aufgrund der rapide verschlechterten Infrastruktur (durch den Abriss einer Brücke ist die Wall GmbH, Spedition & Logistik, nur noch auf Umwegen zu erreichen) ist der Verkehrswert des Bürogebäudes von 487 400,00 € (Wert lt. Inventurliste) auf nur noch 270 000,00 € gesunken. Mit welchem Wert muss das Gebäude ausgewiesen werden?
5. Eine Verbindlichkeit aus Lieferungen und Leistungen ist in USD ausgewiesen. Diese hat eine Höhe von 34 265,00 USD und wurde mit 1,1365 EUR bewertet.
   a) In welcher Höhe muss diese Verbindlichkeit in der Bilanz bewertet werden, wenn zum Stichtag der Kurs 1,1350 EUR beträgt?
   b) In welcher Höhe muss diese Verbindlichkeit in der Bilanz bewertet werden, wenn zum Stichtag der Kurs 1,1390 EUR beträgt?
6. Erstellen Sie eine vorschriftsmäßig gegliederte Bilanz aus den folgenden Inventarwerten zum 31.12.20..

Vermögens- bzw. Schuldenposten	**Betrag in €**
Bankguthaben	90 000,00
BGA	400 000,00
Forderung aus Lieferung und Leistungen	550 000,00
Grundstücke und Gebäude	720 000,00
Hypotheken und Darlehen	2 570 000,00
Kassenbestand	12 000,00
Fuhrpark	1 520 000,00
Verbindlichkeiten aus Lieferungen und Leistungen	420 000,00
Vorräte	120 000,00

7. Erstellen Sie eine vorschriftsmäßig gegliederte und bewertete Bilanz aus den folgenden Angaben:

Vermögens- bzw. Schuldenposten	**Weitere Angaben**	**Betrag in €**
Bürogebäude	Anschaffungswert	850 000,00
	Buchwert zum 01.01.20..	750 000,00
	Abschreibung linear 2 %	
Lkw lt. Verzeichnis	Anschaffungswert	3 250 000,00
	Buchwert zum 01.01.20..	1 300 000,00
	Abschreibung linear 20 %	
BGA lt. Verzeichnis	Anschaffungswert	2 470 000,00
	Buchwert zum 01.01.20..	1 600 000,00
	Abschreibung linear 10 %	
Treibstoff lt. Verzeichnis	Anschaffungswert	730 000,00
	Tageswert zum 31.12.20..	690 000,00
Reifen und Ersatzteile lt. Verzeichnis	Anschaffungswert	567 000,00
	Tageswert zum 31.12.20..	610 000,00
Forderungen lt. Verzeichnis		4 300 000,00
Kassenbestand lt. Kassenbuch		100 000,00
Bankguthaben Haspa lt. Kontoauszug		2 657 000,00
Bankguthaben Deutsche Bank lt. Kontoauszug		543 000,00
Hypothek Haspa lt. Kontoauszug		750 000,00
Hypothek Deutsche Bank lt. Kontoauszug		550 000,00
Darlehen Haspa lt. Kontoauszug		1 300 000,00
Rückstellungen für Pensionen lt. Verzeichnis		700 000,00
Verbindlichkeiten aus Lieferungen und Leistungen lt. Verzeichnis		5 100 000,00
Kontokorrentkredit Haspa lt. Kontoauszug		543 000,00
Kontokorrentkredit Deutsche Bank lt. Kontoauszug		657 000,00
Umsatzsteuer		330 000,00
Vorsteuer		130 000,00

8. Folgende Salden müssen in das Konto 94 Gesamtergebniskonto gebucht werden.

20	Außerordentliche Aufwendungen	5 000,00 €
22	Zinsaufwendungen	5 000,00 €
23	Steuern	30 000.00 €
247	Abschreibungen	12 000,00 €
25	Außerordentliche Erträge	5 000,00 €
27	Zinserträge	1 000,00 €
41	Gehälter	200 000,00 €
42	Fuhrparkkosten	120 000,00 €
43	Raumkosten	90 000,00 €
44	Verwaltungskosten	75 000,00 €
70	Speditionskosten	333 000,00 €
890	Speditionskosten	824 000,00 €

Erstellen Sie das Gesamtergebniskonto und schließen dieses ab. Wie hoch ist der Gewinn?

9. Ermitteln Sie aus dem folgenden Gesamtergebniskonto diese Werte:
   a) Außerordentliches Ergebis
   b) Betriebsergebnis (EBIT)
   c) Ergebnis aus gewöhnlicher Geschäftstätigkeit
   d) Finanzergebnis
   e) Gesamtergebnis
   f) Rohergebnis

Soll — 94 Gesamtergebniskonto — Haben

70	Speditionskosten	2 256 000,00	890	Speditionserlöse	6 570 000,00
41	Gehälter	2 100 000,00	27	Zinserträge	30 000,00
42	Fuhrparkkosten	990 000,00	25	Außerordentliche Erträge	20 000,00
43	Raumkosten	80 000,00			
44	Verwaltungskosten	250 000,00			
22	Zinsaufwendungen	190 000,00			
247	Abschreibungen	230 000,00			
23	Steuern	30 000,00			
20	Außerordentliche Aufwendungen	60 000,00			
	Gewinn	434 000,00			

ÜBUNGSAUFGABEN

1. Eine OHG erzielt einen Jahresgewinn von 290 000,00 €. Die Kapitalanteile der drei Gesellschafter betragen:

Bradenwo	20 000,00 €
Benst	15 000,00 €
Tekin	30 000,00 €

Der Gewinn soll nach den Vorschriften des HGB verteilt werden. Wie viel erhält jeder Gesellschafter? Erstellen Sie eine Tabelle, die die Gewinnverteilung errechnet. Nutzen Sie folgendes Muster.

	A	B	C	D	E	F
1	Gesellschafter		Bradenwo	Benst	Tekin	Summe
2	Kapitalanteile		20000,00 €	15000,00 €	30000,00 €	Formel?
3	Kapitalverzinsung	4%	Formel?	Formel?	Formel?	Formel?
4	Verteilung Restgewinn		Formel?	Formel?	Formel?	Formel?
5	Gewinnanteil Gesamt		Formel?	Formel?	Formel?	290000,00 €
6						

2. Eine KG weist einen Jahresgewinn von 220000,00 € aus. Die Kapitalanteile der drei Gesellschafter betragen:

Raaks	20000,00 €
Thies	12000,00 €
Maier	5000,00 €

Die Komplementäre Raaks und Thies erhalten vorweg je 36000,00 € für die Geschäftsführung. Vom verbleibenden Gewinn bekommt jeder Gesellschafter zunächst 4% seines Kapitalanteils, der Rest ist vertragsgemäß im Verhältnis 3:2:1 zu verteilen. Wie viel vom Gewinn erhält jeder Gesellschafter? Erstellen Sie zur Berechnung der Gewinnverteilung eine Tabelle. Nutzen Sie dafür folgendes Muster:

	A	B	C	D	E	F
1	Gesellschafter		Raaks	Thies	Maier	Summe
2	Kapitalanteile		20000,00 €	12000,00 €	5000,00 €	Formel?
3	Vorwegabzug Geschäftsführung		36000,00 €	36000,00 €		Formel?
4	Kapitalverzinsung	4%	Formel?	Formel?	Formel?	Formel?
5	Verteilungsschlüssel Rest		3	2	1	Formel?
6	Gewinnanteil gemäß Verteilungsschlüssel		Formel?	Formel?	Formel?	Formel?
7	Auszahlung		Formel?	Formel?	Formel?	220000,00 €

3. Worin besteht der Unterschied zwischen Rücklagen und Rückstellungen?

4. Begründen Sie, nach welchem Grundsatz („strenges Niederstwertprinzip“, „gemildertes Niederstwertprinzip“ oder „Höchstwertprinzip“) die folgenden Fälle bewertet werden müssen:
   - Wertminderung eines Ferienhauses durch den Neubau einer Landebahn, in deren Einflugschneise das Haus liegt.
   - Frachtführer Bradenwo schickt der Wall GmbH, Spedition & Logistik, eine Rechnung für durchgeführte Transporte nach Russland: 12000,00 USD, zahlbar nach 60 Tagen netto, Rechnungsdatum 18.11.20.., Buchung zum Tageskurs von 1,0865 EUR. Kurs am Bilanzstichtag 31.12.20..: 1,1222 EUR.
   - Wertminderung einer Gartengaststätte durch vermehrten Flugbetrieb der Landebahn A aufgrund des Neubaus der Landebahn B.
   - Neue Hubwagen ermöglichen ein schnelleres Be- und Entladen der Lkws. Die alten Hubwagen sind deswegen technisch veraltet und in ihrem Wert gemindert.

- Wertminderung eines Grundstücks durch ein zehnjähriges Großbauprojekt in der Nachbarschaft.
- Der Tagespreis für den Liter Diesel beträgt 0,859 €. Der durchschnittliche Wert pro Liter der eigenen Treibstoffvorräte beträgt 0,899 €.
- Die Reifenvorräte haben im Einkauf 23 567,00 € gekostet. Der Tagespreis dieser Reifen beläuft sich auf 26 450,00 €.
- Eingangsrechnung vom 13.12.20.. für THC in Singapur: 1 350,00 USD, Zahlung 30 Tage netto Kasse, Buchung zum Tageskurs von 1,0956 EUR. Kurs am Bilanzstichtag 31.12.20..: 1,0799 EUR

5. Die Containerschiff AG beschließt auf ihrer Hauptversammlung folgende Gewinnverwendung:
   Der Jahresüberschuss von 2 450 000,00 € wird wie folgt verwendet:
   - 5 % Zuführung zu den gesetzlichen Rücklagen
   - 40 % Zuführung zu den satzungsgemäßen Rücklagen
   - 400 000,00 € Einstellung in Gewinnrücklagen
   - 200 000,00 € Einstellung in den Gewinnvortrag
   - Je Aktie 6,50 € Dividende (115 000 Aktien zu 5,00 € Nennwert).

   Bilden Sie die nötigen Buchungssätze zur Gewinnverwendung.

Lernfeld 7
Geschäftsprozesse erfolgsorientiert steuern

10 Kennzahlen zur Analyse der Bilanz und Erfolgsrechnung

LERNSITUATION

Nach der Einlagerung von 80 Paletten Dosentomaten für einen Kunden will Mary McKay, Auszubildende in der Abteilung Lager, eine neue Position für den Auftrag anlegen. Beim Abrufen der Stammdaten erhält sie vom System die Warnung, dass der Auftraggeber Mediterra Importe KG sein Kreditvolumen bei der Wall GmbH, Spedition und Logistik, ausgeschöpft habe. Daraufhin wendet sich Mary an Herrn Jansen, den Abteilungsleiter: „Herr Jansen, was soll ich machen, wenn ich die Meldung erhalte, dass Mediterra Importe das Kreditvolumen ausgeschöpft hat?“

„Mediterra? Naja, die haben noch reichlich Partien eingelagert, die wir notfalls zurückbehalten können. Also können Sie die Partie ruhig einlagern. Aber fragen Sie doch trotzdem in der Buchhaltung nach, lassen Sie sich die am längsten ausstehenden Forderungen aufgeben und rufen dann bei Mediterra an. Ich schätze, da sind Rechnungen dabei, die schon vier bis fünf Monate alt sind!“ Mary zögert: „Aber was soll ich denen sagen?“

„Ach, rufen Sie am besten den Michel Lüdemann an, das ist der Chef, und … tja, das ist tatsächlich etwas heikel, weil er immer so temperamentvoll reagiert. Und wir wollen ihn ja als Kunden behalten. Also: freundlich, nicht aggressiv, keine Drohungen. Wir lagern gern seine Ware weiterhin ein, würden nur gern den momentanen Stand durchgeben und ihn an die Zahlung erinnern. Das kriegen Sie sicher hin!“

Nach dem Gespräch mit dem Kunden geht Mary wieder zum Abteilungsleiter, um zu berichten, dass Herr Lüdemann sofort die Zahlungen anweisen will, die länger als sechs Wochen fällig sind. „Außerdem wollte er mich zum Essen einladen, aber ich bin nächste Woche verreist, habe ich gesagt“, ergänzt Mary. „Hahaha, ich hoffe, er bezahlt trotzdem!“, antwortet Herr Jansen. Mary fragt nach: „Aber einige Rechnungen waren wirklich schon über drei Monate alt.

Die sind doch eigentlich sofort fällig. Zahlen denn alle Kunden so schlecht?“ „Das kann man so nicht sagen“, entgegnet Herr Jansen, „aber wir können mal sehen, wo der Durchschnitt so liegt. Dazu können wir aus der letzten Bilanz und GuV den sogenannten Forderungsumschlag ermitteln, der angibt, wie schnell gezahlt wird.“ „Und wie berechnet man den?“, will Mary wissen. „Einfach die Umsatzerlöse durch die Forderungen aus Lieferung und Leistung teilen, also 36,5 Millionen durch 4,3 Millionen. Das ergibt den Forderungsumschlag von 8,49. Der Wert sagt einem eigentlich nichts, nur dass jede Forderung 8,49-mal pro Jahr umgeschlagen wird.
Aber wenn man 360 Tage durch diesen Forderungsumschlag teilt, erhält man rund 43 Tage. Das ist der Zeitraum, den unsere Kunden durchschnittlich brauchen, um zu bezahlen. Da liegt Herr Lüdemann also weit drüber!“ Mary ist erstaunt: „Da wäre ich jetzt nicht darauf gekommen, dass sich solche Informationen im Geschäftsbericht verbergen.“ „Oh, da gibt es jede Menge Informationen. Einige Kennzahlen sind ganz hilfreich, um zu sehen, wie das Unternehmen allgemein am Markt steht. Wenn Sie Interesse haben, hier habe ich ein Heft mit den wichtigsten Kennzahlen und einer kurzen Beschreibung ihrer Bedeutung – sehen Sie sich das ruhig einmal an!“

AUFGABEN

1. Nennen Sie Daten eines Unternehmens, aus denen Sie den Wert des Unternehmens abschätzen können.
2. Wer könnte Interesse daran haben, die wirtschaftliche Situation der Wall GmbH, Spedition & Logistik, zu beurteilen – und aus welchen Gründen?
3. Mithilfe welcher Daten ist es für die Hausbank der Wall GmbH, Spedition & Logistik, möglich zu entscheiden, ob ein Kredit gewährt werden kann?
4. Aus welchen Unternehmensdaten könnte ein Gesellschafter der Wall GmbH, Spedition & Logistik, erkennen, ob sich sein Kapitaleinsatz auch rentiert?

10.1 Aussagekraft von Kennzahlen

Jedes Unternehmen benötigt aussagekräftige Daten, um es den Führungskräften zu ermöglichen, Entscheidungen zu fällen, die den angestrebten Zielen entsprechen. Dazu werden aus der kaum überschaubaren Menge an Unternehmensdaten nur einige messbare betriebswirtschaftliche Daten ausgewählt, gebündelt und zu einer Kennzahl zusammengefasst. Damit kann das Unternehmen bewertet werden, Ergebnisse des Jahresabschlusses können mit vergangenen Jahren oder anderen Unternehmen verglichen und Ziele für die Zukunft gesteckt werden.
Außerdem werden diese Kennzahlen auch außerhalb des Unternehmens verwendet, um die Verhältnisse im Unternehmen darzustellen. Als Adressaten gelten Gesellschafter und potenzielle Anleger, die sich orientieren möchten, wie hoch die Rendite ihres eingesetzten Kapitals ausfällt (siehe Renditekennzahlen 10.8). Ebenso Banken, Lieferanten, Gläubiger und Auftraggeber, die die Liquidität des Unternehmens (siehe Liquiditätskennzahlen 10.7) oder die Verschuldung (siehe Kapitalkennzahlen 10.6) abschätzen möchten. Aber auch Arbeitnehmer und Gewerkschaften, das Finanzamt und die Öffentlichkeit in Form von Presse, Handelskammern, öffentlichen Institutionen oder auch konkurrierende Unternehmen sind an bestimmten Kennzahlen eines Unternehmens interessiert. Sie alle haben ein Interesse an präzisen, kurzen und aussagekräftigen Informationen über das Unternehmen.

MERKE

Kennzahlen dienen dazu,

- betriebliche Vorgänge zu messen,
- komplexe Sachverhalte und Interdependenzen zusammengefasst darzustellen,
- Maßstäbe für die Zukunft festzulegen,
- betriebliche Entwicklungen zu beurteilen (Soll-Ist-Vergleich),
- Vergleichbarkeit mit anderen Unternehmen zu schaffen (Branchenvergleich).

10.2 Überblick über Bereiche der Analyse

Hier eine Auswahl, die die gängigsten Kennzahlen erfasst:

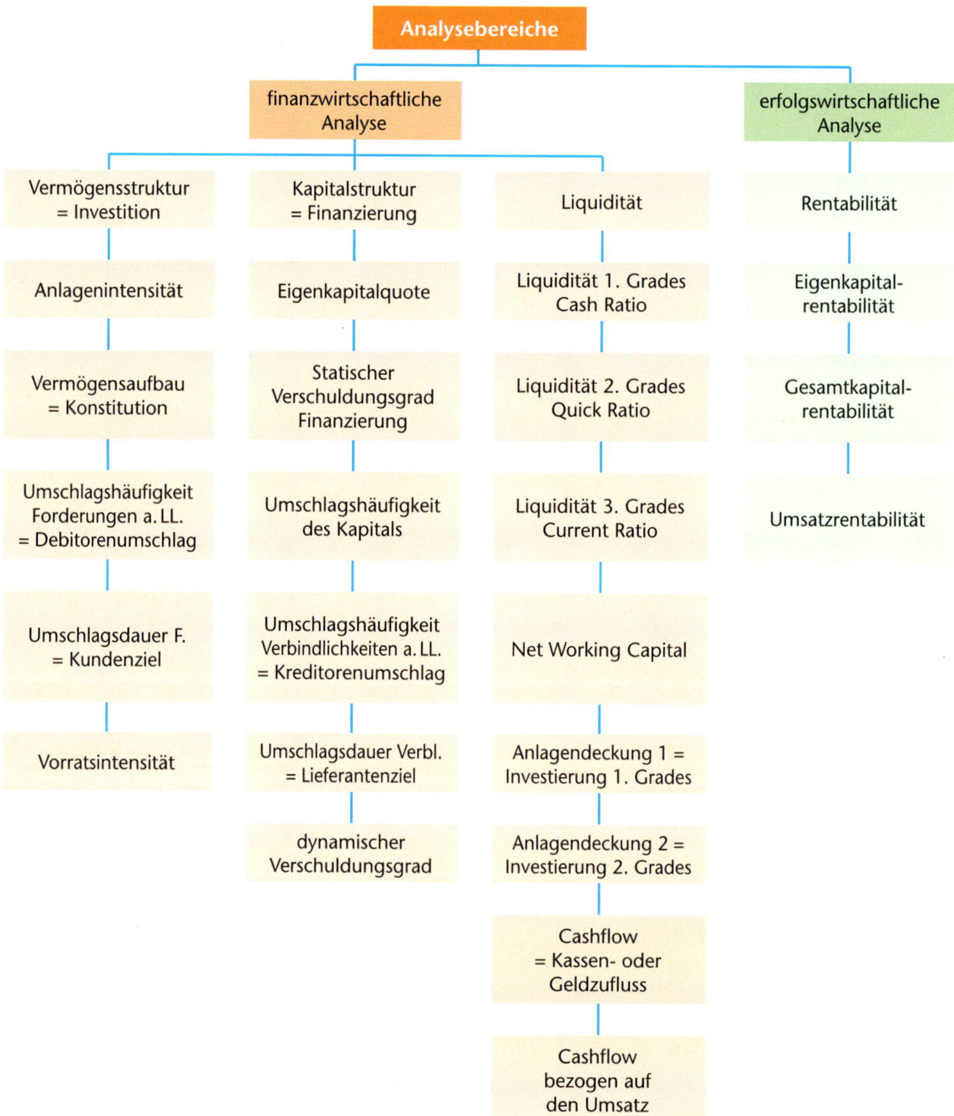

Grundsätzlich wird eine Bilanzanalyse durchgeführt, um Informationen über die Kapitalverwendung und Kapitalaufbringung zu erhalten. Es ist aber auch möglich, Kennzahlen nach finanzwirtschaftlicher oder erfolgswirtschaftlicher Perspektive zu unterscheiden. Allerdings stecken hinter diesen Begriffen immer eine ganze Reihe von Bereichen mit unterschiedlichen Kennzahlen.
Für die individuelle Analyse sucht man sich entsprechend seinem Ziel eine möglichst geringe Menge notwendiger Kennzahlen, die umso sinnvoller kombiniert werden müssen.

10.3 Ablauf der Analyse

Während für eine interne Analyse gezielt Daten beschafft werden können, stützt sich vor allem die externe Analyse fast ausschließlich auf die Daten des Jahresabschlusses. Diese müssen entsprechend den Anforderungen und Zielen aufbereitet werden.

10.3.1 Aufbereitung des Datenmaterials

Einzelne Positionen werden gezielt zusammengefasst oder wieder gesplittet, je nachdem, welche Positionen zur Bildung von Kennzahlen benötigt werden. Dabei ist es notwendig, in dieser Phase möglichst exakt zu arbeiten, da sich jeder Fehler in der Datenauswahl in den weiteren Berechnungen fortsetzen und die Ergebnisse extrem verfälschen kann.

10.3.2 Bildung von Kennzahlen

Wie groß der Aufwand ist, einzelne Kennzahlen zu bilden, hängt von der Art der Kennzahl ab, die ermittelt werden soll:

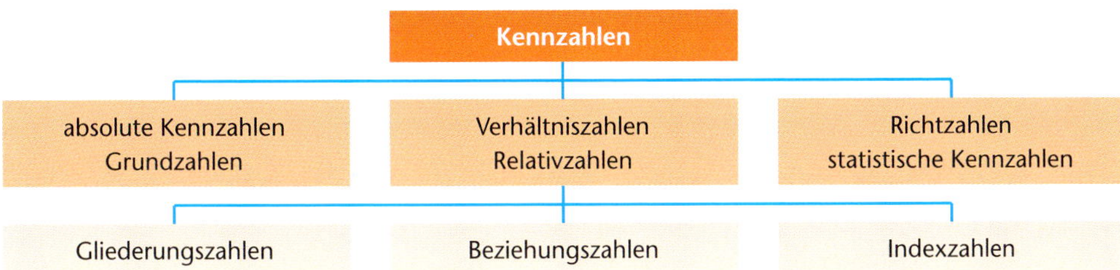

Handelt es sich um **absolute Zahlen** (Grundzahlen), so sind sie leicht zu bestimmen: Absolute Kennzahlen werden direkt aus der Bilanz oder Gewinn- und Verlustrechnung, aber auch aus anderen Unterlagen entnommen. Es handelt sich um Einzelzahlen, Summen, Differenzen oder Mittelwerte. Dazu zählen z. B. der Jahresüberschuss, die Höhe der Verbindlichkeiten aus Lieferung und Leistung oder die Umsatzerlöse.
Eine große Bedeutung kommt in der Analyse den **Verhältniszahlen** (Relativzahlen) zu. Um eine Verhältniszahl zu berechnen, werden absolute Zahlen in Beziehung gesetzt. Ein Wert wird dabei an einer Gesamtmasse, der Bezugsgröße, gemessen. Es gibt drei Unterarten von Verhältniszahlen mit unterschiedlicher Verwendung: Gliederungs-, Beziehungs- und Indexzahlen.
Gliederungszahlen werden gebildet, indem eine Teilgröße zu der Gesamtgröße, zu der sie zählt, in Relation gesetzt wird. Diese Gliederungszahlen werden meistens in Prozent der Gesamtgröße ausgedrückt. Die Eigenkapitalquote, also der Anteil des Eigenkapitals

(Teilgröße) am Gesamtkapital des Unternehmens (Gesamtgröße) gehört zu den Gliederungszahlen.

Beispiel

Das Eigenkapital der Wall GmbH, Spedition & Logistik, beträgt 5 700 Tsd. € bei einem Gesamtkapital von 15 500 Tsd. € (siehe Bilanz auf Seite 131). Das entspricht einer Eigenkapitalquote von 36,77 % (Berechnung Seite 136).

Um eine **Beziehungszahl** zu ermitteln, werden zwei absolute Werte miteinander in Beziehung gesetzt, von denen keine eine übergeordnete Größe darstellt, die aber trotzdem in einem inneren Zusammenhang stehen. Der Zusammenhang, der zu dieser Relation führt, kann sich allerdings als sehr komplex erweisen. Solch ein Zusammenhang besteht beispielsweise zwischen Eigenkapital und Anlagevermögen. Keine der Größen ist Teil der anderen, aber dividiert man das Eigenkapital durch das Anlagevermögen, erhält man den Prozentwert des Deckungsgrades I. Dieser besagt, wie viel Anlagevermögen mit Eigenkapital finanziert wurde.
Sollen die Entwicklung einer bestimmten Größe über einen Zeitraum oder aber Größen in unterschiedlichen geografischen bzw. wirtschaftlichen Räumen miteinander verglichen werden, ist es sinnvoll, **Indexzahlen** einzusetzen. Eine Indexzahl gibt an, um wie viel Prozent sich ein bestimmter Vergleichswert zum betrachteten Zeitpunkt (Berichtsjahr) gegenüber dem Wert im Ausgangszeitpunkt (Basisjahr) verändert hat. Das Basisjahr ist dabei gleich 100 gesetzt. Dieser Vergleich ist aber nur aussagekräftig, wenn der Basiszeitpunkt repräsentativ und nicht durch zufällige saisonale oder strukturelle Schwankungen verfälscht ist. Als Beispiel zeigt der Deutsche Aktienindex (DAX) die Kursentwicklung der 30 größten deutschen Aktiengesellschaften an.
Wenn die Daten eines Unternehmens mit Durchschnittswerten für die gleiche Größe der jeweiligen Branche oder auch der Gesamtwirtschaft in Relation gesetzt werden, spricht man von **Richtzahlen**. Betrachtet man beispielsweise die Gesamtkapitalrentabilität eines Unternehmens, so kann der Kapitalmarktzins als Maßstab angesetzt werden. Mit dieser Bezugsgröße erhält man einen Anhaltspunkt, um die Rentabilität des Kapitals im Vergleich zu anderen Anlageformen abzuwägen.

10.3.3 Durchführen von Vergleichen

Je nachdem, welche Ziele verfolgt werden und welche Kennzahlen zur Beurteilung ausgesucht werden, müssen eventuell zusätzliche Daten beschafft werden, um sie mit den Kennzahlen des Unternehmens zu vergleichen:

- Für **Zeitvergleiche** zur Erkennung von Entwicklungstendenzen müssen die Daten der vergangenen Jahre aus dem Unternehmen vorhanden sein. Absolute Mindestanforderung sind dabei die Daten von drei Jahren, bei ungewöhnlichen äußeren Einflüssen in einer Periode die Daten von fünf Jahren, um ein verlässliches Bild zu erhalten.
- Um die Stellung des Unternehmens am Markt und gegenüber Konkurrenten einzuschätzen, sind entweder die entsprechenden Daten einzelner Unternehmen oder **Branchenkennzahlen** notwendig. Branchenkennzahlen sind z. B. bei Verbänden wie dem DSLV oder bei der Deutschen Bundesbank zu erhalten. Die Daten solcher **Betriebsvergleiche** werden beispielsweise aus den Geschäftsberichten konkurrierender Unternehmen ermittelt. Dabei spielt für die Vergleichbarkeit eine wesentliche Rolle, dass die Unternehmensgröße und die Rechtsform bei der Auswertung des Datenmaterials berücksichtigt werden. Solch ein Betriebsvergleich kann der erste Schritt zum Benchmarking sein.

- Beim **Benchmarking** geht es darum, sich mit möglichst erfolgreichen Unternehmen der Branche zu messen und zu vergleichen, welche Strukturen für die höhere Qualität verantwortlich sind. Es werden also die besonderen Stärken gesucht und identifiziert. Dabei helfen Kennzahlen, um sich zu orientieren, welche strukturellen Unterschiede zum besseren Betrieb bestehen. Allerdings reicht der Vergleich der Kennzahlen nicht aus, sondern ist nur eine Teiloperation. Benchmarking ist als ein umfassendes Führungskonzept zu verstehen. Es orientiert sich immer an den Besten in einem Geschäftsfeld und hat eine lernende Organisation zum Ziel. Dieses Lernen bedeutet, die Handlungsweisen von Spitzenunternehmen nicht nur zu kopieren, sondern deren Erfahrungen zunutzen und damit eigene Probleme systematisch zu lösen.
- Für **Soll-Ist-Vergleiche** werden Kennzahlen der vergangenen oder laufenden Periode verwendet und in Bezug zu Zielvorgaben gesetzt, die von Controllern und Geschäftsführung vorher ermittelt und festgesetzt wurden. Aus dem direkten Vergleich kann ein Zielerreichungsgrad von Planung und realer Entwicklung bestimmt werden.

10.4 Grunddaten der Analyse

Die Daten für die Ermittlung der Kennzahlen für die Wall GmbH, Spedition & Logistik, sind aus der Bilanz und der GuV der letzten Periode zusammengestellt worden. Berechnungen (AfA gesondert ausgewiesen, Betriebskosten zusammengefasst) wurden bereits durchgeführt, Daten, die zur Ermittlung weiterer Kennzahlen notwendig wären, sind nicht mit aufgeführt. Es ergibt sich folgendes Bild:

Bilanz der Wall GmbH, Spedition & Logistik
zum 31.12.20.. in Tsd. €

Aktiva			Passiva		
Anlagevermögen			**Eigenkapital**	5700	5700
Grundstücke und Gebäude	3200				
Fuhrpark	1500		**Fremdkapital**		
BGA	1800	6500	1. langfristig		
			Hypotheken	1300	
Umlaufvermögen			Darlehen	1300	2600
Vorräte	1400		2. kurzfristig		
Forderungen a. LL.	4300		Rückstellungen	700	
Kasse	100		Verbl. a. LL.	5100	
Bank	3200	9000	Verbl. ggü. KI	1200	
			sonst. Verbl.	200	7200
		15500			15500

Hamburg, den 31. Dezember 20.. Unterschrift

Zahlen der Erfolgsrechnung

Umsatzerlöse	36500
Allgemeine Speditionskosten	27600
Betriebskosten (Vertrieb/Verwaltung)	7900
darin enthaltene AfA	690
Zinsaufwendungen	390

10.5 Kennzahlen der Vermögensstruktur

10.5.1 Anlagenintensität

$$\text{Anlagenintensität des Anlagevermögens} = \frac{\text{Anlagevermögen} \cdot 100\,\%}{\text{Gesamtvermögen}}$$

Das gesamte Anlagevermögen setzt sich aus immateriellen Vermögensgegenständen, Sachanlagen und Finanzanlagen zusammen. Die Kennzahl „Anlagenintensität" zeigt an, wie hoch dessen Anteil am Gesamtvermögen ist. Der „Rest", also das Umlaufvermögen, wird in der Arbeits- oder Umlaufintensität zum Gesamtvermögen in Relation gesetzt. Da **Anlagenintensität** und **Umlaufintensität** sich ergänzen, wird nur die Anlagenintensität erklärt.

Je niedriger das Anlagevermögen ist, desto flexibler ist das Unternehmen, wenn es sich an eine schwankende Auftragslage und somit auch geringere Auslastung anpassen muss. Bei Unterbeschäftigung schlagen die Leerlaufkosten nicht so stark auf den Erfolg durch. Wenn es sich um personalintensive Tätigkeiten handelt, können allerdings auch bei geringem Anlagevermögen Erfolgs- und Liquiditätsschwierigkeiten auftreten, wenn das Personal nicht kurzfristig abgebaut werden kann.

Niedriges Anlagevermögen kann auch nachteilige Wirkung haben, wenn es auf jahrelangen Investitionsstopps beruht. Das bedeutet, dass die Anlagen des Unternehmens bzw. Gebäude, Fuhrpark und Geschäftsausstattung nicht mehr dem aktuellen Stand entsprechen und weniger effizient sind. Oder das Unternehmen betreibt ein größeres Miet- und Leasing-Engagement. Im speditionellen Bereich ist ein niedriges Anlagevermögen ein Indikator für Unternehmen, die schwerpunktmäßig die Geschäftsbesorgung übernehmen und sich nur bedingt als Frachtführer, Umschlagsbetrieb oder Lagerhalter engagieren. Die relativ geringe Anlagenintensität der Wall GmbH, Spedition & Logistik, weist hierauf hin.

Hohes Anlagevermögen kann durch Fehlinvestitionen entstanden sein. Durch die hohe Kapitalbindung verringern sich der Ertrag und die Liquidität. Es ist aber auch möglich, dass die hohe Anlagenintensität durch Modernisierung und erfolgreiche Rationalisierung entstanden ist, was positiv zu werten ist. Auch starkes Engagement in moderner, softwaregestützter Lagerhaltung und die Tätigkeit im Selbsteintritt können Ursachen eines hohen Anlagevermögens sein.

$$\text{Anlagenintensität Wall GmbH, Spedition \& Logistik} = \frac{6\,500\,000{,}00 \cdot 100\,\%}{15\,500\,000{,}00} \approx 42\,\%$$

MERKE

Die Anlagenintensität gibt an, wie hoch der prozentuale Anteil des Anlagevermögens am Gesamtkapital ist. Die Ergänzung zur Anlagenintensität wird durch die Umlauf- oder Arbeitsintensität dargestellt.

10.5.2 Vermögensaufbau

$$\text{Vermögensaufbau (Konstitution)} = \frac{\text{Anlagevermögen}}{\text{Umlaufvermögen}}$$

Der **Vermögensaufbau** oder auch die **Konstitution** des Unternehmens stellt das Verhältnis von Anlage- zu Umlaufvermögen dar. Man kann aus dieser Kennzahl die gleichen Schlussfolgerungen wie aus der Anlagenintensität ziehen.

Ebenso wie bei der Anlagenintensität ist auch der Wert der Konstitution bei der Wall GmbH, Spedition & Logistik, sehr niedrig, was auf einen hohen Anteil personalintensiver Dienstleistungen in Organisation und Besorgen der eigentlichen Transporte schließen lässt.

$$\text{Vermögensaufbau Wall GmbH, Spedition \& Logistik} = \frac{6\,500\,000{,}00}{9\,000\,000{,}00} \approx 0{,}72$$

MERKE
Der Vermögensaufbau oder auch die Konstitution gibt an, in welchem Verhältnis die Höhe des Anlagevermögens zum Umlaufvermögen steht. Die Deutung entspricht weitgehend derjenigen, die für die Anlagenintensität gilt. Der direkte Bezug der beiden Vermögenssummen aufeinander bewirkt eine hohe Schwankung des Kennzahlenbetrages zwischen einzelnen Unternehmen.

10.5.3 Umschlagshäufigkeit der Forderungen a. LL.

$$\text{Umschlagshäufigkeit Forderungen a. LL.} = \frac{\text{Umsatzerlöse}}{\text{Bestand an Forderungen a. LL.}}$$

Diese Kennzahl, auch **Forderungsumschlag** oder **Debitorenumschlag** genannt, gibt das Verhältnis der Umsatzerlöse zu den Forderungen aus Lieferungen und Leistungen an. Dabei gehen die Aussagen der Kennzahl in zwei Richtungen: Zum einen kann man aus ihr schließen, wie viel der Umsatzerlöse in Forderungen gebunden sind, also dem Unternehmen nicht unmittelbar als liquide Mittel zur Verfügung stehen. Dies lässt sich als Prozentzahl ermitteln, indem man den Kehrwert mit 100 multipliziert.
Zum anderen gibt der Wert, bezogen auf das Jahr, Auskunft über die Zahlungsmoral der Auftraggeber.
Nimmt diese Kennzahl stetig ab, vermehren sich die Forderungen im Verhältnis zu den Umsatzerlösen, liegt der Verdacht nahe, dass ein Fehler in der Buchhaltung vorliegt. Entweder wurden fällige Rechnungen nicht entsprechend der Zahlungserwartung wertberichtigt, d. h., Forderungen, die nicht einzubringen sind, wurden nicht umgebucht. Oder Zahlungseingänge von Auftraggebern wurden nicht entsprechend den Forderungen zugeordnet. Es hat sich in beiden Fällen ein „Bodensatz“ gebildet, der das Ergebnis verfälscht.

$$\text{Umschlagshäufigkeit Wall GmbH, Spedition \& Logistik} = \frac{36\,500\,000{,}00}{4\,300\,000{,}00} \approx 8{,}49$$

MERKE
Die Umschlagshäufigkeit der Forderungen a. LL. beschreibt das Verhältnis von Umsatzerlösen zu Forderungen. Je geringer der Betrag ist, desto größer ist der Anteil des Umsatzes, der als Forderungen gebunden ist. Dann stehen dem Unternehmen weniger Mittel für Investitionen oder Sicherung der Liquidität zur Verfügung.

10.5.4 Umschlagsdauer der Forderungen

$$\text{Umschlagsdauer Forderungen a. LL.} = \frac{\text{360 Tage}}{\text{Umschlagshäufigkeit Forderungen}}$$

Aus der oben ermittelten **Umschlagshäufigkeit** lässt sich die **Umschlagsdauer** errechnen. Die Kennzahl wird auch als **Kundenziel** bezeichnet. Je größer diese Zahl ist, desto länger muss der Spediteur auf die liquiden Mittel in Höhe der Forderungen verzichten, sie gegebenenfalls sogar zwischenfinanzieren. Aus diesem Wert lassen sich Rückschlüsse auf das Mahnwesen ziehen. Liegt der Wert sehr hoch oder steigt ständig, sollten die Konditionen oder die Kundenpolitik verändert werden (z. B. durch eine ABC-Analyse, also die Aufteilung der Kunden nach Umsatz, Deckungsbeitrag, Zahlweise, und Einräumen von entsprechenden Konditionen).
Vereinzelt wird diese Kennzahl auch leicht verändert als **Debitorenziel** verwendet. Diese Berechnung, dem Ratingsystem einer Bank entnommen, ergibt einen etwas ungünstigeren Betrag.

$$\text{Debitorenziel} = \frac{\text{Forderungen a. LL.} \cdot \text{365 Tage}}{\text{Umsatzerlöse}}$$

Beide Möglichkeiten sind plausibel, die Berechnung von 365 Tagen ist realistischer, da auch in der Kalkulation durch Kreditinstitute von den „Banktagen“ zu einer taggenauen Berechnung übergegangen wird. Mehrheitlich werden aber noch 360 Tage verwendet.

$$\text{Umschlagsdauer Forderungen Wall GmbH} = \frac{\text{360 Tage}}{8{,}49} \approx 42{,}40 = \text{43 Tage}$$

MERKE
Die Umschlagsdauer der Forderungen (Forderungsumschlag, Kundenziel) gibt die Zeitspanne an, die vergeht, bevor Ausgangsrechnungen von Kunden beglichen werden. Je höher der Wert, desto länger wird dem Betrieb Liquidität entzogen und steht nicht zur Deckung der Verbindlichkeiten zur Verfügung.

10.5.5 Vorratsintensität

$$\text{Vorratsintensität} = \frac{\text{Vorräte (Roh-, Hilfs-, Betriebsstoffe)} \cdot 100\,\%}{\text{Gesamtvermögen}}$$

Mit der **Vorratsintensität** wird ein Wert ermittelt, der das prozentuale Verhältnis von gelagerten Vorräten zum gesamten Vermögen des Betriebes darstellt. Wie hoch dieser Wert sein sollte, hängt ganz stark von der Branche und der Struktur des einzelnen Betriebes ab. Handelt es sich um ein produzierendes Gewerbe, das auf saisonal günstig zu beschaffende Rohstoffe angewiesen ist, können auch sehr große prozentuale Vorräte gerechtfertigt sein. In Speditionsbetrieben ist eine große Vorratshaltung meistens aber unnötig und somit zu teuer. In der Regel liegen die Kosten der Kapitalbindung und des Lagerraums immer über der Ersparnis bei der Beschaffung großer Mengen von Verbrauchsmaterial. Eine „eiserne Reserve" zur Aufrechterhaltung des Betriebsflusses ist aber notwendig. Der Wert für die Vorratsintensität ist bei Speditionen mit ausgedehntem Fuhrpark, Werkstatt und Tankstelle deutlich höher als bei reinen Bürospediteuren. Generell spielt für Speditionen der Bereich Vorratshaltung aber eine untergeordnete Rolle, verglichen mit ihren Auftraggebern. Bei diesen ist es auch sinnvoll, die Umschlagshäufigkeit der Vorräte und die durchschnittliche Lagerdauer sehr stark zu berücksichtigen. Spediteure sollten von diesen Kennzahlen im Rahmen der Beratung als Logistiker Gebrauch machen.

$$\text{Vorratsintensität Wall GmbH, Spedition \& Logistik} = \frac{1\,400\,000{,}00 \cdot 100\,\%}{15\,500\,000{,}00} \approx 9\,\%$$

MERKE

Die Vorratsintensität gibt das prozentuale Verhältnis der Vorräte zum Gesamtvermögen wieder. Der Wert sollte bei Speditionsunternehmen gering sein, um unnötige Kosten für Kapitalbindung und Lagerfläche zu vermeiden. Die Kennzahl ist für produzierende Betriebe sehr viel bedeutender als für Dienstleistungsunternehmen, also auch Speditionen. Sie ist aber im Rahmen der Beratung von Kunden aus anderen Branchen relevant.

10.6 Kennzahlen der Kapitalstruktur

10.6.1 Eigenkapitalquote

$$\text{Eigenkapitalquote} = \frac{\text{Eigenkapital} \cdot 100\,\%}{\text{Gesamtkapital}}$$

Die **Eigenkapitalquote** ist eine bedeutende Kennzahl, die Aufschluss über die Kreditwürdigkeit eines Unternehmens gibt. Sie besagt, wie hoch der von den Eignern bzw. Gesellschaftern eingebrachte Kapitalanteil am Gesamtkapital ist.

Eine hohe Eigenkapitalquote sichert das Unternehmen dagegen, dass Gläubiger zu starken Einfluss auf die Unternehmenspolitik nehmen können. Außerdem schont sie die Liquidität, da in Krisenzeiten die Gewinnausschüttung an die Ertragslage angepasst werden kann, während die Zinsaufwendungen und Tilgung von Krediten als feste Größe weiterlaufen und die Liquidität des Unternehmens stark belasten. Somit gilt das Eigenkapital als wichtigster Risikoträger im Unternehmen, eine möglichst hohe Eigenkapitalquote vermindert Risiken.

Als Faustregel für Unternehmensbewertungen, beispielsweise bei der Kreditvergabe, sollte die Eigenkapitalquote mindestens 20 % betragen, der Durchschnitt der deutschen Verkehrsunternehmen lag 2000 bei 27 %, tendenziell fallend.

Ein Unternehmen sollte mit seinem Eigenkapital mindestens drei Verlustjahre überstehen können. Das bedeutet bei einem zweifachen Kapitalumschlag pro Jahr und 20 % Eigenkapitalquote, dass die jährliche Umsatzeinbuße nur 3,3 % bei gleichbleibenden Kosten betragen dürfte.

$$\text{Eigenkapitalquote Wall GmbH, Spedition \& Logistik} = \frac{5\,700\,000{,}00 \cdot 100\,\%}{15\,500\,000{,}00} \approx 36{,}77\,\%$$

MERKE

Die Eigenkapitalquote drückt das Verhältnis des von Eigentümern und Gesellschaftern zur Verfügung gestellten Kapitals zum Gesamtkapital in Prozent aus. Eine hohe Eigenkapitalquote mindert das Risiko der Zahlungsunfähigkeit in Krisenzeiten und ist positiv zu bewerten.

10.6.2 Statischer Verschuldungsgrad

$$\text{Statischer Verschuldungsgrad} = \frac{\text{Fremdkapital} \cdot 100\,\%}{\text{Eigenkapital}}$$

Will man das Verhältnis der beiden Teile des Kapitals, Eigenkapital und Fremdkapital, gegenüberstellen, bietet sich der **statische Verschuldungsgrad** als Kennzahl an. Damit wird das Verhältnis des Fremdkapitals zum Eigenkapital in Prozent ausgedrückt. Je höher die Prozentzahl ist, desto mehr Vermögen wird über Fremdkapital finanziert. Die Auswirkungen entsprechen denen einer geringen Eigenkapitalquote: Das Unternehmen begibt sich in die Abhängigkeit von Gläubigern und besitzt außerdem weniger Spielraum für die Beschaffung weiterer Kredite in Krisenzeiten. Darüber hinaus besteht eine feste Belastung durch den Zinsaufwand und die Tilgung von Krediten, während die Verzinsung des Eigenkapitals stärker der Ertragslage angepasst werden kann.

Die Tendenz verlief bei deutschen Unternehmen in den vergangenen Jahren hin zu einem steigenden Verschuldungsgrad. Diese Tendenz wurde erst durch die strengeren Richtlinien für die Vergabe von Krediten bei Kreditinstituten eingeschränkt.

Der Zusatz „statisch" beschreibt, dass die Verschuldung für den Bilanzstichtag bestimmt wird und nicht etwa der Durchschnitt während eines Zeitraums.

$$\text{Finanzierung} = \frac{\text{Eigenkapital}}{\text{Fremdkapital}}$$

Das Verhältnis derselben Zahlen wird auch mit der Kennzahl **Finanzierung** beschrieben, aber in umgekehrter Weise: Man dividiert das Eigenkapital durch das Fremdkapital und erhält so eine direkte Verhältniszahl, keine Prozentangabe. Die Finanzierung drückt aus, wie groß der Anteil des Eigenkapitals im Verhältnis zum Fremdkapital ist. Ein hoher Wert ist also in der Regel positiv zu bewerten.

$$\text{Statischer Verschuldungsgrad Wall GmbH} = \frac{9\,800\,000{,}00 \cdot 100\,\%}{5\,700\,000{,}00} \approx 171{,}93\,\%$$

MERKE
Das prozentuale Verhältnis des Fremdkapitals zum Eigenkapital am Bilanzstichtag wird durch den statischen Verschuldungsgrad beschrieben. Ein hoher Verschuldungsgrad, also ein hoher prozentualer Anteil von Fremdkapital im Verhältnis zum Eigenkapital wirkt meistens negativ, besonders in Krisenzeiten.

$$\text{Finanzierung Wall GmbH, Spedition \& Logistik} = \frac{5\,700\,000{,}00}{9\,800\,000{,}00} \approx 0{,}58$$

MERKE
Das direkte Verhältnis von Eigenkapital zu Fremdkapital stellt die Kennzahl Finanzierung dar. Ein hoher Wert, also viel Eigenkapital im Vergleich zum Fremdkapital, ist meistens günstig.

10.6.3 Umschlagshäufigkeit des Kapitals

$$\text{Umschlagshäufigkeit des Kapitals} = \frac{\text{Umsatzerlöse}}{\text{durchschnittliches Gesamtkapital}}$$

Die **Umschlagshäufigkeit des Kapitals** bezieht sich darauf, wie groß die Umsatzerlöse im Verhältnis zum gesamten Kapital des Betriebes sind. Daraus kann man ersehen, wie produktiv das Kapital im Leistungsprozess eingesetzt wird. Je höher die Umschlagshäufigkeit ist, desto schneller fließen die eingesetzten Mittel wieder in Form der Umsatzerlöse in das Unternehmen zurück und desto weniger Kapital ist im Verhältnis zum Umsatz notwendig. Die Kennzahl erleichtert die Abschätzung des Risikos, wenn zusätzliches Fremdkapital beschafft werden soll.

$$\text{Umschlagshäufigkeit des Kapitals Wall GmbH} = \frac{36\,500\,000{,}00}{15\,500\,000{,}00} \approx 2{,}35$$

MERKE
Diese Kennzahl drückt aus, wie oft sich das Gesamtkapital pro Jahr als Umsatzerlöse umschlägt. Je mehr Umsatzerlöse pro Kapital erzielt werden, desto höher ist der Kapitalumschlag und desto positiver ist der Kapitaleinsatz zu bewerten.

10.6.4 Umschlagshäufigkeit der Verbindlichkeiten

$$\text{Umschlagshäufigkeit der Verbl. a. LL.} = \frac{\text{Materialaufwand + Fremdleistungen}}{\text{durchschnittl. Verbl. a. LL.}}$$

Ganz ähnlich wie der bereits beschriebene Debitorenumschlag, nur auf der Passivseite, funktioniert die **Umschlagshäufigkeit der Verbindlichkeiten** aus Lieferung und Leistung. Sie wird auch als „Kreditorenumschlag" bezeichnet. Mit ihr wird berechnet, wie viel höher Materialaufwand und Fremdleistungen sind als der durchschnittliche Bestand an Verbindlichkeiten. Je niedriger diese Zahl ist, desto weiter wird die Zahlung fälliger Rechnungen in die Zukunft verschoben. Dies wirkt sich meistens negativ aus, daher sollte die Zahl konstant hoch sein.
Der Materialaufwand und die Fremdleistungen werden in der Wall GmbH, Spedition & Logistik, vereinfacht mit den Allgemeinen Speditionskosten der Gewinn- und Verlustrechnung (siehe Erfolgsrechnung, Seite 46 ff.) gleichgesetzt.

$$\text{Umschlagshäufigkeit der Verbl. a. LL. Wall GmbH} = \frac{27\,600\,000{,}00}{5\,100\,000{,}00} \approx 5{,}41$$

MERKE
Der Verbindlichkeitenumschlag gibt an, wie viel Mal höher der Materialaufwand und die Fremdleistungen im Verhältnis zu den Lieferantenverbindlichkeiten sind. Je höher dieser Wert ist, also je häufiger die Verbindlichkeiten umgeschlagen werden, desto besser.

10.6.5 Umschlagsdauer der Verbindlichkeiten

$$\text{Umschlagsdauer der Verbl. a. LL.} = \frac{\text{360 Tage}}{\text{Umschlagshäufigkeit Verbl. a. LL.}}$$

Um die Zeitspanne zu ermitteln, die durchschnittlich zwischen dem Entstehen der Verbindlichkeit und der tatsächlichen Zahlung einer Rechnung liegt, wird die **Umschlagsdauer der Verbindlichkeiten aus Lieferung und Leistung** berechnet. Sie wird auch als „Lieferantenziel" bezeichnet. Je mehr Tage vergehen, bis Rechnungen beglichen werden, desto negativer wirkt sich die schlechte Zahlungsmoral auf den Ruf des Unternehmens aus. Außerdem ist dies ein Zeichen dafür, dass kein Skonto in Anspruch genommen wird und eventuell sogar Mahngebühren und Verzugszinsen als zusätzliche Kosten entstehen. Eine zunehmende Umschlagsdauer der Verbindlichkeiten weist außerdem darauf hin, dass keine alternativen Finanzierungsmöglichkeiten (z. B. Kontokorrentkredit) mehr in Anspruch genommen werden können.

$$\text{durchschn. Kreditorendauer} = \frac{\text{durchschn. Lieferantenverbindlichkeiten} \cdot \text{365 Tage}}{\text{Materialeinsatz + Fremdkosten}}$$

Entsprechend der Darstellung zur Umschlagsdauer der Forderungen ist es auch möglich, die Umschlagsdauer der Verbindlichkeiten auf 365 Tage pro Jahr zu berechnen. Der Wert der Kennzahl fällt dann etwas höher aus. Wichtig ist, dass bei einem Vergleich auf eine einheitliche Berechnung geachtet wird.
Im Vergleich zur Umschlagsdauer der Forderungen mit 43 Tagen ist die Zahlungsmoral der Wall GmbH, Spedition & Logistik, selbst sehr viel schlechter als die ihrer Kunden:

$$\text{Umschlagsdauer der Verbl. a. LL. Wall GmbH, Spedition \& Logistik} = \frac{360 \text{ Tage}}{5{,}41} \approx 66{,}54 = 67$$

MERKE
Die Umschlagsdauer der Verbindlichkeiten aus Lieferung und Leistung gibt an, wie viele Tage bis zur Zahlung einer Verbindlichkeit vergehen. Je länger diese Zeitspanne ist, desto wahrscheinlicher sind negative Folgen wie Rufschädigung und Mahnkosten.

10.6.6 Dynamischer Verschuldungsgrad

$$\text{Dynamischer Verschuldungsgrad} = \frac{(\text{Fremdkapital} - \text{liquide Mittel})}{\text{Cashflow}}$$

Für den **dynamischen Verschuldungsgrad** wird der Cashflow, eine Liquiditätskennzahl, eingesetzt. Er gibt an, wie viel Einnahmen dem Unternehmen für unterschiedliche Zwecke, also auch die Schuldentilgung, in einem Zeitraum zur Verfügung stehen. Näheres zum Cashflow unter 10.7.7.
Der dynamische Verschuldungsgrad oder auch die **Schuldentilgungsdauer** berechnet sich aus dem Verhältnis der aktuellen Verschuldung des Unternehmens zum Cashflow des letzten Geschäftsjahres. Der dynamische Verschuldungsgrad dient als Kennzahl zur Beurteilung der Schuldentilgungsfähigkeit eines Unternehmens. Er hat dynamischen Charakter, da im Gegensatz zum statischen Verschuldungsgrad der Cashflow als zeitraumbezogene Größe einfließt. Weil der Cashflow die dem Unternehmen tatsächlich zur Verfügung stehenden Mittel angibt, kann berechnet werden, in wie vielen Jahren es einem Unternehmen unter sonst gleichen Bedingungen möglich wäre, seine Effektivschulden vollständig zu tilgen.
Grundsätzlich gilt, je kleiner der Wert dieser Kennzahl ist, desto schneller kann ein Unternehmen seine Schulden aus Mitteln tilgen, die im eigenen Umsatzprozess erwirtschaftet worden sind. Somit ist ein Unternehmen mit kleinem dynamischen Verschuldungsgrad relativ unabhängiger von seinen Gläubigern. Ein geringer Wert des dynamischen Verschuldungsgrades gilt als positives Indiz für die finanzielle Stabilität eines Unternehmens.
Ob für die Berechnung der Kennzahl die liquiden Mittel des Unternehmens vom Fremdkapital abgezogen werden sollten ist umstritten, aber sinnvoll, wenn es darum geht den Zeitraum zu ermitteln, in dem alle Schulden getilgt werden können. Denn zur Tilgung der Schulden können auch die liquiden Mittel eingesetzt werden und so das Fremdkapital mindern.
Der dynamische Verschuldungsgrad kann auch in Prozent statt in Jahren angegeben werden, z. B. in Untersuchungen der Bundesbank.

$$\text{Dynamischer Verschuldungsgrad Wall GmbH} = \frac{(9\,800\,000{,}00 - 3\,300\,000{,}00)}{1\,300\,000{,}00} = 5$$

Der dynamische Verschuldungsgrad beträgt 5, also fünf Jahre zur möglichen Tilgung der Schulden. Werden die hohen liquiden Mittel nicht berücksichtigt, ergibt sich folgendes Bild:

$$\text{Dynamischer Verschuldungsgrad Wall GmbH} = \frac{9\,800\,000{,}00}{1\,300\,000{,}00} \approx 7{,}54$$

Die Tilgung der Schulden aus eigenen Mitteln würde ohne Berücksichtigung der liquiden Mittel bei fast acht Jahren liegen.

MERKE
Um den Zeitraum zu berechnen, in dem das Unternehmen aus eigenen Mitteln seine Schulden vollständig tilgen könnte, dividiert man die Differenz von Schulden und liquiden Mitteln durch den Cashflow. Je geringer der Wert für den dynamischen Verschuldungsgrad ist, desto günstiger für das Unternehmen, da es weniger abhängig von seinen Gläubigern ist.

10.7 Liquiditätskennzahlen

10.7.1 Liquidität 1. Grades

$$\text{Liquidität 1. Grades} = \frac{\text{Flüssige Mittel}}{\text{kurzfristige Verbindlichkeiten}}$$

Bei der **Liquidität 1. Grades** werden die flüssigen Mittel ins Verhältnis zu den kurzfristigen Verbindlichkeiten gesetzt. Diese Barliquidität oder **Cash Ratio** (bei Berücksichtigung der Wertpapiere des Umlaufvermögens) sollte so hoch liegen, dass kurzfristig eingehende Rechnungen unter Ausnutzung von Skonto bezahlt werden können, aber nicht zu viele flüssige Mittel ungenutzt bleiben. Sie darf deutlich unter 1 liegen, es können auch 0,10 bis 0,20 ausreichen.

$$\text{Liquidität 1. Grades Wall GmbH, Spedition \& Logistik} = \frac{3\,300\,000{,}00}{7\,200\,000{,}00} \approx 0{,}46$$

MERKE
Die Liquidität 1. Grades gibt das Verhältnis flüssiger Mittel zu kurzfristigen Verbindlichkeiten an. Es sollten nur genug flüssige Mittel zur Begleichung kurzfristig eingehender Verbindlichkeiten bereitgestellt werden.

10.7.2 Liquidität 2. Grades

$$\text{Liquidität 2. Grades} = \frac{(\text{Flüssige Mittel} + \text{Forderungen})}{\text{kurzfristige Verbindlichkeiten}}$$

Zu den flüssigen Mitteln werden die Forderungen addiert und dann ins Verhältnis zu den kurzfristigen Verbindlichkeiten gesetzt. Für diese Kennzahl wird auch der Begriff **Quick Ratio** verwendet, wenn Wertpapiere des Umlaufvermögens eingerechnet werden. Die flüssigen Mittel und Forderungen sollten die kurzfristigen Verbindlichkeiten auf jeden Fall decken **(Acid-Test-Regel)**, der Wert der Kennzahl also mindestens 1 betragen, sonst drohen kurzfristig Zahlungsschwierigkeiten.

$$\text{Liquidität 2. Grades Wall GmbH} = \frac{(3\,300\,000{,}00 + 4\,300\,000{,}00)}{7\,200\,000{,}00} \approx 1{,}06$$

MERKE
Die Liquidität 2. Grades gibt wieder, in welchem Umfang das kurzfristige Fremdkapital durch Barmittel und Forderungen gedeckt ist. Grundsätzlich sollte der Wert über 1 liegen, damit keine Zahlungsschwierigkeiten drohen.

10.7.3 Liquidität 3. Grades

$$\text{Liquidität 3. Grades} = \frac{(\text{Flüssige Mittel} + \text{Forderungen} + \text{Vorräte})}{\text{kurzfristige Verbindlichkeiten}}$$

Die **Liquidität 3. Grades** berücksichtigt neben den flüssigen Mitteln und den Forderungen auch die Vorräte im Verhältnis zu den kurzfristigen Verbindlichkeiten. Sie wird auch als **Current Ratio** bezeichnet, wenn die Wertpapiere des Umlaufvermögens dazuaddiert werden. Der Wert sollte zwischen 1,3 und 1,5 liegen, bei einem noch höheren Wert ist die Kapitalbindung durch einen zu hohen Bestand an Vorräten nachteilig. Jedoch ist für Dienstleistungsbetriebe auch ein Wert unter 1,3 vertretbar, solange die Liquidität 2. Grades über 1 liegt. Da eine kurzfristige Verflüssigung der Vorräte problematisch sein kann, ist bei dieser Kennzahl Vorsicht geboten.

$$\text{Liquidität 3. Grades Wall GmbH} = \frac{(3\,300\,000{,}00 + 4\,300\,000{,}00 + 1\,400\,000{,}00)}{7\,200\,000{,}00} \approx 1{,}25$$

MERKE
Die Liquidität 3. Grades schließt auch die Vorräte im Verhältnis zu den kurzfristigen Verbindlichkeiten mit ein. Der Wert sollte bei 1,3, besser jedoch um 1,5 liegen. Die Aussagekraft ist aber begrenzt.

10.7.4 Net Working Capital

$$\text{Net Working Capital} = \frac{\text{Umlaufvermögen} \cdot 100\,\%}{\text{kurzfristige Verbindlichkeiten}}$$

Diese Berechnung **des Net Working Capital** gibt den prozentualen Anteil an, zu dem das kurzfristige Fremdkapital durch das Umlaufvermögen gedeckt ist. Der Unterschied zur Liquidität 3. Grades ist auf den ersten Blick nur gering. Entscheidend ist, dass beim Net Working Capital nur Umlaufvermögen und Verbindlichkeiten mit einer Restlaufzeit bis zu einem Jahr berücksichtigt werden. Damit vermeidet man, dass Teile des Umlaufvermögens, die länger als zwölf Monate im Unternehmen verbleiben, trotzdem zur Deckung von Verbindlichkeiten genutzt werden, die bereits vorher fällig sind. In der Praxis ist bei Teilen des Umlaufvermögens schwer festzustellen, ob sie mehr oder weniger als zwölf Monate im Unternehmen verbleiben.
Eine weitere Darstellungsmöglichkeit besteht darin, die kurzfristigen Verbindlichkeiten vom Umlaufvermögen abzuziehen.

$$\text{Net Working Capital} = \text{Umlaufvermögen} - \text{kurzfristige Verbindlichkeiten}$$

Diese Berechnung des Net Working Capital zeigt den absoluten Überschuss des Umlaufvermögens über das kurzfristige Fremdkapital.
Auch in diesem Fall muss der Wert positiv sein, damit die Fristenkongruenz gewahrt bleibt.

Für die Zahlen der Wall GmbH, Spedition & Logistik, ergibt sich kein Unterschied zur Liquidität 3. Grades, weil für die Positionen des Umlaufvermögens keine Fristen angegeben sind. Wäre dies der Fall, müssten alle Posten mit über einem Jahr Verbleib im Unternehmen abgezogen werden.

$$\text{Net Working Capital Wall GmbH, Spedition \& Logistik} = \frac{9\,000\,000{,}00 \cdot 100\,\%}{7\,200\,000{,}00} = 125\,\%$$

$$\text{Net Working Capital Wall GmbH} = 9\,000\,000{,}00 - 7\,200\,000{,}00 = 1\,800\,000{,}00$$

MERKE
Im Net Working Capital wird das kurzfristige Fremdkapital zum Umlaufvermögen in Beziehung gesetzt. Die Kennzahl kann als Prozentzahl oder Differenz angegeben werden. Sie sollte auf jeden Fall positiv sein, da sonst die in den kommenden zwölf Monaten fälligen Verbindlichkeiten nicht durch Vermögenswerte gedeckt sind, die auch in dieser Zeit zu Einzahlungen führen.

10.7.5 Anlagendeckung 1

$$\text{Anlagendeckung 1} = \frac{\text{Eigenkapital}}{\text{Anlagevermögen}}$$

Diese Kennzahl, auch **Investierung 1. Grades** genannt, stellt das Verhältnis von Eigenkapital zum Anlagevermögen dar. Die Kennzahl wird auch als **Deckungsgrad 1** (Prozentwert) oder **Investierung 1. Grades** bezeichnet. Es sollte möglichst viel Anlagevermögen durch Eigenkapital gesichert sein, die „goldene Bilanzregel" besagt, dass die Kennzahl gleich 1 sein sollte. In der Praxis ist das aber selten.

$$\text{Anlagendeckung 1 Wall GmbH, Spedition \& Logistik} = \frac{5\,700\,000{,}00}{6\,500\,000{,}00} \approx 0{,}88$$

MERKE

Die Anlagendeckung 1 zeigt das Verhältnis von Eigenkapital zu Anlagevermögen. Ein hoher Wert ist positiv, ein „Idealwert" aus struktureller Sicht wäre 1, er liegt aber meist darunter.

10.7.6 Anlagendeckung 2

$$\text{Anlagendeckung 2} = \frac{(\text{Eigenkapital} + \text{langfristiges Fremdkapital})}{\text{Anlagevermögen}}$$

Mit der **Anlagendeckung 2**, auch **Deckungsgrad 2** oder **Investierung 2. Grades** genannt, wird untersucht, ob das Anlagevermögen durch das Eigenkapital und das langfristige Fremdkapital gedeckt ist. Dies sollte auf jeden Fall sichergestellt sein, der Wert also mindestens 1 betragen, besser noch über 1 liegen. Bei einem geringeren Wert wäre das betriebsnotwendige Vermögen nicht mehr langfristig finanziert.

$$\text{Anlagendeckung 2 Wall GmbH} = \frac{(5\,700\,000{,}00 + 2\,600\,000{,}00)}{6\,500\,000{,}00} \approx 1{,}28$$

MERKE

Will man die Finanzierung des Anlagevermögens darstellen, wird die Anlagendeckung 2 verwendet. Sie setzt das Anlagevermögen zu Eigen- und langfristigem Fremdkapital ins Verhältnis. Der Wert muss mindestens 1 betragen, da sonst eine langfristige Finanzierung des betriebsnotwendigen Vermögens nicht gewährleistet ist und die langfristige Liquidität gefährdet ist.

10.7.7 Cashflow

	zahlungsbedingte Erträge (Einnahmen)
–	zahlungsbedingte Aufwendungen (Ausgaben)
=	Cashflow (direkte Ermittlung)

Der **Cashflow** ist der Teil der Einnahmen, der dem Unternehmen nach Abzug aller Ausgaben im jeweiligen Zeitraum zur Verfügung steht. In der GuV werden von den Erträgen (Umsatzerlöse) die Aufwendungen (Speditionskosten, Betriebskosten, Zinsaufwendungen usw.) abgezogen, um den Gewinn (Jahresüberschuss) zu ermitteln. Einige Erträge sind aber nicht zahlungsbedingt (finanzwirksam), denn es wird z. B. noch nichts verkauft, sondern nur die Bestände erhöhen sich. Ebenso gibt es Aufwandsposten, die nicht zahlungsbedingt sind. Abschreibungen oder Rückstellungen werden z. B. als Aufwand abgerechnet, es fließen aber keine Finanzmittel aus dem Unternehmen. Für den Cashflow werden nur die tatsächlichen Einnahmen und Ausgaben berücksichtigt. Ein positiver Cashflow bedeutet deshalb, dass das Unternehmen tatsächlich einen Geldzufluss erhalten hat.

Der Cashflow gibt somit an, wie viel finanzielle Mittel das Unternehmen aus eigener Kraft erwirtschaftet und für Ausgaben zur Verfügung hat. Er kann verwendet werden, um Schulden zu tilgen, Investitionen zu finanzieren, liquide Mittel zu erhöhen oder Gewinne auszuschütten. Daher ist ein positiver Cashflow notwendig, je höher er ist, desto besser.

	Gewinn/Verlust (Jahresüberschuss/Fehlbetrag)
+	nicht zahlungsbedingte Aufwendungen (z. B. AfA)
–	nicht zahlungsbedingte Erträge (z. B. Bestandserhöhung)
=	Cashflow (indirekte Ermittlung)

Der Cashflow kann in der Praxis häufig leichter berechnet werden, wenn man ihn indirekt ermittelt. Man erstellt dabei die GuV sozusagen umgekehrt, beginnt mit dem Gewinn (Jahresüberschuss), addiert die nicht zahlungsbedingten Aufwendungen und subtrahiert die nicht zahlungsbedingten Erträge.

Eventuell ist, je nach gegebenen Daten, auch eine Zwischenform bei der Ermittlung notwendig.

	36 500 000,00
	– 27 600 000,00
	– 7 900 000,00
	– 390 000,00
	+ 690 000,00
Cashflow Wall GmbH, Spedition & Logistik	= 1 300 000,00

MERKE
Der Cashflow ergibt sich als Differenz der Einnahmen und Ausgaben des Unternehmens. Die Kennzahl ist der Indikator für die Fähigkeit des Unternehmens, aus dem Leistungsprozess selbst liquide Mittel zu erwirtschaften. Je höher ein positiver Cashflow ist, desto mehr Mittel stehen zur Verfügung.

10.7.8 Cashflow bezogen auf den Umsatz

$$\text{Cashflow auf den Umsatz} = \frac{\text{Cashflow} \cdot 100\,\%}{\text{Umsatz}}$$

Die Kennzahl stellt den Zufluss an liquiden Mitteln im prozentualen Verhältnis zum Umsatz dar. Der Wert sollte auf jeden Fall positiv sein, da der Cashflow die zur Verfügung stehenden Mittel für Investitionen, Schuldendienst usw. aufzeigt. Je höher der Wert ist, desto unabhängiger und weniger beschränkt ist das Unternehmen in seinen Entscheidungen.

$$\text{Cashflow auf Umsatz bezogen Wall GmbH} = \frac{1\,300\,000{,}00 \cdot 100\,\%}{36\,500\,000{,}00} \approx 3{,}56\,\%$$

MERKE
Der Cashflow ergibt sich als Differenz der Einnahmen und Ausgaben des Unternehmens. Die Kennzahl ist der Indikator für die Fähigkeit des Unternehmens, aus dem Leistungsprozess selbst liquide Mittel zu erwirtschaften. Je höher ein positiver Cashflow ist, desto mehr Mittel stehen zur Verfügung.

10.8 Rentabilitätskennzahlen

10.8.1 Eigenkapitalrentabilität

$$\text{Eigenkapitalrentabilität} = \frac{\text{Reingewinn} \cdot 100\,\%}{\text{Eigenkapital}}$$

Die **Eigenkapitalrentabilität** setzt den Jahresüberschuss ins prozentuale Verhältnis zum Eigenkapital. Damit kommt die Verzinsung des von den Eigentümern oder Gesellschaftern eingesetzten Kapitals zum Ausdruck. Der Wert der Kennzahl sollte so groß wie möglich sein. Ob sie vorteilhaft zu werten ist, hängt auch davon ab, welche alternativen Investitionsmöglichkeiten der Eigentümer hätte.

Die Eigenkapitalrentabilität wird stark durch den Fremdkapitalzins und die Gesamtkapitalrentabilität beeinflusst. Wenn die Gesamtkapitalrentabilität (siehe Folgekapitel) über dem Zinssatz für das Fremdkapital liegt, ist ein möglichst geringer Eigenkapitalanteil positiv für den Eigentümer oder Gesellschafter (**Leverage-Effekt**).

Ein Anstieg der Kennzahl kann durch einen sinkenden Fremdkapitalzins, eine Verbesserung der Gewinnsituation, eine geringere Eigenkapitalquote oder eine Kombination der Faktoren entstehen.

$$\text{Eigenkapitalrentabilität Wall GmbH} = \frac{610\,000{,}00 \cdot 100\,\%}{5\,700\,000{,}00} \approx 10{,}7\,\%$$

MERKE

Der auf den Umsatz bezogene Cashflow stellt den Zufluss an Geld im Verhältnis zum Umsatz dar. Er sollte positiv sein, um dem Unternehmen Investitionen, Aufstockung der Liquidität, Gewinnausschüttungen oder Schuldentilgung zu ermöglichen. Je höher der Wert ist, desto besser.

10.8.2 Gesamtkapitalrentabilität

$$\text{Gesamtkapitalrentabilität} = \frac{(\text{Reingewinn} + \text{Zinsen für Fremdkapital}) \cdot 100\,\%}{\text{Gesamtkapital}}$$

Bei der Berechnung der **Gesamtkapitalrentabilität** werden der Reingewinn und die Fremdkapitalzinsen ins prozentuale Verhältnis zum Gesamtkapital gesetzt. Hier müssen die Fremdkapitalzinsen zum Gewinn addiert werden. Die Summe aus Reingewinn und Fremdkapitalzinsen wird auch als Kapitalgewinn bezeichnet. Für die Beurteilung der Leistungsfähigkeit des Unternehmens ist die Gesamtkapitalrentabilität bedeutender als die Eigenkapitalrentabilität, da die Finanzierung nicht berücksichtigt wird. Die Rentabilität sollte den Fremdkapitalzinssatz deutlich übersteigen, sonst wird die Eigenkapitalrendite mit den Zinsen für das Fremdkapital aufgezehrt. Ein Wert von 10 % ist eine gute Zielvorgabe.

$$\text{Gesamtkapitalrentabilität Wall GmbH} = \frac{(610\,000{,}00 + 390\,000{,}00) \cdot 100\,\%}{15\,500\,000{,}00} \approx 6{,}45\,\%$$

MERKE

Die Gesamtrentabilität drückt den Zinssatz aus, mit dem das gesamte Kapital des Unternehmens verzinst wird. Je höher der Wert liegt, desto besser. Er sollte den Zinssatz für das Fremdkapital deutlich übersteigen. Durch den Zinsaufwand für das Fremdkapital wird der Wert stark beeinflusst.

10.8.3 Umsatzrentabilität

$$\text{Umsatzrentabilität} = \frac{(\text{Reingewinn} + \text{Zinsen für Fremdkapital}) \cdot 100\,\%}{\text{Umsatz}}$$

Die Kennzahl beschreibt das prozentuale Verhältnis von Gewinn und Umsatz des Unternehmens. Teilweise wird die Kennzahl auch ohne die Addition der Fremdkapitalzinsen angegeben, aber das ist irreführend. Denn der Umsatz ist unter Einsatz von Eigen- und Fremdkapital entstanden. Es sollten für das Fremdkapital die bereits einkalkulierten Zinsen wieder „erstattet" werden. Bei der **Umsatzrentabilität** spielt die Unternehmensgröße häufig eine Rolle, sie nimmt mit der Unternehmensgröße ab. Für mittlere Betriebe sind 5 % eine gute Zielvorgabe.

$$\text{Umsatzrentabilität Wall GmbH} = \frac{(610\,000{,}00 + 390\,000{,}00) \cdot 100\,\%}{36\,500\,000{,}00} \approx 2{,}74\,\%$$

$$\text{Umsatzrentabilität (Fk verzinst) Wall GmbH} = \frac{610\,000{,}00 \cdot 100\,\%}{36\,500\,000{,}00} \approx 1{,}68\,\%$$

ZUSAMMENFASSUNG

Analyse der Vermögensstruktur:

$$\text{Anlagenintensität} = \frac{\text{Anlagevermögen} \cdot 100\,\%}{\text{Gesamtvermögen}}$$

$$\text{Vermögensaufbau (Konstitution)} = \frac{\text{Anlagevermögen}}{\text{Umlaufvermögen}}$$

$$\text{Umschlagshäufigkeit Forderungen a. LL.} = \frac{\text{Umsatzerlöse}}{\text{Bestand an Forderungen a. LL.}}$$

$$\text{Umschlagsdauer Forderungen a. LL.} = \frac{\text{360 Tage}}{\text{Umschlagshäufigkeit Forderungen}}$$

$$\text{Vorratsintensität} = \frac{\text{Vorräte (Roh-, Hilfs-, Betriebsstoffe)} \cdot 100\,\%}{\text{Gesamtvermögen}}$$

Analyse der Kapitalstruktur:

$$\text{Eigenkapitalquote} = \frac{\text{Eigenkapital} \cdot 100\,\%}{\text{Gesamtkapital}}$$

$$\text{Statischer Verschuldungsgrad} = \frac{\text{Fremdkapital} \cdot 100\,\%}{\text{Eigenkapital}}$$

$$\text{Umschlagshäufigkeit des Kapitals} = \frac{\text{Umsatzerlöse}}{\text{durchschnittliches Gesamtkapital}}$$

$$\text{Umschlagshäufigkeit der Verbl. a. LL.} = \frac{\text{Materialaufwand + Fremdleistungen}}{\text{durchschnittl. Verbl. a. LL.}}$$

$$\text{Umschlagsdauer der Verbl. a. LL.} = \frac{\text{360 Tage}}{\text{Umschlagshäufigkeit Verbl. a. LL.}}$$

$$\text{Dynamischer Verschuldungsgrad} = \frac{\text{(Fremdkapital – liquide Mittel)}}{\text{Cashflow}}$$

Analyse der Liquidität:

$$\text{Liquidität 1. Grades} = \frac{\text{Flüssige Mittel}}{\text{kurzfristige Verbindlichkeiten}}$$

$$\text{Liquidität 2. Grades} = \frac{\text{(Flüssige Mittel + Forderungen)}}{\text{kurzfristige Verbindlichkeiten}}$$

$$\text{Liquidität 3. Grades} = \frac{\text{(Flüssige Mittel + Forderungen + Vorräte)}}{\text{kurzfristige Verbindlichkeiten}}$$

$$\text{Net Working Capital} = \frac{\text{Umlaufvermögen} \cdot 100\,\%}{\text{kurzfristige Verbindlichkeiten}}$$

$$\text{Anlagendeckung 1} = \frac{\text{Eigenkapital}}{\text{Anlagevermögen}}$$

$$\text{Anlagendeckung 2} = \frac{\text{(Eigenkapital + langfristiges Fremdkapital)}}{\text{Anlagevermögen}}$$

Cashflow = Gewinn/Verlust
+ nicht zahlungsbedingte Aufwendungen
– nicht zahlungsbedingte Erträge

Analyse der Rentabilität:

$$\text{Eigenkapitalrentabilität} = \frac{\text{Reingewinn} \cdot 100\,\%}{\text{Eigenkapital}}$$

$$\text{Gesamtkapitalrentabilität} = \frac{(\text{Reingewinn} + \text{Zinsen für Fremdkapital}) \cdot 100\,\%}{\text{Gesamtkapital}}$$

$$\text{Umsatzrentabilität} = \frac{(\text{Reingewinn} + \text{Zinsen für Fremdkapital}) \cdot 100\,\%}{\text{Umsatz}}$$

BEARBEITUNGSVORSCHLAG

Nach und nach hat Mary die einzelnen Kennzahlen kennengelernt. Sie war aber immer wieder versucht, Kollegen oder den Abteilungsleiter zu fragen, wie das Unternehmen denn wirklich im Vergleich zu anderen Speditionsunternehmen dasteht. Sie fragt auch eine Freundin, die BWL studiert, wo sie darüber Auskunft bekommen kann. Die Freundin sagt, dass sie für ihren Bilanzenschein sowieso eine AG bewerten muss. So bearbeiten sie gemeinsam die Zahlen der ABC-Logistics, einem weltweit operierenden Speditionsunternehmen mit über 3000 Mitarbeitern. Als die beiden die relevanten Daten in einer Kalkulationstabelle zusammengefasst haben, ergibt sich folgendes Bild:

	A	B	C	D	E	F
1						
2				**Bilanz der ABC-Logistics AG**		
3	Aktiva	zum 31.12.20.. in Tsd. €				Passiva
4						
5						
6	**Anlagevermögen**			**Eigenkapital**	59100	59100
7	Grundstücke, Gebäude	43500				
8	Fuhrpark	48200		**Fremdkapital**		
9	BGA	41000	132700	1. langfristig		
10				Hypotheken	36600	
11	**Umlaufvermögen**			Darlehen	19900	56500
12	Vorräte	17800		2. kurzfristig		
13	Forderungen a. LL.	63500		Rückstellungen	21800	
14	Kasse	800		Verbl. a. LL.	48800	
15	Bank	16200	98300	Verbl. ggü. Kl.	40300	
16				MwSt	4500	115400
17			23100			231000
18						
19	*Hamburg, den 31. Dezember*			*Unterschrift*		
20						
21						
22	**Zahlen der Erfolgsrechnung**					
23	Speditionserlöse (Umsatzerlöse)			320200		
24	Speditionskosten			275000		
25	Betriebskosten			37500		
26	darin enthaltene AfA			14000		
27	Zinsaufwendungen			4000		
28						

1. Berechnen Sie für die ABC-Logistics AG die Anlagenintensität und vergleichen Sie diese mit dem Wert für die Wall GmbH, Spedition & Logistik.
2. Geben Sie die Formel an, die zur Berechnung der Anlagenintensität in der Tabellenkalkulation benötigt wird.
3. Bewerten Sie die Umschlagsdauer der Forderungen und Verbindlichkeiten für die ABC-Logistics AG und vergleichen Sie diese mit den Kennzahlen der Wall GmbH, Spedition & Logistik.
4. Geben Sie die Formeln für die Berechnung im Tabellenkalkulationsprogramm an.
5. In welchem der beiden Unternehmen ist die kurzfristige Liquidität (Liquidität 1. und 2. Grades) besser gesichert?
6. Geben Sie die Formeln für die Liquidität 1. und 2. Grades an.
7. Bewerten Sie den Cashflow und den Cashflow bezogen auf den Umsatz für die ABC-Logistics AG und die Wall GmbH, Spedition & Logistik, und erläutern Sie, warum diese Kennzahlen bedeutend für Unternehmensentscheidungen sind.
8. Entwickeln Sie die entsprechenden Formeln für die beiden Cashflow-Kennzahlen.
9. Bewerten Sie die Rentabilität beider Unternehmen aus der Sicht eines potenziellen Investoren, der Aktien erwerben bzw. als Gesellschafter Kapital einbringen möchte.

ÜBUNGSAUFGABEN

1. Unterscheiden Sie die Kennzahlen danach, ob die Vermögens- oder Kapitalstruktur, die Liquidität des Unternehmens oder seine Rentabilität analysiert wird, und ordnen Sie die einzelnen Kennzahlen diesen zu.
2. Unterscheiden Sie die Begriffe „absolute Kennzahlen" und „Verhältniskennzahlen" und geben Sie Beispiele.
3. Begründen Sie, für welche Art Analyse sich „Richtzahlen" besonders eignen, und geben Sie ein Beispiel.
4. Nennen Sie die Formel für die unterschiedlichen Verschuldungsgrade und erläutern Sie die Unterschiede.
5. Für die Bühne & Tiegel Speditions AG sind Werte für die Analyse auf Seite 151 zusammengefasst. Berechnen Sie die Kennzahlen entsprechend der für die Wall GmbH, Spedition & Logistik, zusammengestellten Zahlen.
6. Vergleichen Sie die Liquidität (kurz- und langfristig) der Bühne & Tiegel Spedition mit den Werten der Wall GmbH, Spedition & Logistik. Begründen Sie, welche Liquiditätswerte Sie zur Prüfung bei kurzfristigen Zahlungsschwierigkeiten heranziehen würden.
7. Bewerten Sie die Rentabilität der Wall GmbH, Spedition & Logistik, und der Bühne & Tiegel Spedition aus der Sicht eines potenziellen Investors, der sich beteiligen möchte, im Vergleich.
8. Formatieren Sie eine entsprechende Kalkulationstabelle nach dem Muster der ABC-Logistics auch für die Bühne & Tiegel AG und setzen Sie die Werte ein.
9. Berechnen Sie die Kennzahlen mithilfe des Kalkulationsprogramms.

10. Begründen Sie, warum ein potenzieller Investor Anteile an der ABC-Logistics oder der Bühne & Tiegel AG erwerben sollte. Nutzen Sie dazu fünf selbst gewählte Kennzahlen, die Ihre Entscheidung stützen.

Bilanz der Bühne & Tiegel AG

Aktiva	zum 31.12.20.. in Tsd. €				**Passiva**
Anlagevermögen			**Eigenkapital**	82 200	82 200
Grundstücke und Gebäude	41 900				
Fuhrpark	15 000		**Fremdkapital**		
BGA	22 000	78 900	1. langfristig		
			Hypotheken	7 800	
Umlaufvermögen			Darlehen	11 900	19 700
Vorräte	18 800		2. kurzfristig		
Forderungen a. LL.	97 500		Rückstellungen	23 600	
Kasse	800		Verbl. a. LL.	93 500	
Bank	65 000	182 100	Verbl. ggü. KI	38 000	
			USt	4 000	159 100
		261 000			261 000

Hamburg, den 31. Dezember 20.. Unterschrift

Zahlen der Erfolgsrechnung

Speditionserlöse (Umsatzerlöse)	954 000
Speditionskosten	743 000
Betriebskosten	170 000
darin enthaltene AfA	15 000
Zinsaufwendungen	7 000

11. Die Transglobe Partners Speditions-GmbH hat zum 31.12.20.. untenstehende Bilanz veröffentlicht.

a) Berechnen Sie die Eigenkapitalrentabilität.

b) Interpretieren Sie den Wert.

c) Berechnen Sie die Gesamtkapitalrentabilität.

d) Begründen Sie, wodurch es zu unterschiedlichen Werten für die beiden Rentabilitätskennzahlen kommen kann.

Bilanz der Transglobe Partners Speditions-GmbH

Aktiva	zum 31.12.20.. in Tsd. €				**Passiva**
Anlagevermögen			**Eigenkapital**	4310	4310
Grundstücke, Gebäude	5150				
Fuhrpark	3820		**Fremdkapital**		
BGA	3100	12070	1. langfristig		
			Hypotheken	3660	
Umlaufvermögen			Darlehen	1990	5650
Vorräte	1780		2. kurzfristig		
Forderungen a.LL.	6850		Rückstellungen	2180	
Kasse	80		Verbl. a.LL.	5980	
Bank	1820	10530	Verbl. ggü. KI	4030	
			MwSt	450	12640
		22600			22600

Köln, den 31 Dezember 20.. Unterschrift

Zahlen der Erfolgsrechnung

Speditionserlöse (Umsatzerlöse)	31400
Speditionskosten	25900
Betriebskosten	4420
darin enthaltene AfA	1400
Zinsaufwendungen	650

11 Vergleichsrechnungen

LERNSITUATION

Kai Johannson prüft momentan Belege und gibt diese für die Buchung ein. Er weiß, dass die Nettobeträge von Rechnungen und die Mehrwertsteuer getrennt und auf unterschiedliche Konten gebucht werden. In einigen Eingangsrechnungen über geringe Beträge ist die Vorsteuer nicht als Einzelbetrag ausgewiesen. Und als er genauer darüber nachdenkt, wie hoch der jeweils enthaltene Steuerbetrag sein müsste, wird er unsicher: Wie war das noch? Das ist doch einfach Prozentrechnung wie bei Preisnachlass im Ausverkauf und so... Auf der Eingangsrechnung für eine Schreibtischlampe ist auf dem Beleg nur der Betrag 17,85 € angegeben. Er kann die Beträge für die Steuer zwar über die EDV bestimmen lassen, aber er probiert trotzdem – nur so als Test – ob er auf den gleichen Steuerbetrag kommt.

Aber leider kommt er zu einem anderen Ergebnis als sein Programm.

AUFGABEN

1. Erklären Sie Kai, wie ein Dreisatz aufgebaut ist.
2. Bestimmen Sie eine Formel für die Berechnung des Vorsteuerbetrages aus einer Brutto- und Nettoeingangsrechnung.
3. Erläutern Sie die Begriffe „Grundwert" und „Prozentwert" und ordnen Sie diese im Beispiel zu.

Im Rahmen der Vergleichsrechnung sind unterschiedliche Arten von Berechnungen zusammengefasst. Für das kaufmännische Rechnen sind die Dreisatzrechnung und die Prozent- bzw. Promillerechnung von besonders grundlegender Bedeutung. Daher werden diese genauer erklärt. Darüber hinaus gehören aber auch der Kettensatz und die Verteilungsrechnung zu den Vergleichsrechnungen.

11.1 Dreisatzrechnung

Als Gesamtfracht für eine Sendung von fünf Paletten Keksen mit insgesamt 550 kg werden 300,00 € berechnet. Daraus soll die Fracht für zwei Paletten bestimmt werden.

MERKE

Aufstellen des Dreisatzes:
Der einfache Dreisatz besteht aus zwei Sätzen mit insgesamt vier Gliedern, wobei eines unbekannt ist und je zwei die gleiche Benennung tragen.
Im ersten Satz werden die beiden Größen mit dem bekannten Verhältnis zueinander gegenübergestellt (Bedingung), im zweiten Satz wird die unbekannte Größe eingesetzt (Frage).
Die unbekannte (gesuchte) Größe steht am Schluss.
Die gleichen Benennungen stehen untereinander.
Jetzt wird das Verhältnis pro Einheit der bekannten Größe berechnet und mit der Menge multipliziert, die der gefragten Größe dann entspricht.

1. Satz: 5 Paletten entsprechen 300,00 €
2. Satz: 2 Paletten entsprechen x €

Als Nächstes muss festgestellt werden, ob sich die Größen in die gleiche Richtung verändern, also je mehr, desto mehr oder je weniger, desto weniger.
Ist das der Fall, spricht man von einem **Dreisatz im geraden Verhältnis**.

MERKE

Beim Dreisatz im geraden Verhältnis wird nun die Zahl über der gesuchten Größe auf den Bruchstrich geschrieben und dividiert durch die entsprechende Größe. So erhält man den Wert pro Einheit der entsprechenden Größe.
Dann wird mit der Zahl multipliziert, die dem gesuchten Wert in der anderen Einheit entspricht.

Lösung

$$\text{Kosten für 1 Palette} = \frac{300{,}00\ €}{5\ \text{Paletten}}$$

$$\text{Kosten für 2 Paletten} = \frac{2\ \text{Paletten} \cdot 300{,}00\ €}{5\ \text{Paletten}}$$

$$\text{Kosten für 2 Paletten} = 120{,}00\ €$$

Bei einem Transport von nur zwei Paletten im Sammelverkehr würde die Fracht 120,00 € betragen.

Aus einer Containerpackstation werden im Import pro Tag (acht Arbeitsstunden) 10 Container entladen und der Inhalt palettiert. Diese Arbeit wird von insgesamt 5 Arbeitern und entsprechenden Ladehilfsmitteln erledigt. Da ein Arbeiter wegen Krankheit ausfällt, müssen die anderen kurzfristig seine Arbeit mit erledigen bei gleicher Containerzahl.

Der Dreisatz kann wieder nach dem gleichen Muster aufgestellt werden:
1. Satz: 5 Arbeiter ≙ 8 Stunden
2. Satz: 4 Arbeiter ≙ x Stunden

In diesem Beispiel wird sich die Zahl der Arbeitsstunden erhöhen, wenn weniger Beschäftigte die gleiche Arbeit verrichten sollen. Im Gegensatz zum vorhergehenden Beispiel gilt hier ein umgekehrtes Verhältnis, also je weniger, desto mehr. Es handelt sich um einen **Dreisatz in ungeradem Verhältnis**.

MERKE

Beim Dreisatz in ungeradem Verhältnis wird die Zahl über der gesuchten Größe auf den Bruchstrich geschrieben und dann mit der entsprechenden Größe multipliziert. Es wird also der 1. Satz auf dem Bruchstrich berechnet. So erhält man den Gesamtbetrag.
Dann wird durch die Zahl dividiert, die der gesuchten Größe in der anderen Einheit entspricht. Im Gegensatz zum Dreisatz in geradem Verhältnis wird jetzt also zuerst multipliziert und dann dividiert. Man errechnet zuerst den Gesamtbetrag und dann den Anteil.

Lösung

$$\text{Gesamtarbeitsstunden} = 5\ \text{Arbeiter} \cdot 8\ \text{Stunden}$$

$$\text{Arbeitsstunden pro Arbeiter} = \frac{5\ \text{Arbeiter} \cdot 8\ \text{Stunden}}{4\ \text{Arbeiter}}$$

Für jeden Arbeitnehmer sind zehn Arbeitsstunden einzuplanen, wenn ein Arbeitnehmer weniger zur Verfügung steht.

11.2 Prozentrechnung

Die Prozentrechnung ist eine Art der Vergleichsrechnung. Sie ist aber immer auf eine feste Größe bezogen, die Zahl einhundert. Entsprechend der Übersetzung aus dem Lateinischen wird sie auch „von Hundert"-Rechnung genannt, alle Angaben gehen von 100 aus und werden mit dem Zeichen „%" gekennzeichnet.
Die Variablen in der Prozentrechnung sind:

- Prozentsatz – Anteil, gemessen an 100, gekennzeichnet durch das „%"-Zeichen
- Prozentwert – Anteil am Grundwert, entsprechend dem Prozentsatz
- Grundwert – entspricht den 100 % – als Zahl
- Grundwert, ausgedrückt als 100 %

Von diesen vier Größen sind drei bekannt, eine ist unbekannt.

11.2.1 Berechnung mit unbekanntem Prozentwert

Eine Rechnung über mehrere Bürotische lautet auf 800,00 € – es werden 3 % Skonto auf den Rechnungsbetrag gewährt. Berechnen Sie den Skontobetrag.

Berechnung mit dem Dreisatz:

Bedingung:	100 %	≙	800,00 €
Frage:	3 %	≙	x €

Da es sich bei der Prozentrechnung immer um Dreisätze in geradem Verhältnis handelt, kann man bei der Lösung immer nach dem gleichen Schema vorgehen:

MERKE
Beim unbekannten Prozentwert wird der Grundwert durch 100 dividiert und dann mit dem der Lösung entsprechenden Prozentsatz multipliziert.

Lösung

$$x\ € = \frac{800{,}00\ € \cdot 3\,\%}{100\,\%} = 24{,}00\ €$$

Der Skontobetrag von 3 % auf die Rechnung beträgt 24,00 €.

11.2.2 Berechnung mit unbekanntem Prozentsatz

Von mehreren Händlern erhalten Sie Angebote für die Anschaffung von Flachbettscannern für die Archivierung von Dokumenten in der Buchhaltung. Die beiden günstigsten Angebote annähernd gleichwertiger Scanner lauten auf 195,00 € und 210,00 € pro Stück. Auf Nachfrage räumt Ihnen der Händler der teureren Scanner noch einen Rabatt von 16,80 € ein. Berechnen Sie, wie viel Prozent Rabatt der Händler noch gegeben hat.

Berechnung mit dem Dreisatz:

Bedingung:	210,00 €	≙	100 %
Frage:	16,80 €	≙	x %

MERKE
Bei einem unbekannten Prozentsatz werden 100 % durch den Grundwert dividiert und dann mit dem Prozentwert multipliziert.

Lösung

$$x\ € = \frac{100\,\% \cdot 16{,}80\ €}{210{,}00\ €} = 8\,\%$$

Der Händler hat einen Rabatt von 8 % eingeräumt.

11.2.3 Berechnung mit unbekanntem Grundwert

Auf eine Seefracht wird bei der Buchung ein Sofortrabatt von 9,5 %, also 171,00 USD gewährt. Berechnen Sie den Betrag der Seefracht.

Berechnung mit dem Dreisatz:

Bedingung:	9,5 %	≙	171,00 USD
Frage:	100 %	≙	x USD

MERKE
Bei einem unbekannten Grundwert wird der Prozentwert durch den Prozentsatz dividiert und dann mit 100 % multipliziert.

Lösung

$$x\ \text{USD} = \frac{171{,}00\ \text{USD} \cdot 100\,\%}{9{,}5\,\%} = 1\,800{,}00\ \text{USD}$$

Die Seefracht für die gebuchte Sendung beträgt 1 800,00 USD.

11.2.4 Promillerechnung

Um beim Ausfall von unstrittigen Forderungen bei Zahlungsunfähigkeit oder -unwilligkeit von Kunden zumindest einen Teil erstattet zu bekommen, wird eine Forderungsausfallversicherung angefragt. Der Versicherungsmakler bietet diese Versicherung für 1,5 ‰ des Jahresumsatzes an. Berechnen Sie die Versicherungsprämie für einen Jahresumsatz von drei Millionen Euro.

MERKE
Für die Promilleberechnung gelten die gleichen Regeln wie für die Prozentrechnung – nur werden die Werte auf 1 000, nicht auf 100 bezogen.

Berechnung des Prozentwertes:

Bedingung:	1 000 ‰	=	3 000 000,00 €
Frage:	1,5 ‰	=	x €

Lösung

$$x\ € = \frac{3\,000\,000{,}00 \cdot 1{,}5\,‰}{1\,000\,‰} = 4\,500{,}00\ €$$

Die Versicherungsprämie beträgt für den angegebenen Umsatz 4 500 €.

11.2.5 Prozentrechnung mit vermehrtem und vermindertem Grundwert

Kai Johannson versucht aus einem Bruttobetrag für eine Schreibtischlampe den Nettobetrag und die Umsatzsteuer zu berechnen. Der Bruttopreis betrug laut Rechnung 17,85 €.

Kais Lösungsversuch:

Bedingung:		100 %	≙	17,85 €
Frage:	(100 % – 19 % USt) =	81 %	≙	x €

$$x\ € = \frac{17{,}85\ € \cdot 81}{100\,\%} = 14{,}46\ €$$

Kai ist der Meinung, der Nettopreis der Lampe hätte rund 14,46 betragen. **Dieses Ergebnis ist jedoch falsch.**

MERKE
Um Aufgaben mit einem verminderten oder vermehrten Grundwert zu lösen, muss man die ursprüngliche Situation rekonstruieren, d. h. chronologisch Schritt für Schritt die Rechnung vom aktuellen Ergebnis rückwärts zur ursprünglichen Situation nachvollziehen. Der ursprüngliche Ausgangswert der Berechnung ist der Grundwert von 100 %.

Das Hauptproblem bei der Berechnung von Dreisatz-Aufgaben liegt nicht in der Rechenoperation selbst – diese ist durch die entsprechenden Regeln schnell zu erfassen –, sondern in der Identifizierung der tatsächlichen Werte für die Berechnung. Besonders die Frage, ob der angegebene Grundwert wirklich 100 % entspricht, ist, oberflächlich betrachtet, nicht immer eindeutig zu klären. Den ursprünglichen Grundwert erhält man, wenn man die Entwicklung rückwärts zum Ausgangszustand verfolgt. Im chronologisch ersten Zustand entspricht der Grundwert 100 %. Die Rechnung vom ursprünglichen zum momentanen Zustand vollzieht man dann umgekehrt nach.
Im obigen Beispiel wurde die Steuer auf den Nettobetrag berechnet, der Nettobetrag ist also der Grundwert:

100 %	≙ Nettopreis	≙ Grundwert
100 % + 19 % Umsatzsteuer	≙ Bruttopreis	≙ vermehrter Grundwert

Lösung

Bedingung:	119 %	≙	17,85 €
Frage:	100 %	≙	x €

Lösung

$$x\,€ = \frac{17{,}85\,€ \cdot 100\,\%}{119\,\%} = 15{,}00\,€$$

Der Nettopreis der Lampe beträgt also 15,00 €, der Umsatzsteuerbetrag entsprechend 2,85 €.

Beispiel

Kai Johannson möchte privat einen neuen PC kaufen. Das von ihm favorisierte Modell „Alpha 5" wird mit einer Preisempfehlung von 1 200,00 € angeboten. In einem Elektromarkt wird der PC bereits nach kurzer Zeit mit 20 % Rabatt auf den Listenpreis angeboten. Aber leider ist Kai gerade nicht flüssig und wartet daher noch.

Im folgenden Monat hat der Elektromarkt eine Werbeaktion, bei der noch weitere 20 % Rabatt auf alle reduzierten Einzelstücke gewährt wird, so auch auf den „Alpha 5". Als Kai den PC nun kaufen möchte, muss er feststellen, dass der Preis im Elektromarkt fast 50,00 € höher liegt, als er es sich ausgerechnet hat. Kai hat einen Endpreis von 720,00 € berechnet, tatsächlich soll der PC jedoch 768,00 € kosten. Kai kann sich den Preisunterschied anfangs nicht erklären, denn bei 768,00 € nach zweimaliger Preisreduzierung um jeweils 20 % müsste der Listenpreis doch anfangs 1 280,00 € betragen haben.

Kai ist von einem Rabatt von 2 · 20 % auf den Original-Kaufpreis ausgegangen, der aktuelle Preis liegt also bei 60 % (100 % abzüglich 40 %).
Kais Lösungsvorschlag zur Errechnung des Ausgangspreises:

Bedingung:	60 %	≙	768,00 €
Frage:	100 %	≙	x €

$$x\,€ = \frac{768{,}00\,€ \cdot 100\,\%}{60\,\%} = 1\,280{,}00\,€$$

Kai errechnet einen Preis von 1 280,00 €, der ursprüngliche Preis betrug aber nur 1 200,00 €.

Im Beispiel hat es aber zwei Rechnungen mit einem verminderten Grundwert gegeben: Vom ursprünglichen Preis ist zunächst ein Rabatt von 20 % abgezogen worden, von dem dann entstandenen Preis wiederum 20 %. Daher ist eine Addition der Prozentzahlen, wie Kai es versucht hat, nicht richtig. Der zweite Rabatt gilt ja für den „neuen" Grundwert, der aber nicht dem Ausgangspreis entspricht. Das muss bei der Rechnung berücksichtigt werden.

Lösung

Bedingung 1 :	80 %	≙	768,00 €
Frage 1:	100 %	≙	x €

$$x\,€ = \frac{768{,}00\,€ \cdot 100\,\%}{80\,\%} = 960{,}00\,€$$

Bedingung 2:	80 %	≙	960,00 €
Frage 2:	100 %	≙	x €

$$x\,€ = \frac{960{,}00\,€ \cdot 100\,\%}{80\,\%} \approx 1\,200{,}00\,€$$

Der ursprüngliche Preis des PCs betrug 1 200,00 €.

ZUSAMMENFASSUNG

Sowohl die Dreisatzrechnung als auch die kaufmännisch besonders relevante Prozentrechnung zählen zu den Vergleichsrechnungen. Zur Lösung dieser Dreisatz- und Prozentrechnungen sind drei Größen bekannt, die vierte ist zu ermitteln. Man geht davon aus, dass je zwei Größen paarweise in einem festen Verhältnis zueinander stehen, und berechnet den unbekannten Wert, indem man das Verhältnis des bekannten Wertepaares entsprechend dem dritten gegebenen Wert überträgt.
Bei der Prozentrechnung sind diese vier Größen fest bezeichnet als Grundwert, entsprechend 100 %, Prozentwert und Prozentsatz.
Die Promillerechnung besteht als Sonderform der Prozentrechnung, der Grundwert entspricht hier aber nicht 100 %, sondern 1 000 ‰.
Wird mit einem vermehrten oder verminderten Grundwert gerechnet, muss zusätzlich zum normalen Rechenweg berücksichtigt werden, dass ein bestimmter Anteil zum Grundwert addiert bzw. davon subtrahiert worden ist.

ÜBUNGSAUFGABEN ZUR DREISATZRECHNUNG

1. Eine Ladung Weizen soll in Dresden vom Binnenschiff zum Empfänger, einer Großbäckerei, per Lkw geliefert werden. Es handelt sich um eine Sendung von 1 900 t Getreide. Es stehen 5 Lkws zur Verfügung, jeder hat eine Zuladungskapazität von 24 t. Berechnen Sie die Anzahl der notwendigen Touren insgesamt und pro Lkw.
2. Beim Transport des Weizens aus Aufgabe 1 schafft jeder Lkw 4 Touren pro Tag. Berechnen Sie, wie lange die 5 Lkws für die Lieferung benötigen.
3. Bereits vor der ersten Fahrt fällt ein Lkw bei oben beschriebener Sendung aus. Ermitteln Sie, wie lange die Lieferung jetzt dauern wird.
4. Die Fußböden mehrerer Büroräume sollen mit neuen Industrie-Teppichfliesen belegt werden. Für einen Raum mit 12 m Länge und 9 m Breite werden 1 200 Fliesen benötigt. Ermitteln Sie, wie viele Fliesen für einen Raum vom 6 m Länge und 3 m Breite benötigt werden.
5. Der Platzbedarf einer Palette mit Euromaß beträgt 0,4 Lademeter. Berechnen Sie die Anzahl der Stellplätze auf einem Sattelauflieger mit einer Ladelänge von 13,60 m.
6. Die Seefracht für einen 20-Fuß-Container nach Singapur beträgt 400,00 USD zuzüglich 90,00 USD BAF. Berechnen Sie die Nettorate (reine Kosten) pro Kubikmeter, wenn Sie durchschnittlich 25 Kubikmeter Ware pro Container laden können.
7. Der Gutachter stellt bei einer „Havarie Grosse“ einen Gesamtwert von Schiff und Ladung in Höhe von 6 800 000,00 USD fest. Der Gesamtschaden beträgt 170 000,00 USD. Berechnen Sie den Schadensbeitrag für eine Sendung von 50 000,00 USD.
8. Für einen Lkw liegen die zeitabhängigen Kosten pro Arbeitstag bei 111,00 €. Der Lkw ist durchschnittlich 300 Tage im Jahr im Einsatz. Berechnen Sie den Tagessatz für zeitabhängige Kosten, wenn der Lkw bei schlechter Auftragslage nur 225 Tage im Einsatz ist.
9. Bei der Contipack, einem Spezialbetrieb für Seeverpackung und Stauerei, werden von 14 Arbeitskräften in 12 Tagen durchschnittlich 48 Container geladen, wenn diese ihre gesamte Arbeitszeit von 8 h/Tag dafür verwenden. In wie vielen Tagen könnten 21 Container beladen werden, wenn keine weiteren Aufträge anstehen?
10. Von Hamburg nach Harare/Zimbabwe berechnet uns der Carrier für eine Luftfrachtsendung von 453 kg Maschinenteilen 951,00 €. Berechnen Sie die Fracht für 371 kg zur gleichen Frachtrate.

ÜBUNGSAUFGABEN ZUR PROZENTRECHNUNG

1. Der Listenpreis einer Ware beträgt 2 450,00 €. Auf diesen Preis werden 14,5 % Rabatt gewährt. Wie viel Euro beträgt der Rabatt?
2. Ein Vertreter erhält für seine Tätigkeit 3,5 % Provision. Wie hoch beläuft sich seine Provision für einen Verkauf von 878,50 €?
3. Der Preis für eine Reparatur beträgt 1 810,50 €, er ist um 6,5 % höher als der vorausgegangene Kostenvoranschlag. Wie viel Euro betrug der Kostenvoranschlag?
4. Beim Schlussverkauf zum Ende der Sommersaison wird der Preis eines Hemdes um 12,5 % auf 42,00 € herabgesetzt. Wie viel Euro betrug die Preissenkung?
5. Ein Handelsmakler erhält 4 ‰ Provision für den Verkauf von Druckmaschinen. Es wurden 2 Maschinen zum Stückpreis von 78 266,00 € verkauft. Berechnen Sie die Höhe seiner Provision.
6. Der Preis für eine Pkw-Wartung beträgt 1 574,40 €. Er liegt um 4 % unter dem vorherigen Kostenvoranschlag. Berechnen Sie die Höhe des Kostenvoranschlages.

7. Ein Kunde hat bei der Überweisung einer Rechnung 2,5 % Skonto, gleich 23,30 € abgezogen. Welchen Betrag hat er überwiesen?

8. Ein schwer verkäuflicher Artikel wird zunächst um 15 % im Preis gesenkt, er bleibt trotz Preissenkung ein Ladenhüter und wird nochmals um 25 % im Preis reduziert, sodass er am Ende mit einem Verkaufspreis von 2 715,75 € ausgezeichnet ist. Wie viel Euro betrug der ursprüngliche Verkaufspreis?

9. Eine Kaffeeladung wird in Hamburg mit 8 483 t gelöscht, sie weist einen Schwund von 2 ‰ gegenüber der im Abgangshafen verladenen Menge auf. Wie schwer war die Ladung im Abgangshafen?

10. Eine Fracht lautet auf 1 856,00 €. Darauf wird eine Marge von 9,5 % gewährt. Wie viel Euro beträgt die Marge?

11. Ein Listenpreis lautet auf 835,50 €. Darauf wird ein Rabatt von 71,02 € gewährt. Berechnen Sie die Höhe des Rabatts in %.

12. Nachdem 7,5 % Gewinnmarge zugeschlagen wurden, beträgt der Angebotspreis für ein Lagerregalsystem 30 780,48 €. Ermitteln Sie die Selbstkosten.

13. Nach Abzug von 12,5 % Rabatt lautet der Verkaufspreis für einen kleinen Elektro-Gabelstapler auf 4 032,70 €. Wie viel Euro beträgt der Listenpreis?

14. Die Mehrwertsteuer einer Rechnung beträgt 19 % = 152,00 €. Wie hoch ist der zu zahlende Betrag?

15. Eine Verpackungsmaschine (Sonderanfertigung) wird zunächst um 15 % im Preis unter dem geplanten Verkaufspreis angeboten, dies erweist sich als erfolglos, sodass er nochmals um 25 % im Preis reduziert wird und am Ende 5 431,50 € kostet. Berechnen Sie den ursprünglichen Verkaufspreis.

16. Der Rechnungsbetrag für einen PC lautet auf 865,20 €. Darauf werden 2,5 % Skonto gewährt. Wie hoch ist der zu überweisende Betrag bei Ausnutzung des Skontos?

17. Eine Sendung im Wert von 55 410,00 € ist mit 4 ‰ Prämie zu versichern. Berechnen Sie die Höhe der Versicherungsprämie.

18. Auf den Listenpreis einer Ware erhält ein Käufer 20 % Rabatt. Der so erhaltene Verkaufspreis plus 19 % Mehrwertsteuer ergibt einen Rechnungspreis von 1 214,28 €. Wie hoch war der Listenpreis?

19. 35 % Rabatt erhält ein Käufer auf den Listenpreis einer Ware. Dem Verkaufspreis werden 19 % Mehrwertsteuer hinzugerechnet. Der Käufer überweist den Rechnungspreis unter Ausnutzung von 2 % Skonto mit 3 335,33 €. Wie viel Euro betrug der Listenpreis?

20. Die Italien-Abteilung der Völler Logistics erwirtschaftete 2003 einen Umsatz von 240 600 €. Von der Geschäftsleitung wurde für 2004 ein Zuwachs von 6 % für diese Abteilung angesetzt. Wie hoch war der tatsächliche Anstieg bei einem Umsatz von 253 833,00 €?

21. Die Aktie der Incomedic Technologies entwickelte sich nach der Erstausgabe zwar im ersten Jahr mit einem Anstieg von 18 % sehr positiv, aber aufgrund der Marktschwäche verlor sie im folgenden Jahr 25 %, im nächsten sogar 75 % ihres Wertes. Jetzt beträgt der Kurs 10,64 €. Wie hoch war der Ausgabekurs?

12 Zinsrechnen

LERNSITUATION

Ibrahim Tekce fragt Kai Johannson, wann die folgende Eingangsrechnung bezahlt werden muss.

Wildis-Reifendiscount

Wildis-Reifendiscount, Süderstraße 255, 20539 Hamburg

Wall GmbH
Spedition & Logistik
Großmannstraße 253
20539 Hamburg

Süderstraße 255
20539 Hamburg

Mail: service@wildis.de
Internet: www.reifendiscount.de
Telefon: (+49) 40-554560-0
Telefax: (+49) 40-55459-99

Allroundservice:
Reifen für Lkw, Pkw, Reparaturen aller Art

Ihre Zeichen / Ihre Nachricht vom	Unsere Zeichen / Unsere Naxhricht vom	Telefon	Hamburg
PV – 23.05.20..	SG – 10.05.20..		30.05.20..

Rechnung-Nr. 20-30554

Gemäß unserer Allgemeinen Geschäftsbedingungen berechnen wir Ihnen wie folgt:

Artikel	Anzahl	Einzelpreis	Gesamt in €
Continental/Lkw reinforced 385/65R 19.5	10	160,00	1 600,00
Umsatzsteuer		19 %	304,00
Gesamt			1 904,00

Bei Zahlung innerhalb von 10 Tagen 2 % Skonto; 30 Tage netto Kasse dato Faktura.

Bitte überweisen Sie den Betrag auf unser Konto bei der

Sparda-Bank eG, BLZ: 206 905 00
Konto-Nr.: 359 253

Mit freundlichen Grüßen
Ihr Team vom

Wildis-Reifendiscount

Kai sieht sich die Rechnung an, denkt kurz nach und erwidert, dass es am besten sei, 30 Tage mit der Bezahlung zu warten, da dies ein langer Zeitraum sei, in dem man mit dem Geld aus der unbezahlten Rechnung arbeiten könne[1]. Ibrahim fragt, ob Kai das Angebot der Zahlung nach zehn Tagen unter Abzug von 2% Skonto übersehen habe. Kai verneint, meint jedoch, dass 2% Skonto ganz nett seien, besser sei es jedoch, auf diese „läppischen 2%" zu verzichten, wenn man bei der Bank doch Zinsen bekommt, die besser seien. Das möchte Ibrahim genauer wissen: Wieso bessere Zinsen bei der Bank?
Kai erklärt es Ibrahim: „Wenn man das Geld für die Reifenrechnung für 20 Tage auf die Bank bringt, erhält man dafür Zinsen, nämlich zurzeit 1,5%, und das für 20 Tage. Das ist doch eindeutig besser als für 10 Tage 2% geschenkt zu bekommen."
Ibrahim staunt, meint aber, dass da wohl ein Denkfehler drin stecken muss. Im Controllingunterricht der Berufsschule wurde das Thema anders behandelt, aber das ist schon eine Weile her ...

WSP

AUFGABEN

1. Welchen Denkfehler macht Kai?
2. Für welchen Zeitraum gelten Bankzinsen?
3. Was ist eigentlich ein Zins?

12.1 Grundlagen

Zinsrechnen gehört zum Alltag aller Kaufleute:
Der Investor möchte wissen, wie viel Geld sein eingesetztes Kapital abwirft. Er spricht von der Verzinsung seines Kapitals.
Wenn das Girokonto überzogen wird, zahlt man Überziehungszinsen.
Der Spediteur darf nach ADSp eine sofortige Bezahlung seiner Rechnungen erwarten. Bei einem Zahlungsverzug werden häufig Verzugszinsen verlangt.
Einlagen auf dem Sparbuch werfen Zinsen ab.

LSL

Die Zinsrechnung ist eine Erweiterung der Prozentrechnung. Benötigt man bei der Prozentrechnung die Werte „Prozentwert", „Grundwert" und „Prozentsatz", wird bei der Zinsrechnung der Faktor „Zeit" als weiterer Wert hinzugenommen. Die Zinsrechnung ist wie die Prozentrechnung eine Vergleichsrechnung, bei der der Preis (= Zins) für das Kapital berechnet wird. Der Zeitfaktor sagt aus, auf welchen Zeitraum oder Zeitabschnitt der Preis (= Zins) bezogen wird.

Ermittlung der Zinstage

Üblicherweise bezieht sich der Zinssatz (= Prozentsatz) auf den Zeitraum von einem Jahr. Da das Jahr 365 Tage hat und die Tage der Monate wechseln, wird zur Vereinfachung ein Jahr meistens mit 360 Tagen und ein Monat mit 30 Tagen berechnet. Die als deutsche (kaufmännische) Zinsmethode[2] bezeichnete Berechnungsart wird unter Kaufleuten genutzt und hier zugrunde gelegt.

---

[1] *In der Speditionsbranche sind Rechnungen sofort zu bezahlen (ADSp Ziff. 18.1.).*

[2] *Auch als 30/360-Methode benannt. Am Europäischen Geldmarkt gilt die act/360-Methode, die den Zinsmonat kalendarisch berechnet und das Kalenderjahr als Bezugsgröße mit 360 Tagen nutzt. Die act/act-Methode rechnet tages- und jahresgenau und ist in vielen europäischen Ländern am Kapitalmarkt und bei Anleihen Vorschrift.*

Beispiele

1. Eine Rechnung eines Kaibetriebes, die am 26. Juli fällig war, wurde nicht termingerecht beglichen, sondern erst am 4. September überwiesen.

26.07. – 31.07.	01.08. – 31.08.	01.09. – 04.09.	
4 Tage	30 Tage	4 Tage	→ 38 Tage

Jeder Monat wird mit 30 Tagen zugrunde gelegt, auch wenn der Monat tatsächlich länger ist.

2. Rechnung für Einbau und Lieferung einer Teeküche, Rechnungsdatum 15. Februar (Schaltjahre bleiben unberücksichtigt!), Zahlungsziel 2 Monate.
Die Angabe „Zahlungsziel 2 Monate" auf einer Rechnung bedeutet, dass genau zwei Monate nach Rechnungsdatum die Rechnung fällig ist. Bei dieser Angabe ist die Berechnung von Zinstagen unerheblich.
Die Zahlung ist fällig am 15. April.
Zahlungsverzug tritt daher mit dem 16. April ein.

3. Vom 15. Februar bis zum 16. April befand sich ein Kunde im Zahlungsverzug. Wie viele Zinstage müssen berechnet werden?

15.02. – 28.02.	01.03. – 31.03.	01.04. – 16.04.
15 Tage	30 Tage	16 Tage

Es müssen 61 Zinstage zugrunde gelegt werden. Auch der Februar wird mit 30 Tagen berechnet, wenn der Zinszeitraum über diesen Monat hinausgeht.

MERKE
In der kaufmännischen Zinsrechnung gilt
Ein Jahr = 360 Tage
Ein Monat = 30 Tage

12.2 Die Zinsformel

Analog zur Zinsrechnung kann eine allgemeingültige Formel aufgestellt werden, mit der man durch Umstellung den jeweils gesuchten Wert errechnen kann. Folgende Werte können errechnet werden:

- Zinsen = Preis des eingesetzten Kapitals (auch Zinsbetrag, Zinsertrag)
- Zinsjahr = Länge eines Jahres in Tagen (kaufmännisch = 360 Tage)
- Zinsmonat = Länge eines Monats in Tagen (kaufmännisch = 30 Tage)
- Zinsfuß = Höhe der Verzinsung im Jahr (Angabe: p. a. = per anno)
- Zinstag = 1 zinspflichtiger Tag

Vergleich zwischen Zins- und Prozentrechnen			
Zinsrechnen	**Abkürzung**	**Prozentrechnen**	**Abkürzung**
Zinsen	z	≙ Prozentwert	PW
Kapital	K	≙ Grundwert	GW
Zinsfuß (bezogen auf einen Zeitraum)	p	≙ Prozentsatz	P
Zeit	t		
in Jahren	J		
in Monaten	M		
in Tagen	T		

Ermittlung der Zinsformel

Beispiel

Kai legt sein Weihnachtsgeld in Höhe von 200,00 € für 2 Jahre als Festgeld zu 5 % Zinsen pro Jahr an. Wie viel Zinsen erhält er nach 2 Jahren?
Mithilfe des Dreisatzes erfolgt die Lösung:

x € Zins	=	5 %
200,00 €	=	100 %

$$\text{Zinsen für 1 Jahr} = \frac{200 \cdot 5}{100} = 10{,}00\ €$$

$$\text{Zinsen für 2 Jahr} = \frac{200 \cdot 5 \cdot 2}{100} = 20{,}00\ €$$

Durch einen Vergleich mit der Prozentrechnung kann man die allgemeine Zinsformel erstellen:

20,00 €	= Zinsen z	= Prozentwert PW
200,00 €	= Kapital K	= Grundwert GW
5 %	= Zinsfuß p	= Prozentsatz P
2 Jahre	= Zeit t in Jahren J	

In der Prozentrechnung gilt:

$$\text{Prozentwert} = \frac{\text{Grundwert} \cdot \text{Prozentsatz}}{100}$$

In der Zinsrechnung gilt:

$$\text{Zinsen z} = \frac{\text{Kapital k} \cdot \text{Zinsfuß p} \cdot \text{Zeit t in Jahren J}}{100}$$

Oder allgemein:

$$z = \frac{k \cdot p \cdot t}{100}$$

MERKE

Die allgemeine Zinsformel lautet:

$$z = \frac{k \cdot p \cdot t}{100}$$

12.3 Berechnung der Zinsen

Zinssätze beziehen sich grundsätzlich auf einen Zeitraum von einem Jahr. Aus diesem Grund wird bei der Angabe des Zinsfußes auch nicht gesondert darauf hingewiesen. Abweichende Zeiträume müssen dagegen angegeben werden. Die übliche Abkürzung für den Zeitraum eines Jahres lautet p. a. für lat. per annum = pro Jahr.

12.3.1 Jahreszinsen

Ein Kapital von 50000,00 € wird für 4 Jahre fest zu 5 % p. a. angelegt. Wie hoch sind die Zinsen nach 4 Jahren?

Zur Berechnung der Jahreszinsen kann die allgemeine Zinsformel zugrunde gelegt werden, die wie folgt abgeändert wird:

$$z = \frac{k \cdot p \cdot t}{100} \rightarrow \text{Zins } z = \frac{\text{Kapital } k \cdot \text{Zinsfuß } p \cdot \text{Jahre } J}{100}$$

$$z = \frac{k \cdot p \cdot J}{100}$$

Setzt man die Zahlen aus dem Beispiel ein, ergibt sich folgende Verzinsung:

$$\frac{50000 \cdot 5 \cdot 4}{100} = 10000$$

→ Das eingesetzte Kapital erbrachte nach 4 Jahren 10000,00 € Zinsen

12.3.2 Monatszinsen

Ibrahim hat 15000,00 € von seiner Patentante geerbt und möchte das Geld nach seiner Ausbildung in ein Auto investieren. Dafür legt er es für 1 Jahr und 3 Monate auf ein Festgeldkonto. Er erhält 3,5 % Zins p. a.

Wie hoch sind seine Zinserträge?

Zur Berechnung der Monatszinsen wird die Jahreszinsformel erweitert:

$$z = \frac{k \cdot p \cdot J}{100} \rightarrow z = \frac{k \cdot p \cdot J}{100 \cdot 1}$$

Da ein Jahr 12 Monate hat, wird die Formel umgestellt:

$$z = \frac{k \cdot p \cdot 12}{100 \cdot 12} \rightarrow z = \frac{k \cdot p \cdot M}{100 \cdot 12}$$

Setzt man die Zahlen aus dem Beispiel ein, ergibt sich Folgendes: Nach der Formel zur Errechnung der Monatszinsen muss der Gesamtzeitraum in Monaten angegeben werden. Für 1 Jahr und 3 Monate ergeben sich 15 Monate. Zusammen mit den übrigen Werten in die Formel eingesetzt, ergibt sich folgende Verzinsung:

$$\frac{15\,000 \cdot 3{,}5 \cdot 15}{100 \cdot 12} = 656{,}25$$

→ Das eingesetzte Kapital erbringt nach 15 Monaten 656,25 € Zinsen

12.3.3 Tageszinsen

Die Spedition Rasch erhält am 3. Juni eine Mahnung für eine Rechnung vom 15. April über 960,00 €. Es werden Verzugszinsen in Höhe von 6,25 % berechnet.

Zur Berechnung der Tageszinsen wird die Jahreszinsformel erweitert:

$$z = \frac{k \cdot p \cdot J}{100} \rightarrow z = \frac{k \cdot p \cdot J}{100 \cdot 1}$$

Da ein Zinsjahr 360 Tage hat, wird die Formel umgestellt:

$$z = \frac{k \cdot p \cdot 360}{100 \cdot 360} \rightarrow z = \frac{k \cdot p \cdot T}{100 \cdot 360}$$

Setzt man die Zahlen aus dem Beispiel ein, ergibt sich Folgendes: Nach der Formel zur Errechnung der Tageszinsen muss der Gesamtzeitraum in Tagen angegeben werden.

15 Tage | 01.05. | 30 Tage | 31.05. | 3 Tage

15.04. | 30.04. | 01.06. | 03.06. → 48 Tage

Für den Zeitraum vom 15. April bis zum 3. Juni ergeben sich 48 Tage. Zusammen mit den übrigen Werten in die Formel eingesetzt, ergibt sich folgende Verzinsung aufgrund des Zahlungsverzuges:

$$\frac{960 \cdot 6{,}25 \cdot 48}{100 \cdot 360} = 8$$

→ Die Verzugszinsen betragen 8,00 €.

12.4 Berechnung der Zeit

WSP

Eine Rechnung wurde am 27. August verspätet bezahlt, daher beträgt die Überweisungssumme inklusive 6 % Verzugszinsen 15 200,00 €. Der ursprüngliche Rechnungsbetrag beträgt 15 000,00 €. Welches Datum trägt die Rechnung?

Zur Berechnung der Zeit muss die Tageszinsformel umgewandelt werden:

$$z = \frac{k \cdot p \cdot T}{100 \cdot 360} \rightarrow \cdot (100 \cdot 360)$$

$$k \cdot p \cdot T = z \cdot 100 \cdot 360 \rightarrow \div (k \cdot p)$$

$$T = \frac{z \cdot 100 \cdot 360}{k \cdot p} = \text{Berechnung der Tage T}$$

Entsprechend werden die Formeln für die Monate und Jahre umgestellt:

$$M = \frac{z \cdot 100 \cdot 12}{k \cdot p} = \text{Berechnung der Monate M}$$

$$J = \frac{z \cdot 100}{k \cdot p} = \text{Berechnung der Jahre J}$$

Für die Berechnung des ursprünglichen Rechnungsdatums aus dem obigen Beispiel muss zunächst der Zins errechnet werden: 15 200,00 € – 15 000,00 € = 200,00 €. Das Einsetzen in die Formel zur Berechnung der Tage ergibt:

$$T = \frac{z \cdot 100 \cdot 360}{k \cdot p} \rightarrow T = \frac{200 \cdot 100 \cdot 360}{15\,000 \cdot 6} = 80$$

Der Zeitraum der Überziehung beträgt 80 Tage. Da die Überweisung am 27. August erfolgt, muss eine Zurückberechnung erfolgen. Auch hier gilt die Regelung, dass ein Monat kaufmännisch mit 30 Tagen gerechnet werden muss:

→ Das Rechnungsdatum ist der 7. Juni.

12.5 Berechnung des Kapitals

Herr Karl hat im Lotto gewonnen. Da er nicht seinen gesamten Gewinn ausgeben möchte, überlegt er sich, einen Teil des Geldes zu einem festen Zinssatz anzulegen. Er möchte davon ein monatliches Zusatzeinkommen von 1 200,00 € erhalten. Die Bank hat bereits ein Angebot zu einem Zinssatz zu 7,5 % gemacht. Wie viel Geld muss dafür angelegt werden?

Zur Berechnung des Kapitals muss die Tageszinsformel umgewandelt werden:

$$z = \frac{k \cdot p \cdot T}{100 \cdot 360} \rightarrow \cdot (100 \cdot 360)$$

$$k \cdot p \cdot T = z \cdot 100 \cdot 360 \rightarrow \div (p \cdot t)$$

$$k = \frac{z \cdot 100 \cdot 360}{p \cdot t} = \text{Berechnung des Kapitals}$$

Zur Berechnung des benötigten Kapitals aus dem Beispiel wird in die Kapitalberechnungsformel eingesetzt:

$$k = \frac{1\,200 \cdot 100 \cdot 360}{7{,}5 \cdot 30} = 192\,000{,}00$$

→ Herr Karl muss 192 000,00 € anlegen, um eine monatliche Auszahlung von 1 200,00 € zu erhalten.

12.6 Berechnung des Zinssatzes

Die Spedition Rasch hat für eine um 45 Tage verspätet gezahlte Ausgangsrechnung für diverse Auslieferungen im Großraum Lübeck 24,00 € Verzugszinsen berechnet. Der Rechnungsbetrag betrug 2 400,00 €. Wie hoch ist der Verzugszinssatz?

Zur Berechnung des Zinssatzes muss die Tageszinsformel umgewandelt werden:

$$z = \frac{k \cdot p \cdot T}{100 \cdot 360} \rightarrow \cdot (100 \cdot 360)$$

$$k \cdot p \cdot T = z \cdot 100 \cdot 360 \rightarrow \div (k \cdot t)$$

$$p = \frac{z \cdot 100 \cdot 360}{k \cdot t} = \text{Berechnung des Zinssatzes}$$

Zur Berechnung des gesuchten Zinssatzes aus dem Beispiel wird in die Formel eingesetzt:

$$p = \frac{24 \cdot 100 \cdot 360}{2400 \cdot 45} = 8$$

→ Der Verzugszinssatz beträgt 8 %.

12.7 Effektivverzinsung bei Zahlungen mit Skontoabzug

Für die Eingangsrechnung aus der Lernsituation soll berechnet werden, ob sich die Inanspruchnahme von Skonto lohnt:

Rechnung-Nr. 20-30554

Gemäß unserer Allgemeinen Geschäftsbedingungen berechnen wir Ihnen wie folgt:

Artikel	Anzahl	Einzelpreis	Gesamt in €
Continental/Lkw reinforced 385/65R 19.5	10	160,00	1 600,00
Umsatzsteuer		19 %	304,00
Gesamt			1 904,00

Bei Zahlung innerhalb von 10 Tagen 2 % Skonto; 30 Tage netto Kasse dato Faktura.

Die Wall GmbH, Spedition & Logistik, muss entscheiden, ob sie das Zahlungsziel von 30 Tagen ausnutzt oder nach 10 Tagen bezahlt und damit den Skonto ausnutzt. Bei Zahlung nach 10 Tagen müsste die Wall GmbH, Spedition & Logistik, einen Kontokorrentkredit für 20 Tage aufnehmen, da sie ursprünglich mit der Zahlung nach 30 Tagen kalkuliert hat. Die Kontokorrentzinsen betragen 12 %.

WSP

Um beide Möglichkeiten der Zahlung vergleichbar zu machen, muss der effektive Zinssatz des Skontoabzuges errechnet werden. Der Prozentsatz des Skontos von 2 % ist ein Anreiz, nicht noch weitere 20 Tage mit der Zahlung zu warten. Wird Skonto ausgenutzt, zahlt man nach 10 Tagen einen um den Skontobetrag verringerten Betrag, den der Verkäufer bereits mit in den Verkaufspreis kalkuliert hat. Nutzt man Skonto nicht aus, so wird der nicht eingesparte Skontobetrag „mitbezahlt". Es darf aber weitere 20 Tage mit der Zahlung gewartet werden. Insofern ist die Nichtausnutzung von Skonto nichts anderes als eine andere Form des Kredites; in diesem Fall für den Zeitraum von 20 Tagen mit 2 % Zins für 20 Tage.

Zur Berechnung des effektiven Zinssatzes müssen zunächst der Skontobetrag und der tatsächlich zu zahlende Betrag errechnet werden.

1 904,00 € – 2 % Skonto	= 38,08 € Skontobetrag, welcher dem Zins z entspricht.
1 904,00 € – 38,08 €	= 1 865,92 € Zahlbetrag, welcher dem Kapital K entspricht.
30 Tage Zahlungsziel – 10 Tage Skontofrist	= 20 Tage, welche dem Zeitraum t entsprechen.

Einsetzen der Werte in die Formel zur Errechnung des Zinssatzes:

$$p = \frac{38{,}08 \cdot 100 \cdot 360}{1\,865{,}92 \cdot 20} = 37{,}43$$

Der Effektivzins des Skontos beträgt 37,43 %. Das bedeutet, dass die Nichtinanspruchnahme von Skonto mit einem Zinssatz von 37,43 % p. a. belastet wird.
Verglichen mit einem Bankkredit von 12 % kostet dieser Lieferantenkredit mehr als das Dreifache.
Ein direkter Vergleich des Skontobetrages mit den Kreditzinsen, die durch die Zahlung nach 10 Tagen fällig sind und für 20 Tage (30 Tage Zahlungsziel – 10 Tage Zahlungsziel bei Skonto = 20 Tage) berechnet werden, zeigt die Ersparnis auf.

Berechnung der Kreditzinsen mit der Formel zur Errechnung der Tageszinsen:

$$z = \frac{1\,865{,}92 \cdot 12 \cdot 20}{100 \cdot 360} = 12{,}44$$

Für die Inanspruchnahme eines Kontokorrentkredites über 20 Tage werden 12,44 € berechnet.

Berechnung der Ersparnis:

38,08 € Skontobetrag – 12,44 € Kreditzinsen = 25,64 €

→ Durch die Inanspruchnahme von Skonto konnten 25,64 € gespart werden.

MERKE
Prozente beim Skonto beziehen sich nicht auf ein Jahr.
Die Inanspruchnahme von Skonto ist meist günstiger als die Ausnutzung des vollen Zahlungszieles, selbst wenn für diesen Zeitraum ein Bankkredit in Anspruch genommen wird.

ZUSAMMENFASSUNG

Zinsrechnung = um den Faktor Zeit erweiterte Prozentrechnung

- Zins als Preis für das Kapital: $z = \frac{k \cdot p \cdot t}{100}$
- Berechnung der Zeit in Tagen: $T = \frac{z \cdot 100 \cdot 360}{k \cdot p}$
- Berechnung des Kapitals: $k = \frac{z \cdot 100 \cdot 360}{p \cdot t}$
- Berechnung des Zinsfußes als % p. a.: $p = \frac{z \cdot 100 \cdot 360}{k \cdot t}$

BEARBEITUNGSVORSCHLAG

Situation: Kai und Ibrahim ist bereits klar geworden, dass die Rechnung aus der Lernsituation auf jeden Fall nach 10 Tagen bezahlt werden sollte, da die Skontoersparnis größer ist als die zu zahlenden Überziehungszinsen. Uneinig sind sie jedoch darüber, wie man bei säumigen Zahlern Verzugszinsen berechnen soll. Ibrahim kennt zwar die Formel, aber er weiß nicht genau, wie man auf einfache Art und Weise die Zinstage berechnen soll. Kai meint, dass diese Aufgabe doch der Computer übernehmen sollte, der sei ja zum Rechnen da. Sie versuchen zunächst mithilfe eines Tabellenkalkulationsprogramms die Zinstage zu berechnen.

1. Erstellen sie mit einem Tabellenkalkulationsprogramm eine neue Datei nach folgendem Muster:

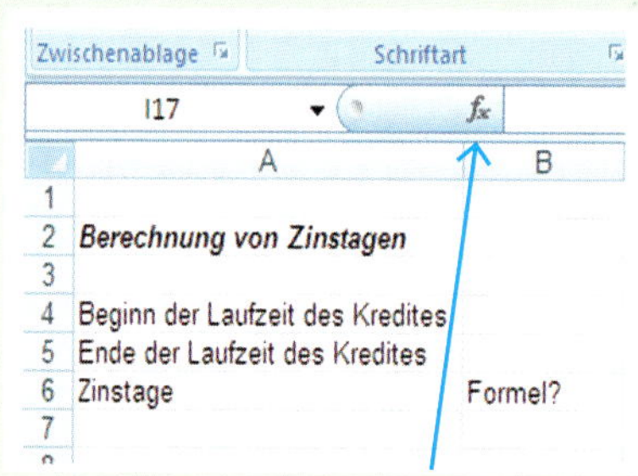

Öffnen Sie den Funktionsassistenten und geben Sie dort „Tage 360“ ein, die Funktion wird erklärt.

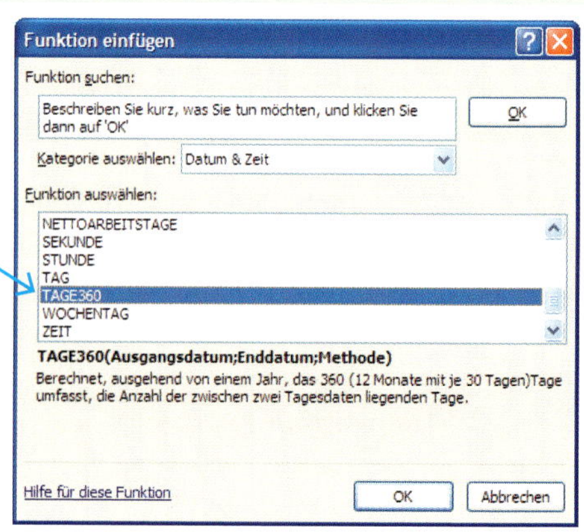

Übernehmen Sie diese Funktion in das Feld B6 und ergänzen Sie die Formel um die fehlenden Angaben.

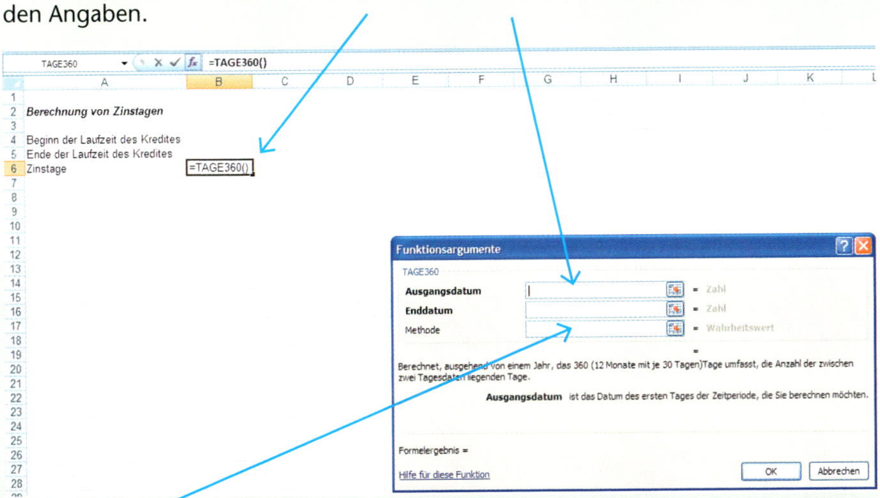

Das Feld „Methode" kann außer Acht gelassen werden, da die U.S.-Methode der kaufmännischen Methode entspricht.

Geben Sie jetzt folgende Zeiträume in die Tabelle ein:

a) 27.02.16 bis 01.03.16 – Wieso gibt das Programm diese Lösung aus?

b) 12.01.16 bis 28.02.16 – Wieso gibt das Programm diese Lösung aus?

2. Erstellen Sie eine Tabelle nach folgendem Muster zur Errechnung des Zinses. Die gesuchte Formel entspricht der Zinsformel, muss aber nicht mehr durch 100 geteilt werden, da das Tabellenkalkulationsprogramm die Prozentzahl des Zinssatzes als Dezimalzahl ausdrückt und berechnet. (Beispiel: 12 % entsprechen im Programm 0,12. Diese Zahlen sind also bereits durch 100 geteilt, weshalb man im Nenner des Bruchs der Zinsformel die 100 weglassen muss.)

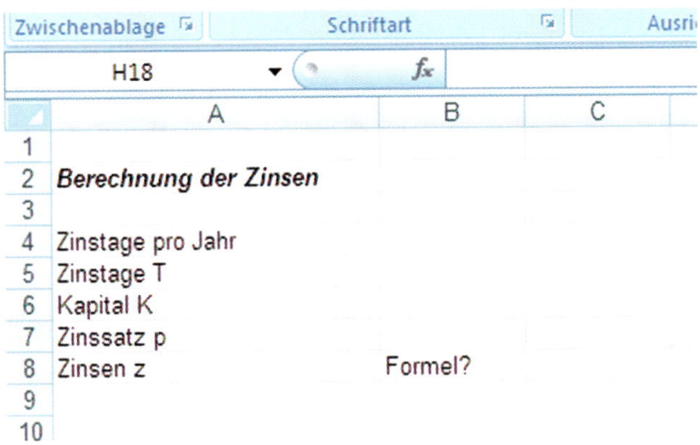

Geben Sie folgende Daten ein:
120 000,00 € können zinsgünstig zu 7,35 % angelegt werden.
Wie viele Zinsen erhält man: a) nach 45 Tagen
b) nach 3 Monaten
c) nach einem Jahr?

3. Erstellen Sie eine Tabelle nach folgendem Muster zur Errechnung der Zeit. Die gesuchte Formel entspricht der Zeitberechnungsformel, die 100 im Zähler muss weggelassen werden, da das Tabellenkalkulationsprogramm die Prozentzahl des Zinssatzes im Nenner als Dezimalzahl ausdrückt und berechnet.

Zwischenablage | Schriftart | Au

M19 | f_x

	A	B	C
1			
2	***Berechnung von Zinstagen***		
3			
4	Zinstage pro Jahr		
5	Kapital		
6	Zinssatz		
7	Zinsen		
8	Zinstage	Formel?	
9			
10			

Geben Sie folgende Daten ein:
Ein Kredit über 24 000,00 € wurde am 15.07.16 inklusive 6 % Zinsen zurückgezahlt. Die Rückzahlung beträgt 24 100,00 €. Wann wurde der Kredit aufgenommen?

4. Erstellen Sie eine Tabelle nach folgendem Muster zur Errechnung des Kapitals. Die gesuchte Formel entspricht der Kapitalberechnungsformel, die 100 im Zähler muss weggelassen werden, da das Tabellenkalkulationsprogramm die Prozentzahl des Zinssatzes im Nenner als Dezimalzahl ausdrückt und berechnet.

Zwischenablage | Schriftart

I21 | f_x

	A	B	C
1			
2	***Berechnung des Kapitals***		
3			
4	Zinstage pro Jahr		
5	Zinssatz p		
6	Zinsen z		
7	Zinstage T		
8	Kapital K	Formel?	
9			

Geben Sie folgende Daten ein:
Kai Johannson hat sein Girokonto für zwei Wochen überziehen müssen, da er seinen Urlaub auf Mallorca früher als erwartet bezahlen musste. Die Überziehungszinsen betrugen bei 12,5 % 6,30 €. Um wie viel Euro hat Kai sein Konto überzogen?

5. Erstellen Sie eine Tabelle nach folgendem Muster zur Errechnung des Zinssatzes. Die gesuchte Formel entspricht der Zinssatzberechnungsformel, die 100 im Zähler muss weggelassen werden, da das Tabellenkalkulationsprogramm die Prozentzahl des Zinssatzes im Nenner als Dezimalzahl ausdrückt und berechnet.

Zwischenablage | Schriftart | Au

K13 | f_x

	A	B	C
1			
2	***Berechnung des Zinssatzes***		
3			
4	Zinstage pro Jahr		
5	Zinsen z		
6	Zinstage T		
7	Kapital K		
8	Zinssatz p	Formel?	
9			

Geben Sie folgende Daten ein:
Frachtführer Bradenwo nimmt zur Zwischenfinanzierung eines neuen Gabelstaplers vom 10.06.20.. bis 18.11.20.. einen Kredit über 5 900,00 € auf. Am Fälligkeitstag zahlt Bradenwo 6 107,28 € zurück. Wie hoch ist der Zinssatz?

ÜBUNGSAUFGABEN

1. Wie viele Zinstage liegen zwischen folgenden Daten?
   a) 13.12. – 01.06.
   b) 24.05. – 31.03.
   c) 13.09. – 11.01.
   d) 11.11. – 28.02.
   e) 13.02. – 06.07.

2. Ein Lkw wurde am 13.03.20.. mit 6% Zins finanziert, die Finanzierungssumme beträgt 45 000,00 €, Rückzahlung am 13.09.20.. Wie hoch sind die Zinsen?

3. Wie viel Zinsen müssen für einen Kontokorrentkredit über 13 500,00 € für 14 Tage bezahlt werden? Der Überziehungszins hierfür beträgt 14,5 %.

4. Eine Rechnung für diverse Büromöbel über 1 345,00 € wurde versehentlich nicht bezahlt. Für den Überziehungszeitraum von 24 Tagen werden 5,25 % Zinsen berechnet. Wie hoch ist der Überweisungsbetrag?

5. Ein neues Lagergebäude im Wert von 1 260 000,00 € wird gekauft. 24 % werden mit Eigenkapital, der Rest wird zu 7,9 % finanziert. Wie hoch sind die monatlichen Finanzierungskosten?

6. Wie lange muss man 12 000,00 € zu einem Zinssatz von 12 % anlegen, um 1 000,00 € zu erhalten?

7. Eine Bank wirbt damit, dass man in weniger als einem Jahr 462,00 € erhält, wenn man bei ihnen 11 000,00 € anlegt. Der angebotene Zinssatz beträgt 4,32 %. Stimmt diese Behauptung?

8. Ibrahim Tekce möchte endlich ein eigenes Auto haben. Sein Wunschauto kostet 19 200,00 €, er hat aber nur 18 000,00 € zur Verfügung und will auch keinen Kredit aufnehmen. Wie lange muss er warten, wenn er sein Geld zu 6 % bei der Bank anlegt?

9. Ein Kunde zahlt am 12.05.20.. 3 458,35 €. Im Betrag sind 5,45 % Verzugszinsen (= 12,00 €) enthalten. Wann war die Rechnung fällig?

10. Das bei einer Bank angelegte Kapital wird am 17.07.20.. inkl. 4,5 % Zins ausgezahlt. Die Bank überweist 4 037,50 € inkl. 37,50 € Zinsen. Wann wurde das Geld angelegt?

11. Wie hoch muss das Kapital sein, dass angelegt werden muss, wenn man bei einem Zinsfuß von 3 % monatlich 60,00 € erhalten möchte?

12. Verzugszinsen in Höhe von 240,00 € für den Zeitraum von 60 Tagen dürften bei einem gut arbeitenden Controlling einer Spedition nicht vorkommen. Dennoch passiert so etwas gelegentlich. Wie hoch war der Betrag der (vergessenen) Rechnung bei einem Zinssatz von 12 %?

13. Zu welchem Zinssatz wurden 200 000,00 € angelegt, wenn diese im Jahr 13 000,00 € an Rendite einbringen?

14. Man erhält pro Monat 1 000,00 € Zinsen, wenn man 500 000,00 € anlegt. Wie hoch ist der Zinsfuß?

15. Wie hoch ist der Verzugszinssatz einer Mahnung vom 20.06.20.. über 3 417,00 € (inklusive 17,00 € Zinsen), wenn die Rechnung vom 10.05.20.. datiert ist?

16. Berechnen Sie den Zinssatz für einen Kontokorrentkredit über 7 200,00 € vom 26.02.20.. bis 13.03.20.., für den 34,00 € berechnet wurden.

13 Währungsrechnen

LERNSITUATION

Auch die Wall GmbH, Spedition und Logistik, erhält täglich Rechnungen in ausländischer Währung, denn als internationale Spedition befördert sie die Güter ihrer Kunden in fast alle Teile der Welt. Ibrahim sieht Herrn Glämm über die Schulter und möchte gerne wissen, wie die Umrechnungen in Euro funktionieren. Er hört viele unbekannte Begriffe, mit denen er noch nichts anfangen kann.

AUFGABEN

1. Unterscheiden Sie den Geld- und den Briefkurs.
2. Unterscheiden Sie den Sorten- und den Devisenkurs.
3. Wenn der Euro steigt, was passiert dann mit der Auslandswährung und umgekehrt?

13.1 Allgemeines

Zum 1. Januar 1999 wurde in elf europäischen Ländern der Euro als gemeinsame Währung eingeführt (Belgien, Deutschland, Finnland, Frankreich, Irland, Italien, Luxemburg, Niederlande, Österreich, Portugal und Spanien). Griechenland stieß zum 01.01.2001 zu dieser Gruppe. Zum 1. Januar 2002 wurden Euro-Münzen und Euro-Geldscheine ausgegeben sowie alle Verträge, Konten, Versicherungen, Löhne und Gehälter usw. auf den Euro umgestellt.

Slowenien erhielt zum 01.01.2007, Malta und Zypern zum 01.01.2008, die Slowakei zum 01.01.2009, Estland zum 01.01.2011, Lettland zum 01.01.2014 und Litauen zum 01.01.2015 den Euro als Währung. Auch weitere europäische Länder können dieser Währungsunion beitreten, wenn sie die Konvergenzkriterien (Aufnahmevoraussetzungen) erfüllen. Eine assoziierte Euronutzung mit eigenen Euromünzen wurde Andorra, Monaco, San Marino und dem Vatikanstaat erlaubt. Es gibt auch eine passive Euronutzung ohne eigene Münzen im Kosovo und in Montenegro.

13.2 Grundbegriffe

Forderungen von ausländischen Unternehmen müssen außerhalb der Europäischen Währungsunion (EWU) in Euro und eigene Rechnungen in fremde Währungen umgewandelt werden. Dem Euro als Inlandswährung (Binnenwährung der 19 Euroländer) stehen die **Währungen** der übrigen Länder, die nicht diesem Verbund angehören, als Fremdwährung gegenüber.

MERKE
Als Währung wird das gesetzliche Zahlungsmittel eines Landes bzw. eines Währungsverbundes bezeichnet.

Beispiele

Land/Währungsverbund	Währung
Australien	Australische Dollar
Japan	Yen
Großbritannien	Pfund
Norwegen	Norwegische Kronen
USA	US-Dollar
Europäischer Währungsverbund	Euro

MERKE
Ein Wechselkurs zeigt das Austauschverhältnis zwischen zwei verschiedenen Währungen.

13.3 Mengennotierung

In der Praxis der Kursnotierungen ist die **Mengennotierung** die übliche Form. Der Kurs bei der Mengennotierung gibt an, welchen Betrag ausländischer Währung man für einen bestimmten Betrag inländischer Währung bekommt oder bezahlen muss. Bei dieser Notierung wird jeweils von einem Euro ausgegangen und festgestellt, welchem Wert ein Euro in der Fremdwährung entspricht.

Beispiel

Währung	Nicht EWU-Länder	Währungs-Code	Kurs
1 EUR	Japan	JPY	139,3100
1 EUR	USA	USD	1,3601
1 EUR	Norwegen	NOK	8,1182

Stand: Juni 2014

Auf dem Devisenmarkt entspricht ein Euro dem Wert von 139,3100 JPY, 1,3601 USD bzw. 8,1182 NOK usw.

MERKE
Bei der Mengennotierung bezieht sich die Notierung immer auf eine inländische Währung. Die Inlandswährung ist eine feste Größe, während die jeweilige ausländische Größe die variable Größe ist.
Es wird immer das Verhältnis zu einem Euro bezeichnet.

13.4 Ankaufskurs, Verkaufskurs bzw. Geldkurs, Briefkurs

Die Begriffe **Ankaufskurs (Geldkurs)**, **Verkaufskurs (Briefkurs)** werden aus Sicht einer im Währungsgebiet ansässigen Bank verwendet. Der Verkaufskurs ist dabei höher als der Ankaufskurs, weil die Banken an dem Handel mit Fremdwährungen verdienen wollen. Die Differenz beider Kurse stellt den Gewinn der Bank aus dem Handel mit Fremdwährungen dar.

MERKE
Der Ankaufskurs (Geldkurs) ist niedriger als der Verkaufskurs.
Die Wahl des Kurses erfolgt aus Sicht der handelnden Bank:
Bank verkauft Euro → Verkaufskurs (Briefkurs)
Bank kauft Euro → Ankaufskurs (Geldkurs)

Beispiel

Währung	Nicht EWU-Länder	Währungs-Code	Ankauf (Geldkurs)	Verkauf (Briefkurs)
1 EUR	Japan	JPY	139,3100	139,7900
1 EUR	USA	USD	1,3601	1,3661
1 EUR	Norwegen	NOK	8,1182	8,1662

Stand: Juni 2014

Der Ankauf von einem Euro kostet JPY 1,3601 USD bzw. 8,1182 NOK usw., während der Verkauf von einem Euro 139,700 JPY, 1,3661 USD bzw. 8,1662 NOK kostet. Wenn die Bank JPY, USD, NOK oder eine andere Währung verkauft, dann kauft sie Euro an, somit gilt der **Ankaufskurs** (Geldkurs). Wenn die Bank hingegen JPY, USD, NOK oder eine andere Währung ankauft, dann verkauft sie Euro, somit gilt der **Verkaufskurs** (Briefkurs).

13.5 Sorten und Devisen

Die ausländischen Zahlungsmittel werden unterschieden in Sorten und Devisen, wobei die **Sorten** die **Geldscheine und Münzen** in ausländischer Währung darstellen und die **Devisen** die **Zahlungsanweisungen** im Auslandsgeschäft, wie z. B. Schecks, Wechsel usw. Die Devisen spielen insbesondere im Import- und Exportgeschäft mit Fremdwährungsländern eine wichtige Rolle. Im Folgenden betrachten wir nur noch den Devisenhandel, denn im geschäftlichen Zahlungsverkehr mit dem Ausland werden keine Sorten, sondern nur Devisen gehandelt.

MERKE
Sorten = ausländische Zahlungsmittel
Devisen = Zahlungsanweisungen im Auslandsgeschäft

Wie oben geschildert, verkauft eine **Bank** Euro zu einem höheren Wert (Kurs) als sie diese einkauft. Aus diesem Grund ist der **Briefkurs (Verkaufskurs) für den Euro höher als der Geldkurs (Ankaufskurs)**.

MERKE
Die Bank kauft beim Verkauf einer Fremdwährung Euro an!
Die Bank verkauft beim Ankauf einer Fremdwährung Euro!

13.6 Sonderziehungsrechte

Die **Sonderziehungsrechte (SZR)** sind neben dem US-Dollar und dem Euro international die meist anerkannte Zahlungsform unter den Papierwährungen. Die Sonderziehungsrechte waren früher in Gold definiert. Heute setzen sie sich aus einem Währungskorb von wichtigen Weltwährungen zusammen. Alle fünf Jahre (zuletzt 2011) erfolgt dem Betrag nach eine Überprüfung und gegebenenfalls eine Anpassung in der Zusammensetzung und Gewichtung gemäß der wirtschaftlichen Bedeutung der betroffenen Mitgliedsländer, um mit den Korbanteilen in etwa das außenwirtschaftliche Gewicht ihrer Währungen zu repräsentieren. Die SZR bestehen in der aktuellen Zusammensetzung aus genau vier Währungen: 41,9 % US-Dollar, 37,4 % Euro, 11,3 % britisches Pfund sowie 9,4 % Yen aus Japan. Der Kurs für ein Sonderziehungsrecht (SZR) betrug zum 06.06.2014: **1,12990 EUR.**

Beispielaufgabe Lkw

2 823,00 kg Maschinenersatzteile sind bei einem internationalen Straßengütertransport von Hamburg nach Oslo total beschädigt worden.

Der Warenwert laut Handelsrechnung beträgt 58 192,00 EUR.

Der Empfänger in Oslo fragt an, mit welchem Schadenersatz – ausgedrückt in NOK – er rechnen kann.

Kursnotierungen:
100 NOK = 8,1182 EUR
1 SZR = 1,12990 EUR

Errechnen Sie die Ersatzleistung des Lkw-Unternehmers auf der Grundlage der CMR-Haftung in NOK.

Warenwert laut Handelsrechnung: 58 192,00 EUR für 2 823,00 kg
Ersatzleistung maximal: 8,33 Sonderziehungsrechte (SZR) je kg gemäß CMR-Haftung

Lösung

Ermittlung der Ersatzleistung in NOK: $\frac{2\,823{,}00 \cdot 8{,}33 \cdot 1{,}12990 \cdot 100}{1 \cdot 8{,}1182}$ = **327 292,57 NOK**

Beispielaufgabe Luftfracht

2823,00 kg Maschinenersatzteile sind bei einem internationalen Lufttransport von Hamburg nach Oslo total beschädigt worden.

Der Warenwert lt. Handelsrechnung beträgt 58192,00 EUR.

Der Empfänger in Oslo fragt an, mit welchem Schadenersatz – ausgedrückt in NOK – er rechnen kann.

Kursnotierungen:
100 NOK = 8,1182 EUR
1 SZR = 1,12990 EUR

Errechnen Sie die Ersatzleistung der Airline auf der Grundlage des Montrealer Übereinkommens in NOK.

Warenwert lt. Handelsrechnung: 58192,00 EUR für 2823,00 kg

Ersatzleistung maximal: 19 Sonderziehungsrechte (SZR) je kg gemäß Montrealer Übereinkommen

Lösung

Ermittlung der Ersatzleistung in NOK: $\frac{2\,823{,}00 \cdot 19 \cdot 1{,}12990 \cdot 100}{1 \cdot 8{,}1182} = \mathbf{746\,525{,}66\ NOK}$

Beispielaufgabe Seefracht

2823,00 kg Maschinenersatzteile sind bei einem internationalen Seetransport von Kiel nach Oslo total beschädigt worden.

Der Warenwert lt. Handelsrechnung beträgt 58192,00 EUR.

Der Empfänger in Oslo fragt an, mit welchem Schadenersatz – ausgedrückt in NOK – er rechnen kann.

Kursnotierungen:
100 NOK = 8,1182 EUR
1 SZR = 1,12990 EUR

Errechnen Sie die Ersatzleistung des Verfrachters auf der Grundlage der Rotterdam-Rules in NOK.

Warenwert lt. Handelsrechnung: 58192,00 EUR für 2823,00 kg

Ersatzleistung maximal: 3 Sonderziehungsrechte (SZR) je kg oder 875 SZR pro Einheit gemäß Rules

Lösung

Ermittlung der Ersatzleistung in NOK nach Rotterdam-Rules:

$$\frac{2\,823{,}00 \cdot 3 \cdot 1{,}12990 \cdot 100}{1 \cdot 8{,}1182} = \mathbf{117\,872{,}47\ NOK}$$

Nach den Haager-Visby-Rules beträgt die Ersatzleistung maximal 2 SZR je kg oder mit maximal 666,67 SZR je Einheit.

Lösung nach den Haager-Visby-Rules:

Ermittlung der Ersatzleistung in NOK: $\frac{2\,823{,}00 \cdot 2 \cdot 1{,}12990 \cdot 100}{1 \cdot 8{,}1182} = \mathbf{78\,581{,}65\ NOK}$

In der Binnenschifffahrt (IVTB Internationale Verlade- und Transportbedingungen für die Binnenschifffahrtstransporte) und auch bei den privaten Lagerhaltern (z.B. HLB Hamburger Lagerbedingungen) wird ebenfalls mit 2 SZR je kg brutto gehaftet. Auf den Fall bezogen auch mit **78581,65 NOK.**

ZUSAMMENFASSUNG

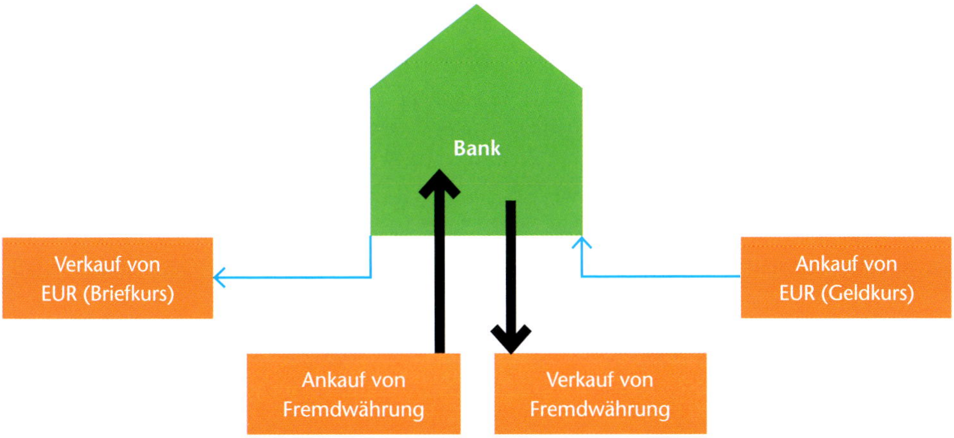

BEARBEITUNGSVORSCHLAG

Für die Bearbeitung der Beispielaufgaben und der Übungsaufgaben hier ein Ausschnitt aus einer Notierung von Devisenkursen:

Kurse in EUR (Abrechnungskurse)
Mengennotierung 1 EUR = × Währungseinheiten

Land	ISO-Code	Geldkurs	Briefkurs
USA	USD	1,3601	1,3661
Japan	JPY	139,3100	139,7900
Großbritannien	GBP	0,8088	0,8128
Schweiz	CHF	1,2157	1,2197
Kanada	CAD	1,4838	1,4958
Schweden	SEK	9,0443	9,0923
Norwegen	NOK	8,1182	8,1662
Dänemark	DKK	7,4421	7,4821
Australien	AUD	1,4484	1,4684
Hongkong	HKD	10,4776	10,6576
Neuseeland	NZD	1,5740	1,6240
Polen	PLN	4,0614	4,1614
Singapur	SGD	1,6971	1,7171
Südafrika	ZAR	14,3973	14,6973
Thailand	THB	43,383	45,383
Tschechien	CZK	27,258	27,658
Ungarn	HUF	299,83	306,83
Türkei	TRY	2,8354	2,8654

Stand: Juni 2014

Beispiele

1. Die Wall GmbH, Spedition & Logistik, tauscht in Hamburg Euro in 10000,00 AUD um.

   Lösung

   1,00 EUR = 1,4484 AUD
   x = 10000,00 AUD

   $$x = \frac{10000{,}00 \cdot 1{,}00}{1{,}4484} = \mathbf{6904{,}17\ EUR}$$

   Die Bank kauft **7603,98 EUR** an und verkauft 10000,00 AUD. Aus der Sicht der Bank kauft sie Euro gegen AUD, aus diesem Grund kommt der Geldkurs zur Anwendung.

2. Die Firma Runge & Wegner liefert mehrere elektronische Mikrochips in die USA. Die Rechnung wird in USD erstellt, der Rechnungsbetrag beträgt 128000,00 USD. Welchen Eurobetrag erhält die Firma Runge & Wegner, wenn ihre Bank den Dollarbetrag ankauft?

   Lösung

   1,00 EUR = 1,3661 USD
   x = 128000,00 USD

   $$x = \frac{128000{,}00 \cdot 1{,}00}{1{,}3661} = \mathbf{93697{,}39\ EUR}$$

   Aus Sicht der Bank werden Euro verkauft, aus diesem Grund legt sie den höheren Briefkurs zugrunde. Die Firma Runge & Wegner erhält **90121,81 EUR**.

3. Ein finnischer Importeur kauft zur Begleichung einer Rechnung in Malmö 50000,00 NOK an. Welchen Eurobetrag kauft die Bank an?

   Lösung

   1,00 EUR = 8,1182 NOK
   x = 50000,00 NOK

   $$x = \frac{50000{,}00 \cdot 1{,}00}{8{,}1182} = \mathbf{6159{,}00\ EUR}$$

   Die Bank kauft Euro an und verkauft NOK, aus diesem Grund wird der Geldkurs angewendet. Insgesamt kauft die Bank **6387,82 EUR** an.

4. Der Importeur Harry Wegner bezieht aus den USA Bastelmesser mit Kunststoffgriffen. Der Rechnungsbetrag lautet auf 1230,00 USD. Wie viel muss er in Euro bezahlen?

   Lösung

   1,00 EUR = 1,3601 USD
   x = 1230,00 USD

   $$x = \frac{1230{,}00 \cdot 1{,}00}{1{,}3601} = \mathbf{904{,}35\ EUR}$$

   Die Bank kauft Euro an, aus diesem Grund wird der niedrigere Geldkurs angewendet. Der Importeur Harry Wegner muss **869,69 EUR** zahlen.

ÜBUNGSAUFGABEN

1. Ein Spediteur will seinem Euro-Konto bei der Bank folgende Frachteinnahmen gutschreiben lassen:

			Geldkurs	Briefkurs
a)	USD	5500,00	1,3601	1,3661
b)	NOK	7350,00	8,1182	8,1662
c)	CHF	2308,00	1,2157	1,4958

2. Ein Hamburger Kaufmann hat folgende Rechnungsbeträge ins Ausland zu bezahlen:

			Geldkurs	Briefkurs
a)	GBP	3 200,00	0,8088	0,8128
b)	NOK	6 270,00	8,1182	8,1662
c)	CAD	4 720,00	1,4838	1,4958

3. Welchen Betrag in ihrer Währung müssten die folgenden Ausländer bei einer Hamburger Bank in Euro umwechseln, wenn sie für 840,00 EUR eine Digitalkamera kaufen wollen?

		Geldkurs	Briefkurs
a)	CAD	1,4838	1,4958
b)	DKK	7,4421	7,4821
c)	SEK	9,0443	9,0923
d)	NZD	1,5740	1,6240

4. Ibrahim tauscht für seinen Urlaub in Norwegen Euro in NOK und erhält 7 500,00 NOK.

a) Wie viel Euro hat er umgetauscht? Geldkurs: 8,1182; Briefkurs: 8,1662
b) In Norwegen hätte er 150,00 NOK mehr erhalten. Welchen Kurs hätte die norwegische Bank abgerechnet?

5. Die Wall GmbH, Spedition & Logistik, tauscht für eine Geschäftsreise nach Schweden Euro in SEK um und erhielt 74 000,00 SEK.

a) Wie viel Euro hat die Wall GmbH umgetauscht? Geldkurs: 9,0443; Briefkurs: 9,0923
b) In Schweden hätte die Wall GmbH 750,00 SEK mehr erhalten. Welchen Kurs hätte die schwedische Bank abgerechnet?

6. Zur Teilnahme an einem Kongress in Hongkong hatte ein Unternehmer 1 785,00 EUR in HKD umgetauscht. Durch Rückumtausch der übrig gebliebenen HKD erlitt er einen Verlust von 25,00 EUR.

a) Wie viel HKD hatte er erhalten?
b) Wie viel HKD hat er zurückgetauscht? Geldkurs: 10,4776; Briefkurs: 10,6576

7. Von einer Geschäftsreise brachte ein Spediteur 85,00 SGD zurück, die er wieder in Euro zurücktauschte. Wie hoch war der Verlust in Euro, den er durch die Kursdifferenz erlitt? Geldkurs: 1,6971; Briefkurs: 1,7171

8. Wie viel DKK erhielt ein deutscher Unternehmer in Dänemark für 1 450,00 EUR?
Geldkurs: 7,4421; Briefkurs: 7,4821. In Deutschland hätte er 50,00 DKK mehr erhalten. Welchen Kurs hätte die deutsche Bank abgerechnet?

9. Ein Hamburger Importeur hat folgende Rechnungsbeträge bei seinem ausländischen Lieferanten zu begleichen:

			Geldkurs	Briefkurs
a)	ZAR	638,00	14,3973	14,6973
b)	HUF	7 523,00	299,83	306,83
c)	CHF	1 725,00	1,2157	1,2197
d)	CZK	23 800,00	27,258	27,658

10. Ein Auszubildender tauschte für eine Reise nach Bangkok 750,00 EUR in THB um. Geldkurs: 43,383; Briefkurs: 45,383

a) Wie viel THB erhielt er?
b) Wie hoch war der Verlust in Euro nach seiner Rückkehr, wenn er 150,00 THB wieder zurücktauscht?

11. Von einer Urlaubsreise brachte ein Auszubildender 650,00 CHF zurück. Wie hoch war der Verlust in Euro, den er durch den Rücktausch erlitt? Geldkurs: 1,2157; Briefkurs: 1,2197.

12. Ein Spediteur tauschte für eine Geschäftsreise nach Singapur 18 000,00 EUR in SGD um.

a) Wie viel SGD erhielt er?
b) Wie viel SGD tauschte er wieder zurück, wenn er dabei einen Verlust von 28,77 EUR erlitt? Geldkurs: 1,6971; Briefkurs: 1,7171.

13. Von einer Geschäftsreise brachte ein Unternehmer 1 480,00 NOK zurück. Wie hoch war der Verlust in Euro, den er durch den Rücktausch erlitt? Geldkurs: 8,1182; Briefkurs: 8,1662.

14 Kostenstellenrechnung

LERNSITUATION

Moritz ist Auszubildender in der Runge Spedition und dort seit einigen Monaten in der Controlling-Abteilung. Neben Buchungsvorgängen soll er in dieser Woche einen Betriebsabrechnungsbogen (BAB) kennenlernen. Er ist schon ganz gespannt, wie Einzelkosten und Gemeinkosten in diesem BAB verteilt werden. Falko, ein Auszubildender der Wall GmbH, Spedition & Logistik, und Klassenkamerad von Moritz möchte, dass Moritz ihm im nächsten Berufsschulblock mehr über den Betriebsabrechnungsbogen erzählt.

Aber leider kommt er zu einem anderen Ergebnis als sein Programm.

AUFGABEN

1. Beschreiben Sie einen einfachen und einen mehrstufigen Betriebsabrechnungsbogen (BAB).
2. Erläutern Sie das Ziel eines Betriebsabrechnungsbogens (BAB).
3. Aus welchem Grund werden Verteilungsschlüssel eingesetzt?

14.1 Allgemeines zur Kostenstellenrechnung

Jede Abteilung eines Speditionsunternehmens ist in sehr unterschiedlichem Maße für die Entstehung von Kosten verantwortlich. In der **Kostenstellenrechnung** wird ermittelt, in welchen Abteilungen **(Kostenstellen)** bestimmte Kosten angefallen sind. Mithilfe der Kostenstellenrechnung kann der Spediteur den Preis für seine Leistungen kalkulieren. **Einzelkosten** können auf diese Weise den Aufträgen direkt zugeordnet werden. Bei den **Gemeinkosten** (z. B. Lohn- und Lohnnebenkosten, Fuhrparkkosten, Raumkosten, Verwaltungskosten, Steuern, Versicherungen, kalkulatorische Kosten usw.) ist dies nicht möglich, denn es fehlt der verursachungsgemäße Zusammenhang. Aus diesem Grund muss ein **Verteilungsschlüssel** (siehe 14.3) festgelegt werden, nach dem derartige Kosten sinnvoll den verschiedenen Kostenstellen, also Abteilungen, zugeordnet werden können.

Beispiel

Für das Verwaltungsgebäude der Runge Spedition sollen die Mietkosten verteilt werden. Dazu ist es notwendig, dass die Quadratmeterzahlen der einzelnen Kostenstellen ermittelt werden. Somit wird ein brauchbarer Verteilungsschlüssel für die Umlage der Mietkosten errechnet.

Die Mietkosten betragen 55 566,00 €. Die Räume der drei Kostenstellen Lkw, Lager und Zoll haben folgende Größen:

- Lkw 120 m²
- Lager 360 m²
- Zoll 80 m²

Die Kostenstellen werden durch **10** geteilt und ergeben die Verteilungsschlüssel Lkw: 12, Lager: 36 und Zoll: 8. Die Mietkosten können somit durch die ermittelte Summe **56** geteilt werden:

$$55\,566{,}00 : (12 + 36 + 8) = \mathbf{992{,}25\ €}$$

Anschließend werden die anteiligen Mietkosten der drei Kostenstellen durch Multiplikation dieses Ergebnisses mit den jeweiligen Verhältniszahlen errechnet:

Lkw	12 · 992,25	= 11 907,00 €
Lager	36 · 992,25	= 35 721,00 €
Zoll	8 · 992,25	= 7 938,00 €

Es gibt neben der Quadratmeterzahl noch andere Verteilungskriterien, so können z. B. das Gehalt nach einer Gehaltsliste, das Büromaterial nach Entnahmescheinen, die Fuhrparkkosten nach Leistungsinanspruchnahme der einzelnen Kostenstellen verteilt werden.

Wenn alle Gemeinkosten verteilt werden, dann werden sie getrennt nach Kostenstellen addiert und zu den Einzelkosten der jeweiligen Kostenstelle in ein prozentuales Verhältnis gesetzt.

Beispiel

In der Lkw-Abteilung der Runge Spedition belaufen sich die monatlichen Gehaltskosten für die dort arbeitenden Beschäftigten auf 38 000,00 €. Dieser Abteilung werden Gemeinkosten in Höhe von 7 500,00 € zugewiesen. Die 38 000,00 € werden als zuschlagspflichtige Einzelkosten angesehen.

Ermittlung des Gemeinkostenzuschlagssatzes:

$$\frac{\text{Gemeinkosten} \cdot 100\,\%}{\text{Einzelkosten}} = \frac{7\,500{,}00 \cdot 100\,\%}{38\,000{,}00} = 19{,}74\,\%$$

Somit ergibt sich für diese Kostenstelle ein Gemeinkostenzuschlag von 19,74 %. Neben den Personalkosten müssen auch die anteiligen Gemeinkosten in Höhe von 19,74 % bei der Kostenermittlung des einzelnen Auftrages berücksichtigt werden.

Betragen beispielsweise die Fahrerlöhne für einen Auftrag 325,00 €, sind zusätzlich noch 19,74 % Gemeinkostenzuschlag zu berücksichtigen.

19,74 % von 325,00 € = 64,16 €

Demnach belaufen sich die Gesamtkosten auf:

Einzelkosten	= 325,00 €
Gemeinkosten (19,74 %)	= 64,16 €
Gesamtkosten	= **389,16 €**

14.2 Hauptkostenstellen, Hilfskostenstellen und allgemeine Kostenstellen

Die **Hauptkostenstellen** können nach den Kernaufgaben eines Speditionsbetriebes gebildet werden (z. B. Abteilungen für Lkw, Lager, See-Import, See-Export, Beschaffungslogistik ...). Je genauer eine Aufteilung vorgenommen wird, desto genauer kann die Kostenverteilung durchgeführt werden. So kann z. B. eine See-Exportabteilung wie folgt aussehen:

- FOB-Abteilung
- Relation Asien
- Relation Mittelamerika
- Relation Südamerika
- Relation ...
- ...

Aus einer genaueren Aufteilung ergeben sich exaktere Ergebnisse, aber auch ein sehr viel größerer Arbeitsaufwand. Sehr große Speditionen haben an die hundert Kostenstellen. In einem Unternehmen existieren neben den Hauptkostenstellen auch noch **Hilfskostenstellen** und **allgemeine Kostenstellen**.

Die Hilfskostenstellen arbeiten häufig für bestimmte Abteilungen, so z. B. eine **Reparaturwerkstatt** für die Wartung des **Fuhrparks**. Diese Kosten werden dann dem Fuhrpark zugerechnet.

Allgemeine Kostenstellen hingegen erbringen eigene Leistungen für alle anderen Abteilungen, wie z. B. die **Buchhaltung** oder die **Akquisition**.

MERKE

Durch die Kostenstellenrechnung wird eine verursachungsgerechte Verteilung der Gemeinkosten auf die (Haupt-)Kostenstellen und die Ermittlung des Gemeinkostenzuschlages vorgenommen.

14.3 Verteilungsschlüssel

Betriebsinterne Belege sind häufig die Grundlage für die Verteilung der Gemeinkosten auf die einzelnen Kostenstellen.

Mögliche Verteilungskriterien der Gemeinkosten:

Konto-Nr.	Gemeinkosten	Verteilungsmöglichkeiten
41	Gehälter	Gehaltsliste
42	Fuhrparkkosten	Leistungsinanspruchnahme der einzelnen Kostenstelle
43	Raumkosten	Quadratmeter

Konto-Nr.	Gemeinkosten	Verteilungsmöglichkeiten
440	Büromaterialverbrauch	Belege
441	Werbungskosten	nach internen Schlüsseln
...	...	...

MERKE
Verteilungsschlüssel sind notwendig, damit eine möglichst verursachungsgerechte Verteilung der Gemeinkosten auf die Hauptkostenstellen erfolgen kann.

14.4 Einfacher Betriebsabrechnungsbogen (BAB)

Für die Verteilung der Gemeinkosten auf die einzelnen Kostenstellen wird i.d.R. ein tabellarischer Betriebsabrechnungsbogen (BAB) verwendet. In dem BAB sind die Gemeinkosten, die Kostenstellen und der Verteilungsschlüssel angegeben. Als **Ergebnis** weist der BAB in der letzten Zeile die **Summe der Gemeinkosten** und die **Summe der einzelnen Kostenstellen** aus.

Beispiel
Die Runge Spedition hat folgende Angaben aus dem letzten Quartal:

Konto-Nr.	Gemeinkosten	Aufwendungsbetrag in €
41	Gehälter	152000,00
42	Fuhrparkkosten	331500,00
43	Raumkosten	22226 4,00
440	Büromaterialverbrauch	1350,00
441	Werbekosten	6400,00
483	Abschreibungen auf Anlagen	85000,00

Nach folgendem Verteilungsschlüssel sollen die Gemeinkosten auf die drei Kostenstellen (Lkw, Lager und Zoll) verteilt werden:

Konto-Nr.	Gemeinkosten	Kostenstelle Lkw	Kostenstelle Lager	Kostenstelle Zoll
41	Gehälter	10	4	2
42	Fuhrparkkosten	11	4	2
43	Raumkosten	2	7	3
440	Büromaterialverbrauch	5	2	8
441	Werbekosten	3	5	8
483	Abschreibungen auf Anlagen	6	4	6

Konto-Nr.	Gemeinkosten-art	Aufwands-betrag in €	Verteilungs-schlüssel	Kostenstelle Lkw in €	Kostenstelle Lager in €	Kostenstelle Zoll in €
41	Gehälter	152 000,00	10 : 4 : 2	95 000,00	38 000,00	19 000,00
42	Fuhrparkkosten	331 500,00	11 : 4 : 2	214 500,00	78 000,00	39 000,00
43	Raumkosten	222 264,00	2 : 7 : 3	37 044,00	129 654,00	55 566,00
440	Büromaterial-verbrauch	1 350,00	5 : 2 : 8	450,00	180,00	720,00
441	Werbekosten	6 400,00	3 : 5 : 8	1 200,00	2 000,00	3 200,00
483	Abschreibungen auf Anlagen	85 000,00	6 : 4 : 6	31 875,00	21 250,00	31 875,00
	Gemeinkosten summe	798 514,00		380 069,00	269 084,00	149 361,00

Zuerst werden die Gemeinkosten in den BAB übertragen und die Beträge der Gemeinkosten addiert (798 514,000 €). Anschließend werden die Gemeinkosten auf die Kostenstelle mithilfe des Verteilungsschlüssels verteilt, und zum Schluss werden die Gemeinkosten der einzelnen Kostenstellen addiert.

MERKE
Probe: Summe der Kostenstellen = Gesamtsumme der Gemeinkosten

Nun sollen nicht nur die Gemeinkosten je Kostenstelle ermittelt werden, sondern darüber hinaus auch noch das Betriebsergebnis. Dazu ist es erforderlich, die direkt zurechenbaren **Speditionskosten** und **Speditionserlöse** der einzelnen Abteilungen aufzunehmen. Das vorherige Beispiel wird um diese Angaben erweitert!

Aufgabe

- Ermittlung der Gesamtkosten je Kostenstelle
- Ermittlung der betrieblichen Teilergebnisse der Kostenstelle

Die Runge Spedition hat folgende Angaben aus dem letzten Quartal:

Konto-Nr.	Gemeinkosten	Aufwendungsbetrag in €	Erträge in €
41	Gehälter	152 000,00	
42	Fuhrparkkosten	331 500,00	
43	Raumkosten	222 264,00	
440	Büromaterialverbrauch	1 350,00	
441	Werbekosten	6 400,00	
483	Abschreibungen auf Anlagen	85 000,00	
71	**Lkw-Speditionskosten**	**266 000,00**	
72	**Lager-Speditionskosten**	**327 000,00**	
73	**Zoll-Speditionskosten**	**119 000,00**	
81	**Lkw-Speditionserlöse**		**706 000,00**
82	**Lager-Speditionserlöse**		**705 000,00**
83	**Zoll-Speditionserlöse**		**328 000,00**

Lösung

Konto-Nr.	Gemeinkosten-art	Aufwands-betrag in €	Verteilungs-schlüssel	Kostenstelle Lkw in €	Kostenstelle Lager in €	Kostenstelle Zoll in €
41	Gehälter	152 000,00	10 : 4 : 2	95 000,00	38 000,00	19 000,00
42	Fuhrparkkosten	331 500,00	11 : 4 : 2	214 500,00	78 000,00	39 000,00
43	Raumkosten	222 264,00	2 : 7 : 3	37 044,00	129 654,00	55 566,00
440	Büromaterialverbrauch	1 350,00	5 : 2 : 8	450,00	180,00	720,00
441	Werbekosten	6 400,00	3 : 5 : 8	1 200,00	2 000,00	3 200,00
483	Abschreibungen auf Anlagen	85 000,00	6 : 4 : 6	31 875,00	21 250,00	31 875,00
	Gemeinkosten-summe	798 514,00		380 069,00	269 084,00	149 361,00
	+ Einzelkosten	**712 000,00**		**266 000,00**	**327 000,00**	**119 000,00**
	Gesamtkosten-summe	**1 510 514,00**		**646 069,00**	**596 084,00**	**268 361,00**
	Erlöse	**1 739 000,00**		**706 000,00**	**705 000,00**	**328 000,00**
	Betriebsergebnis	**+228 486,00**		**+59 931,00**	**+108 916,00**	**+59 639,00**

Vorgehensweise

- Zuerst werden die **Gemeinkosten** in den BAB **übertragen** und die Beträge der Gemeinkosten addiert (798 514,000 €).
- Anschließend werden die **Gemeinkosten** auf die Kostenstelle mithilfe des Verteilungsschlüssels **verteilt** und
- zum Schluss werden die **Gemeinkosten** der einzelnen Kostenstellen **addiert**.

MERKE
Probe: Summe der Kostenstellen = Gesamtsumme der Gemeinkosten

Die Speditionskosten (Einzelkosten) werden auf die Kostenstellen verteilt, die Gesamtkosten werden für jede Kostenstelle ermittelt und ergeben schließlich die Summe der Gesamtkosten. Abschließend werden die Einzelerlöse ebenso auf die Kostenstellen verteilt.
Indem die Gesamtkosten jeder Kostenstelle von den Erlösen jeder Kostenstelle abgezogen werden, wird das **Betriebsergebnis** jeder Kostenstelle ermittelt. Im vorliegenden Beispiel weisen alle drei Kostenstellen einen **Gewinn** aus. Für das Unternehmen ist ein **positives Betriebsergebnis** in Höhe von +228 486,00 € erzielt worden.

Es kann aber ebenso ein negatives Betriebsergebnis einer Kostenstelle erzielt werden. Um dies zu verdeutlichen, werden die Ausgangsdaten des Beispiels leicht verändert:

Aufgabe

- Ermittlung der Gesamtkosten je Kostenstelle
- Ermittlung der betrieblichen Teilergebnisse der Kostenstelle

Die Runge Spedition hat folgende Angaben aus dem letzten Quartal:

Konto-Nr.	Gemeinkosten	Aufwendungsbetrag in €	Erträge in €
41	Gehälter	152 000,00	
42	Fuhrparkkosten	331 500,00	
43	Raumkosten	222 264,00	
440	Büromaterialverbrauch	1 350,00	
441	Werbekosten	6 400,00	
483	Abschreibungen auf Anlagen	85 000,00	
71	**Lkw-Speditionskosten**	**325 000,00**	
72	**Lager-Speditionskosten**	**368 000,00**	
73	**Zoll-Speditionskosten**	**85 000,00**	
81	**Lkw-Speditionserlöse**		**789 000,00**
82	**Lager-Speditionserlöse**		**655 000,00**
83	**Zoll-Speditionserlöse**		**202 000,00**

Lösung

Konto-Nr.	Gemeinkostenart	Aufwandsbetrag in €	Verteilungsschlüssel	Kostenstelle Lkw in €	Kostenstelle Lager in €	Kostenstelle Zoll in €
41	Gehälter	152 000,00	10 : 4 : 2	95 000,00	38 000,00	19 000,00
42	Fuhrparkkosten	331 500,00	11 : 4 : 2	214 500,00	78 000,00	39 000,00
43	Raumkosten	222 264,00	2 : 7 : 3	37 044,00	129 654,00	55 566,00
440	Büromaterialverbrauch	1 350,00	5 : 2 : 8	450,00	180,00	720,00
441	Werbekosten	6 400,00	3 : 5 : 8	1 200,00	2 000,00	3 200,00
483	Abschreibungen auf Anlagen	85 000,00	6 : 4 : 6	31 875,00	21 250,00	31 875,00
	Gemeinkostensumme	798 514,00		380 069,00	269 084,00	149 361,00
	+ Einzelkosten	**778 000,00**		**325 000,00**	**368 000,00**	**85 000,00**
	Gesamtkostensumme	**1 556 514,00**		**705 069,00**	**637 084,00**	**234 361,00**
	Erlöse	**1 646 000,00**		**789 000,00**	**655 000,00**	**202 000,00**
	Betriebsergebnis	**+69 486,00**		**+83 931,00**	**+17 916,00**	**–32 361,00**

Interpretation:

Die Ergebnisse der drei Kostenstellen weisen aus, dass die Kostenstelle Lkw das größte Betriebsergebnis (+83 931,00 €) erzielt hat. Dagegen weist die Kostenstelle Lager (+17 916,00 €) einen erheblich geringeren Gewinn auf und in der Kostenstelle **Zoll** wurde sogar ein **negatives Betriebsergebnis** (–32 361,00 €) erzielt. In dieser Kostenstelle sind die **Gesamtkosten höher als die Gesamterlöse**. Es ist zu überlegen, ob die Kostenstelle Zoll nicht geschlossen werden soll, damit ein noch positiveres Betriebsergebnis erzielt werden kann. Der Bereich Zoll könnte beispielsweise an einen Zolldeklaranten outgesourct werden.

Hierbei muss allerdings beachtet werden, dass nicht die gesamten **Gemeinkosten** als **variabel** angenommen werden können, denn wenn die Abteilung Zoll geschlossen wird, werden nicht alle Gemeinkosten dieser Kostenstelle wegfallen. Die **fixen** Anteile der Gemeinkosten werden auch nach der Schließung vorhanden sein. So werden z. B. die Raumkosten weiter bestehen, wenn nicht die Räume anders genutzt werden. Wird nun ein fester Satz von ca. 30 % der Gemeinkosten bestehen bleiben, dann verringern sich die Gemeinkosten bei der Schließung der Zollabteilung um 70 %.

Ermittlung des Betriebsergebnisses – mit und ohne Zollabteilung

Gemeinkosten Lkw	380 069,00 €
Gemeinkosten Lager	269 084,00 €
+ 30 % der Gemeinkosten Zoll	44 808,30 €
Gesamtgemeinkosten	**693 961,30 €**
+ Einzelkosten Lkw	325 000,00 €
+ Einzelkosten Lager	368 000,00 €
Gesamtkosten	**1 386 961,30 €**
– Gesamterlöse aus Lkw und Lager	1 444 000,00 €
Betriebsergebnis mit Gewinn	**57 038,70 €**

Wenn die Zollabteilung geschlossen wird, dann sinkt der Gewinn um **12 447,30 €** gegenüber dem vorherigen Ergebnis

Betriebsergebnis mit Zollabteilung	+69 486,00 €
Betriebsergebnis ohne Zollabteilung	+57 038,70 €
Die Differenz beträgt 12 447,30 €	

MERKE

Das Betriebsergebnis gibt Aufschluss über die einzelnen Kostenstellen. Bei einem negativen Betriebsergebnis sollten weitere Maßnahmen überlegt werden.

14.5 Mehrstufiger Betriebsabrechnungsbogen (BAB)

Im **mehrstufigen Betriebsabrechnungsbogen (BAB)** sind neben den **Hauptkostenstellen** auch noch die **allgemeinen Kostenstellen** (z. B. Kantine, Telefonzentrale, Buchhaltung, Bote, EDV-Abteilung usw.) und die **Hilfskostenstellen** (sind einer Hauptkostenstelle untergeordnet, z. B. die Reparaturwerkstatt der Lkw-Abteilung) aufgeführt.

Vorgehen beim mehrstufigen BAB:

Beim mehrstufigen BAB werden

- zuerst die Gemeinkosten auf alle Kostenstellen verteilt.
- Anschließend wird die Verteilung der allgemeinen Kostenstellen auf die Hauptkostenstellen und
- schließlich die der Hilfskostenstellen auf die übergeordneten Hauptkostenstellen vorgenommen.
- Abschließend werden die Endsummen der Hauptkostenstellen ermittelt.

Beispiel

Die Clasen & Schulze Spedition hat folgende Angaben aus dem letzten Quartal zur Ermittlung des Betriebsergebnisses zur Verfügung:

Konto-Nr.	Gemeinkosten	Aufwendungsbetrag in €	Erträge in €
41	Gehälter	180 000,00	
42	Fuhrparkkosten	425 000,00	
43	Raumkosten	231 000,00	
440	Büromaterialverbrauch	5 900,00	
441	Werbekosten	12 300,00	
480	Kalk. Unternehmerlohn	170 000,00	
483	Abschreibungen auf Anlagen	205 000,00	
71	**Lkw-Speditionskosten**	**618 000,00**	
72	**Lager-Speditionskosten**	**212 000,00**	
73	**Zoll-Speditionskosten**	**228 000,00**	
81	**Lkw-Speditionserlöse**		**1 438 000,00**
82	**Lager-Speditionserlöse**		**490 000,00**
83	**Zoll-Speditionserlöse**		**512 000,00**

Der Verteilungsschlüssel zur Verteilung der Gemeinkosten auf die Kostenstellen Kantine, Reparaturwerkstatt, Lkw, Lager und Zoll sieht wie folgt aus:

Konto-Nr.	Gemeinkosten	Kostenstelle Kantine	Kostenstelle Rep.-werkstatt	Kostenstelle Lkw	Kostenstelle Lager	Kostenstelle Zoll
41	Gehälter	sind bereits verteilt				
42	Fuhrparkkosten	1	2	7	3	3
43	Raumkosten	1	3	2	4	2
440	Büromaterial-verbrauch	1	2	2	1	2
441	Werbekosten	1	3	4	1	3
480	Kalk. Unterneh-merlohn	1	2	4	6	3
483	Abschreibungen auf Anlagen	1	2	3	3	1
	Umlage der Kantine	–	2	6	4	3

Die Umlage der Hilfskostenstelle Reparaturwerkstatt erfolgt zu 100 % auf die Hauptkostenstelle Lkw.

Konto-Nr.	Gemeinkostenart	Betrag in €	Verteilungs-schlüssel	Kostenstelle Kantine	Kostenstelle Rep.-werkstatt	Kostenstelle LKW	Kostenstelle Lager	Kostenstelle Zoll
41	Gehälter	180 000,00	Gehaltsliste	2 000,00	18 500,00	85 000,00	21 000,00	53 500,00
42	Fuhrparkkosten	425 000,00	1 : 2 : 7 : 3 : 3	26 562,50	53 125,00	185 937,50	79 687,50	79 687,50
43	Raumkosten	231 000,00	1 : 3 : 2 : 4 : 2	19 250,00	57 750,00	38 500,00	77 000,00	38 500,00
440	Büromaterialverbrauch	5 900,00	1 : 2 : 2 : 1 : 2	737,50	1 475,00	1 475,00	737,50	1 475,00
441	Werbungskosten	12 300,00	1 : 3 : 4 : 1 : 3	1 025,00	3 075,00	4 100,00	1 025,00	3 075,00
480	Kalkulatorischer Unternehmerlohn	170 000,00	1 : 2 : 4 : 6 : 3	10 625,00	21 250,00	42 500,00	63 750,00	31 875,00
483	Abschreibungen auf Anlagen	205 000,00	1 : 2 : 3 : 3 : 1	20 500,00	41 000,00	61 500,00	61 500,00	20 500,00
	Gemeinkosten Summe	1 229 200,00		80 700,00	196 175,00	419 012,50	304 700,00	228 612,50
	Umlage Kostenstelle Kantine		– : 2 : 6 : 4 : 3	→	10 760,00	32 280,00	21 520,00	16 140,00
	Zwischensumme	1 229 200,00			206 935,00	451 292,50	326 220,00	244 752,50
	Umlage Hilfskostenstelle Reparaturwerkstatt		– : – : 1 : – : –		→	206 935,00	–	–
	Zwischensumme	1 229 200,00				658 227,50	326 220,00	244 752,50
	+ Einzelkosten	1 058 000,00				618 000,00	212 000,00	228 000,00
	Gesamtkostensumme	2 287 200,00				1 276 227,50	538 220,00	472 752,50
	Erlöse	2 440 000,00				1 438 000,00	490 000,00	512 000,00
	Betriebsergebnis	**+152 800,00**				**+161 772,50**	**–48 220,00**	**+39 247,50**

Interpretation:

Die Ergebnisse der drei Kostenstellen weisen aus, dass die Kostenstelle Lkw das größte Betriebsergebnis (+161 772,50 €) erzielt hat. Dagegen weist die Kostenstelle Zoll (+39 247,50 €) einen erheblich geringeren Gewinn auf und in der Kostenstelle Lager wurde sogar ein negatives Betriebsergebnis (–48 220,00 €) erzielt. In dieser Kostenstelle sind die Gesamtkosten höher als die Gesamterlöse. Es ist zu überlegen, ob die Kostenstelle Lager nicht geschlossen werden soll, damit ein noch positiveres Betriebsergebnis erzielt werden kann. Der Bereich Lager könnte beispielsweise an einen Lagerhalter outgesourct werden.

ZUSAMMENFASSUNG

Mit dem Betriebsabrechnungsbogen (BAB) werden die anteiligen Gemeinkosten verursachungsgerecht auf die Kostenstellen verteilt.

Die Verteilung ist folgendermaßen vorzunehmen:

- Gemeinkosten auf Kostenstellen verteilen
- Umlage der Kostensumme der allgemeinen Kostenstellen auf die Hauptkostenstellen
- Umlage der Kostensumme der Hilfskostenstellen auf die Hauptkostenstellen
- Ermittlung des Betriebsergebnisses (Gesamtbetriebsergebnis und Betriebsergebnis je Kostenstelle)

ÜBUNGSAUFGABEN

1. a) Verteilen Sie die Gemeinkosten auf die folgenden Kostenstellen.
Ermitteln Sie die Summe der Gemeinkosten je Kostenstelle.

Konto-Nr.	Gemeinkosten	Aufwendungsbetrag in €
41	Gehälter	138 000,00
42	Fuhrparkkosten	420 000,00
43	Raumkosten	187 500,00
440	Büromaterialverbrauch	2 800,00
441	Werbekosten	4 320,00
483	Abschreibungen auf Anlagen	130 230,00

Nach folgendem Verteilungsschlüssel sollen die Gemeinkosten auf die drei Kostenstellen (Lkw, Lager und Zoll) verteilt werden:

Konto-Nr.	Gemeinkosten	Kostenstelle Lkw	Kostenstelle Lager	Kostenstelle Zoll
41	Gehälter	4	6	5
42	Fuhrparkkosten	8	2	2
43	Raumkosten	2	4	4
440	Büromaterialverbrauch	4	1	3
441	Werbekosten	6	2	4
483	Abschreibung auf Anlagen	9	6	3

Konto-Nr.	Gemeinkostenart	Aufwands-betrag in €	Verteilungs-schlüssel	Kostenstelle Lkw in €	Kostenstelle Lager in €	Kostenstelle Zoll in €
41	Gehälter	138 000,00	4 : 6 : 5			
42	Fuhrparkkosten	420 000,00	8 : 2 : 2			
43	Raumkosten	187 500,00	2 : 4 : 4			
440	Büromaterialverbrauch	2 800,00	4 : 1 : 3			
441	Werbekosten	4 320,00	6 : 2 : 4			
483	Abschreibungen auf Anlagen	130 230,00	9 : 6 : 3			
	Gemeinkosten-summe					

b) Erweiterung der Aufgabe:
- Ermitteln Sie die Gesamtkosten je Kostenstelle.
- Ermitteln Sie die betrieblichen Teilergebnisse der Kostenstellen.

Konto-Nr.	Gemeinkosten	Aufwendungsbetrag in €	Erträge in €
41	Gehälter	138 000,00	
42	Fuhrparkkosten	420 000,00	
43	Raumkosten	187 500,00	
440	Büromaterialverbrauch	2 800,00	
441	Werbekosten	4 320,00	
483	Abschreibungen auf Anlagen	130 230,00	
71	**Lkw-Speditionskosten**	**223 000,00**	
72	**Lager-Speditionskosten**	**312 000,00**	
73	**Zoll-Speditionskosten**	**89 000,00**	
81	**Lkw-Speditionserlöse**		**704 000,00**
82	**Lager-Speditionserlöse**		**625 000,00**
83	**Zoll-Speditionserlöse**		**265 000,00**

Konto-Nr.	Gemeinkostenart	Aufwands-betrag in €	Verteilungs-schlüssel	Kostenstelle Lkw in €	Kostenstelle Lager in €	Kostenstelle Zoll in €
41	Gehälter	138 000,00	4 : 6 : 5			
42	Fuhrparkkosten	420 000,00	8 : 2 : 2			
43	Raumkosten	187 500,00	2 : 4 : 4			
440	Büromaterialverbrauch	2 800,00	4 : 1 : 3			
441	Werbekosten	4 320,00	6 : 2 : 4			
483	Abschreibungen auf Anlagen	130 230,00	9 : 6 : 3			
	Gemeinkosten-summe					
	+ **Einzelkosten**					

Konto-Nr.	Gemeinkostenart	Aufwandsbetrag in €	Verteilungsschlüssel	Kostenstelle Lkw in €	Kostenstelle Lager in €	Kostenstelle Zoll in €
	Gesamtkostensumme					
	Erlöse					
	Betriebsergebnis					

c) Werten Sie das Betriebsergebnis aus und schlagen Sie eine Lösung vor.

2. a) Die Lehneke Spedition hat folgende Angaben aus dem letzten Quartal zur Ermittlung des Betriebsergebnisses zur Verfügung.
Ermitteln Sie das Gesamtbetriebsergebnis und das Betriebsergebnis je Kostenstelle.

Konto-Nr.	Gemeinkosten	Aufwendungsbetrag in €	Erträge in €
41	Gehälter	260 000,00	
42	Fuhrparkkosten	511 000,00	
43	Raumkosten	328 000,00	
440	Büromaterialverbrauch	7 750,00	
441	Werbekosten	22 500,00	
480	Kalk. Unternehmerlohn	120 000,00	
483	Abschreibungen auf Anlagen	190 000,00	
71	Lkw-Speditionskosten	810 000,00	
72	Lager-Speditionskosten	131 000,00	
73	Zoll-Speditionskosten	247 000,00	
81	Lkw-Speditionserlöse		1 623 000,00
82	Lager-Speditionserlöse		508 000,00
83	Zoll-Speditionserlöse		575 000,00

Der Verteilungsschlüssel zur Verteilung der Gemeinkosten auf die Kostenstellen Buchhaltung, Reparaturwerkstatt, Lkw, Lager und Zoll sieht wie folgt aus:

Konto-Nr.	Gemeinkosten	Kostenstelle Kantine	Kostenstelle Rep.-werkstatt	Kostenstelle Lkw	Kostenstelle Lager	Kostenstelle Zoll
41	Gehälter	sind bereits verteilt				
42	Fuhrparkkosten	2	2	7	5	4
43	Raumkosten	2	2	5	3	4
440	Büromaterialverbrauch	6	3	5	5	6
441	Werbekosten	2	2	6	3	3
480	Kalk. Unternehmerlohn	3	1	5	3	3
483	Abschreibung auf Anlagen	3	5	9	5	3
	Umlage der Buchhaltung	–	4	5	5	4

Die Umlage der Hilfskostenstelle Reparaturwerkstatt erfolgt zu 100% auf die Hauptkostenstelle Lkw.

Konto-Nr.	Gemeinkostenart	Betrag in €	Verteilungs-schlüssel	Kostenstelle Kantine	Kostenstelle Rep.-werkstatt	Kostenstelle LKW	Kostenstelle Lager	Kostenstelle Zoll
41	Gehälter	260 000,00	Gehaltsliste	45 000,00	60 000,00	82 000,00	38 000,00	35 000,00
42	Fuhrparkkosten	511 000,00	2 : 2 : 7 : 5 : 4					
43	Raumkosten	328 000,00	2 : 2 : 5 : 3 : 4					
440	Büromaterialverbrauch	7 750,00	6 : 3 : 5 : 5 : 6					
441	Werbungskosten	22 500,00	2 : 2 : 6 : 3 : 3					
480	Kalkulatorischer Unternehmerlohn	120 000,00	3 : 1 : 5 : 3 : 3					
483	Abschreibungen auf Anlagen	190 000,00	3 : 5 : 9 : 5 : 3					
	Gemeinkostensumme							
	Umlage Kostenstelle Buchhaltung		– : 4 : 5 : 5 : 4					
	Zwischensumme							
	Umlage Hilfskostenstelle Reparaturwerkstatt		– : – : 1 : – : –					
	Zwischensumme:							
	+ Einzelkosten							
	Gesamtkostensumme							
	Erlöse							
	Betriebsergebnis							

b) Werten Sie das Betriebsergebnis aus und schlagen Sie eine Lösung vor.

3. Vervollständigen Sie den vorliegenden Betriebsabrechnungsbogen unter Berücksichtigung der folgenden Verteilungsschlüssel.

	Verwaltung	Export See	Import See	Export/ Import Luft
Kommunikationskosten im Verhältnis	3	8	4	3
Werbekosten entsprechend der Bruttospeditionsgewinne				
Personalkosten laut Gehaltsliste	23 000,00 €	38 000,00 €	28 000,00 €	18 000,00 €
Energiekosten nach qm	98 qm	308 qm	153 qm	125 qm
Büromaterial nach der Anzahl der Mitarbeiter	8	35	28	11

Konto	Beträge in €	Verwaltung	Export See	Import See	Export/ Import Luft
Speditionserlöse			829 000,00	377 000,00	98 000,00
Speditionskosten			666 000,00	238 000,00	91 000,00
Deckungsbeitrag 1					
Kommunikations-kosten	32 640,00				
Werbekosten	9 876,00				
Personalkosten	107 000,00				
Energiekosten	8 540,00				
Büromaterial	12 400,00				
sonstige Kosten	9 835,00	1 287,00	2 959,00	2 422,00	3 167,00
Summe der variablen Gemeinkosten					
Deckungsbeitrag 2					
Fixkosten	73 540,00				
Betriebsergebnis					

4. Vervollständigen Sie den vorliegenden Betriebsabrechnungsbogen bis zum Betriebsergebnis.
Hinweis: Die Betriebskosten wurden bereits errechnet, zu verteilen sind die Umlagebeträge der Buchhaltungsabteilung und des Außendienstes.

	Gesamtbetrag in €	variable Kosten	fixe Kosten	Buchhaltung	Lkw-Spedition	Seehafen	Lager	Außendienst
Speditionserlöse					498 400,00	821 546,00	256 987,00	
Speditionskosten					303 235,00	628 345,00	198 987,00	
Bruttogewinn								
Betriebskosten	272 882,00	218 015,00	54 867,00	10 987,00	87 555,00	76 456,00	34 564,00	8 453,00
Umlage Buchhaltung								
Umlage Außendienst								
Betriebskosten der Abteilung								
Deckungsbeitrag								
Fixkosten								
Betriebsergebnis								

Angaben zur Verteilung der Umlagen:

Umlage Buchhaltung: Je Buchung in € Anzahl der Stunden	7,50				1 800	1 250	380	60
Umlage Außendienst: Je Buchung in € Anzahl der Stunden	38,00				66	154	75	

5. Vervollständigen Sie den Betriebsabrechnungsbogen unter Berücksichtigung der angegebenen Verteilungsschlüssel bis zum Betriebsergebnis.

Konto	Gesamtbetrag in €	variable Kosten	fixe Kosten	Buchhaltung	Logistik	Beschaffung	Verteilung
Speditionserlöse					625 000,00	425 000,00	545 000,00
Speditionskosten					325 000,00	389 000,00	498 000,00
Bruttospeditionsgewinn							
Personalkosten	285 400,00						
Mieten	36 500,00						
Kommunikation		12 021,00	6 125,00	825,00	4 528,00	3 218,00	3 450,00
Werbung	38 430,00						
Abschreibungen auf BGA	18 420,00						
Betriebskosten							
Umlage Buchhaltung							
Betriebskosten der Abt.							
Deckungsbeitrag							
Fixkosten							
Betriebsergebnis							

Angaben zur Verteilung der Umlagen:

Mitarbeiter insgesamt	80		14	6	18	24	18
Personalkosten anteilig lt. Mitarbeiterzahl							
Werbekosten lt. Speditionserlösen							
Umlage Buchhaltung: je Buchung in €	8						
Buchungen gesamt	7 485,00				3 410,00	1 750,00	2 325,00

6. Vervollständigen Sie den Betriebsabrechnungsbogen unter Berücksichtigung der angegebenen Verteilungsschlüssel bis zum Betriebsergebnis.

Konto	Gesamtbetrag	fixe Kosten	Lkw-Spedition	Lager	Logistik	Außendienst
Speditionserlöse			328 176,00	167 168,00	623 410,00	
Speditionskosten			179 114,00	89 451,00	241 140,00	
Bruttogewinn						
Personalkosten	158 134,00	28 152,00	45 145,00	43 145,00	33 478,00	8 214,00
Raumkosten	42 154,00	3 819,00	5 620,00	12 415,00	18 191,00	2 109,00
Kommunikation	33 489,00					
Gewerbesteuer	14 761,00	14 761,00				
Sonstige Kosten	27 497,00		10 181,00	7 491,00	9 825,00	
Abschreibung BGA	18 141,00	18 141,00				
Betriebskosten						
Umlage Außendienst						
Deckungsbeitrag						
Fixkosten	69 439,68					
Betriebsergebnis						

Angaben zur Verteilung der Umlagen:

Kommunikation nach Anzahl der Mitarbeiter		9	18	14	21	4
Umlage Außendienst je Std. in €	41,50		0	0	187	

15 Deckungsbeitragsrechnung

LERNSITUATION

Die Geschäftsleitung hat Interesse daran, verschiedene Unternehmenszahlen in Zukunft verstärkt computerunterstützt auszuwerten. Kai Johannson soll Herrn Schohler dabei unterstützen, eine einfache Break-even-Analyse auf Basis eines Tabellenkalkulationsprogramms zu erstellen. Er ist relativ fit in Tabellenkalkulationsprogrammen – dank eines Einführungskurses an seiner Berufsschule. Er kann einfache Tabellen erstellen, was für diesen Zweck auch vollkommen ausreicht. Komplexere Auswertungen werden mithilfe anderer Computerprogramme erstellt. Kai soll nun eine Break-even-Analyse für die Abteilung Seehafen-Import, Fahrtgebiet Levante, entwickeln. Er weiß von Herrn Schohler, dass er dafür die Umsätze des vergangenen Jahres als Grundlage nehmen soll, ebenso die variablen Kosten sowie die Fixkosten der Abteilung des letzten Jahres. Das alles soll auf Durchschnittswerte pro Auftrag heruntergerechnet werden. Aber mehr hat ihm Herr Schohler nicht dazu gesagt. Ein Fehler, dass Kai nicht weiter nachgefragt hat, denn nun ist Herr Schohler für eine Woche auf Geschäftsreise und Kai soll mit der Break-even-Analyse fertig sein, wenn er zurück ist. Dabei hat Kai noch einige Fragen, bevor er überhaupt anfangen kann. Die wichtigsten hat er sich notiert.

AUFGABE

Beantworten Sie die Fragen, die sich Kai notiert hat.

Break-even-Analyse Import Levante
10.10.20..
Fertigstellen bis zum 17.10.20..

Fragen, die zu klären sind:

1) *Was sind variable, was fixe Kosten?*
2) *Was ist eine Erlösfunktion?*
3) *Wie errechnet man die variablen Kosten pro Auftrag?*
4) *Wo liegt der Break-even-Point? Ich habe folgende Zahlen von Herrn Schohler bekommen:*

Erlöse gesamt	195 000,00 €
Anzahl Aufträge	520
Variable Kosten gesamt	119 600,00 €
Fixe Kosten Abteilung gesamt	60 030,00 €

15.1 Kostenteilung

In der Deckungsbeitragsrechnung, die auch Teilkostenrechung genannt wird, wird anders als in der Vollkostenrechnung kalkuliert.[1] In der Vollkostenrechnung werden Selbstkosten mithilfe der Gesamtkosten ermittelt, auf die ein Gewinnzuschlag aufgeschlagen und so ein Angebotspreis errechnet wird. In der Praxis werden aber nicht immer die so (sehr hoch) kalkulierten Preise akzeptiert. Häufig ist es vielmehr so, dass bestimmte Preise bereits vom Markt vorgegeben sind. Es existieren also Marktpreise, an die sich die Anbieter halten müssen, wenn sie ihr Produkt verkaufen möchten. Im Speditionsgewerbe sind solche Preisvorgaben häufig, z. B. die Preisempfehlungen des BSL im Bereich des Sammelgutverkehrs oder bei Großkunden, die Preise vorgeben.
Hier ist die Vollkostenrechnung nicht hilfreich. Besser geeignet ist die Deckungsbeitragsrechnung (Teilkostenrechnung), die angibt, wie hoch der Anteil ist, den der Verkaufserlös einer bestimmten Leistung zur Deckung der fixen Kosten beiträgt.

15.1.1 Fixe Kosten

Unter fixen Kosten versteht man die Kosten, die in einem Betrieb unabhängig von der Beschäftigungslage oder Leistung anfallen. Dazu gehören z. B.

- Löhne und Gehälter fest angestellter Mitarbeiter,
- Mieten und Leasing,
- Pacht,
- kalkulatorische Abschreibungen,
- betriebliche Versicherungen,
- Steuern,
- kalkulatorischer Unternehmerlohn.

Die gebräuchliche Abkürzung für die fixen Kosten lautet K_f. In Speditionsunternehmen ist der Anteil der fixen Kosten relativ hoch, deshalb ist auf diesen Bereich besonderes Augenmerk zu legen, da bei einem Rückgang der Beschäftigung zwar die variablen Kosten zurückgehen, durch den Umsatzrückgang die fixen Kosten aber möglicherweise nicht mehr gedeckt werden. Durch Umwandlung möglichst vieler fixer Kosten in variable Kosten versuchen viele Speditionen, dieses Risiko zu minimieren. Das ist mit ein Grund dafür, warum immer weniger Speditionen einen eigenen Fuhrpark, eine Lagerhaltung oder Buchführungsabteilung mit hohen Fixkosten unterhalten, sondern diese Bereiche an fremde Unternehmen auslagern, die nur bei Bedarf eingesetzt werden und so lediglich variable Kosten verursachen.

Beispiel

In der Wall GmbH verlaufen die monatlichen fixen Kosten der Kostenstellen der Hauptabteilungen Luftfracht, Seehafen und Lkw-Disposition wie folgt:

Kostenstelle	Luftfracht	Seehafen	Lkw-Disposition
Fixe Kosten	16 000,00 €	19 000,00 €	23 000,00 €

Als Grafik dargestellt erkennt man, dass die fixen Kosten sich im Zeitablauf nicht ändern. Fixe Kosten stellen eine Gerade dar, die horizontal verläuft.

---
[1] *Vergleiche Kapitel 22.*

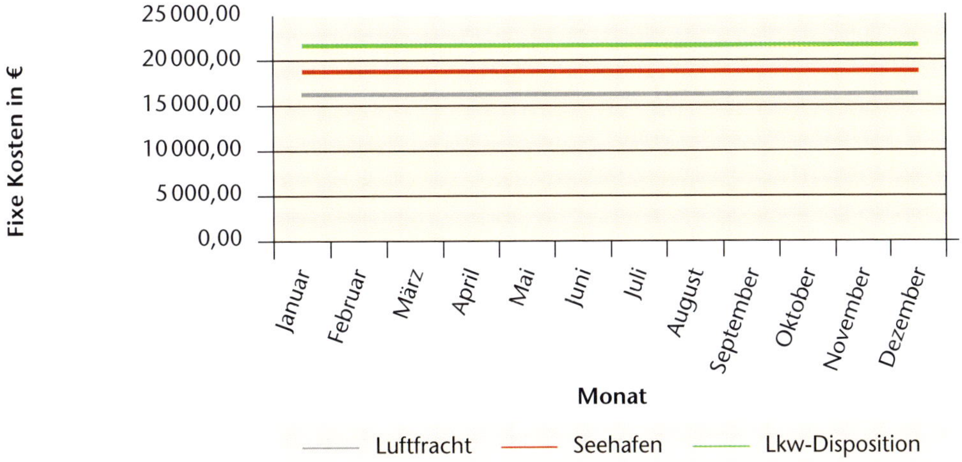

Mathematisch gilt z. B. für die fixen Kosten der Abteilung Luftfracht folgende Funktion:

$$K_f(x) = 16\,000{,}00$$

Diese Funktion bedeutet, dass die fixen Kosten gleich 16 000,00 € sind.

15.1.2 Variable Kosten

Die Kosten, die in Abhängigkeit von der Leistung oder Beschäftigung des Unternehmens anfallen, ändern sich in ihrer Höhe. Sie werden daher variable Kosten genannt. Dazu gehören z. B.

- Telefon- und Portokosten,
- Stromverbrauch,
- Kraftstoff- und Reifenverbrauch,
- Büromaterialkosten,
- Spesen.

Die gebräuchliche Abkürzung für die variablen Kosten lautet K_v.
Dieser Kostentyp steigt mit zunehmender Beschäftigung. Je mehr Aufträge ein Unternehmen hat, desto höher sind die variablen Kosten.

Beispiel
In der Wall GmbH, Spedition & Logistik, verlaufen die variablen Kosten der Hauptabteilung Lkw-Disposition in Abhängigkeit von den Aufträgen wie folgt:

Aufträge	1	2	3	4	5	6	7	8	9	10
Durchschnittliche variable Kosten pro Auftrag in €	230,00	230,00	230,00	230,00	230,00	230,00	230,00	230,00	230,00	230,00
Kumulierte variable Kosten in €	230,00	460,00	690,00	920,00	1 150,00	1 380,00	1 610,00	1 840,00	2 070,00	2 300,00

Grafisch dargestellt erkennt man, dass die variablen Kosten proportional zur Beschäftigung – hier als Bezugsgröße die Aufträge – ansteigen.

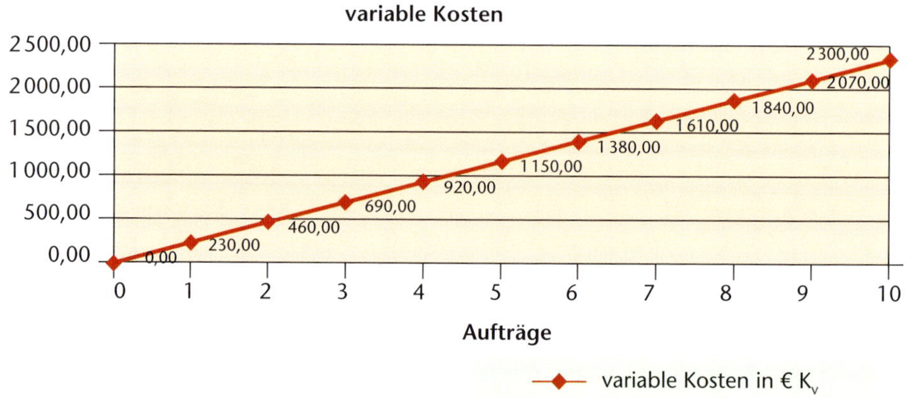

Mathematisch gilt für die variablen Kosten folgende Funktion:

$$K_v(x) = 230x$$

15.1.3 Gesamtkosten

Die Gesamtkosten für einen bestimmten Zeitraum setzen sich aus den variablen Kosten und den fixen Kosten des Unternehmens zusammen.

Es gilt:

Variable Kosten
+ Fixe Kosten
= Gesamtkosten

oder $K_v + K_f = K_g$

Beispiel

Für die Wall GmbH, Spedition & Logistik, verlaufen die Gesamtkosten der Abteilung Seehafen, Import Levante folgendermaßen:

Aufträge (x)	Durchschnittliche variable Kosten pro Auftrag in €	variable Kosten in € (K_v)	fixe Kosten in € (K_f)	Gesamtkosten in € (K_g)
0	450,00	0,00	19000,00	19000,00
1	450,00	450,00	19000,00	19450,00
2	450,00	900,00	19000,00	19900,00
3	450,00	1350,00	19000,00	20350,00
4	450,00	1800,00	19000,00	20800,00
5	450,00	2250,00	19000,00	21250,00
6	450,00	2700,00	19000,00	21700,00
7	450,00	3150,00	19000,00	22150,00
8	450,00	3600,00	19000,00	22600,00
9	450,00	4050,00	19000,00	23050,00
10	450,00	4500,00	19000,00	23500,00

In der grafischen Darstellung erkennt man, dass die Gesamtkosten ähnlich wie bei den variablen Kosten proportional zur Beschäftigung (den Aufträgen) ansteigen, nur beginnt die Gesamtkostenfunktion an dem Punkt x = 0 mit dem Wert 19000,00.

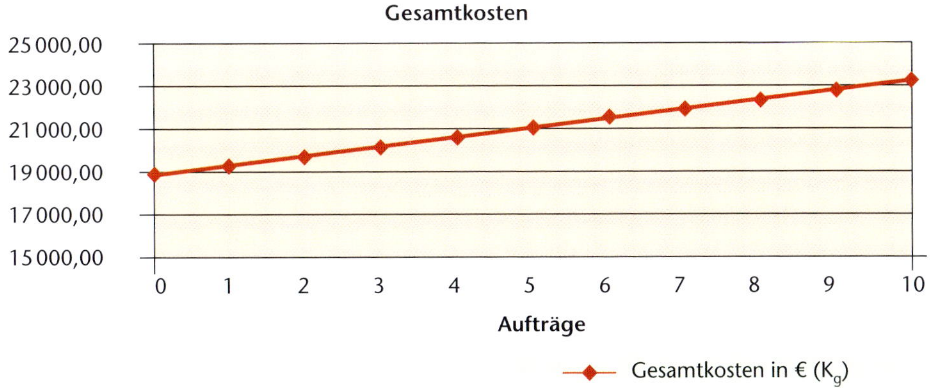

MERKE

- Fixe Kosten fallen beschäftigungsunabhängig an.
- Variable Kosten ändern sich in Abhängigkeit von der Beschäftigung.
- Die Gesamtkosten sind die Summe der variablen und der fixen Kosten.

15.2 Einfache Deckungsbeitragsrechnung[1]

Die Differenz zwischen dem Erlös und den variablen Kosten für eine Dienstleistung oder ein Produkt ist der Beitrag, der zur Deckung der fixen Kosten verwendet wird. Dieser „Rest" wird als Deckungsbeitrag bezeichnet und dient zur Gewinnerzielung, sofern er höher als die anteiligen fixen Kosten ist.

Erklärung der Abkürzungen:

- x = Anzahl der Aufträge
- K_v = variable Kosten
- K_f = fixe Kosten
- K_g = Gesamtkosten
- e = Erlös pro Auftrag
- E = Gesamterlös
- G/V = Erfolg (Gewinn/Verlust)

Der Deckungsbeitrag wird folgendermaßen errechnet:

MERKE

	Erlös der Dienstleistung oder des Produkts	(E)
–	variable Kosten der Dienstleistung oder des Produkts	(K_v)
=	**Deckungsbeitrag**	**(DB)**
–	anteilige fixe Kosten	(K_f)
=	Erfolg	(Gewinn/Verlust)

[1] *Zur mehrstufigen Deckungsbeitragsrechnung vergleiche Kapitel 18.*

Wenn der Deckungsbeitrag kleiner als die anteiligen fixen Kosten ist, macht das Unternehmen Verlust; ist der Deckungsbeitrag höher als die anteiligen Fixkosten, ergibt sich ein Gewinn.

Beispiel

Ein Speditionsunternehmen möchte den monatlichen Gewinn der Abteilungen Luftfracht und Lkw-Sammelladung Frankreich ermitteln. Es liegen folgende Zahlen vor:

	Luftfracht	Lkw-Sammelverkehr Frankreich
durchschnittlicher Erlös je Auftrag	520,00 €	280,00 €
durchschnittliche variable Kosten je Auftrag	230,00 €	110,00 €
durchschnittliche Anzahl der Aufträge pro Monat	20	60

Die Fixkosten betragen 14 000,00 € pro Monat.

Dafür errechnet man zunächst die gesamten Deckungsbeiträge der einzelnen Abteilungen:

	Luftfracht	Lkw-Sammelverkehr Frankreich
durchschnittlicher Erlös je Auftrag	520,00 €	280,00 €
– durchschnittliche variable Kosten je Auftrag	230,00 €	110,00 €
= Deckungsbeitrag je Auftrag	290,00 €	170,00 €
durchschnittliche Anzahl der Aufträge pro Monat	20	60
Deckungsbeitrag der Abteilung	5 800,00 €	10 200,00 €

Der Deckungsbeitrag der Abteilung ergibt sich, indem man den Deckungsbeitrag je Auftrag mit der Anzahl der Aufträge multipliziert:

DB je Auftrag · Anzahl Aufträge = DB Abteilung
DB Luftfracht: 290 · 20 = 5 800,00
DB Lkw-Sammelverkehr Frankreich: 170 · 60 = 10 200,00

Die Deckungsbeiträge der beiden Abteilungen werden addiert, um den gesamten Deckungsbeitrag zu ermitteln. Von dieser Summe werden die Fixkosten abgezogen; als Ergebnis erhält man den Gewinn bzw. Verlust:

	DB Luftfracht	5 800,00 €
+	DB Lkw-Sammelverkehr Frankreich	10 200,00 €
=	**DB gesamt**	**16 000,00 €**
–	Fixe Kosten	14 000,00 €
=	**Gewinn**	**2 000,00 €**

Beide Abteilungen tragen durch ihre Deckungsbeiträge dazu bei, die fixen Kosten zu decken, dies in einem Maße, dass sogar ein Gewinn erwirtschaftet wurde. Würde eine der beiden Abteilungen geschlossen werden, würde der Deckungsbeitrag der anderen Abteilung nicht ausreichen, die fixen Kosten zu decken; das Unternehmen würde Verlust machen. Daraus folgt, dass jeder Auftrag, der einen positiven Deckungsbeitrag bringt, dazu dient, das Unternehmensergebnis zu verbessern.

MERKE

- Deckungsbeitrag = Erlös – variable Kosten
- Erfolg = Deckungsbeitrag – Fixkosten
- Jeder Auftrag mit positivem Deckungsbeitrag trägt zum Unternehmenserfolg bei.

15.3 Break-even-Analyse

Die Break-even-Analyse dient dazu, die Anzahl der Aufträge zu ermitteln, die nötig ist, um alle Kosten zu decken. Dazu vergleicht man die Gesamtkosten der Abteilung mit den Erlösen. An dem Punkt, an dem die Gesamtkosten genauso groß wie die Erlöse sind, ist der Gewinn gleich null. Jeder weitere Auftrag würde jetzt mit seinem Deckungsbeitrag zum Gewinn beitragen. Diesen Punkt nennt man Break-even-Punkt oder Gewinnschwelle.

Beispiel

Die Wall GmbH, Spedition & Logistik, erzielt im Monat pro Auftrag in der Abteilung Lkw international durchschnittlich 430,00 €. Die variablen Kosten betragen durchschnittlich 200,00 € pro Auftrag, während die fixen Kosten der Abteilung bei 16 100,00 € liegen. Es werden im Durchschnitt 80 Aufträge bearbeitet.
Ist die Zahl der Aufträge ausreichend, um kostendeckend zu arbeiten?
Wie viele Aufträge sind mindestens nötig, um kostendeckend zu arbeiten?

Dazu werden zunächst die **Gesamtkosten bei 80 Aufträgen** errechnet:

Gesamtkosten = variable Kosten + fixe Kosten

$$K_g = K_v + K_f$$

Als mathematische Funktion ausgedrückt:

$$K_g(x) = K_v \cdot x + K_f$$

Dabei steht x für die Anzahl der Aufträge. Man setzt ein:

$$K_g(80) = 200 \cdot 80 + 16100 = 32100$$

Die Gesamtkosten belaufen sich bei 80 Aufträgen auf 32 100,00 €.

In einem zweiten Schritt errechnet man die **Gesamterlöse bei 80 Aufträgen**:

Erlöse = Erlös pro Auftrag · Anzahl der Aufträge

$$E = e \cdot x$$

Als mathematische Funktion ausgedrückt:

$$E(x) = e \cdot x$$

Man setzt ein:

$$E(80) = 430 \cdot 80 = 34\,400$$

Die Gesamterlöse betragen bei 80 Aufträgen 34 400,00 €.

Als dritter Schritt folgt die Ermittlung des **Erfolges bei 80 Aufträgen**:

Erfolg = Gesamterlös – Gesamtkosten

$$G/V = E - K_g$$

Als mathematische Funktion ausgedrückt:

$$G/V(x) = E - K_g$$

Man setzt ein:

$$G/V(80) = 34\,400 - 32\,100 = 2\,300$$

Der Gewinn beträgt bei 80 Aufträgen 2 300,00 €.

Um zu errechnen, wie viele Aufträge mindestens notwendig sind, um kostendeckend zu arbeiten, muss man die Anzahl von Aufträgen (x) errechnen, bei der die Gesamterlöse (E) die Gesamtkosten (Kg) decken. Hier ist der Gewinn/Verlust gleich null. An diesem Punkt gilt also: E = Kg.

Damit erfolgt die Ermittlung des Break-even-Punktes:

Gesamterlös = Gesamtkosten

$$E = K_g$$

Als mathematische Funktion ausgedrückt:

$$K(x) = E(x)$$

$$K_v \cdot x + K_f = e \cdot x$$

Man setzt ein:

$$200 \cdot x + 16100 = 430 \cdot x$$

Auflösen der Gleichung nach x ergibt:

$$200 \cdot x + 16100 = 430 \cdot x | - 200x$$

$$16100 = 230x | : 230$$

70 = x

Oder:

$$\frac{K_f}{(e - K_v)} = x$$

Der Break-even-Punkt beträgt 70. Bei 70 Aufträgen sind die Gesamterlöse genauso hoch wie die Gesamtkosten. Der Gewinn ist gleich null. Jeder weitere Auftrag würde den Gewinn erhöhen.

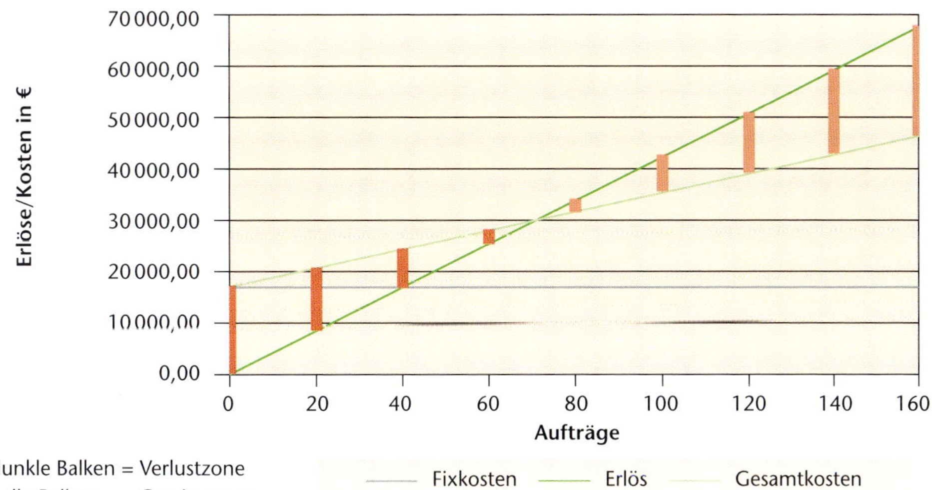

dunkle Balken = Verlustzone
helle Balken = Gewinnzone

Grafisch lassen sich die Beziehungen zwischen Fixkosten, Gesamtkosten und Gesamterlösen wie folgt darstellen:
Der dunkel markierte Bereich stellt die Verlustzone dar: Die Gesamtkostenkurve verläuft oberhalb der Erlöskurve. Solange nicht mindestens 70 Aufträge erreicht werden, macht die Abteilung Verluste in Höhe der Differenz zwischen den Erlösen und den Gesamtkosten. Im hellen Bereich erhöht sich der Gewinn mit steigenden Aufträgen. Die Erlöskurve verläuft oberhalb der Gesamtkostenkurve.

ZUSAMMENFASSUNG

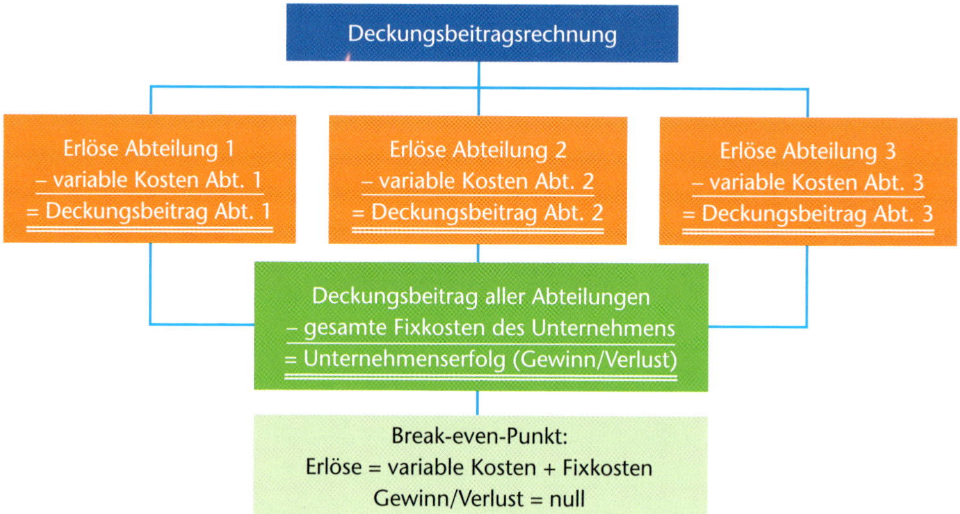

- *Die Ermittlung der Anzahl der Aufträge, die mindestens notwendig ist, um die Gesamtkosten zu decken, heißt Break-even-Analyse.*
- *Am Break-even-Punkt gilt: Erlös = Gesamtkosten und* $x = K_f\ (e - k_v)$

BEARBEITUNGSVORSCHLAG

Kai hat alle ungeklärten Fragen beantworten können. Auch ist es ihm gelungen, den Break-even-Punkt auszurechnen.

Break-even-Analyse 10.10.20..
Fertigstellen bis zum 17.10.20..

Fragen, die zu klären sind:
~~1) Was sind variable, was fixe Kosten?~~
~~2) Was ist eine Erlösfunktion?~~
~~3) Wie errechnet man die variablen Kosten pro Auftrag?~~
~~4) Wo liegt der Break-even-Point? Ich habe folgende Zahlen von Herrn Schohler bekommen:~~
~~Erlöse gesamt: 195 000,00 €~~
~~Anzahl Aufträge 520~~
~~Variable Kosten gesamt 119 600,00 €~~
~~Fixe Kosten Abteilung gesamt 60 030,00~~
5) Herrn Schohler die Ergebnisse zeigen!

Herr Schohler ist zufrieden mit Kai. Nun soll Kai seine Kenntnisse am Computer auch nutzen: Er soll eine Tabelle mithilfe eines Tabellenkalkulationsprogramms erstellen, die später in allen Abteilungen genutzt werden kann. Herr Schohler hat folgende Idee: Man soll in die Tabelle nur Erlös, variable und fixe Kosten aus dem Seehafen-Import eingeben, und das Programm erstellt eine Grafik, die den Verlauf der Erlöse, der fixen und variablen Kosten angibt. Die Grafik soll die Form wie in Kapitel 15.3 haben. Die Tabelle soll nach folgender Vorlage erstellt werden und mit den nötigen Formeln ergänzt werden:

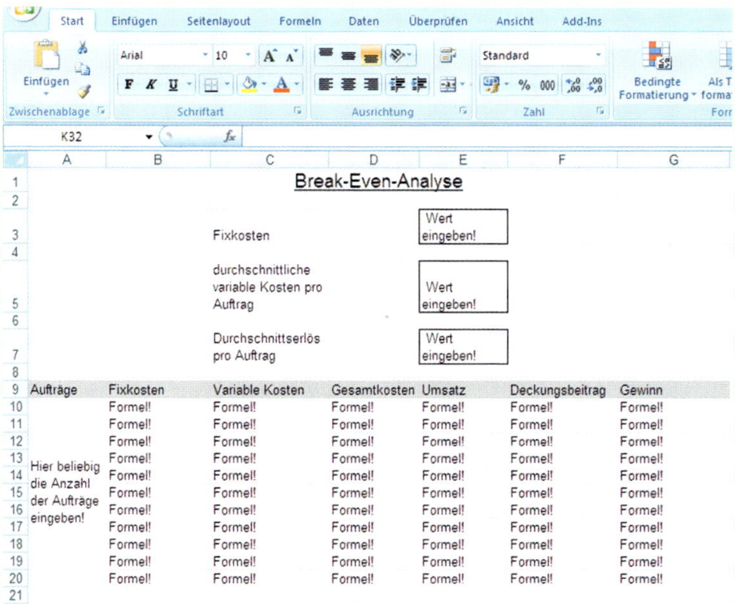

Break-Even-Analyse

	A	B	C	D	E	F	G
3			Fixkosten		Wert eingeben!		
5			durchschnittliche variable Kosten pro Auftrag		Wert eingeben!		
7			Durchschnittserlös pro Auftrag		Wert eingeben!		
9	Aufträge	Fixkosten	Variable Kosten	Gesamtkosten	Umsatz	Deckungsbeitrag	Gewinn
10		Formel!	Formel!	Formel!	Formel!	Formel!	Formel!
11		Formel!	Formel!	Formel!	Formel!	Formel!	Formel!
12		Formel!	Formel!	Formel!	Formel!	Formel!	Formel!
13		Formel!	Formel!	Formel!	Formel!	Formel!	Formel!
14	Hier beliebig die Anzahl der Aufträge eingeben!	Formel!	Formel!	Formel!	Formel!	Formel!	Formel!
15		Formel!	Formel!	Formel!	Formel!	Formel!	Formel!
16		Formel!	Formel!	Formel!	Formel!	Formel!	Formel!
17		Formel!	Formel!	Formel!	Formel!	Formel!	Formel!
18		Formel!	Formel!	Formel!	Formel!	Formel!	Formel!
19		Formel!	Formel!	Formel!	Formel!	Formel!	Formel!
20		Formel!	Formel!	Formel!	Formel!	Formel!	Formel!

Die Grafik erstellt das Programm, indem man den Diagramm-assistenten aktiviert

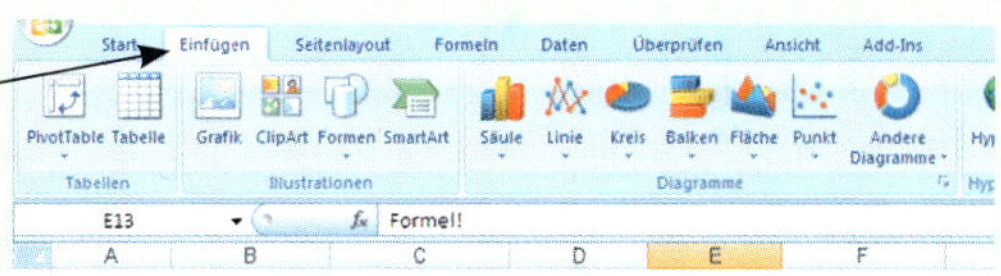

und folgenden Diagrammtypen auswählt.

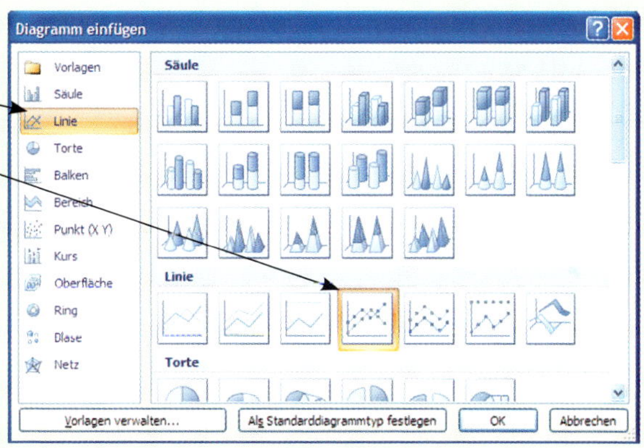

AUFGABE

Erstellen Sie für Kai die Tabelle.

ÜBUNGSAUFGABEN

1. Zwei lokal konkurrierende Sammelgutspeditionen mit ähnlichem Auftragsvolumen sollen bezüglich ihrer variablen und fixen Gesamtkosten verglichen werden.

Spedition 1:	
Fixe Kosten:	240 000,00 €
Variable Kosten je Auftrag:	180,00 €

Spedition 2:	
Fixe Kosten:	190 000,00 €
Variable Kosten je Auftrag:	210,00 €

a) Berechnen Sie für beide Unternehmen die variablen Kosten und die Gesamtkosten für folgende Auftragsmengen: 500, 600, 700, 800, 900.
b) Ermitteln Sie für beide Unternehmen die entsprechenden Kosten je Auftrag.

2. Eine Seehafenspedition hat folgende Durchschnittswerte ermittelt:

	Import See	Export See
durchschnittlicher Erlös je Auftrag	360,00 €	560,00 €
durchschnittliche variable Kosten je Auftrag	240,00 €	300,00 €
durchschnittliche Anzahl der Aufträge pro Monat	20	60
Fixe Kosten monatlich	16 000,00 €	

a) Errechnen Sie den Deckungsbeitrag je Auftrag für beide Abteilungen.
b) Errechnen Sie den monatlichen Deckungsbeitrag der Abteilungen.
c) Errechnen Sie das Monatsergebnis (G/V).

3. Eine Luftfrachtspedition hat folgende Durchschnittswerte ermittelt:

	Export	Import
durchschnittlicher Erlös je Auftrag	830,00 €	340,00 €
durchschnittliche variable Kosten je Auftrag	420,00 €	390,00 €
durchschnittliche Anzahl der Aufträge pro Monat	45	25
Die monatlichen Fixkosten betragen	12 500,00 €	

a) Errechnen Sie den Deckungsbeitrag je Auftrag für beide Abteilungen.
b) Errechnen Sie den monatlichen Deckungsbeitrag der Abteilungen.
c) Errechnen Sie das Monatsergebnis (G/V).
d) Wie hoch wäre das Monatsergebnis, wenn die Import-Abteilung bei gleichbleibenden Fixkosten geschlossen wird?

4. Eine Sammelgutspedition hat errechnet, dass die Durchschnittserlöse je Auftrag 165,00 € betragen. Die variablen Kosten hierfür betragen 90,00 €. Monatlich werden im Schnitt 140 Aufträge abgewickelt. Die fixen Kosten betragen 9 000,00 € je Monat.
Die Unternehmensleitung möchte wissen,

a) ob mit Gewinn gearbeitet wird; wenn ja, wie hoch er ist.
b) wie viele Aufträge zur Kostendeckung nötig sind.

5. In einer Spedition liegen Daten zur Einarbeitung in einer Tabelle mit grafischer Auswertung vor. Erstellen Sie eine Tabelle nach unten stehendem Muster unter Verwendung von Formeln, sodass nur die Fixkosten, die variablen Kosten und der Verkaufspreis eingegeben werden müssen.

Mustertabelle, Übungsaufgabe 5

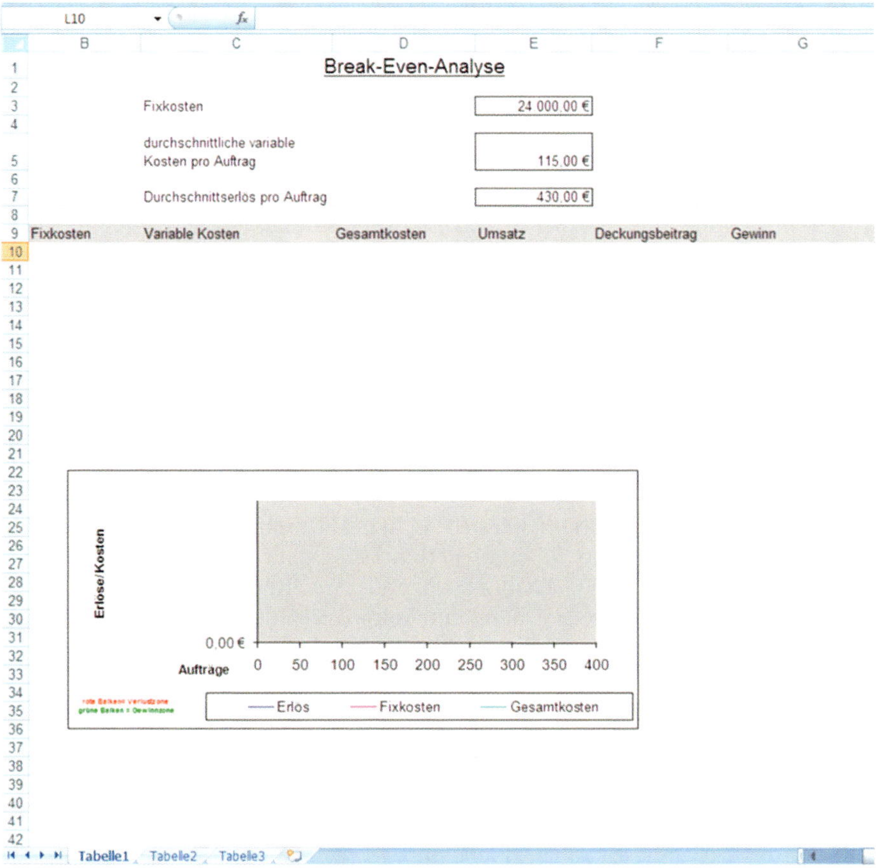

16 Kalkulation der Lkw-Fahrzeugkosten im Rahmen der Kostenträgerrechnung

LERNSITUATION

In der Hauptabteilung Europaverkehre – Abteilung Lkw-Disposition National – der Wall GmbH, Spedition & Logistik, herrscht an diesem Montag beste Stimmung. Nach Krankheit und Urlaub mehrerer Sachbearbeiter und des Abteilungsleiters waren alle sehr angespannt. Und dann noch die Transportmesse in Köln ... Und während der ganzen Zeit hatte der Auszubildende Hannes Seele quasi den Feuerwehrhelm auf und wurde in die tägliche Abwicklung eingespannt. Es gab schon einige kleine Pannen, aber er hat wirklich viel gelernt. Jetzt ist die Abteilung wieder vollzählig, die Aufträge sind wieder auf dem aktuellen Stand. Der Abteilungsleiter, Herr Hansen, wendet sich an Hannes: „Das haben Sie ja gut gemeistert in den letzten Tagen! Hier war ja wirklich ein bisschen ‚Land unter', wie man bei uns an der Küste sagt. Jetzt haben wir Zeit, uns um die Geschichte mit dem Preis für den Möbeltransport zu kümmern. Sie erinnern sich?"

Oh ja, Hannes erinnert sich: Ein Mitarbeiter der Tischlerei Stuhlmann aus Stade hatte sich erkundigt, wie hoch die Fracht für 32 Europaletten Möbelteile (Handelsware) ab Lager Stade an einen Möbelgroßhandel in Passau sei. Fragen zu Frachtpreisen hatte Hannes vorher immer an Herrn Wiesing weitergegeben – nur war der gerade zur Messe. Also dachte sich Hannes: Was brauche ich? Die Entfernung für die Spritkosten und den Lohn für den Fahrer. Also schnell im Internet mit einem Routenplaner die Entfernung Stade–Passau herausgesucht. Ergebnis: 804 km. Für den Lkw muss man mit 34 l Diesel auf 100 km rechnen, hatte ein Fahrer ihm erzählt. Diesel kostet 1,20 €, also 34 l · 804 km : 100 = 273,36 l. 273,36 l · 1,20 € = 328,03 € und vielleicht 100,00 € für den Fahrer. Macht 428,00 €!

Zur Sicherheit fragte Hannes aber noch Herrn Hansen, ob das so richtig sei. Herr Hansen ließ sich den Vorgang und die Berechnung schildern und als Hannes den Frachtpreis nannte, zog er die Stirn bedenklich in Falten.

„Ist das soweit richtig?", fragte Hannes deshalb nach. „Naja" antwortete Herr Hansen, „ich sag es mal so: Die Grundidee, wie diese Berechnung durchgeführt wird, ist okay. Aber die Ausführung geht leider gar nicht! Da sind viel mehr Details zu berechnen, darum ist der Preis deutlich zu niedrig. Wir haben jetzt keine Zeit, daher suchen Sie bitte die

Akten heraus, wenn wir bereits Transporte für die Tischlerei durchgeführt haben. Ich besorge dann den Preis und wir reden später darüber."

Jetzt greift Herr Hansen den Auftrag auf und erklärt: „Es gibt nämlich zwei Möglichkeiten für die Frachtberechnung: Zum einen sind Richtwerte für die Kosten als Zusatztool in unserem Routenplanungsprogramm implementiert. Da erhalten wir eine Orientierung, wenn wir die Transportroute und die Entfernung abfragen.

Zum anderen sind die Daten natürlich irgendwann erhoben und zusammengestellt worden, um die Kostensätze zu ermitteln, die im System hinterlegt sind. Damit können wir für einen einzelnen Transport auch selbst eine ganz genaue Kalkulation durchführen. Dazu nehmen wir dann einen Kostenermittlungsbogen, damit man nicht eine Position vergisst und die Kosten dann geringer ausfallen, als sie tatsächlich sind. Das würde bedeuten, dass wir wahrscheinlich Verlust bei so einem Auftrag machen würden.

Gehen wir das Kostenermittlungsblatt doch einmal durch, dann ist es beim nächsten Mal einfacher nachzuvollziehen, wie die Selbstkosten entstehen." Er holt einen Vordruck, das Kostenermittlungsblatt.

Kalkulationsblatt für die Fahrzeugselbstkosten Wall GmbH, Spedition & Logistik		
Basisdaten		
Fahrzeugart: Sattelzugmaschine, 4 · 2, 280 kw, Euro III (S3), Planenauflieger, 3-achsig		
Nutzlast	27 000,00	kg
Anschaffungskosten Fahrzeug	87 000,00	€
Wiederbeschaffungskosten	104 000,00	€
Restwert des Fahrzeugs	9 000,00	€
Durchschnittl. km-Leistung/Fahrzeug	110 000,00	km/Jahr
Nutzungsdauer	660 000,00	km
Einsatzstunden des Fahrzeugs	12,00	Std./Tag
Einsatztage des Fahrzeugs	245,00	Tage/Jahr
Durchschnittl. Einsatzstunden/Fahrzeug	2 940,00	Stunden/Jahr
Durchschnittl. gebundenes Umlaufvermögen	9 500,00	€/Jahr
Kalkulatorischer Zinssatz	8,00	%/Jahr
Kfz-Steuer	165,00	€/Quartal
Kfz-Versicherungen gesamt	1 875,00	€/Quartal
Garage/Stellplatz	25,00	€/Monat
Straßennutzungsgebühren = Vignette	1 250,00	€/Jahr
Kalkulatorischer Unternehmerlohn	900,00	€/Monat
Allgemeine Verwaltungskosten	9 000,00	€/Jahr
Fahrerlohn inkl. Nebenkosten	24,50	€/Stunde
Fahrerspesen	1,16	€/Stunde
Straßennutzungsgebühren = Maut	0,169	€/km
Kaufpreis Reifen, voller Satz	4 500,00	€
Laufleistung Reifen, voller Satz	100 000,00	km
Treibstoffverbrauch auf 100 km	35,00	l/100 km
Treibstoffpreis	1,03	€/Liter
Schmierstoffkosten	3,00	% der Treibstoffkosten
Reparaturkosten/Wartung	1 424,00	€/Wartungsintervall
Wartungsintervall	22 500,00	km
Kalkulatorisches Wagnis	0,015	€/km

AUFGABEN

1. Deuten Sie die unterschiedliche Farbgebung im Kalkulationsblatt und finden Sie Oberbegriffe für die Bereiche.
2. Erläutern Sie, warum die Straßenbenutzungsgebühr zwei Mal aufgeführt ist.
3. Beschreiben Sie das Verfahren, nach dem der Wert des Lkw einbezogen wird.
4. Überlegen Sie, warum nur 50 % des Lkw-Kaufpreises bei der Berechnung der kalkulatorischen Zinsen berücksichtigt werden.
5. Begründen Sie, warum es sinnvoll ist, die drei unteren Bereiche getrennt zu erfassen und zu berechnen.

16.1 Fahrzeugkalkulation als Kostenträgerrechnung

16.1.1 Aufgaben der Kostenträgerrechnung

Ein **Kostenträger** in der Kosten- und Leistungsrechnung ist eine einzelne Leistungseinheit. Das kann in einem Speditionsbetrieb ein Auftrag, eine Sendung, ein Fahrzeugeinsatz oder auch der Kostensatz für den Umschlag von 100 kg sein.
Die **Kostenträgerrechnung** hat das Ziel, die Selbstkosten, die für diese Leistung entstehen, möglichst genau zu erfassen und zu verrechnen. Die entstehenden Kostensätze können für mehrere Aufgaben verwendet werden:

- Überprüfung der Wirtschaftlichkeit (Gewinn oder Verlust) bei jedem einzelnen Auftrag,
- Ermittlung von Angebotspreisen bzw. Preisuntergrenzen,
- Beurteilung der momentanen Marktpreise im Verhältnis zu den eigenen Kosten,
- Grundlage für die weitere Planung des Gesamtunternehmens,
- Entscheidungshilfe bei der Annahme oder Ablehnung von Aufträgen.

Um die unterschiedlichen Informationen für diese Zwecke zu liefern, werden zwei Kategorien der Kostenträgerrechnung benötigt, die **Kostenträgerzeitrechnung** und die **Kostenträgerstückrechnung**.

16.1.2 Kostenträgerzeitrechnung

Dieser Teil der Kostenträgerrechnung hat vor allem das Ziel, die **Wirtschaftlichkeit einer Abteilung** oder einzelner Bereiche detailliert nach Aufträgen über einen Zeitraum auszuweisen. Das hat den Vorteil, dass man erkennen kann, welche Aufträge hohe Erlöse verursachen und welche nicht. Verlässt sich die Geschäftsleitung nur auf eine pauschale Beurteilung, wie sie beispielsweise in der Kostenstellenrechnung mithilfe des Betriebsabrechnungsbogens (Kapitel 14) abgegeben wird, ist das zu wenig. Denn dort werden eventuell viele verlustreiche Aufträge durch andere, die hohe Erlöse erzielen, gedeckt. So kann ein positives Ergebnis ausgewiesen werden, obwohl in Teilbereichen große Verluste entstehen. Wenn aber die unterschiedlichen Einzelergebnisse ausgewertet werden, besteht die Möglichkeit, besonders rentable Bereiche durch entsprechendes Marketing zu fördern, verlustreiche Aufträge dagegen nicht mehr anzunehmen, durch Umstrukturierung Kosten zu senken oder die Angebotsstruktur zu verändern. Die Kostenträgerzeitrechnung dient durch die Berücksichtigung einiger Vorgänge über einen längeren Zeitraum also als Entscheidungshilfe und auch zur **Ermittlung von Planwerten** für die Zukunft.

16.1.3 Kostenträgerstückrechnung

Der Begriff „**Stück**" bezieht sich in diesem Zusammenhang auf ein einzelnes Produkt, das hergestellt wird, oder eben eine einzelne **Leistung**, die bei der Wall GmbH, Spedition & Logistik, für einen Kunden erbracht wird. Für jeden einzelnen **Auftrag** können die Kostenkomponenten ermittelt und den Erlösen gegenübergestellt werden. Dadurch besteht die Möglichkeit, den Gewinn oder die Deckung der Kosten bereits abzuschätzen, bevor der Auftrag angenommen ist. Es können Kosten also vorkalkuliert werden. Nach einem Transport, einer Lagerung oder anderen Leistungen werden die Beträge aus der **Vorkalkulation** in einer **Nachkalkulation** mit den tatsächlich entstandenen Kosten verglichen. Mögliche Differenzen weisen auf Schwächen bei der Berechnung hin; die Kalkulation sollte dann entsprechend den Erkenntnissen angepasst und verbessert werden. Wenn man von einem einzelnen Auftrag spricht, der für einen Kunden abgewickelt wird, besteht dieser häufig aus mehreren unterschiedlichen Elementen, die normalerweise einzeln erfasst und als Kostensätze berechnet werden. In der Lernsituation handelt es sich tatsächlich nur um einen Transport im Selbsteintritt, der als eine Leistung kalkuliert wird. Bei der Organisation von Transporten inklusive Umschlag, Zollanmeldung, Lagerung und logistischer Leistungen kommen aber sehr viele unterschiedliche Leistungen hinzu, die als Kostenbausteine für den Auftrag berechnet werden müssen. In diesem Buch werden zunächst Kosten für Lkw-Transporte im Fernverkehr bestimmt, danach Lagerkosten und Kosten für Sammelcontainer im Seeverkehr.

16.2 Erläuterungen zur Aufbereitung der Kostendaten

16.2.1 Ermittlung der Daten

Wenn man Werte für einzelne Kosten bestimmt, besteht immer ein schwieriges Problem: Die Daten sollen verwendet werden, um eine möglichst genaue Voraussage für Kosten in der Zukunft zu machen. Deshalb stellt sich die Frage, auf welche Art von Daten man sich verlässt.

Entweder auf die **Normalkosten**, die ermittelt werden, indem man Werte aus der Vergangenheit heranzieht und daraus Durchschnittswerte bildet. Man hofft dann, dass es in der näheren Zukunft keine wesentlichen Veränderungen gibt. Das könnte ein Treibstoffpreis sein, der als Durchschnitt der Treibstoffpreise der vergangenen sechs Monate gebildet wird.

Oder man verwendet **Plankosten**, bei denen ein Kostenrechner versucht, Trends für die Zukunft gleich mit einzubeziehen. Er geht vielleicht aufgrund von üblichen saisonalen Schwankungen und der wirtschaftspolitischen Entwicklung davon aus, dass der Treibstoffpreis in den kommenden Monaten stark ansteigen wird.

Beide Rechnungsarten sind möglich und sollten parallel angewendet werden. Sind die Abweichungen gering, ist die Sicherheit relativ hoch, dass die Vorkalkulation geeignete Ergebnisse liefert. Gehen die Ergebnisse weit auseinander, sollten die Gründe dafür analysiert werden, um möglichst wahrscheinliche Werte für die Berechnung zu gewinnen.

Die **Nachkalkulation** wird dann mit **Ist-Kosten**, also den tatsächlich aufgetretenen Kosten durchgeführt. Je genauer und realistischer die Kosteneinschätzung vor dem Transport durchgeführt wurde, desto näher müssten **Soll-Kosten** der **Vorkalkulation** und **Ist-Kosten** der **Nachkalkulation** beieinander liegen. Falls Vor- und Nachkalkulation sehr unterschiedliche Ergebnisse aufweisen, wurde die Abweichung im (kostenrechnerisch) günstigsten Fall von unvorhersehbaren Ereignissen verursacht. Ansonsten sollten die Fehler genau analysiert werden, denn nur durch ständige Prüfung ist das System der Kostenträgerrechnung zu optimieren.

Ist-Kosten	Tatsächliche Kosten	Beim Tanken ermittelter Treibstoffverbrauch · gezahlter Preis pro Liter
Normalkosten	Durchschnittliche Kosten	Durchschnittlicher Treibstoffverbrauch der letzten 10000 km · durchschnittlicher Treibstoffpreis der letzten sechs Monate
Plankosten	Geschätzte Kosten	Verbrauchs-Richtwert gemäß Sachverständigen-Tabelle · an der zukünftigen Entwicklung orientierter Treibstoffpreis
Soll-Kosten	In der Vorkalkulation verwendete Kosten	Entweder Ist-Kosten des letzten Auftrags, Normal- oder Plankosten

16.2.2 Nutzlast

Die Zuladung des Fahrzeugs (die Lademaße bzw. Lademeter sind auch sinnvoll) dient dazu, Kosten pro 100 kg oder pro Palette, bezogen auf ein bestimmtes Fahrzeug, errechnen zu können. Außerdem erleichtert es die Zuordnung, wenn mehrere Lkws für bestimmte Maße und Gewichte zur alternativen Berechnung der Kosten herangezogen werden sollen.

16.2.3 Beschaffungskosten des Fahrzeugs

Die **Anschaffungskosten** beschreiben nicht den Listenpreis des eingesetzten Lkw, sondern den tatsächlichen Kaufpreis zuzüglich sonstiger Kosten, die bis zur Einsatzbereitschaft entstehen. Das können Überführungskosten, Nachrüsten von Teilen, die fest mit dem Fahrzeug verbunden sind (z.B. Maut-OBU, EU-Kontrollgerät), Kosten für die Zulassung des Fahrzeugs usw. sein.
Möchte man am Ende der Nutzungsdauer, also beispielsweise in sechs Jahren, ein gleichwertiges Fahrzeug auf dem dann aktuellen technischen Stand erwerben, sollte der Betrag dem Wiederbeschaffungswert entsprechen. In der Kostenkalkulation ist es sinnvoller, die Selbstkosten mit dem **Wiederbeschaffungswert** anzusetzen. Würde man nur den aktuellen Kaufpreis berücksichtigen, würde in sechs Jahren nur ein Fahrzeug einkalkuliert sein, das dem Wert von vor sechs Jahren entspricht. Der erwirtschaftete Betrag würde dann etwa 20% bis 25% unter den dann aktuellen Anschaffungskosten liegen, da die Preise für Neufahrzeuge auf dem aktuellen technischen Stand in diesem Zeitraum entsprechend teurer werden. Es müsste daher ein preisgünstigeres oder gebrauchtes Fahrzeug als Ersatz beschafft werden.
Rechnet man damit, dass das Fahrzeug am Ende der Nutzungsdauer noch verkauft werden kann, fließen dem Unternehmen dadurch noch Mittel zu, die in den „neuen" Lkw investiert werden können. Dieser **Restwert** sollte deshalb von den Wiederbeschaffungskosten abgezogen werden, um den tatsächlich notwendigen Betrag zu erhalten.
Da die Ermittlung des Restwertes und der Wiederbeschaffungskosten nur grob einzuschätzen sind, ist es auch möglich, für die Kalkulation der Abschreibung nur von den Anschaffungskosten auszugehen. Allerdings kommt die Kalkulation mit Wiederbeschaffungswerten der Realität näher.
Alle Beträge werden **ohne Umsatzsteuer** kalkuliert – das gilt sowohl für die Kosten als auch für die Erlöse, denn die Umsatzsteuer ist ergebnisneutral und sollte daher in der Kosten- und Leistungsrechnung außer Acht gelassen werden.

16.2.4 Nutzungsdauer

Während die Nutzungsdauer im buchhalterischen Sinn durch die AfA-Tabellen (Kapitel 7) mit sechs Jahren für Fahrzeuge unter 7,5 t zulässigem Gesamtgewicht bzw. fünf Jahren ab 7,5 t verbindlich vorgeschrieben ist, wird die **kalkulatorische Nutzungsdauer** gerade im Fernverkehr wesentlich durch die voraussichtliche Laufleistung bestimmt. Für den Lkw der Wall GmbH, Spedition & Logistik, wird von 660000 km ausgegangen, was bei einer jährlichen Leistung von 110000 km einer Nutzungsdauer von sechs Jahren entspricht. Es ist aber, je nach Fahrzeug, eine Gesamtlaufleistung bis 1000000 km bzw. eine Jahreslaufleistung bis 150000 km denkbar.

16.2.5 Einsatzzeiten

Für den täglichen Einsatz muss aus vorangegangenen Perioden, z. B. aus Werten der Kostenträgerzeitrechnung und der Erfahrung der Disponenten, ein Durchschnittswert ermittelt werden, der mehrere Komponenten berücksichtigt:

- die voraussichtliche Auslastung des Fuhrparks und somit auch dieses Fahrzeugs,
- neben den reinen Fahrzeiten auch Be- und Entladezeiten sowie Standzeiten an Lagern, Zollstellen usw.,
- ob die Einsatzzeit der Arbeitszeit einer Person entspricht, wodurch die Sozialvorschriften die Einsatzzeit begrenzen, oder das Fahrzeug von mehreren Personen im Wechsel genutzt wird.

LSL

16.2.6 Gebundenes Umlaufvermögen

In dieser Position werden alle Kosten erfasst, die vom **Zeitpunkt** der Anschaffung bzw. des Einsatzes des Fahrzeugs bis zum Zahlungseingang für erledigte Aufträge vorfinanziert werden müssen. Dazu gehören die Vorräte wie Reifen und Ersatzteile, aber auch Fahrerlöhne und Spesen, Kfz-Steuer, Versicherungen usw. Die Anschaffungskosten des Fahrzeugs selbst werden gesondert erfasst und zusammen mit dem Umlaufvermögen als betriebsnotwendiges Vermögen ausgewiesen.

16.2.7 Kalkulatorischer Zinssatz

Da zu diesem Zinssatz Vermögenswerte vorfinanziert werden müssen, ist hier ein Zinssatz sinnvoll, der einer angestrebten Gesamtkapitalrentabilität des Unternehmens entspricht oder zumindest dem Zinssatz für Fremdkapital am Kapitalmarkt im entsprechenden Umfang.

16.2.8 Kfz-Versicherungen

Sowohl die **Haftpflicht-** als auch die **Kaskoversicherung** sind hier zu berücksichtigen. Sie hängen von Schadenfreiheitsklassen bzw. der Schadenquote des Fuhrparks und von der Art der Kaskoversicherung ab. Eventuell wird der Vollkaskoschutz auch nicht über die gesamte Nutzungsdauer aufrechterhalten, eine Mischkalkulation ist daher meistens notwendig. Die Güterschaden-Haftpflichtversicherung muss in den Verwaltungskosten berücksichtigt werden, da sie nicht vom einzelnen Fahrzeug direkt abhängt.

16.2.9 Straßennutzungsgebühren

Die Position „Straßennutzungsgebühren" erscheint in der Kalkulation der Selbstkosten zwei Mal. Diese Dopplung entsteht durch das unterschiedliche Wesen der pauschalen, zeitabhängigen und der entfernungsabhängigen Gebühr. Die **Autobahnvignette**, wie sie bisher auch in Deutschland bestand und weiterhin für Transporte in den Nachbarländern Dänemark, Schweden und den Benelux-Staaten besteht, wird gegen eine **Pauschalgebühr** für einen bestimmten Zeitraum erworben. Die zurückgelegten Kilometer oder die Anzahl der Fahrten mit dem Lkw im entsprechenden Zeitraum sind aber nicht begrenzt. Dadurch sind die anfallenden Kosten dem Wesen nach rein zeitabhängig, die Gebühr beträgt, abhängig von Schadstoffklasse und Achszahl zwischen 750,00 und 1 550,00 €, es ist aber auch möglich, Vignetten für kürzere Zeiträume zu erwerben.

Eine **Mautgebühr** ist dagegen abhängig von zurückgelegter Entfernung auf bestimmten Strecken, im Fall der deutschen Mautgebühr wird sie **pro zurückgelegtem Kilometer auf Bundesautobahnen** berechnet.

Die Höhe der Maut pro Kilometer richtet sich nach der Schadstoffklasse und der Achszahl des Lkw. Mit der neuen Mautverordnung, die seit 1. Januar 2009 gilt, wird jedes Fahrzeug aufgrund seiner Schadstoffklasse den vier Kategorien A, B oder C und D zugeordnet. Mit den neuen Mautsätzen werden Lkws mit moderner Abgastechnik sowie Fahrzeuge, die nachträglich mit einem Partikelminderungssystem ausgerüstet worden sind, deutlich weniger zahlen als die Fahrzeuge, die hohe Emissionen verursachen. Deshalb können Lkws der Schadstoffklasse S2 in Kombination mit Partikelminderungsklassen 1, 2, 3 oder 4 die günstigeren Mautsätze der Kategorie C nutzen. Fahrzeuge der Schadstoffklasse S3 in Kombination mit Partikelminderungsklassen 2, 3 oder 4 zahlen die Tarife der Kategorie B. Generell ist die Maut jedoch gegenüber 2005 stark angestiegen.

Nach der Mautverordnung gelten ab 01.01.2009 bzw. 01.01.2011 folgende Mautsätze pro Kilometer:

			Ab 1. Jan. 2009
Kategorie A	S5, EEV Klasse 1	bis 3 Achsen	0,141 €
		ab 4 Achsen	0,155 €
Kategorie B	S4, S3 mit PMK 2, 3 oder 4	bis 3 Achsen	0,169 €
		ab 4 Achsen	0,183 €
Kategorie C	S3 ohne PMK, S2 mit PMK 1, 2, 3 oder 4	bis 3 Achsen	0,190 €
		ab 4 Achsen	0,204 €
Kategorie D	S2 ohne PMK, S1 und Fahrzeuge, die keiner Schadstoffklasse angehören	bis 3 Achsen	0,274 €
		ab 4 Achsen	0,288 €

Die Mautsätze geben die Maut pro Autobahnkilometer an. Die für einen Autobahnabschnitt zu zahlende Lkw-Maut ist abhängig von der Länge dieses Autobahnabschnitts.

Die Länge jedes Abschnitts kann beispielsweise mithilfe der „**Mauttabelle**"[1] abgefragt und durch Multiplikation mit dem entsprechenden Mautsatz als Gebühr für jeden beliebigen Abschnitt ermittelt werden. In der Regel wird bei der Berechnung von Mautgebühren für eine bestimmte Strecke aber auf Software-Tools zurückgegriffen, die auf Grundlage eines Routenplaners die Autobahngebühren ermitteln und sofort ausweisen.

Die Mautgebühr wird meist ohne Aufschlag netto an den Auftraggeber belastet und entsprechend separat in der Frachtrechnung ausgewiesen. Daher ist es sinnvoll, diese auch nicht als Teil des Kostensatzes der entfernungsabhängigen Kosten einzubeziehen, sondern entsprechend der tatsächlichen Mautstrecke eines einzelnen Transportes zu berechnen.

16.2.10 Kalkulatorischer Unternehmerlohn

Dieser Posten ist notwendig, um die Entlohnung der Geschäftsführung zu erwirtschaften, wobei die Rechtsform des Unternehmens keine Rolle spielt. Da der Unternehmer oder die Geschäftsführung abteilungsübergreifend tätig ist, werden die entstehenden Beträge verteilt. Das bedeutet, sie werden sämtlichen Kostenträgern in den einzelnen Abteilungen anteilig zugeordnet.

16.2.11 Allgemeine Verwaltungskosten

In einem Unternehmen wie der Wall GmbH, Spedition & Logistik, entstehen in einigen Bereichen Kosten, denen keine Erlöse direkt gegenüberstehen. Sie sind mit den Beträgen der Hilfskostenstellen der Betriebsabrechnung (Kapitel 14) vergleichbar, es handelt sich beispielsweise um Kosten für Marketing des Gesamtunternehmens, Buchhaltung, die Rechts- und die Personalabteilung. Die Beträge werden den Erlöse erwirtschaftenden Abteilungen zugeordnet und dort auf die einzelnen Kostenträger umgelegt. Die Geschäftsführung wird über den Unternehmerlohn abgedeckt.

16.2.12 Fahrpersonalkosten

Kosten für das Fahrpersonal, also Fahrerlohn, Urlaubs- und Weihnachtsgeld, Sozialaufwendungen, Überstunden und Spesen werden der Personalbuchhaltung entnommen. Es muss aber berücksichtigt werden, ob ein oder zwei Fahrer mit entsprechenden Kosten für ein Fahrzeug eingesetzt werden. Auch durch die Entfernung vom Standort können sich die Kosten ändern, etwa durch höhere Spesen im Auslandseinsatz. Die Werte müssen dann als Durchschnitt berechnet werden. Außerdem wird von Unternehmensseite auch verstärkt in Fahrertrainings und Fortbildung investiert. Durch diese Ausgaben gelingt es i. d. R., den Treibstoffverbrauch, Wartung und Versicherungsprämien für die Fahrzeuge zu reduzieren.

16.2.13 Reifenverschleiß

Reifen werden entsprechend ihrer tatsächlichen Abnutzung durch das Fahren als Kosten berechnet. Die Kilometerkosten der Reifen werden wieder mit der Jahreskilometerleistung des Lkw verrechnet, stärkere Abnutzung von Antriebsrädern wird i.d.R. nicht berücksichtigt.

---

[1] *Vgl. www.mauttabelle.de*

16.2.14 Treib- und Schmierstoffkosten

Der Verbrauch an Treibstoff wird durch die Verbrauchswerte des Fahrzeugs in wechselnden Fahrsituationen berechnet, wobei aber die Autobahnfahrt auf relativ ebenem Terrain den Hauptteil ausmacht. Variieren die Treibstoffkosten stark, z. B. durch die Nutzung von Tankstellen und der eigenen Treibstoffvorräte im Wechsel, muss ein Mittelwert gebildet werden.

$$\text{Treibstoffpreis (netto)} = \frac{\text{eigene Kosten/l} \cdot \% + \text{Tankstellenpreis/l} \cdot \%}{100}$$

$$\text{Treibstoffpreis (netto)} = \frac{1{,}01\ \text{€/l} \cdot 40\,\% + 1{,}0433\ \text{€/l} \cdot 60\,\%}{100} = 1{,}03\ \text{€/l}$$

Der kalkulierte Wert muss bei größeren Schwankungen des Treibstoffpreises rechtzeitig angepasst werden, um eine ungenaue Kalkulation zu vermeiden.
Schmierstoffe werden meist anteilig vom Treibstoffpreis berechnet, womit auch regelmäßige Ölwechsel einbezogen sind.

16.2.15 Reparatur- und Wartungskosten

Die regelmäßige Wartung der Fahrzeuge ist notwendig, um die Einsatzbereitschaft zu erhalten und sich bei Pannen abzusichern. Bei nicht regelmäßig gewarteten Fahrzeugen geht der Unternehmer das Risiko ein, über die Höchsthaftung hinaus haftbar gemacht zu werden, z. B. bei Verspätungen, die durch Fahrzeugmängel verursacht wurden. Neben der regelmäßigen Wartung wird auch ein Durchschnittswert für die Reparaturkosten während der Nutzungsdauer des Fahrzeugs gebildet, da die tatsächlichen Kosten gegen Ende der Nutzungsdauer zunehmen.

16.2.16 Kalkulatorisches Wagnis

Das kalkulatorische Wagnis beinhaltet eventuelle Kosten durch Selbstbeteiligung bei der Regulierung von Schäden sowie mögliche Forderungsausfälle aus den abgerechneten Frachtleistungen. Das kalkulatorische Wagnis wird teilweise auch als **Unternehmensrisiko** den zeitabhängigen Kosten zugeordnet. Aber da der überwiegende Teil des Risikos, das dem kalkulatorischen Risiko gegenübersteht, erst durch tatsächliche Fahrten auftritt, ist es sinnvoll, auch das Wagnis darauf zu berechnen.

16.3 Berechnung der Kostensätze

Für das Fahrzeug, mit dem der Transport von Hamburg bzw. Stade nach Passau durchgeführt werden soll, haben sich folgende Basisdaten ergeben. Es handelt sich dabei um eine Zugmaschine und einen Planenauflieger. Die Kosten beider Fahrzeuge sollten getrennt berechnet werden, falls zu den Motorwagen bzw. Sattelzugmaschinen Anhänger oder Auflieger mit unterschiedlicher Kostenstruktur kombiniert werden. In diesem Fall wird die Zugmaschine generell mit ähnlichen Aufliegern kombiniert, daher ist eine Zusammenfassung sinnvoll.

Operativer Teil/Rechenbereich der Fahrzeugkalkulation		
1. Zeitabhängige Fahrzeugkosten pro Jahr		
Abschreibung 50 %	7541,67	€
Kalkulatorische Zinsen	4240,00	€
Kfz-Steuer	660,00	€
Kfz-Versicherungen	7500,00	€
Garage	300,00	€
Straßennutzungsgebühr = Vignette	1250,00	€
Kalk. Unternehmerlohn	10800,00	€
Allgemeine Verwaltungskosten	9000,00	€
Summe zeitabhängige Kosten	**41291,67**	**€/Jahr**
2. Personalkosten pro Jahr		
Fahrerlöhne	72030,00	€
Fahrerspesen	3410,40	€
Summe Personalkosten	**75440,40**	**€/Jahr**
3. Entfernungsabhängige Kosten pro Jahr		
Abschreibung 50%	7541,67	€
Treibstoffkosten	39665,60	€
Schmierstoffkosten	1189,65	€
Reparatur- und Wartungskosten	6961,78	€
Reifenkosten	4950,00	€
Kalkulatorisches Wagnis	1650,00	€
Summe entfernungsabhängige Kosten	**61948,10**	**€/Jahr**

Viele Kosten werden aus den Basisdaten direkt in den Rechenbereich übernommen oder nur auf den Zeitraum von einem Jahr bzw. die Laufleistung von 110000 km umgerechnet. Bei einigen Werten sind aber anspruchsvollere Umrechnungen zu beachten.

16.3.1 Berechnung der kalkulatorischen Abschreibung auf Anlagen

Die Berechnung der Abschreibung auf Fahrzeuge orientiert sich an der vorhandenen Datenbasis. Sind nur die Anschaffungskosten gegeben, wird vom Nettobetrag (ohne Umsatzsteuer) der Nettowert der verbauten Reifen abgezogen. Hintergrund dafür ist, dass die Reifen nicht den gleichen Wertverlust wie der „Rest" der Fahrzeuge erleiden: Die Reifen, die an diesem Lkw verbaut wurden, sind eventuell nach 100000 km verbraucht, der Lkw selbst wird noch mindestens 500000 km verwendet. Daher werden die Reifen vom ersten Tag der Nutzung an als entfernungsabhängige Kosten entsprechend ihrer Laufleistung verrechnet und vom Kaufpreis des Lkw abgezogen.
Sind Wiederbeschaffungskosten geschätzt worden, verwendet man diese zur Berechnung der Abschreibung. Außerdem sollte der Restwert berücksichtigt werden, da er dem Unternehmen wieder für die Ersatzinvestition zur Verfügung steht.

Anschaffungskosten	Wiederbeschaffungskosten
▪ Reifen	▪ Reifen ▪ Restwert

$$= \frac{\text{Basis Abschreibung}}{\text{Nutzungsdauer}}$$

= Jährliche Abschreibung

Leistungsabhängige Abschreibung	Zeitabhängige Abschreibung

In der Kalkulation des Sattelaufliegers der Wall GmbH, Spedition & Logistik, wird folgendermaßen kalkuliert:

Wiederbeschaffungskosten	104 000,00 €
– Reifen	4 500,00 €
– Restwert	9 000,00 €
= Basis Abschreibung	**90 500,00 €**
/ Nutzungsdauer	6 Jahre
= Jährliche Abschreibung	**15 083,33 €/Jahr**
Je 50 %	**7 541,67 €/Jahr**

Die Verteilung in entfernungsabhängige und zeitabhängige Kosten ist auch nach einem anderen Schlüssel als je 50 % möglich. Im Fernverkehr werden aufgrund der höheren Kilometerleistungen häufig die entfernungsabhängigen Anteile stärker bewertet, z. B. mit 70 % **leistungsabhängig** zu 30 % **zeitabhängig**. Im Nahverkehr kann es sinnvoll sein, die zeitabhängige Abschreibung mit über 50 % zu bewerten.

16.3.2 Berechnung der kalkulatorischen Zinsen

Unter dieser Position sind die kalkulatorischen Zinskosten für das gebundene Anlage- und Umlaufvermögen zusammengefasst. Man spricht vom betriebsnotwendigen Vermögen. Während das gebundene Umlaufvermögen feststeht, muss das durch die Fahrzeuge durchschnittlich gebundene Vermögen noch ermittelt werden.

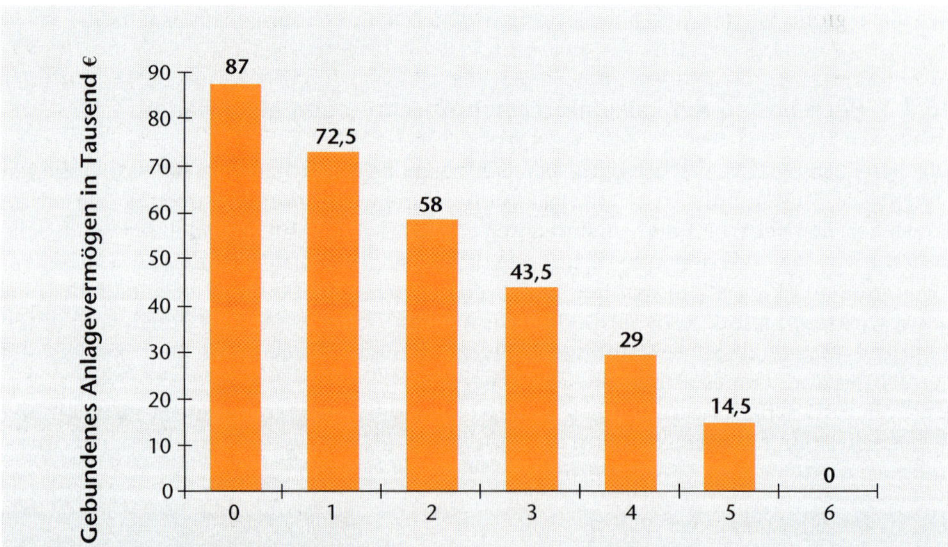

Werden die Fahrzeuge angeschafft, so wird Kapital in Höhe der Anschaffungskosten (ohne Umsatzsteuer) benötigt. Die Investition sollte so geplant sein, dass das aufgewendete Kapital genau so schnell wieder „zurückgezahlt" ist, wie der Lkw an Wert verliert. Beim Kauf bestehen 87 000,00 € gebundenes Vermögen, nach drei Jahren, nach der halben Nutzungsdauer, sollten nur noch 43 500,00 € als gebundenes Anlagevermögen berechnet werden. Nach sechs Jahren, am Ende der Nutzungsdauer, wird der Lkw verkauft und sein Wert im Anlagevermögen ist null. Wenn man also den höheren Betrag zu Beginn der Laufzeit und den geringeren Betrag am Ende gegeneinander verrechnet, beträgt der durchschnittliche Wert 50 %, also 43 500,00 €. Dieser Betrag wird zusammen mit dem gebundenen Umlaufvermögen verzinst:

Anschaffungskosten Fahrzeug 50 %	43 500,00 €
+ Gebundenes Umlaufvermögen	9 500,00 € /Jahr
Gebundenes betriebsnotwendiges Vermögen	**53 000,00 € /Jahr**
x kalkulatorischer Zinssatz	8 % /Jahr
= kalkulatorische Zinsen	**4 240,00 € /Jahr**

16.3.3 Berechnung der Mautgebühr mithilfe eines Mautfaktors

Grundsätzlich wird die Mautgebühr für Lkws über 12 t zulässigem Gesamtgewicht pro auf Bundesautobahnen zurückgelegtem Kilometer erhoben. Die Einzelsätze richten sich nach der Achszahl und der Schadstoffklassifizierung der Zugmaschine. Für das zugrunde gelegte Fahrzeug bedeutet das bei Euro-3-Klassifizierung mit entsprechendem Partikelfilter 0,169 € pro Kilometer (siehe Tabelle Kapitel 16.2.9). Berechnet man diesen Satz auf die gesamte Entfernung bei einem Auftrag, werden auch **Teilstrecken** auf anderen Straßen, die **mautfrei** sind, mit berechnet. Außerdem werden **Leerkilometer** zum nächsten Versandort, die auf Autobahnen zurückgelegt werden, nicht berücksichtigt.

Bei der Abrechnung wird daher die Maut häufig als separater Kostenfaktor betrachtet und entsprechend der tatsächlichen mautpflichtigen zurückgelegten Strecke berechnet.
Um eine grobe Einschätzung der Kosten pro Lastkilometer für Transporte abzugeben, deren genauer Streckenverlauf noch nicht exakt vorliegt, ist aber eine ungefähre Mautkalkulation häufig notwendig. Dazu dient der „Mautfaktor". Mit seiner Hilfe wird der Anteil von Leerkilometern, aber auch von nicht mautpflichtigen Streckenanteilen in die Kalkulation einbezogen. So gewinnt man eine etwas bessere Annäherung an die tatsächlichen Kosten als mit der pauschalen Berechnung Maut auf die Gesamtstrecke. Die Kalkulation kann aber auf der anderen Seite nicht so exakt sein wie eine Ist-Kosten-Berechnung der Maut bei bekanntem Transportverlauf. Zur Berechnung des Mautfaktors müssen folgende Fragen abgeschätzt werden:

- Wie hoch ist durchschnittlich der Anteil der Autobahnkilometer an der Gesamtstrecke?
- Wie hoch ist der durchschnittliche Anteil der Leerkilometer an der Gesamtstrecke?

Für Aufträge im Fernverkehr der Wall GmbH, Spedition & Logistik, liegt der Anteil der Autobahn-Kilometer bei 85 % der zurückgelegten Kilometer, der Anteil der Leerkilometer im Durchschnitt bei 20 %, es bestehen also 80 % Auslastung.

$$\text{Mautfaktor Fernverkehr} = \frac{\text{Anteil Kilometer auf Autobahnen in \%}}{\text{Auslastungsgrad in \%}} = \frac{85}{80} = 1{,}0625$$

Dieser Faktor ist relativ günstig, denn der Planenauflieger ist sehr flexibel einsetzbar. Bei Spezialverkehren schlägt die Mautbelastung durch viele mautpflichtige Leerkilometer stärker durch, so sind folgende Werte denkbar.

$$\text{Mautfaktor Tankverkehr} = \frac{90}{50} = 1{,}8 \quad \text{Mautfaktor Shuttleverkehr} = \frac{95}{50} = 1{,}9$$

Außerdem entstehen durch die Mauterhebung auch Kosten für eine Bürgschaft in Höhe von zwei Monatsumsätzen an Mautgebühren, Vorfinanzierung der Zahlungseingänge (kalkulatorische Zinsen), Forderungsausfälle (kalkulatorisches Wagnis) und Kosten für Software, Weiterbildung usw. (Verwaltungskosten).

16.4 Vorkalkulation gemäß Auftragsdaten

16.4.1 Bildung von Stunden- und Kilometersätzen

Aus den für ein Jahr als leistungs- und zeitbezogene Beträge getrennten Kosten für die Fahrzeugkombination müssen Werte bestimmt werden, mit denen Einzelaufträge bequem ermittelt werden können. Dazu ist auf jeden Fall eine **Kilometerpauschale** für die leistungsabhängigen Kosten sinnvoll. In der Auswertung sollten sie auf jeden Fall mit **vier Nachkommastellen** ausgewiesen werden, um auch bei großen Entfernungen genaue Ergebnisse zu erzielen.
Die **zeitabhängigen** Fahrzeugkosten und die **Personalkosten** könnten auch als einzelne oder zusammengefasste **Tagessätze** ermittelt werden. Durch den Bezug der Kosten auf volle Einsatztage können dann aber nicht mehrere komplette oder Teilaufträge kalkuliert werden. Daher ist die **Stundenberechnung** exakter, wenn sie gewissenhaft angewendet wird. Die Berechnung mit Stundensätzen erfordert aber auf der anderen Seite Erfahrung in der zeitgenauen Voraussage der Fahrt- und Ladezeiten, um exakte Ergebnisse zu erzielen.
Für den Auflieger der Wall GmbH, Spedition & Logistik, ergeben sich folgende Werte, aus denen der Auftrag jetzt kalkuliert werden kann:

Ausgabe/Auswertung der Berechnung		
Zeitabhängige Fahrzeugkosten (je Einsatzstunde)	14,04	€/Stunde
Personalkosten (je Einsatzstunde)	25,66	€/Stunde
Entfernungsabhängige Kosten (je gefahrener km)	0,5632	€/Kilometer

16.4.2 Vorgehen bei der Berechnung

Aus der Lernsituation ist bisher nur die Transportentfernung zwischen dem Versandort Stade und dem Empfangsort Passau bekannt. Neben den entfernungsabhängigen Kosten für die Strecke von 804 km sind aber weitere Kosten zu berücksichtigen. Die Entfernung vom Standort des Lkw zum Versandort muss eingerechnet werden, ebenso der Zeitaufwand für die Fahrten und die Ladezeiten. Als Richtwert für die Fahrtzeit kann im Regional- und Fernverkehr bei gelegentlichen Staus und vorschriftsmäßigen Pausenzeiten von einer Stunde auf (angefangene) 60 km ausgegangen werden. Es ergeben sich also noch 54 km für die Strecke Hamburg–Stade und folgender geschätzter Zeitaufwand.

Kostenermittlungsblatt für Lkw-Fahrten	Kilometer	Stunden
Leerfahrt zum Versandort	54,00	1
Ladezeit		1,5
Lastfahrt	804,00	14
Entladezeit		2
Gesamt	858,00	18,5

In der Vorkalkulation des Auftrages ergeben sich dann Selbstkosten in Höhe von 1217,68 € und, bei einer Vorgabe von 5% Gewinnaufschlag, der Netto-Angebotspreis in Höhe von 1278,56 €:

Vorkalkulation		
zeitabhängige Fahrzeugkosten in €	= 18,5 h · 14,04 €	259,74 €
Personalkosten	= 18,5 h · 25,66 €	474,71 €
Entfernungsabhängige Kosten	= 858 km · 0,5632 €	483,23 €
Selbstkosten ohne Maut	**= Summe**	**1217,68 €**
Gewinnzuschlag in %	**x 5/100**	**60,88 €**
Netto-Angebotspreis ohne Maut	**= Summe**	**1278,56 €**

16.5 Nachkalkulation

Die Nachkalkulation ist im Rahmen der Kostenträgerrechnung ein tragendes Element. Denn die Vorkalkulation arbeitet nur mit angenommenen Werten, die durch ungenaue Einschätzung der Kosten oder Transportumstände deutlich von der Realität abweichen können. Daher müssen, wenn die exakten Daten vorhanden sind, die tatsächlichen Kosten bestimmt werden und mit den aufgrund der Vorkalkulation ermittelten Erlösen verglichen werden. Aus den Abweichungen in dieser Soll-Ist-Analyse können die Kalkulationsvorgaben ständig verbessert werden, wenn die Fehler entsprechend analysiert werden.

In der Lernsituation geht man nur von Abweichungen bei der Einschätzung der Transportdauer aus, aber langfristig sollten bei dauernden Abweichungen auch die Annahmen über die Kostenstruktur, also die Maßzahlen selbst, angepasst werden.

Eine ganz exakte Ist-Kostenrechnung würde alle tatsächlichen Kosten beinhalten. Dann würde z. B. der tatsächliche Treibstoffpreis und -verbrauch, die Maut für tatsächlich zurückgelegte Autobahnkilometer oder auch das effektiv über diesen Zeitraum gebundene Kapital mit dem dann sinnvollen Zins erfasst werden. Zur Vereinfachung der Rechnung werden die Kostensätze aus der Vorkalkulation übernommen.

In der Lernsituation hat der tatsächliche Transport von Hamburg via Stade nach Passau deutlich länger gedauert als angenommen: Durch einen länger anhaltenden Stau verzögerte sich die Ankunft in Passau um eine Stunde. Dadurch musste der Fahrer auch noch länger auf die Entladung warten, da er zu spät ankam.

Insgesamt hat die mit der Tischlerei vereinbarte Fracht von 1 250,00 € die tatsächlichen Kosten von 1 305,45 € nicht gedeckt, der Transport führte also zum Verlust von 55,45 €. Ob diese Unterdeckung der Kosten tatsächlich als „Verlust" zu betrachten ist, hängt von der Sichtweise bzw. dem Kostenrechnungssystem ab.

Nachkalkulation		
Leerfahrt zum Versandort	54,00	1
Ladezeit		1,5
Lastfahrt	804,00	15
Entladezeit		2,5
Gesamt	**858,00**	**20**
vereinbarter Preis		1 250,00 €
zeitabhängige Fahrzeugkosten		280,80 €
Personalkosten		513,20 €
Entfernungsabhängige Kosten		483,23 €
Selbstkosten nach Ausführung ohne Maut		**1 277,23 €**
Über-/Unterdeckung		–27,23
in %		–2,13

ZUSAMMENFASSUNG

Bei der Kalkulation der Fahrzeugselbstkosten werden drei Kostensätze ermittelt:

- Entfernungsabhängige Kosten → Kostensatz pro gefahrenen km (Leer- und Lastfahrt)
- Zeitabhängige Kosten des Fahrzeugs → Kostensatz pro Einsatzstunde oder Einsatztag des Fahrzeugs
- Zeitabhängige Personalkosten → Kostensatz pro Einsatzstunde oder Einsatztag des Fahrzeugs

Durchführungsschema der Kostenträgerstückrechnung in der Fahrzeugkalkulation:

- Ermittlung der Kostensätze für das einzelne Fahrzeug/den Fahrzeugtyp
- Abschätzung von Zeit- und Streckenaufwand für einen einzelnen Auftrag
- Soll-Kostenberechnung = Vorkalkulation des Auftrags mit geschätzten Kosten
- Vergleich der Soll-Kosten mit den möglichen Erlösen , dabei berücksichtigen, ob Kalkulation inklusive oder exklusive Maut
- Durchführungsentscheidung
- Sammlung der tatsächlichen Kosten für Kostensätze, Zeit und Entfernung bei Durchführung des Auftrags
- Ist-Kostenrechnung = Nachkalkulation des Auftrags zu tatsächlichen Kosten
- Vergleich der Ist-Kosten mit den erzielten Erlösen
- Analyse von Abweichungen zwischen Soll- und Ist-Kosten zur Optimierung der Soll-Kosten

BEARBEITUNGSVORSCHLAG

Als Hannes den Auftrag durchgerechnet hat, ist relativ viel Zeit vergangen. Da kommt ihm die Idee, dass sich bei der Berechnung der Selbstkosten mit einem Tabellenkalkulationsprogramm enorm Zeit sparen lassen würde. Deshalb beschließt er, die gesamte Kalkulation in ein entsprechendes Programm zu übertragen.

Erstellen Sie in einem Tabellenkalkulationsprogramm eine Tabelle zur Berechnung der Fahrzeugselbstkosten, wie sie in diesem Kapitel verwendet wird. Nutzen Sie dazu die Erklärungen im folgenden Kapitel.

ÜBUNGSAUFGABEN

1. Ordnen Sie folgende Kosten als zeitabhängig oder entfernungsabhängig zu:
   a) Kalkulatorische Zinsen auf Vorfinanzierung von Forderungen
   b) Autobahn-Vignette für Transporte nach Skandinavien
   c) Getriebeöl
   d) Kfz-Kaskoversicherung
   e) Kosten für Marketing der Wall GmbH, Spedition & Logistik
   f) Kalkulatorischer Unternehmerlohn
   g) Mautkosten
   h) Bankbürgschaft für Mautkonto
   i) Reifenverschleiß
   j) Abschreibung des Lkw

2. Unterscheiden Sie die Begriffe Ist-Kosten, Soll-Kosten, Plankosten, und geben Sie ein Beispiel, wann es sinnvoll ist, sie in der Kostenrechnung einzusetzen.

3. Kalkulieren Sie die jährliche Abschreibung für folgenden Lkw:

Wiederbeschaffungswert ohne USt, mit Einbauten:	108 000,00 €
Reifenpreis (ein Satz), ohne USt:	5 000,00 €
Wiederverkaufswert am Ende der Laufzeit:	8 000,00 €
Kaufpreis ohne USt:	90 000,00 €
Einbauten:	3 200,00 €
Nutzungsdauer:	5 Jahre

4. Kalkulieren Sie die jährliche leistungsabhängige Abschreibung für folgenden Lkw:

Anschaffungskosten einschließlich Einbauten:	52 000,00 €
Kosten für Reifen pro Satz:	4 500,00 €
Voraussichtliche Gesamtlaufleistung:	750 000 km
Jährliche Laufleistung:	150 000 km
Zeitabhängige Abschreibung:	45 %.

5. Berechnen Sie die kalkulatorischen Zinsen pro Jahr auf das betriebsnotwendige Kapital für folgende Situation:

Anschaffungskosten des Fahrzeugs:	41 000,00 €
Nutzungsdauer:	5 Jahre
Kosten pro Satz Reifen:	4 200,00 €
Vorräte an Reifen, Schmierstoffen, Ersatzteilen etc.:	7 500,00 €
kalkulatorischer Zinssatz:	6 %

6. Die Peters Landverkehre KG führt einen Transport von Hamburg in die Nähe von Bonn aus. Die Strecke beträgt 485 km, wovon 470 km auf mautpflichtigen Autobahnen zurückgelegt werden.
Mit dem Auftraggeber ist eine Fracht von 610,00 € zuzüglich Maut abgesprochen.
Die Kostensätze für den Lkw betragen:

Entfernungsabhängige Kosten exklusive Maut:	0,5320 €/km
Zeitabhängige Fahrzeugkosten:	13,50 €/h
Personalkosten:	24,30 €/h.

Kalkulieren Sie mit einer Durchschnittsgeschwindigkeit von 70 km/h, runden Sie auf volle Stunden auf. Für Be- und Entladung sind je eine Stunde zu veranschlagen. Die Maut für diesen Lkw beträgt 0,183 €/km.
Berechnen Sie die Gesamtkosten und beurteilen Sie, ob die Offerte der Kostensituation entspricht bzw. Gewinn zu erwarten ist.

7. Kalkulieren Sie die Selbstkosten für folgenden Auftrag:
32 Europaletten Trockenzwiebeln (4 620 kg) sollen von 20095 Hamburg nach 52062 Aachen (484 km) transportiert werden. Für die Be- und Entladung sind je 1,5 Stunden einzuplanen, das Lager des Versenders befindet sich in unmittelbarer Nähe des Fahrzeugstandortes. Pro angefangene 60 km Strecke ist eine Stunde Fahrtzeit zu kalkulieren. Der Lkw weist folgende Kosten auf:

Personalkosten:	22,50 €/h
Entfernungsabhängige Fahrzeugkosten:	0,4966 €/km
Zeitabhängige Kosten:	13,52 €/h.

8. In einer Frachtenbörse wird das folgende Angebot veröffentlicht:

Versand:	21.02.	F-54000 Nancy
Empfang:	23.02.	D-90402 Nürnberg
Ladung:	23 t	Schreibpapier
Fracht:	900 €	

Da Sie zum Ladetermin gerade einen Lkw in F-57000 Metz disponiert haben, nehmen Sie den Auftrag an. Die Strecke Metz–Nancy beträgt 57 km, Nancy–Nürnberg 485 km. Der Transport dauerte inklusive Be- und Entladung 15 Arbeitsstunden. Die Kostensätze betragen:

Entfernungsabhängig:	0,5730 €/km
Zeitabhängig:	14,08 €/h
Personal:	25,66 €/h

a) Berechnen Sie die Höhe des Gewinns bzw. Verlustes für diesen Transport.
b) Berechnen Sie den Wert, wenn der Fahrer einen Stau umgangen hätte, dadurch 30 km mehr Strecke gefahren wäre, aber 2 Stunden eingespart hätte.

9. Für den Transport von 14 t Möbelteilen von Hamburg nach 83022 Rosenheim (844 km) per Lkw bestehen folgende Kostensätze als Selbstkosten:

entfernungsabhängig:	0,495 €/km inkl. Maut
zeitabhängige Fahrzeugkosten:	13,20 €/h
Personalkosten:	23,70 €/h

Außerdem berechnet die Krass Fracht KG einen Gewinnaufschlag von 9 % auf die Selbstkosten. Allerdings zieht sich der Kunde 3 % vom Brutto-Angebotspreis ab.
Berechnen Sie, wie viele Arbeitsstunden der Lkw-Fahrer unterwegs war. Der Zahlbetrag des Möbelhändlers beträgt 1 082,77 €.

10. Die Weisner Fracht KG kalkuliert aufgrund einer Kundenanfrage den Transportpreis für eine Sendung Möbelteile, die in 25524 Itzehoe übernommen werden soll und in einen Tischlereigroßbetrieb in 90402 Nürnberg geliefert werden soll.

Die Leerfahrt nach Itzehoe beträgt 26 km, der Hauptlauf nach Nürnberg beträgt 630 km Strecke. Für die Beladung beim Kunden können 1,5 Stunden angesetzt werden, die Entladung wird vermutlich 2 Stunden betragen. Sie kalkulieren die Fahrtzeit mit durchschnittlich 60 km/h pro angefangene Stunde je Teilstrecke.

Die Maut auf eine mautpflichtige Strecke von insgesamt 625 km soll gesondert ausgewiesen werden.

Kalkulationsblatt: Fahrzeugselbstkosten – Bühne & Tiegel AG		
Durchschnittl. Kilometerleistung/Fahrzeug	120 000,00	km/Jahr
Nutzungsdauer	720 000,00	km
Wiederbeschaffungskosten	102 800,00	€
Durchschnittl. gebundenes Umlaufvermögen	9 500,00	€/Jahr
Anschaffungskosten Fahrzeug	90 000,00	€
Kalkulatorischer Zinssatz	8,00	%/Jahr
Kfz-Steuer	165,00	€/Quartal
Kaufpreis Reifen, voller Satz	4 800,00	€
Laufleistung Reifen, voller Satz	100 000,00	km
Allgemeine Verwaltungskosten	9 000,00	€/Jahr
Restwert des Fahrzeugs	5 000,00	€
Fahrerlohn inkl. Nebenkosten	24,50	€/Stunde
Fahrerspesen	1,16	€/Stunde
Straßennutzungsgebühren = Maut	0,155	€/km
Straßennutzungsgebühren = Vignette	1 250,00	€/Jahr
Kalkulatorischer Unternehmerlohn	900,00	€/Monat
Treibstoffverbrauch auf 100 km	35,00	l/100 km
Treibstoffpreis	1,05	€/Liter
Schmierstoffkosten	3,00	% der Treibstoffkosten
Garage/Stellplatz	25,00	€/Monat
Reparaturkosten/Wartung	1 424,00	€/Wartungsintervall
Kfz-Versicherungen gesamt	1 875,00	€/Quartal
Wartungsintervall	22 500,00	km
Einsatzstunden des Fahrzeugs	12,00	Std./Tag
Einsatztage des Fahrzeugs	250,00	Tage/Jahr
Kalkulatorisches Wagnis	0,015	€/km

a) Berechnen Sie die Selbstkosten (ohne Maut) und den entsprechenden Nettoangebotspreis bei 6 % Gewinnzuschlag.

b) Der Auftraggeber bietet Ihnen für den Transport 900,00 € (zuzügl. Maut) an. Führen Sie die Zwischenkalkulation durch.

c) Sie haben den Auftrag angenommen. Nach dem Transport gibt Ihnen einer der Fahrer an, dass er wegen einer Umleitung um Würzburg zwar 29 km mehr fahren musste, aber die Be- und Entladung nur jeweils eine Stunde dauerten. Kalkulieren Sie daraufhin die Ist-Kosten und beurteilen Sie das Ergebnis in Bezug auf den Erlös.

d) **Veränderung der Kosten- und Gewinnsituation durch zusätzliche Aufträge**
Auf dem Lkw können noch 5 LDM zugeladen werden. Sie erhalten noch ein Angebot über 9 Paletten (nicht stapelbar) von Hamburg nach Frankfurt am Main. Pro LDM könnten Sie 110,00 € (einschließlich Maut) abrechnen. Allerdings würde das einen Umweg von 120 km (auch mautpflichtig) und zusätzliche Ladezeiten von insgesamt 2 Std. (bezogen auf die Vorkalkulation) bedeuten. Würde es sich lohnen, den zusätzlichen Auftrag anzunehmen?

e) **Veränderung der Kostensituation durch Innovation**
Durch die Wahl einer anderen Motorvariante werden durchschnittlich 2 l Treibstoff pro 100 km eingespart. Die neue Eco-Mode-Ausführung kostet bei Neuanschaffung des Lkw 8 000,00 € zusätzlich. Berechnen Sie, inwiefern sich die Gesamtkosten pro Jahr ändern. Die Schmierstoffkosten werden von der Einsparung nicht betroffen.

17 Ermitteln von Fahrzeugselbstkosten mit einem Tabellenkalkulationsprogramm

LERNSITUATION

Nachdem Hannes Seele mühsam die Fahrzeugselbstkosten mit einem Kalkulationsblatt und Taschenrechner berechnet hat, überlegt er, ob er die nächsten Wochen so weitermachen soll, wenn er auf eine Preisanfrage reagieren will. Immer nur tippen und eintragen – dafür wollte er eigentlich nicht Spediteur werden!

Weil der grundsätzliche Ablauf immer gleich oder zumindest sehr ähnlich ist, kann man die Sache bestimmt vereinfachen. Hannes überlegt, dass es mit einer vorgefertigten Tabelle in einem Kalkulationsprogramm sehr viel einfacher gehen müsste. Also setzt er sich hin und versucht, die Berechnungen per Tabellenkalkulation „nachzubauen". An einigen Stellen kommt er nicht weiter und fragt deshalb einen Kollegen. Herr Kohn meint: „Ich weiß nicht, ob du dir die ganze Mühe machen musst. Erstens haben wir inzwischen Software für so etwas, und zum anderen hat mir ein Freund aus einer anderen Spedition mal so eine „Bauanleitung" geschickt, die habe ich dann verwendet. Dümmer wird man davon sicher nicht, also versuch es doch einmal hiermit."

Hannes bekommt die „Bauanleitung" und macht sich an die Arbeit.

AUFGABEN

1. Folgen Sie der Einführung in die Tabellenkalkulation am Beispiel der Fahrzeugkosten.
2. Setzen Sie die Schritte am PC mit einem verfügbaren Programm um.
3. Nehmen Sie die Berechnungsregeln des Kapitels zur Fahrzeugkostenrechnung zu Hilfe.

17.1 Zweck der Tabellenkalkulation

Um die Erfassung und Berechnung von Daten bei wiederkehrenden Abläufen zu beschleunigen und zu vereinfachen, ist es sinnvoll, ein Tabellenkalkulationsprogramm einzusetzen. Es ist natürlich für die meisten Prozesse auch möglich, bereits vorgefertigte Softwarelösungen zu erwerben. Für die Fahrzeugkostenkalkulation stehen beispielsweise „Cargo", „Fuhrpark 2.0" „Aladin Fuhrpark", „SPEDIFIX" usw. zur Verfügung.

Allerdings ist das Verständnis für die Arbeitsweise der Software besser nachzuvollziehen, wenn man grundlegende Abläufe bei der Berechnung bereits selbst umgesetzt hat.

17.2 Speichern

Sobald einige Werte eingegeben sind, sollten Sie ein neues Dokument auf jeden Fall speichern. Dazu die Schaltfläche mit dem Diskettensymbol oder in der oberen Leiste „Datei" und im Drop-down-Menü „speichern unter ..." anklicken. Speichern Sie auch im weiteren Verlauf regelmäßig. Benennen Sie die Datei zunächst „Fahrzeugkalkulation 1".

17.3 Tabellenformatierung

Zuerst soll das Kalkulationsblatt eingegeben und formatiert werden.

B61 | Zeitabhängige Fahrzeugkosten (je Einsatzstunde)

1			
2	**Kalkulationsblatt für die Fahrzeugselbstkosten Wall GmbH**		
3	**Basisdaten**		
4	**Fahrzeugart: Sattelzugmaschine, 4x2, 280 kw, Euro III (S3), Planenauflieger, 3achsig**		
5	Nutzlast	27 000,00	kg
6	Anschaffungskosten Fahrzeug	87 000,00	EUR
7	Wiederbeschaffungskosten	104 000,00	EUR
8	Restwert des Fahrzeugs	9 000,00	EUR
9	Durchschnittl. km-Leistung/Fahrzeug	110 000,00	km/Jahr
10	Nutzungsdauer	660 000,00	km
11	Einsatzstunden des Fahrzeugs	12,00	Std./Tag
12	Einsatztage des Fahrzeugs	245,00	Tage/Jahr
13	Durchschnittl. Einsatzstunden/Fahrzeug	2 940,00	Stunden/Jahr
14	Durchschnittl. gebundenes Umlaufvermögen	9 500,00	EUR/Jahr
15	Kalkulatorischer Zinssatz	8,00	%/Jahr
16	Kfz-Steuer	165,00	EUR/Quartal
17	Kfz-Versicherungen gesamt	1 875,00	EUR/Quartal
18	Garage/ Stellplatz	25,00	EUR/Monat
19	Straßennutzungsgebühren = Vignette	1 250,00	EUR/Jahr
20	Kalkulatorischer Unternehmerlohn	900,00	EUR/Monat
21	Allgemeine Verwaltungskosten	9 000,00	EUR/Jahr
22	Fahrerlohn inkl. Nebenkosten	24,50	EUR/Stunde
23	Fahrerspesen	1,16	EUR€/Stunde
24	Straßennutzungsgebühren = Maut	0,169	EUR/km
25	Mautfaktor		
26	Kaufpreis Reifen, voller Satz	4 500,00	EUR
27	Laufleistung Reifen, voller Satz	100 000,00	km
28	Treibstoffverbrauch auf 100 km	35,00	Liter/100 km
29	Treibstoffpreis	1,0300	EUR/Liter
30	Schmierstoffkosten	3,00	% der Treibstoffkosten
31	Reparaturkosten/Wartung	1 424,00	EUR/Wartungsintervall
32	Wartungsintervall	22 500,00	km
33	Kalkulatorisches Wagnis	0,015	EUR/km

Texteingabe

Schreiben Sie zuerst die Zahlen und den Text der Tabelle in die entsprechenden Felder, ohne darauf zu achten, ob das Aussehen der Tabellenvorlage entspricht. Achten Sie aber darauf, dass Sie immer die Bezeichnungen und Werte entsprechend der Vorlage in die Zellen einsetzen. Ansonsten wird es zu Abstimmungsschwierigkeiten und Missverständnissen beim Bezug auf bestimmte Zellen kommen!

Formatierung von Spalten

Wenn die Bezeichnungen der Kostenfaktoren nicht in die Spalte passen, gehen Sie wie folgt vor:

- Positionieren des Mauszeigers in der Buchstabenzeile, z.B. zwischen den Spalten B und C. Der Mauszeiger verändert sein Aussehen. Statt des Pfeils erscheint auf dem Buchstabenfeld ein fettes Kreuz.
- Befindet sich der Mauszeiger auf der Trennlinie, erscheint ein schmales Kreuz. Bei gedrückter Maustaste kann nun die Spaltenbreite verschoben werden.
  TIPP: Bei Doppelklick wird der Spalte links vom Mauszeiger die **optimale Spaltenbreite** zugeordnet. (Optimale Spaltenbreite ist die Spaltenbreite, in die der längste Text der Spalte gerade hineinpasst).

Formatieren des Textes

- **Zentrieren und Vergrößern der Tabellenüberschriften:**
  Dazu muss zuerst der zu formatierende Teil der Tabelle markiert werden.
- **Markieren:** Anklicken der ersten Zelle in der Mitte der Zelle. Die linke Maustaste bleibt gedrückt und die Maus wird nach unten oder/und nach rechts bewegt. Das markierte Gebiet erscheint schwarz. Wird dann die Maustaste losgelassen, beziehen sich alle weiteren Formatierungsangaben auf das schwarz markierte Gebiet.
- **Verbinden von Zellen:**
  Felder **B2** bis **D2** markieren und das Symbol anklicken.
  Danach Zeile 3 zentrieren.

- Ordnen Sie den Zeilen 2 und 3 die **Schriftgröße 10** und die **Schriftart Arial** zu.
- Die 2. und 3. Zeile sollen **fett** herausgehoben werden.

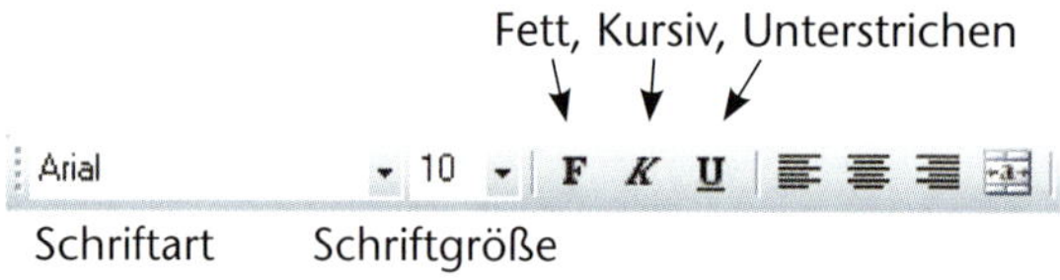

- Die Werte in der Spalte C werden rechtsbündig ausgewiesen. Dazu C4 bis C29 mit der rechten Maustaste markieren und dann mit der linken Maustaste das Symbol „rechtsbündig“ anklicken.

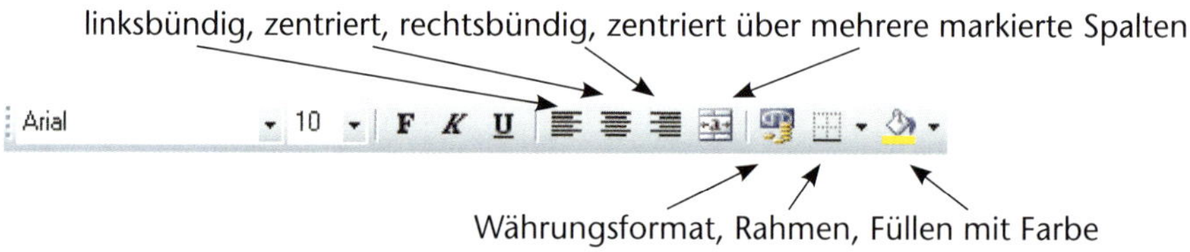

Schattierungen und Umrandungen der Tabelle

- Die Kopfzeile der Tabelle (Zeile 2) wird mit Hellorange unterlegt, dazu die Felder B2 bis D3 markieren.
- Bei Anklicken des Pfeils neben dem Farbeimer-Symbol (Auswahlfenster „Füllen“) öffnet sich ein Auswahlfenster: Das Feld „Hellorange“ mit der linken Maustaste markieren.

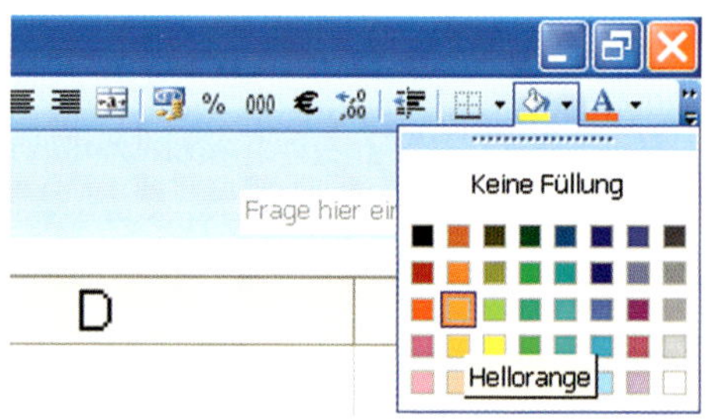

- Die Felder sollen umrandet werden. Dazu ist das Auswahlfeld „Rahmen“ zu öffnen.

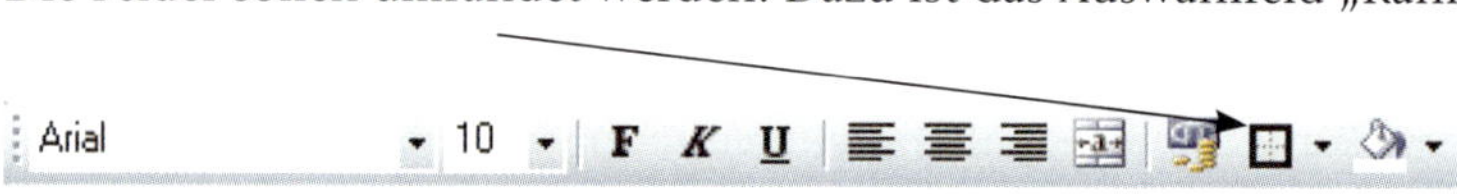

- Verwenden Sie die unterschiedlichen Rahmenvorlagen, indem Sie die entsprechenden Felder markieren und jeweils die entsprechende Vorlage zuweisen.

- Beispiel: Felder B2 bis D29 markieren. Pfeil neben dem Rahmen-Symbol anklicken, die Rahmenvorlagenauswahl wird geöffnet.

  Auswahlfeld  anklicken.

- Wenn die hier angebotenen Möglichkeiten nicht ausreichen, wird die Menüleiste Format verwendet. Dort die Zeile „Zellen" im Drop-down-Menü auswählen.

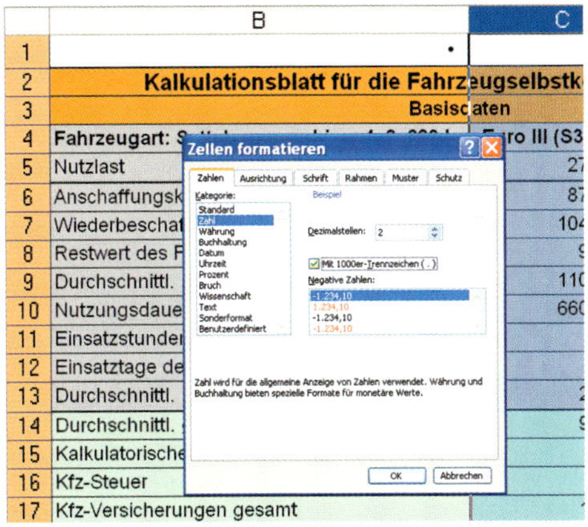

- Im Menü „Zellen formatieren" kann auf der Karteikarte „Zahlen" das Zahlenformat ausgewählt werden. Spalte C wird als „Zahl" mit 2 Nachkommastellen und 1000er-Trennzeichen formatiert. Allerdings werden einige Zeilen auf 3 oder 4 Stellen formatiert (Vorlage).

Zeilenumbruch

- In der Spalte B des Ausgabebereiches (Abbildung Seite 238) ist der Text in zwei Zeilen angegeben. Ein entsprechender Textumbruch muss in der Tabellenkalkulation eingegeben werden, sonst verschwindet der Text. Markieren Sie die Zelle B61, wählen Sie unter „Format", „Zellen" die Karte „Ausrichtung" und setzen Sie einen Haken in das Formularfeld „Zeilenumbruch". Dann mit „ok" bestätigen.
  Jetzt doppelklicken in die Zelle B61, den Text eingeben. Für den Zeilenumbruch „Alt" und „Return" drücken.

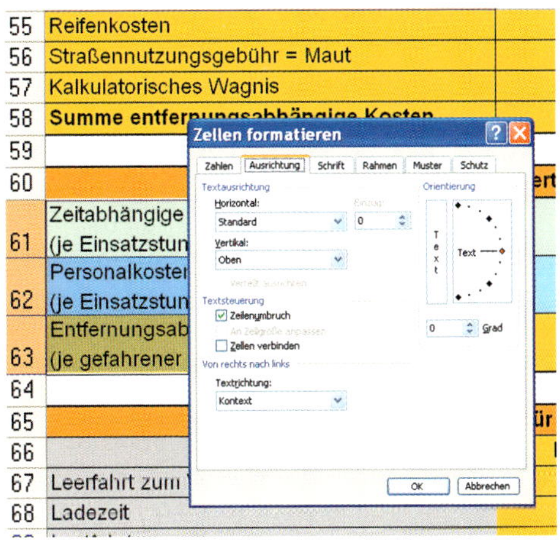

- Falls man in einem früheren Arbeitsgang Zellen miteinander verbunden hat und das wieder rückgängig machen möchte: Zelle links anklicken, unter „Format", „Zellen" die Karte „Ausrichtung" wählen und den Haken im Formularfeld „Zellen verbinden" entfernen und mit „ok" bestätigen.
- Mit der gleichen Karte kann auch die Laufrichtung des Textes verändert werden. Das ist bei der Beschriftung von eingefügten Objekten oder Pfeilen in Schaubilder hilfreich.

17.4 Einfache Berechnungen ausführen

Erstellen Sie zunächst den Rechenbereich der Kalkulationstabelle nach dem folgenden Muster:

	A	B	C	D
34				
35		**operativer Teil/ Rechenbereich**		
36		**1. Zeitabhängige Fahrzeugkosten pro Jahr**		
37		Abschreibung 50 %		EUR
38		Kalkulatorische Zinsen		EUR
39		Kfz-Steuer		EUR
40		Kfz-Versicherungen		EUR
41		Garage		EUR
42		Straßennutzungsgebühr = Vignette		EUR
43		Kalk. Unternehmerlohn		EUR
44		Allgemeine Verwaltungskosten		EUR
45		**Summe zeitabhängige Kosten**		**EUR/Jahr**
46		**2. Personalkosten pro Jahr**		
47		Fahrerlöhne		EUR
48		Fahrerspesen		EUR
49		**Summe Personalkosten**		**EUR/Jahr**
50		**3. Entfernungsabhängige Kosten pro Jahr**		
51		Abschreibung 50 %		EUR
52		Treibstoffkosten		EUR
53		Schmierstoffkosten		EUR
54		Reparatur- und Wartungskosten		EUR
55		Reifenkosten		EUR
56		Straßennutzungsgebühr = Maut		EUR
57		Kalkulatorisches Wagnis		EUR
58		**Summe entfernungsabhängige Kosten**		**EUR/Jahr**
59				
60		**Ausgabe/ Auswertung**		
61		Zeitabhängige Fahrzeugkosten (je Einsatzstunde)		EUR/Stunde
62		Personalkosten (je Einsatzstunde)		EUR/Stunde
63		Entfernungsabhängige Kosten (je gefahrener km)		EUR/Kilometer

17.4.1 Einfache Multiplikation

Um aus den Basisdaten jetzt Jahressummen der einzelnen Kostenfaktoren zu erhalten, müssen diese entsprechend auf Jahreswerte umgerechnet werden. Dabei sollen Sie die Basisdaten direkt in eine entsprechende Umrechnungsformel einbeziehen. Für die (einfache!) Berechnung der **Kfz-Steuer** können Sie auf mehrere Arten vorgehen:

- Die Zelle C39 mit links anklicken.
  - Das =-Zeichen eingeben. Damit signalisieren Sie, dass Sie jetzt eine Formel eingeben werden.
  - Die Formel C16*4 in die Zelle eingeben.
  - Die Return-Taste drücken.
  - Jetzt sollte der Wert 660,00 erscheinen.

C39 = =C16*4

	A	B	C	D	E
34					
35		**operativer Teil/ Rechenbereich**			
36		**1. Zeitabhängige Fahrzeugkosten pro Jahr**			
37		Abschreibung 50 %		EUR	
38		Kalkulatorische Zinsen		EUR	
39		Kfz-Steuer	660,00	EUR	
40		Kfz-Versicherungen		EUR	
41					

- Als zweite Möglichkeit kann man auch mit einer Zellenmarkierung arbeiten. Das ist noch sicherer, da man sich nicht in der Zeile „vergucken“ kann:
  - Wieder die Zelle C39 mit links anklicken.
  - Das =-Zeichen eingeben.
  - Jetzt die Zelle C16 anklicken, sie erscheint dann automatisch in der Formel.
  - Wieder * 4 nehmen und mit Return bestätigen.
  - Geben Sie so auch andere Werte ein, die sich nur auf eine Zelle beziehen.

17.4.2 Berechnung mit mehreren Zellwerten

Die Berechnung der kalkulatorischen Zinsen ist schon komplizierter, da mehrere Basiswerte einbezogen werden müssen:

- Beginnen Sie, indem Sie die Zelle C38 markieren und das =-Zeichen eingeben.
- Dann die Zelle C6 anklicken und mit dem Zinssatz in C15 multiplizieren.
- Denken Sie an das durchschnittlich gebundene Anlagevermögen, also 50% (/2) und daran, dass es sich um einen Zinssatz, also 8 von Hundert handelt! Das bedeutet /100/2.
- Zu dem gebundenen Anlagevermögen müssen Sie auch noch das gebundene Umlaufvermögen addieren, dabei genauso vorgehen.
- Bestätigen Sie mit Return.

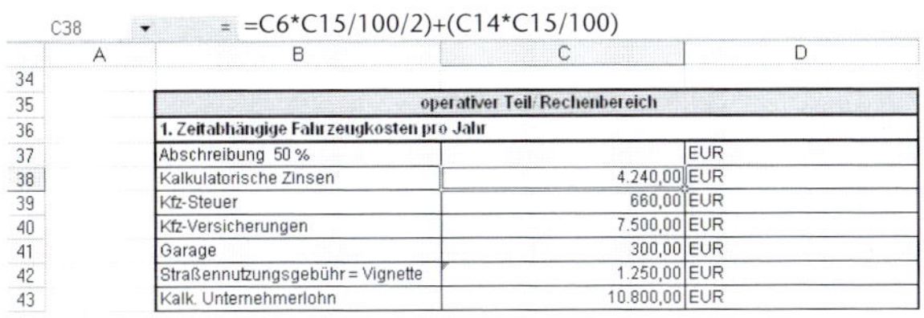

C38 = =C6*C15/100/2)+(C14*C15/100)

	A	B	C	D
34				
35		operativer Teil/ Rechenbereich		
36		1. Zeitabhängige Fahrzeugkosten pro Jahr		
37		Abschreibung 50 %		EUR
38		Kalkulatorische Zinsen	4.240,00	EUR
39		Kfz-Steuer	660,00	EUR
40		Kfz-Versicherungen	7.500,00	EUR
41		Garage	300,00	EUR
42		Straßennutzungsgebühr = Vignette	1.250,00	EUR
43		Kalk. Unternehmerlohn	10.800,00	EUR

Berechnen Sie jetzt die weiteren Werte des Bereiches „Zeitabhängige Kosten“. Achten Sie bei der Berechnung der Abschreibung auf das richtige Setzen der Klammern in der Formel.

17.4.3 Summenbildung

- Wenn Sie alle Werte des Bereiches auf Jahresbasis ermittelt haben, müssen diese addiert werden:
  Markieren Sie die Zelle C45 und klicken Sie dann das Summenzeichen in der Symbolleiste an. Daraufhin wird automatisch der Bereich in der Spalte über der entsprechenden Zelle markiert und addiert. Bestätigen mit Return.

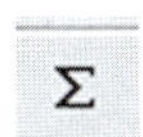

- Sie können alternativ auch das =-Zeichen eingeben, danach das Wort SUMME, eine Klammer öffnen, den Bereich markieren und die Klammer wieder schließen. Auch so erhalten Sie die Summe – nur weniger komfortabel.

17.4.4 Funktionsassistent

Als weitere Möglichkeit können Sie die Formel über den Funktionsassistenten aufrufen. Sie finden ihn in der Symbolleiste. Wählen Sie dort unter „Math. & Trigonom“ die entsprechende Funktion.

Wenn Sie den Rechenbereich so weit mit Formeln versehen haben, dass Sie die entsprechenden Kostensummen ermittelt haben, erstellen Sie auch den Ausgabebereich.

17.5 Einsatz von Formeln

Formatieren Sie die Tabelle für die Vorkalkulation nach folgendem Schema und setzen Sie die Formeln mit Bezug zum Auswertungsbereich ein.

	A	B	C	D
64				
65		**Kostenermittlungsblatt für Lkw-Fahrten**		
66			Kilometer	Stunden
67		Leerfahrt zum Versandort	54,00	1
68		Ladezeit		1,5
69		Lastfahrt	804,00	14
70		Entladezeit		2
71		Gesamt	858,00	18,5
72				
73		**Vorkalkulation**		
74		zeitabhängige Fahrzeugkosten		259,74
75		Personalkosten		474,71
76		Entfernungsabhängige Kosten		483,23
77		**Selbstkosten**		**1.217,68**
78		Gewinnzuschlag in %	5,00	60,88
79		**Angebotspreis ohne Maut**		**1.278,56**
80				
81		**Zwischenkalkulation**		
82		evtl. Anfrage/Gegenangebot des Kunden		1.250,00
83		Selbstkosten lt. Vorkalkulation		1.217,68
84		Über-/Unterdeckung		32,32
85		**Folgerung:**		Auftragsannahme
86				
87		**Nachkalkulation**		
88		Leerfahrt zum Versandort	54,00	1
89		Ladezeit		1,5
90		Lastfahrt	804,00	15
91		Entladezeit		2,5
92		**Gesamt**	**858,00**	**20**
93		vereinbarter Preis		1.250,00
94		zeitabhängige Fahrzeugkosten		280,80
95		Personalkosten		513,20
96		Entfernungsabhängige Kosten		483,23
97		**Selbstkosten nach Ausführung**		**1.277,23**
98		Über-/Unterdeckung		-27,23
99		in %		-2,13

Als Selbstkostenbetrag (ohne Berücksichtigung der Maut) sollten Sie nun 1217,68 € ermittelt haben. Bei großen Abweichungen überprüfen Sie die korrekte Einbeziehung aller Kostenfaktoren. Bei geringen Abweichungen kann der Fehler in fehlerhafter Rundung liegen.

17.5.1 Dezimalstellen und Rundungsformel

Die meisten Kosten sollen in diesem Fall auf Cent-Beträge gerundet angegeben werden. Lediglich der entfernungsabhängige Kostensatz pro Kilometer wird mit vier Nachkommastellen angegeben, einige Werte in den Basiswerten auch mit drei bzw. vier Stellen. Da Sie die Anzeige mit der Zellenformatierung unter „Format“, „Zellen“ einstellen, werden Sie etwas andere als die hier angegebenen Werte erhalten haben.

Mit der Formatierung auf Nachkommastellen wird nämlich lediglich die optische Anzeige reguliert, der tatsächliche Wert für die Kalkulation wird weiterhin mit sämtlichen Stellen einbezogen.
Sollen wirklich nur zwei oder vier Nachkommastellen berücksichtigt werden, lautet der Befehl „Runden“.

- Sie können ihn über den Funktionsassistenten aufrufen oder selbst schreiben. Der Satz für entfernungsabhängige Kosten in der Vorkalkulation (D76) lautet beispielsweise: =RUNDEN (C71*C63;2), wobei ;2 die Anzahl der Nachkommastellen angibt, auf die gerundet werden soll. Ohne Rundungsformel wäre der Wert (wenn vorher gerundet worden wäre) 511,4538, mit Rundung 511,45.
- Ruft man den Formelassistenten auf, muss wie nebenstehend ausgefüllt werden.

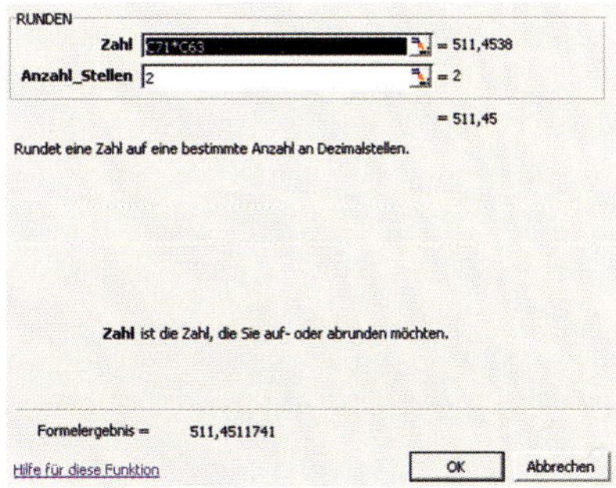

17.5.2 Relativer Bezug in Formeln

Die erste Formel, die Sie eingegeben haben, war zur Berechnung der Kfz-Steuer im Rechenbereich (C39). In der darauffolgenden Zeile wird zur Berechnung der Kfz-Versicherung die gleiche Formel benötigt. Also ist es zeitsparend, die Formel einfach auf die nächste Zeile zu übertragen. Dazu drei Möglichkeiten:

- Cursor auf C39, links anklicken, den Cursor in die rechte untere Ecke der Zelle (Ausfüllkästchen) bewegen. Wenn sich der Cursor als kleines schwarzes Kreuz darstellt, die linke Maustaste drücken, halten und den Cursor in die Zelle darunter bewegen, dann loslassen. Die Formel ist übertragen.

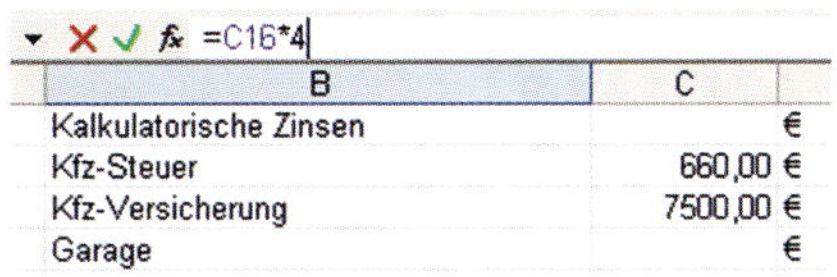

- C39 anklicken, den Befehl „Bearbeiten“, „Kopieren“ (oder Tastenkombination „Steuerung“ + „C“) wählen, dann C40 anklicken und „Bearbeiten“, „Einfügen“ (oder Tasten „Steuerung“ + „V“) auswählen.
- C39 mit der rechten Maustaste anklicken, „kopieren“ wählen, dann C40 anklicken, „einfügen“ wählen.

In jedem Fall erscheint als Formel in C40 „=C17*4“. In C39 haben Sie jedoch „=C16*4“ angegeben. Durch das Ausfüllen einer Zelle mit der Formel aus einer anderen ändert sich auch die Formel selbst. Genauer, es ändert sich der Bezug zu einer Zelle, die in der Formel genannt ist. In diesem Fall wurde die Formel eine Zelle tiefer übertragen, daher ändert sich auch die Zelle, auf die in der Formel Bezug genommen wird. Der Bezug ist auch eine Zelle tiefer „gerutscht“.
Nach dem gleichen Vorgehen kann auch die Formel aus C41 in C43 übertragen werden, denn beide Daten sind als Monatswerte angegeben und müssen „*12“ berechnet werden.

17.5.3 Absoluter Bezug in Formeln

Die relativ umfangreiche Formel für die Berechnung der Abschreibung wird auch zweimal verwendet. Sie könnte aus C37 in C51 übertragen werden. Dann stellt man allerdings fest, dass der relative Bezug, der automatisch gewählt wird, zu einem falschen Wert führt. In C51 wird auf Zellen Bezug genommen, die alle 14 Zellen tiefer als notwendig stehen. Möchte man, dass in der übertragenen Formel trotzdem der Bezug zu den gleichen Zellen wie in der ursprünglichen Formel besteht, muss man den Buchstaben und Zahlen der Zellen in der Formel $-Zeichen voranstellen.
Die Formel „=RUNDEN(($C$7-$C$8-$C$26)/(2*($C$10/$C$9));2)“ lässt sich problemlos übertragen, der Bezug bleibt trotz Übertragung zu den ursprünglichen Zellen bestehen. Man bezeichnet ihn daher als absoluten Bezug.

17.5.4 Wenn-Funktion

Wenn Sie die Zwischenkalkulation erstellt haben, finden Sie in der untersten Zeile (D85) den Begriff „Auftragsannahme“. Dieser Begriff wird durch eine Wenn-Funktion angezeigt. Sie können im Formelassistenten die Wenn-Funktion aufrufen (unter „Logik“) und dann so ausfüllen:

- In die erste Zeile wird die Bedingung eingesetzt,
- darunter die Folge, falls die Bedingung erfüllt wird,
- in die dritte Zeile eine Folge, wenn die Bedingung nicht erfüllt wird.

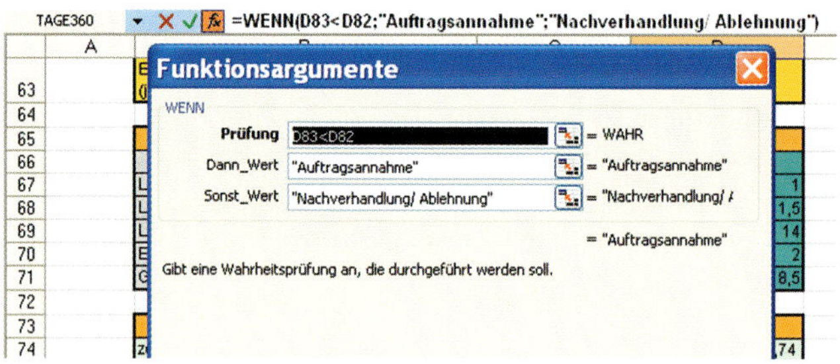

Der Syntax kann aber auch direkt eingegeben werden. Dabei treten erfahrungsgemäß die meisten Fehler beim Setzen der Klammern und durch fehlende Anführungsstriche beim Einsetzen von Begriffen auf.

17.6 Einbinden von Grafiken

17.6.1 Auswahl des Diagrammtyps

Um das Ergebnis zu veranschaulichen, können Sie eine Grafik einbinden.
Nutzen Sie dazu den Diagramm-Assistenten aus der Symbolleiste.

Bei der Auswahl des Diagramms ist entscheidend, welche Daten dargestellt werden sollen. In diesem Fall soll die Kostenstruktur der Nachkalkulation veranschaulicht werden. Da es sich um Werte handelt, die insgesamt ein Ganzes ergeben, ist ein Kreisdiagramm sinnvoll. Bei Zeitreihen ist dagegen ein Liniendiagramm sinnvoll, beim Vergleich unterschiedlicher absoluter Werte ein Säulen- oder Balkendiagramm.

17.6.2 Datenbereich

Damit die Daten richtig dargestellt werden, müssen sie korrekt ausgewählt werden. Im Beispiel sind B94 bis D96 ausgewählt. Dazu markieren Sie B94 und halten die „Shift"-Taste, während Sie die Markierung über den Bereich bis D96 ziehen. Wollen Sie Zeilen oder Spalten gemeinsam abbilden, die nicht unmittelbar nebeneinander angeordnet sind, müssen Sie die „Steuerung"-Taste halten, wenn Sie die Bereiche markieren.
Werden die Zahlen anders dargestellt als erwartet, probieren Sie, von „Zeilen" auf „Spalten" zu wechseln.

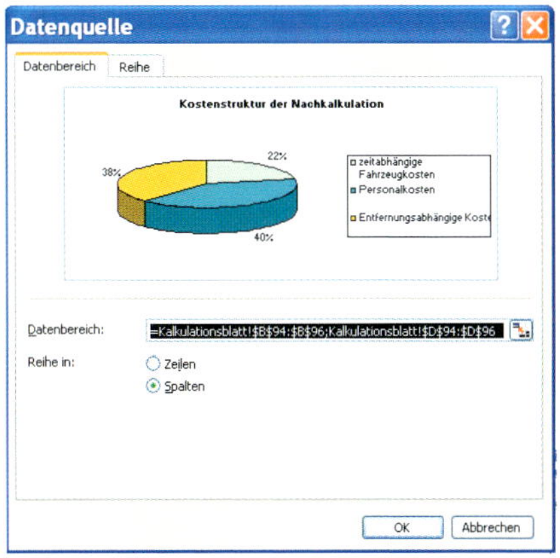

17.6.3 Diagrammoptionen

Der Titel, die Achsenbezeichnungen, Datenbeschriftungen und die Legende können unter „Diagrammoptionen" bearbeitet werden. Das ist, ebenso wie die vorherigen Schritte, auch nachträglich durch einen rechten Mausklick in das Diagramm möglich.
Sollen die Farben im Diagramm entsprechend an die Tabellenfarben angepasst werden, klickt man den entsprechenden Teil des Diagramms erst einmal links und dann noch einmal links an (kein Doppelklick). Danach mit der rechten Maustaste „Datenpunkt formatieren" wählen.

17.7 Struktur von Kalkulationstabellen

Die Tabelle zur Fahrzeugkalkulation ist von Beginn an in drei Bereiche aufgeteilt gewesen: den **Eingabebereich**, den **operativen** oder auch **Rechenbereich** und den **Ausgabe-** oder **Auswertungsbereich**. Diese Aufteilung ist sinnvoll, denn sie vereinfacht das spätere Arbeiten mit der Tabelle.
Im **Eingabebereich** werden alle Grunddaten erfasst, die sich, unabhängig von den Rechenoperationen in der Tabelle selbst, ändern. In diesem Fall also die Preise für Fahrzeug und Material, die Nutzungsdauer oder die Auftragsdaten, aus denen eine individuelle Auftragsberechnung erstellt werden soll. Wenn ein anderer Auftrag kalkuliert werden soll oder ein anderes Fahrzeug eingesetzt wird, muss nur geprüft werden, ob alle Daten im Eingabebereich korrekt geändert wurden. Die gesamte weitere Berechnung ergibt sich dann automatisch.
Der **Rechenbereich** dient nur dazu, aus den Grunddaten Zwischenergebnisse zu ermitteln und sichtbar zu machen. Diese Zwischenergebnisse im operativen Teil können dann so in Beziehung gesetzt oder zusammengefasst werden, dass nur noch die entscheidenden Werte im **Ausgabebereich** erscheinen.
Diese Daten sollen auch für weniger erfahrene Anwender und einen kurzen, aussagekräftigen Überblick ausreichen. Statt Zahlen können auch Begriffe oder Handlungsanweisungen eingegeben werden, wenn entsprechende „Wenn"-Funktionen eingesetzt worden sind.

Wird eine umfangreiche Kalkulationstabelle geplant, ist es notwendig, die Struktur bereits vor der Eingabe der Daten zu erstellen. Zunächst werden die Daten im Eingabebereich nach sachlicher Zusammengehörigkeit geordnet.
Dann muss geplant werden, wie die Daten verknüpft werden und welche Zwischenergebnisse im Rechenbereich entstehen und festgehalten werden sollen.
Daraus werden die Daten für den Ausgabebereich berechnet und übersichtlich dargestellt.
Es ist auch möglich, genau umgekehrt, als rückschreitend vorzugehen:
Zunächst wird festgelegt, welche Daten in welcher Form im Ausgabebereich erscheinen sollen. Daraus ergeben sich notwendige Daten für die Berechnungen im operativen Teil. Wenn diese Daten feststehen, müssen die notwendigen Werte für den Eingabebereich besorgt und zusammengestellt werden.

ZUSAMMENFASSUNG

Vorgehensweise beim Erstellen einer Kalkulationstabelle
Festlegen der Grobstruktur
- Eingabebereich
- Rechenbereich
- Ausgabebereich

Anlegen einer entsprechenden Datei und Speichern
Eingeben des Textes und der vorhandenen Daten
Formatieren
- Schrift (Art, Größe, Abstand, Zeilenumbrüche)
- Zahlenformat (Anzeige Nachkommastellen, Währung, negative Zahlen)
- Spaltenbreite, Zeilenabstand
- Rahmen, Schattierung, Farben

Einfache Berechnungen anlegen
- Grundrechenarten
- Summenbildung

Formeln einsetzen
- Summenformel
- Rundung
- Absolute/relative Bezüge
- Wenn-Funktion
- Funktionsassistent

Diagramme erstellen
- Diagrammtyp (Kreis-/Linien-/Stablinien-/Säulen-/Balken-/Punkte-)
- Datenbereich
- Formatierung, Farben
- Text, Legende

ÜBUNGSAUFGABEN

1. Übertragen Sie das Kalkulationsblatt aus Aufgabe 9 der Fahrzeugkalkulation (siehe Seite 233) in eine Tabellenkalkulation und berechnen Sie so die Aufgabe. Ergänzen Sie die Vorkalkulation um Zeilen für die Berechnung der Maut und den „Rechnungspreis netto".

2. Entwerfen Sie ein Säulendiagramm, in dem alle Jahreswerte der zeitabhängigen Fahrzeugkosten dargestellt sind.

3. Entwerfen Sie ein Diagramm, in dem die Kosten der Vor- und Nachkalkulation übersichtlich zu vergleichen sind.

4. Erstellen Sie ein Diagramm für die Anteile an den Gesamtkosten des Fahrzeuges nach dem Muster, wie es für einen Actros 1841 LS mit 150 000 km Laufleistung pro Jahr und fünf Jahren Nutzungsdauer entworfen wurde, und überprüfen Sie die Aussage, dass 8 % der Kosten in Anschaffungskosten bestehen.

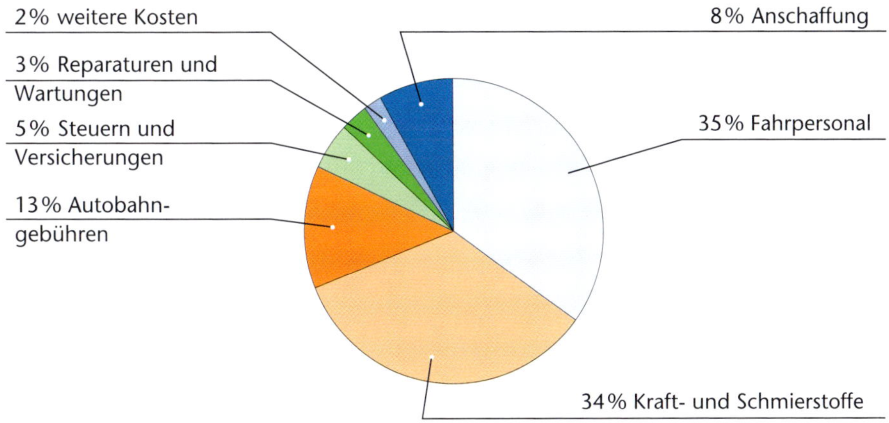

Kostenaufteilung im „Lebenszyklus" eines Lkw
Beispiel Actros 1841 LS, Nutzungsdauer 5 Jahre, Laufleistung 150 000 km p. a.

18 Kostenrechnungssysteme am Beispiel der Fahrzeugkostenkalkulation

LERNSITUATION

Hannes Seele ist inzwischen mithilfe der anderen Mitarbeiter und des Abteilungsleiters der Lkw-Disposition National, Herrn Hansen, relativ fit in der Kalkulation von Fahrzeugkosten im Fernverkehr. Er hat dazu auch schon eine Kalkulationstabelle für den PC erstellt und einen guten Überblick über die Kostenfaktoren. Deshalb fragt ihn der Sachbearbeiter Herr Kohn öfters, ob er „mal eben" einen Preis für ihn checken kann. Hannes hat für einen Transport von Itzehoe nach Offenbach/Main schnell die Kosten zusammen:
Als Entfernung ermittelt er mit einem Routenplanungsprogramm 552 km für den Hauptlauf und 57 km vom Standort in Hamburg nach Itzehoe. Be- und Entladung dürften je 1,5 Stunden dauern, die Fahrtzeit wird nach den Erfahrungswerten bei knapp 10 Stunden Arbeitszeit liegen. Seine Tabelle zeigt dementsprechend folgende Werte:

Kostenermittlungsblatt für Lkw-Fahrten		
	Kilometer	Stunden
Leerfahrt zum Versandort	57,00	1
Ladezeit		1,5
Lastfahrt	552,00	10
Entladezeit		1,5
Gesamt	**609,00**	**14**

Vorkalkulation		
Zeitabhängige Fahrzeugkosten		196,56 €
Fahrpersonalkosten		359,24
Entfernungsabhängige Kosten		342,99
Selbstkosten		**898,79**
Gewinnzuschlag in %	5,00	44,94
Angebotspreis		**943,73**

Die Selbstkosten und den möglichen Angebotspreis gibt er Herrn Kohn weiter.
Der ruft den Kunden zurück, macht ein paar freundliche Bemerkungen und sagt dann: „Also, Herr Walter, für den Transport nach Offenbach, die 32 Paletten getrocknete Pilze morgen Vormittag, brauche ich in diesem Fall 700,00 € ... Ja, um 10:00 Uhr ist der Wagen da. Danke."

Hannes versteht die Welt nicht mehr. „Herr Kohn, ich hatte doch 890,00 € gesagt, hatten Sie mich richtig verstanden?", fragt er nach. „Ja, alles wunderbar, hat doch geklappt, vielen Dank noch mal." „Aber dann haben wir doch 200,00 € verloren, vom Gewinn gar nicht zu reden!", entgegnet Hannes. Herr Kohn sieht ihn nachdenklich an und sagt dann: „Irrtum, Herr Seele, wir haben über 350,00 € mehr, als wenn ich ‚Nein' gesagt hätte."

AUFGABEN

1. Von welchen Kosten sind
   a) Hannes und
   b) Herr Kohn bei ihren Aussagen über Gewinn/Verlust ausgegangen?
2. Welches Kostensystem hat jeder der beiden angewendet?
3. Welche Voraussetzungen in Bezug auf die Auslastung des Fuhrparks sind notwendig, damit die Aussage von Herrn Kohn auch tatsächlich zutrifft?

18.1 Einsatzbereiche von Kostenrechnungssystemen

In der Lernsituation kommen Hannes und Herr Kohn zu unterschiedlichen Ergebnissen für einen Angebotspreis, da sie verschiedene Grundlagen für ihre Kalkulation benutzen. Aber keiner von beiden rechnet „falsch“!
Das „richtige“ Kostenrechnungssystem für ein Unternehmen auszuwählen, hängt von den Informationen ab, die in einer Situation benötigt werden. Aus der Vielzahl von Systemen, die in der Literatur behandelt werden, soll hier aber nur eine ganz beschränkte Auswahl verwendet werden. Denn nur wenige Systeme haben sich in der Praxis in Speditionsunternehmen wirklich durchgesetzt und werden dort angewendet. Und häufig kommt dazu, dass je nach verfügbaren Daten und konkreter Zielsetzung auch ein „Mix“ verwendet wird. Dabei sind die Hauptaufgaben, an denen sich die Kostenrechnung orientieren muss:

- Ermittlung der Leistungen, die ein Betrieb erstellt,
- Kontrolle der Wirtschaftlichkeit bei der Erstellung von Leistungen,
- Bereitstellung von Daten, mit deren Hilfe Entscheidungen für die Zukunft
  - des Unternehmens insgesamt,
  - einzelner Bereiche und
  - jedes einzelnen Produktes

  getroffen werden können.

18.2 Einordnung der Kostenträgerstückrechnung als Kostenrechnungssystem

Im Kapitel 16 wurde schon beschrieben, dass es sich bei der Kalkulation der Fahrzeugselbstkosten um eine Kostenträgerstückrechnung handelt, wenn es um einen einzelnen Auftrag geht. Von den grundsätzlichen Kostenrechnungssystemen **Kostenartenrechnung**, **Kostenstellenrechnung** und **Kostenträgerrechnung** kann nur die Kostenträgerrechnung die Informationen für die Kalkulation eines einzelnen Auftrags bereitstellen. Die anderen Systeme liefern Daten, die für das Unternehmen oder einzelne Bereiche bedeutend sind, aber kaum auf eine Sendung, also ein „Stück“, „heruntergerechnet“ werden können.
In der **Kostenartenrechnung** werden die Kosten danach gegliedert, wie sie z. B. in der Buchführungssystematik benötigt werden. Deshalb werden der Gehaltsaufwand aus allen Abteilungen, Abschreibungen (hier aber kalkulatorische!) des gesamten Fuhrparks oder der gesamte Büromaterialverbrauch zusammengefasst. Für die Auftragskalkulation sind diese Werte viel zu umfassend. In der **Kostenstellenrechnung** werden die Kosten einzelner Unternehmensbereiche oder Abteilungen erfasst und im Betriebsabrechnungs-

bogen verteilt, die Kostenanteile für einen einzelnen Auftrag können aber nur sehr grob überschlagen und nicht exakt ermittelt werden.
Erst in der Kostenträgerrechnung, genauer in der Kostenträgerstückrechnung, werden die Kosten detailliert zugeordnet. In diesem System können dann die notwendigen Kostensätze für jeden einzelnen Auftrag gebildet werden.

Kostenrechnung = Erfassung des bewerteten Verbrauchs		
Kostenartenrechnung	Kostenstellenrechnung	Kostenträgerrechnung
Welche Kosten (Arten von Kosten) sind in einem Zeitraum angefallen?	Wo sind die Kosten in einem Zeitraum angefallen?	**Kostenträgerzeitrechnung** Wofür sind die Kosten in einem Zeitraum angefallen?
z. B. Kosten aus der Finanzbuchhaltung (ergänzt um kalkulatorische Kosten) für ein Jahr (Kapitel 5)	z. B. Betriebsabrechnungsbogen eines Monats (Kapitel 14)	z. B. Lkw, Sammelcontainerdienst pro Monat (Kapitel 16, 22)
		Kostenträgerstückrechnung Welche Kosten sind für eine Kostenträgereinheit angefallen?
		z. B. Selbstkosten eines einzelnen Auftrags der Lkw-Abteilung

18.3 Kostenträgerstückrechnung als Vollkostenrechnung

Die einfachste und historisch früheste Methode der Kostenermittlung war die **Vollkostenrechnung** auf Basis der Ist-Kosten. Die Nachkalkulation im Kapitel 16 ist nach diesem System erstellt worden:
Sämtlicher Aufwand, der durch einen Auftrag im Unternehmen selbst und auch außerhalb entstanden ist, wird mit den tatsächlich entstandenen Kosten berechnet.
In der historischen Entwicklung wurden dann Vorkalkulationen entwickelt. An die Stelle der **Ist-Kosten** traten für Vorkalkulationen die **Normalkosten** (= Durchschnittswerte) und später auch **Plankosten**[1] (= Schätzwerte unter Berücksichtigung der vermuteten zukünftigen Entwicklung).
Die Methode der Vollkostenrechnung blieb aber bestehen und wird noch häufig verwendet, z. B. für die Selbstkostenkalkulation nach staatlichen Vorschriften.
Auch die Fahrzeugkalkulation im Kapitel 16 und die Berechnung in der Lernsituation sind auf Vollkostenbasis durchgeführt worden:

- Alle Kostenfaktoren werden erfasst,
- jeder Faktor wird bewertet und
- dann werden die Kostensätze auf den Auftrag umgerechnet.

Im Rahmen der Fahrzeugkalkulation sind dies die **zeitabhängigen**, **fixen Fahrzeugkosten**, die **zeitabhängigen**, **meist fixen Personalkosten** und die **entfernungsabhängigen**, **variablen Fahrzeugkosten**.
Als Endergebnis der drei Bereiche erhält Hannes einen Betrag von 898,79 € als Selbstkosten.

[1] *Vergleiche Kapitel 16.2 – Erläuterungen zu Ist-, Normal- und Plankosten.*

18.4 Kostenträgerstückrechnung als Deckungsbeitragsrechnung

Im Vergleich zu Hannes Preisermittlung bietet Herr Kohn dem Kunden eine deutlich geringere Fracht an. Er ist sich aufgrund seiner Erfahrung sicher, dass unter bestimmten Umständen der Preis auf Vollkostenbasis zu hoch und daher am Markt nicht durchzusetzen ist. Deshalb kalkuliert er eine Preisuntergrenze für die Fracht, also eine „Schmerzgrenze", unter die der Preis keinesfalls rutschen sollte. Das ist nur möglich, wenn man die Kosten aufteilt und nur bestimmte Anteile berücksichtigt. Diese Methode wird als **Teilkostenrechnung** bezeichnet. Eine Möglichkeit, mit Teilkosten zu rechnen, stellt die **Deckungsbeitragsrechnung** dar (siehe Kapitel 15).

18.4.1 Einfache Deckungsbeitragsrechnung

Herr Kohn weiß, dass bestimmte Kosten in jedem Fall auftreten, gleichgültig, ob der Lkw unterwegs ist oder auf dem Hof steht (= fixe oder zeitabhängige Kosten). Andere Kosten treten aber nur auf, wenn das Fahrzeug bewegt wird bzw. Ladung befördert wird (= variable oder entfernungsabhängige Kosten). Wenn ein Transport durchgeführt wird, liegt die absolute Preisuntergrenze in Höhe dieser entfernungsabhängigen Kosten, die nur auftreten, wenn das Fahrzeug unterwegs ist. Unter dieser Grenze sind die Erlöse so gering, dass weniger Verlust entsteht, wenn das Fahrzeug auf dem Hof steht.

Wenn die Frachteinnahmen aber über den entfernungsabhängigen Kosten liegen, ist es aus kostenrechnerischer Sicht immer sinnvoll, einen Auftrag auszuführen. Denn der Überschuss, der über den variablen Kosten liegt, hilft, die fixen Kosten zu decken. Er wird daher als Deckungsbeitrag bezeichnet, die Berechnung als Deckungsbeitragsrechnung[1].

Beispiel

Einfacher Deckungsbeitrag	
Vereinbarte Fracht	700,00 €
– Entfernungsabhängige = variable Kosten	342,99 €
Deckungsbeitrag	**357,01 €**

Von der vereinbarten Fracht in Höhe von 700,00 € werden die variablen Kosten mit 342,99 € abgezogen, da diese nur auftreten, wenn der Transport durchgeführt wird. Die restlichen 357,01 € decken einen Teil der fixen Kosten, die in jedem Fall entstehen.

Vorausgesetzt, für das Fahrzeug hat kein anderer Auftrag bestanden, werden also zusätzlich 357,01 € durch die Annahme des Auftrags erwirtschaftet. Das meinte auch Herr Kohn mit der seiner Äußerung „... über 350,00 € mehr, als wenn ich ‚Nein' gesagt hätte ...".

18.4.2 Mehrstufige Deckungsbeitragsrechnung

Der Deckungsbeitrag, den ein Auftrag leistet, kann noch genauer unterteilt werden. Dadurch wird deutlicher, welche Anteile der fixen Kosten von einem Auftrag mit gedeckt

[1] *Die Gegenüberstellung von Erlösen und Kosten in diesem Rahmen wird auch als Stückerfolgsrechnung bezeichnet.*

werden und welche Kosten ungedeckt bleiben oder durch andere Leistungen kompensiert werden müssen.

Meistens werden dazu **vier unterschiedliche Deckungsbeiträge** ermittelt. In welcher Reihenfolge Kosten gedeckt werden sollten, hängt von der Dringlichkeit aus kostenrechnerischer Sicht ab. Ausschlaggebend ist, wie „nahe“ die Kosten an der konkreten Auftragsabwicklung entstehen.

Während die **entfernungsabhängigen Kosten** nur durch den Transport selbst entstehen, also unmittelbar zum Transport gehören, entstehen die **Gemeinkosten**, also allgemeine Verwaltungskosten oder Unternehmerlohn, mit relativ geringem Zusammenhang zu einem einzelnen Transport. Dazwischen liegen die **Fahrpersonalkosten**, bei denen zumindest der Spesenanteil direkt mit dem Transport zusammenhängt, und die **zeitabhängigen Fahrzeugkosten**. Diese fixen Fahrzeugkosten und Gemeinkosten gehören beide zum Kostensatz der „zeitabhängigen Kosten“. Zu den Fahrzeugkosten gehören beispielsweise die kalkulatorischen Zinsen, Kfz-Steuern und -Versicherungen. Die Gemeinkosten umfassen alle Beträge, die aus anderen Bereichen auf das einzelne Fahrzeug anteilig berechnet werden, also allgemeine Verwaltungskosten und kalkulatorischer Unternehmerlohn (vergleiche Kapitel 16.3).

Je direkter die Kosten mit der konkreten Abwicklung eines Auftrags in Verbindung stehen, desto wichtiger ist es, dass sie gedeckt werden. Daher wird die Reihenfolge der **Deckungsbeiträge I bis IV** entsprechend gewählt.

Bei der Beurteilung der Deckungsbeiträge (DB) wird von der gleichen Priorität ausgegangen: Während der **DB I** unbedingt positiv sein sollte, da sonst auf jeden Fall ein Verlust entsteht, ist ein negativer **DB II** eventuell schon vertretbar, wenn der Lkw alternativ keine Aufträge erfüllen würde. Wenn die kurzfristig extrem ungünstige Marktlage oder saisonale Tiefpunkte nur Aufträge ermöglichen, die zu einem negativen **DB III** führen, ist dieses bei einer mittelfristigen Perspektive zur Kostendeckung vertretbar. Ein negativer **DB IV** ist bei angespannter Marktlage kurz- und auch mittelfristig häufig. Allerdings darf er nur negativ sein, wenn es eine Perspektive für eine langfristige Umkehr zu positiven Deckungsbeiträgen gibt.

Mehrstufiger Deckungsbeitrag	
Vereinbarte Fracht	700,00 €
– Entfernungsabhängige = variable Kosten	342,99 €
Deckungsbeitrag I	**357,01 €**
– Fahrpersonalkosten	359,24 €
Deckungsbeitrag II	**–2,23 €**
– Zeitabhängige Fahrzeugkosten	102,34 €
Deckungsbeitrag III	**–104,57 €**
– Anteilige Gemeinkosten Fahrzeug	94,22 €
Deckungsbeitrag IV	**–198,79 €**

Am Beispiel der Lernsituation wird deutlich, dass bei der Durchführung des Auftrags zum Preis von 700,00 € die entfernungsabhängigen Kosten (Deckungsbeitrag I = positiv) gedeckt sind, aber bereits die Personalkosten (Deckungsbeitrag II = negativ), nicht vollständig gedeckt sind. Die zeitabhängigen Fahrzeugkosten werden gar nicht durch die Fracht ausgeglichen (Deckungsbeitrag III = negativ), die Gemeinkosten werden ebenfalls nicht gedeckt (Deckungsbeitrag IV = negativ).

18.5 Auswirkung auf die Preisgestaltung

In die Preisgestaltung auf dem heute sehr hart umkämpften Transportmarkt im Straßenverkehr fließen viele unterschiedliche Faktoren ein. Setzt man die **Vollkostenrechnung** zur Preisbestimmung an, werden die Frachtofferten häufig zu hoch ausfallen. Die hier und in Kapitel 16 für den Fernverkehr kalkulierten Frachtpreise liegen etwa 10% bis 20% über den Marktpreisen, in einigen Segmenten sogar noch höher. Eine geringe Auslastung durch zu hohe Preise führt dabei in einen Teufelskreis, da mit immer geringerer Leistung die gleich hohen Fixkosten gedeckt werden müssen. Das Unternehmen **kalkuliert sich so „aus dem Markt"**.
Eine Kalkulation mit **Deckungsbeiträgen** ist daher auf jeden Fall **sinnvoll**, da nur dadurch ein Überblick darüber gewonnen werden kann, welche Kosten gedeckt bzw. nicht gedeckt werden, wenn niedrigere Preise offeriert werden müssen. Es kann auch eingeschätzt werden, in welchem Maße ein Unterbieten von Konkurrenzpreisen kurzfristig sinnvoll ist.
Die Annahme von Aufträgen, die zu negativen Deckungsbeiträgen führen, ist aber langfristig nicht sinnvoll. Denn langfristig müssen sämtliche Kosten gedeckt und ein Gewinn erwirtschaftet werden, um zusätzliche Investitionen oder Rücklagen zu ermöglichen. Daher ist die **Vollkostenrechnung langfristig** gesehen nicht zu vernachlässigen.

Häufig werden bei der Preisgestaltung in Offerten noch weitere Faktoren berücksichtigt, z. B.:

- Durch zusätzliche Aufträge des Kunden können in anderen Bereichen Gewinne erwirtschaftet werden, die den Verlust ausgleichen.
- Oder es wird damit gerechnet, dass während des Transports weitere Güter beigeladen werden können und es so zu zusätzlichen Einnahmen kommt.
- Außerdem herrscht in einigen Verkehrsrichtungen ein einseitiges Überangebot an Ladungen (Unpaarigkeit von Güterströmen). Während in einer Richtung die Frachten die eigenen Kosten weit übersteigen können, liegen auf der „Rücktour" die Kosten weit über den Frachten, da ein Überangebot an Frachtraum herrscht.

Beispiel
Im Import aus der Türkei werden weit höhere Frachten gezahlt als im Export Richtung Türkei, da dort wesentlich mehr Konsumgüter (z. B. Textilien) hergestellt als verbraucht werden.

Insgesamt beruht die **Preisgestaltung** in der Praxis auf einer **Mischkalkulation**. Die Preise orientieren sich am **Wettbewerb**, an der individuellen **Auslastung**, am individuellen **Verhältnis zum Kunden** und an den **Preisuntergrenzen**, die in der Kostenrechnung bestimmt werden.

ZUSAMMENFASSUNG

Stufe	Deckung von …	Kostenbeispiele	Aussagekraft
Deckungsbeitrag I	entfernungsabhängigen = variablen Kosten	Treibstoffverbrauch, Reifenverschleiß, Maut	unbedingt positiv, keine Auftragsannahme bei negativem DB
Deckungsbeitrag II	Fahrpersonalkosten	Fahrerlohn, Spesen	sollte positiv sein, da zumindest Spesen variabel, nur sehr kurzfristig negativ
Deckungsbeitrag III	zeitabhängigen Fahrzeugkosten	kalkulatorische Zinsen, Kfz-Steuer, Kfz-Versicherung	sollte mittelfristig positiv sein, kann bei angespanntem Wettbewerb kurzfristig negativ ausfallen
Deckungsbeitrag IV	anteiligen Gemeinkosten	allgemeine Verwaltungskosten, anteiliger Unternehmerlohn	sollte langfristig positiv sein

BEARBEITUNGSVORSCHLAG

Übertragen Sie die Tabelle zur Ermittlung der Deckungsbeiträge in ein Tabellenkalkulationsprogramm. Orientieren Sie sich dabei an den Fahrzeugdaten und dem Aufbau der Tabelle in den Kapiteln 16 und 17 und übernehmen Sie die Auftragsdaten aus der Lernsituation.

Nachkalkulation		
Leerfahrt zum Versandort	54,00	1
Ladezeit		1,5
Lastfahrt	804,00	15
Entladezeit		2,5
Gesamt	**858,00**	**20**
vereinbarter Preis		1.250,00
zeitabhängige Fahrzeugkosten		280,80
Personalkosten		513,20
Entfernungsabhängige Kosten		483,23
Selbstkosten nach Ausführung		**1.277,23**
Über-/Unterdeckung		-27,23
in %		-2,13

Deckungsbeitragsrechnung	
Vereinbarte Fracht	1.250,00
Entfernungsabhängige = variable Kosten	483,23
Deckungsbeitrag I	**766,77**
Personalkosten	513,20
Deckungsbeitrag II	**253,57**
zeitabhängige Fahrzeugkosten	146,20
Deckungsbeitrag III	**107,37**
anteilige Gemeinkosten Fahrzeug	134,60
Deckungsbeitrag IV	-27,23

ÜBUNGSAUFGABEN

1. Geben Sie an, mit welchem Deckungsbeitrag folgende Kosten gerade gedeckt sind:
   a) Anteilige Kosten der Personalabteilung
   b) Vignette
   c) Lkw-Maut
   d) Auslandsspesen des Fahrers
   e) Schmierstoffverbrauch
   f) Kalkulatorisches Wagnis
   g) Kalkulatorische Abschreibung
   h) Stellplatz des Lkw
   i) Kalkulatorischer Unternehmerlohn
   j) Fahrerlohn
   k) Wartungskosten

2. Berechnen Sie die Deckungsbeiträge für den Transport von Stade nach Passau (vergleiche Kapitel 16).

Nachkalkulation		
Leerfahrt zum Versandort	54,00	1
Ladezeit		1,5
Lastfahrt	804,00	15
Entladezeit		2,5
Gesamt	**858,00**	**20**
Vereinbarter Preis		1 250,00 €
Zeitabhängige Fahrzeugkosten		280,80 €
Personalkosten		513,20 €
Entfernungsabhängige Kosten		483,23 €
Selbstkosten nach Ausführung		**1 277,23 €**

Anteilig an den zeitabhängigen Kosten:

Kalk. Unternehmerlohn pro Jahr	10 800,00 €
Allgemeine Verwaltungskosten pro Jahr	9 000,00 €
Summe zeitabhängige Kosten pro Jahr	**41 291,67 €**
Einsatzstunden pro Jahr	2 940 Std

3. Berechnen Sie die Situation aus Aufgabe 2, wenn der Kunde nur bereit ist, 450,00 €, 750,00 € oder 1 050,00 € zu zahlen.
   a) Ermitteln Sie die Deckungsbeiträge.
   b) Begründen Sie, ob und unter welchen Voraussetzungen Sie die Transporte durchführen würden.

4. Kalkulieren Sie die Deckungsbeiträge I bis IV für folgenden Transport und begründen Sie, unter welchen Voraussetzungen es Ihnen sinnvoll erscheint, den Transport durchzuführen.

Vereinbarter Preis	850,00 €
Zeitabhängige Fahrzeugkosten	215,61 €
Personalkosten	379,75 €
Entfernungsabhängige Kosten	422,49 €
Anteilige Gemeinkosten an den zeitabhängigen Kosten	47,45 %

5. Die Rhein-Road KG übernimmt einen Transport von 30 Paletten Bürogeräten von Köln nach Magdeburg. Für die Strecke von 428 km werden einschließlich Be- und Entladung 10 Stunden eingeplant und berechnet. Als Fracht werden 600,00 € zuzüglich Maut vereinbart, die Maut wird an den Auftraggeber weiterberechnet.
Es liegen folgende Kosten für den Lkw vor:

Zeitabhängige Fahrzeugkosten (je Einsatzstunde)	15,08	€/Stunde
Personalkosten (je Einsatzstunde)	22,90	€/Stunde
Entfernungsabhängige Kosten (je gefahrener km, ohne Maut)	0,4512	€/Kilometer

a) Berechnen Sie die Gesamtkosten für den Transport.
b) Kalkulieren Sie die Deckungsbeiträge I–III.
c) Berechnen Sie die Gesamtkosten für die Nachkalkulation, allerdings mit einem verkehrsbedingten Umweg von 45 km, der zu einer Verzögerung von drei Stunden führt.
d) Berechnen Sie die Deckungsbeiträge I–III für den Transport einschließlich Umweg.

6. Berechnen Sie die Deckungsbeiträge I–IV für den Transport entsprechend der Aufgabe 9, Kapitel 16 (Seite 232).

19 Der Sammelgutverkehr mit dem Lkw

LERNSITUATION

Hannes Seele hat gerade von Herrn Hansen erfahren, dass sowohl Herr Kohn als auch Herr Wiesing die gesamte nächste Woche auf einer Gefahrgutschulung sind. Das bedeutet, dass Hannes und Herr Hansen ganz allein die Arbeit der Abteilung „Lkw-Disposition national" erledigen müssen. Nur gut, dass Hannes und Herr Hansen sich gut verstehen. Bis jetzt hat Hannes fast ausschließlich mit Herrn Kohn zusammengearbeitet, und der hatte immer Komplettladungen zu bearbeiten. Mit Sammelgut hatte Hannes selten zu tun. Jetzt wird Herr Hansen die Komplettladungen übernehmen und Hannes soll alle Sammelgutaufträge alleine bearbeiten. Am Montag soll Hannes die ersten Sammelgutaufträge abrechnen. Ob das gut geht? Er schaut sich die Sammelgutaufträge an und weiß zunächst gar nicht, wo er anfangen soll. Also auf zum Abteilungsleiter, bevor irgendwas schiefläuft!

Folgende Frage möchte Hannes mit Herrn Hansen klären, bevor er sich an die Abrechnungen macht:

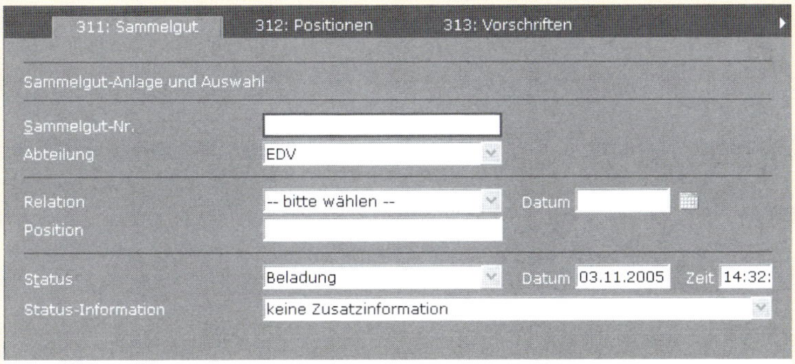

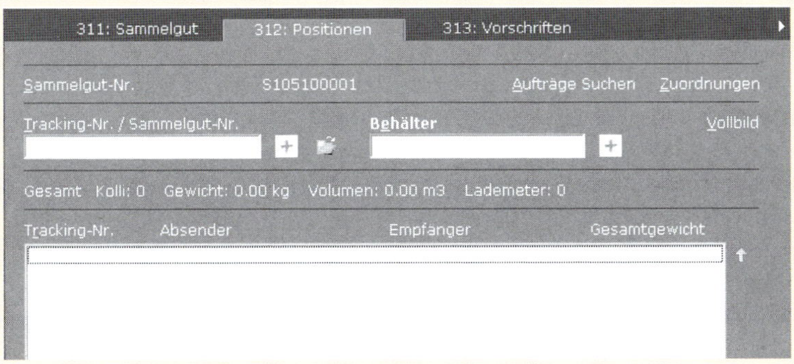

AUFGABEN

1. Welche Vertragspartner sind am Sammelguttransport beteiligt und wie sind die vertraglichen Beziehungen geregelt?
2. Wie lässt sich der Ablauf eines Sammelguttransportes grafisch darstellen?

19.1 Vertragliche Grundlagen des Sammelgutverkehrs

LSL

Sammelgutspediteure fassen bei der Versendung die Güter mehrerer Versender zu einer geschlossenen Ladung zusammen und besorgen die Beförderung zum Empfangsspediteur, der die Verteilung der Einzelsendungen an die Endempfänger besorgt.
Vertraglich sind die Beteiligten auf unterschiedliche Art und Weise miteinander verflochten:

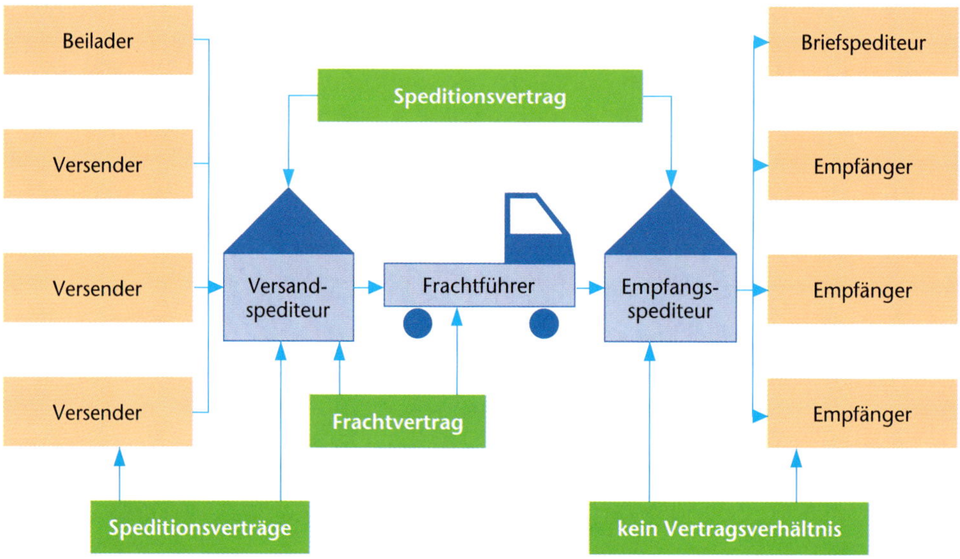

19.2 Abrechnung im Sammelgutverkehr

Die Abrechnung im Spediteursammelgutverkehr basiert auf einer freien Vereinbarung zwischen dem Versandspediteur und seinen Partnern. Dabei sind drei mögliche Abrechnungen zu unterscheiden; die Abrechnung mit dem Frachtführer, mit dem Empfangsspediteur und mit dem Kunden selbst (also Urversender oder Endempfänger). Darüber hinaus gibt es Beilader, die als Sammelspediteure dem Versandspediteur Teilsendungen zum Versand übergeben, da ihr eigenes Ladungsaufkommen zu gering für den Sammelverkehr ist. Am Bestimmungsort einer Sammelladung werden die Teilsendungen auch an sogenannte Briefspediteure weitergeleitet, die die weitere Behandlung der Sendungen entsprechend den Weisungen der Beilader übernehmen.[1]

Abrechnung mit dem Frachtführer

Die Abrechnung der Fracht mit dem Frachtführer verläuft, anders als im gewöhnlichen Speditionsgeschäft, auf eigene Rechnung des Versandspediteurs für die gesamte Sendung. Grundlage für die Frachtberechnung ist die freie Vereinbarung zwischen Versandspediteur und Frachtführer, z. B. anhand der Frachttabellen des Fuhrunternehmers.

Abrechnung mit dem Auftraggeber aus Sicht des Versandspediteurs

Hier werden die Frachtsätze nach dem Gewicht der Sendungen und der Entfernung als Haus-Haus-Entgelt gestaffelt, außerdem werden die Mautgebühren und die wichtigsten Nebenleistungen als zusätzliche Kostensätze aufgeführt. Die Vereinigung der Sammel-

[1] *Siehe LSL, 00306, Seite 273 ff.*

gutspediteure im DSLV (VERSA) veröffentlicht Kostenindices, die als Basis zur Gestaltung der Haus-Haus-Tarife dienen.

Abrechnung mit dem Empfangsspediteur

Der Empfangsspediteur rechnet nach Zustellung der Sendungen an die Endempfänger mit dem Versandspediteur aufgrund der **Rückrechnung** (Durchschrift des Borderos) ab, die normalerweise folgende Positionen enthält:

- EuV (Entladen und Verteilen) für die Übernahme der Sendungen und den Umschlag auf dem Umschlagslager
- Hausfrachten für „frei Haus"-Sendungen
- Reexpeditionskosten für „frei-Haus"-Sendungen, wenn das Gut vom Empfangsspediteur nicht direkt zugestellt, sondern aufgrund eines Frachtvertrages mit einem zusätzlichen Verkehrsmittel weitergeleitet wird
- Avisgebühren
- Sonstige Kosten
- Evtl. Nachnahmevergütung

Abrechnung im Sammelgutverkehr	
Mit den Dienstleistern	**Mit dem Kunden/Auftraggeber**
Abrechnung mit dem Lkw-Unternehmen im Hauptlauf → Gesamtladung als Berechnungsgrundlage	Haus-Haus-Entgelt
Abrechnung mit dem Empfangsspediteur im Nachlauf → Teilsendungen gemäß Borderodurchschrift als Berechnungsgrundlage (Rückrechnung)	Sonstige Entgelte → Zusätzliche Leistungen; Mautgebühren; Nebengebühren

19.3 Sammelgutabrechnung mit dem Auftraggeber

Haus-Haus-Entgelte für den Sammelgutverkehr gelten bis zu einem Gewicht von 3 000 kg. Gewichte, die darüber hinausgehen, werden für gewöhnlich nicht mehr als Speditionssammelgut sondern als Basisladung abgerechnet. Der Preis muss dann anders vereinbart werden.

Abgrenzung des Leistungsbereiches

- Die Haus-Haus-Entgelte gelten für den innerdeutschen Spediteursammmelgutverkehr. Sie gelten ab der Übernahme des Gutes vor dem Haus des Versenders und enden mit Übergabe des Gutes an den Endempfänger vor seinem Haus (Haus-Haus-Leistungsbereich).
- Bei **Selbstanlieferung** beginnt der Leistungsbereich mit der Übernahme des Gutes durch den Versandspediteur. Selbstanlieferung ist nur möglich im Einvernehmen mit dem Versandspediteur.

- In den folgenden Fällen endet der Leistungsbereich bereits an der Entladestelle der Sammelladung:
  - Bei Selbstabholung; diese ist nur möglich, wenn sie schriftlich vereinbart ist, und grundsätzlich nur an der Umschlagsanlage des Empfangsspediteurs zulässig. Der Leistungsbereich endet dann mit der Übergabe des Gutes an den selbst abholenden Endempfänger;
  - wenn die Sendung vom Empfangsspediteur an einen anderen Spediteur überwiesen werden muss (Briefspediteur), der seinerseits die Sendung an der Umschlagsanlage des Empfangsspediteurs abholt;
  - beim Versand von Exportgut nach einem deutschen Seehafen (Verkehr über die nasse Grenze). Wird die Sammelladung nach einem Verteilungsschuppen in einem Seehafen abgefertigt, gilt der Verteilungsschuppen als Entladestelle der Sammelladung;
  - wenn die Sendung – ohne Umfuhr – beim Empfangsspediteur eingelagert wird.

Haus-Haus-Entgelt

- Der Tarif enthält als Haus-Haus-Entgelt die **Beförderung innerhalb des oben abgegrenzten Leistungsbereiches** und die büromäßige Bearbeitung durch den Versand- und Empfangsspediteur.
- **Zusätzliche Leistungen und Auslagen** werden ergänzend zum Haus-Haus-Entgelt berechnet. Dies sind unter anderem Nachnahmevergütungen, Überweisungsspesen, Signierungskosten, Lagergelder, Avisgebühren, Wiegegebühren, Versicherungsprämien, die das übliche Maß übersteigenden Ladekosten, Fuhrleistungen (insbesondere Sonderfahrten, Wartezeiten, Nacht-, Samstags-, Sonn- und Feiertagsfahrten, zusätzliches Personal) und büromäßige Aufwendungen, Überlassung von Behältern und sonstiger Lade- und Packmittel, Lademittelverwaltung, Aufmessen von Sperrgütern, Rechnungserstellung an Unfrei-Empfänger, die nicht zur sofortigen Zahlung bereit sind, Selbstabholergebühr, Zoll- und sonstige Grenzabfertigung, Ausfertigung von Bescheinigungen aller Art, Postkosten, Kapitalbereitstellungskosten, Beschaffung von Ablieferungsnachweisen, Beförderung gefährlicher Güter.
  Soweit die Entgelte für zusätzliche Leistungen, wie oben genannt, nicht im **Nebengebührentarif** aufgeführt sind, wird ein angemessener Betrag, mindestens aber werden die Auslagen berechnet.

Zuschläge für Schnelllieferungen und Terminverkehre sowie für Beförderungen in Isothermfahrzeugen oder anderen Sonderfahrzeugen werden nach Vereinbarung zusätzlich berechnet.

Berechnung des Haus-Haus-Entgelts

- Das Haus-Haus-Entgelt wird für jede Sendung gesondert berechnet.
- Eine Sendung ist das von einem Versender für einen Empfänger vom Spediteur gleichzeitig übernommene Gut.
- Der Berechnung des Haus-Haus-Entgelts werden zugrunde gelegt:
  - Die verkehrsübliche Entfernung in Kilometer und
  - das Gewicht der Sendung in Kilogramm.

Liegt das Gewicht der Sendung unter 200 kg je Kubikmeter (sperriges Gut), so wird der Frachtberechnung ein Gewicht von 2,0 kg je angefangene 10 dm^3 zugrunde gelegt. Die Berechnung eines höheren frachtpflichtigen Gewichts bedarf der Vereinbarung.
Für palettiert übernommene Güter werden der Frachtberechnung folgende Mindestgewichte zugrunde gelegt:
- 400 kg pro Palettenstellplatz (800 mm x 1200 mm),
- 250 kg pro stapelbare Gitterboxpalette mit Euromaßen,
- 200 kg pro stapelbare Flachpalette mit Euromaßen,
- 100 kg pro Halbpalette,
- 50 kg pro Viertelpalette.
- Pro Lademeter[1] wird ein Mindestgewicht von 1000 kg berechnet.

Frankaturvorschriften

- Erteilt der Auftraggeber im Speditionsauftrag die Frankaturvorschrift „frei Haus", berechnet ihm der Versandspediteur das Haus-Haus-Entgelt sowie gegebenenfalls besondere Entgelte für zusätzliche Leistungen.
- Erteilt der Auftraggeber im Speditionsauftrag die Frankaturvorschrift „unfrei/ab Werk", so werden das Haus-Haus-Entgelt sowie gegebenenfalls besondere Entgelte für zusätzliche Leistungen beim Empfänger nachgenommen oder dem Empfänger berechnet.
- Verwendet ein Auftraggeber die Frankaturvorschrift „franco", „frei" oder „franco bzw. frei Bestimmungsort", ist dies gleichbedeutend mit „frei Haus". Werden Incotermsklauseln als Frankaturvorschriften verwendet, sind die „C"- und „D-Klauseln" gleichbedeutend mit „frei Haus" sowie die „E"- und „F-Klauseln" gleichbedeutend mit „unfrei/ab Werk". WSP
- Bei Zollgut (= Nichtgemeinschaftsware) bedarf es der zusätzlichen Vorschrift durch den Auftraggeber darüber, wer das Entgelt für die Zollabfertigung, den Zoll und die Steuern zu tragen hat.

Hinweise zum Palettentausch

- Paletten sind Packmittel. Sie sind vom Auftraggeber zu stellen (Urteil des Bundesgerichtshofes vom 15. Januar 1987).
- Nach den Allgemeinen Bedingungen für den Verkehr mit Austauschpaletten in der Bundesrepublik (Palettenpool), die Ende 1959 zwischen den Verbänden der verladenden Wirtschaft und den Verkehrsverbänden sowie der Deutschen Bundesbahn vereinbart wurden, sind Paletten im Stückgutverkehr Zug um Zug zu tauschen.
- Nach Auffassung der Spitzenverbände der verladenden Wirtschaft, des DIHT und des DSLV ist es für die Fortführung des Palettentausches durch die Spedition notwendig, dass die Verladerfirmen Palettentauschgebühren bezahlen und damit der Spedition für diese Dienstleistung einen angemessenen Kostendeckungsbeitrag sichern.
- Ziffer 4.1.3 ADSp lautet: „Der dem Spediteur erteilte Auftrag umfasst mangels Vereinbarung nicht die Gestellung und den Tausch von Paletten oder sonstigen Ladehilfs- und Packmitteln."
- Werden diese nicht Zug um Zug getauscht, erfolgt eine Abholung nur, wenn ein neuer Auftrag erteilt wird. Dies gilt nicht, wenn der Tausch auf Veranlassung des Spediteurs unterbleibt.

[1] *Lademeter für eine Europalette:* $\frac{1{,}20\ m \cdot 0{,}80\ m}{2{,}44\ m} = 0{,}4$ *Lademeter*

Auf den Netto-Abrechnungsbetrag muss am Ende die Umsatzsteuer berechnet werden. Dabei sind nur die Entgelte für Leistungen zu versteuern, nicht aber die Auslagen.

Haustarif für den Spediteursammelgutverkehr

der Wall GmbH, Spedition & Logistik

Haus-Haus-Entgelte

Entfernung in km	Gewicht in kg				
	1–50	51–100	101–200	201–300	301–400
	€	€	€	€	€
1–100	31,50	53,40	75,60	109,60	140,50
101–200	34,10	59,00	86,90	128,30	166,60
201–300	34,70	60,10	88,60	131,40	171,00
301–400	34,80	60,50	89,40	133,10	173,20
401–500	35,00	61,00	90,50	134,60	175,40
501–600	35,70	61,90	83,20	137,50	179,60
601–700	36,30	63,80	95,90	143,70	188,50
701–800	36,90	64,70	97,80	146,90	192,60
801–1 000	37,50	66,50	101,50	153,20	201,70

Entfernung in km	Gewicht in kg				
	401–500	501–600	601–700	701–800	801–900
	€	€	€	€	€
1–100	167,90	195,60	229,00	262,10	272,90
101–200	201,70	236,60	277,40	318,00	336,00
201–300	207,00	243,50	285,30	327,40	346,50
301–400	209,60	246,80	289,50	332,10	352,20
401–500	212,60	250,20	293,30	336,50	357,20
501–600	218,50	257,10	301,50	346,00	367,70
601–700	229,40	270,80	317,80	364,80	388,90
701–800	234,90	277,70	325,70	373,80	399,40
801–1 000	246,20	291,20	342,00	392,60	420,70

Entfernung in km	Gewicht in kg					
	901–1 000	1 001–1 250	1 251–1 500	1 501–2 000	2 001–2 500	2 501–3 000
	€	€	€	€	€	€
1–100	303,40	330,80	358,70	369,00	369,90	370,60
101–200	374,20	414,70	454,70	472,70	493,30	511,80
201–300	386,00	428,80	471,00	490,00	513,80	535,20
301–400	392,00	435,70	479,20	498,50	523,90	547,10
401–500	397,80	442,90	487,20	507,10	534,40	558,80
501–600	409,60	456,80	503,40	524,50	554,90	582,40
601–700	433,20	484,70	535,40	558,90	595,90	629,40
701–800	444,80	498,50	551,50	576,20	616,70	652,90
801–1 000	468,40	526,50	583,70	611,00	657,70	699,80

Nebengebühren

1. Für unter Haus-Haus-Entgelt unter anderem aufgeführte zusätzliche Leistungen werden zusätzlich zum Haus-Haus-Entgelt berechnet:

a)	Gebühr für Versendernachnahmen	2 %, mindestens	15,30 €
b)	Avisgebühren	pro Sendung	5,10 €
c)	Zustellung an einem vorgeschriebenen Tag (Fixtag) nach Ablauf der Regellaufzeit		15,30 €
d)	Wiegen von Gütern sowie Aufmessen von Sperrgütern nach Zeit und Aufwand	pro Sendung mindestens	2,60 €
e)	Lagergeld für Güter normalen Umfangs pro Tag und 100 kg		1,00 €
f)	Rechnungserstellung für Unfrei-Empfänger,	mindestens	2,10 €
	die nicht zur sofortigen Zahlung bereit sind, sowie für Dritte		6,10 €
g)	Nachträgliche Verfügungen des Versenders (z. B. Änderung der Frankatur) und Anweisungen des Empfängers	pro Sendung mindestens	5,10 €
h)	Beschaffung eines Ablieferungsnachweises	mindestens	6,10 €
i)	Palettentauschgebühr für genormte* Flachpaletten	je Palette	2,60 €
	Palettentauschgebühr für genormte* Gitterboxpaletten	je Palette	10,20 €
j)	Stand- und Wartezeiten von mehr als einer halben Stunde	je halbe Stunde	17,90 €

* Die Normen für Abmessungen und Güte richten sich nach DIN

2. Die bei der Versendung gefährlicher Güter erforderlichen zusätzlichen Leistungen werden mit einem angemessenen Betrag, mindestens aber in folgender Höhe abgerechnet:

pro Sendung:

bis 300 kg	mindestens	10,20 €
301 bis 1 000 kg	mindestens	15,30 €
über 1 000 kg	mindestens	20,50 €

Mautgebühren für Sendungen von 1 bis 3 000 kg

der Wall GmbH, Spedition & Logistik

Gewicht in kg	Entfernung in km									
	1–100	101–200	201–300	301–400	401–500	501–600	601–700	701–800	801–900	901–1 000
	€	€	€	€	€	€	€	€	€	€
1–100	1,07	1,07	1,07	1,07	1,07	1,07	1,07	1,07	1,07	1,07
51–100	1,07	1,07	1,07	1,07	1,07	1,07	1,21	1,40	1,58	1,78
101–200	1,07	1,07	1,07	1,31	1,68	2,05	2,43	2,80	3,17	3,54
201–300	1,07	1,07	1,55	2,18	2,80	3,42	4,04	4,67	5,29	5,91
301–400	1,07	1,31	2,17	3,05	3,92	4,79	5,66	6,53	7,40	8,27
401–500	1,07	1,68	2,79	3,92	5,04	6,16	7,28	8,40	9,51	10,64
501–600	1,07	2,05	3,42	4,79	6,15	7,52	8,89	10,26	11,63	13,00
601–700	1,07	2,43	4,04	5,66	7,28	8,89	10,51	12,13	13,74	15,37
701–800	1,07	2,80	4,67	6,54	8,40	10,26	12,12	14,00	15,86	17,73
801–900	1,07	3,18	5,29	7,40	9,51	11,63	13,74	15,86	17,98	20,09
901–1 000	1,18	3,55	5,91	8,27	10,64	13,00	15,35	17,73	20,08	22,46
1 001–1 250	1,40	4,21	7,00	9,80	12,59	15,40	18,19	20,99	23,79	26,59
1 251–1 500	1,71	5,14	8,55	11,97	15,39	18,82	22,23	25,66	29,07	32,50
1 501–2 000	2,17	6,54	10,88	15,25	19,59	23,95	28,29	32,66	37,00	41,37
2 001–2 500	2,79	8,40	13,98	19,60	25,19	30,79	36,38	41,99	47,57	53,18
2 501–3 000	3,41	10,27	17,10	23,96	30,78	37,63	44,46	51,32	58,14	65,00

Berechnung der Maut

- Mit dieser Tabelle wird das Ziel verfolgt, eine einfache Abrechnungsgrundlage zur **Weiterberechnung der Lkw-Maut** an die Hand zu geben.
- Die Versa hat im Rahmen einer internen Strukturerhebung einen durchschnittlichen **Mautsatz** für die Fahrzeugflotte ihrer Mitglieder ermittelt und zur Grundlage von Mautgebührentabellen für den Spediteursammelgutverkehr gemacht. Zur Berechnung des durchschnittlichen Mautsatzes werden die Mautsätze mit diesen Fahrleistungsanteilen gewichtet und ein arithmetischer Durchschnitt berechnet.
- Der Tabelle wird der gerundete Wert von 0,186 € zugrunde gelegt. Des Weiteren wird davon ausgegangen, dass die durchschnittliche Auslastung eines Lkw im Sammelgutverkehr in Deutschland bei 8 000 kg liegt. Diese Annahme wird für Sendungen bis 3 000 kg getroffen und macht es damit möglich, einen **nach Kilometer und Gewicht differenzierten Mautsatz** auszuweisen.
- Zur Berechnung der Maut gelten die gleichen Vorschriften wie bei der Berechnung des Haus-Haus-Entgeltes.

Die Vorgehensweise zur Ermittlung der Haus-Haus-Entgelte, der Maut und Nebenkosten soll beispielhaft durchgerechnet werden:

Beispiel

Die Wall GmbH, Spedition & Logistik hat eine Sendung im Sammelgutverkehr von Hamburg nach München (733 km) abzurechnen. Mit dem Kunden wurde die Abrechnung gemäß Haustarif vereinbart. Folgender Speditionsauftrag liegt vor.

Speditionsauftrag

Versender
Georg Plange,
Trettaustr. 12,
20259 Hamburg

Wall GmbH
Spedition & Logistik
Großmannstraße 253
20539 Hamburg
Mail: service@wall-gmbh.de
Internet: www.wall-gmbh.de
Tel. +49 40 31104-0
Fax +49 40 31104-99

Niederlassungen in
Deutschland: Bremen, Frankfurt, Stuttgart, Köln, Dresden, München
Spanien: Barcelona
China: Hong Kong
Australien: Sydney
USA: New York
Argentinien: Buenos Aires
Südafrika: Johannesburg

Consignee
Gloria-Mehl,
Pasinger Str. 3
München

Notify

Abholadresse
Trettaustr. 12

Bestimmungshafen	**Sie erhalten durch:** Abholung/~~Anlieferung~~	**Ort** Hamburg	**Datum** 31.10.20..

Liefer- und Zahlungsbedingungen frei Haus ~~L/C~~	**Warenwert**	**Unsere Referenz** Brad/Vat

Zeichen/Nr.	Anzahl	Verpackungsart	Inhalt	Gewicht
Backstark	2	Gitterboxen	Backmischungen	630,00 kg
Gesamt:	2			**630,00 kg**

Obige Sendung ist **Gefahrgut (Dangerous goods)** im Sinne der gesetzlichen Bestimmungen:
Klasse: UN-Nr. Verpackungsgruppe EmS:
MARPOL: –
Proper shipping name:

Besondere Vorschriften und Vermerke:

Anlagen:

ppa. **Sielaf**
Stempel / Unterschrift

Wir arbeiten ausschließlich aufgrund der Allgemeinen Deutschen Spediteurbedingungen (neueste Fassung). **Diese beschränken in Ziffer 23 ADSp die gesetzliche Haftung für Güterschäden nach § 431 HGB für Schäden in speditionellem Gewahrsam auf 5 €/kg; bei multimodalen Transporten unter Einschluss einer Seebeförderung auf 2 SZR/kg sowie darüber hinaus je Schadensfall bzw. -ereignis auf 1 Mio. bzw. 2 Mio € oder 2 SZR/kg, je nachdem, welcher Betrag höher ist.**

Haustarif für den Spediteursammelgutverkehr

der Wall GmbH, Spedition & Logistik

Haus-Haus-Entgelte

Entfernung in km	Gewicht in kg 1–50	51–100	101–200	201–300	301–400
	€	€	€	€	€
1–100	31,50	53,40	75,60	109,60	140,50
101–200	34,10	59,00	86,90	128,30	166,60
201–300	34,70	60,10	88,60	131,40	171,00
301–400	34,80	60,50	89,40	133,10	173,20
401–500	35,00	61,00	90,50	134,60	175,40
501–600	35,70	61,90	83,20	137,50	179,60
601–700	36,30	63,80	95,90	143,70	188,50
701–800	36,90	64,70	97,80	146,90	192,60
801–1 000	37,50	66,50	101,50	153,20	201,70

Entfernung in km	Gewicht in kg 401–500	501–600	601–700	701–800	801–900
	€	€	€	€	€
1–100	167,90	195,60	229,00	262,10	272,90
101–200	201,70	236,60	277,40	318,00	336,00
201–300	207,00	243,50	285,30	327,40	346,50
301–400	209,60	246,80	289,50	332,10	352,20
401–500	212,60	250,20	293,30	336,50	357,20
501–600	218,50	257,10	301,50	346,00	367,70
601–700	229,40	270,80	317,80	364,80	388,90
701–800	234,90	277,70	325,70	373,80	399,40
801–1 000	246,20	291,20	342,00	392,60	420,70

Ermittlung des Haus-Haus-Entgeltes

Im Haustarif für den Spediteursammelgutverkehr muss zunächst die Spalte mit dem richtigen Gewicht ermittelt werden. Für 630 kg ist die Gewichtsklasse von 601 bis 700 kg zutreffend, sie befindet sich in der dritten Spalte in der Mitte. Anschließend wird mithilfe der Entfernungsklassen das betreffende Entgelt ermittelt. Für 730 km trifft die Klasse von 701 bis 800 km zu.
Der Haus-Haus-Tarif beträgt damit 325,70 €.

Ermittlung der Maut

Im Tarif für die muss zunächst die Spalte mit dem richtigen Gewicht ermittelt werden. Für 630 kg ist die Gewichtsklasse von 601–700 kg zutreffend.
Anschließend wird mithilfe der Entfernungsklassen das betreffende Entgelt ermittelt. Für 730 km trifft die Klasse von 701–800 km zu.
Die Maut beträgt damit 12,13 €.

Mautgebühren für Sendungen von 1 bis 3 000 kg

der Wall GmbH, Spedition & Logistik

Gewicht in kg	Entfernung in km 1–100	101–200	201–300	301–400	401–500	501–600	601–700	701–800
	€	€	€	€	€	€	€	€
1–100	1,07	1,07	1,07	1,07	1,07	1,07	1,07	1,07
51–100	1,07	1,07	1,07	1,07	1,07	1,07	1,21	1,40
101–200	1,07	1,07	1,07	1,31	1,68	2,05	2,43	2,80
201–300	1,07	1,07	1,55	2,18	2,80	3,42	4,04	4,67
301–400	1,07	1,31	2,17	3,05	3,92	4,79	5,66	6,53
401–500	1,07	1,68	2,79	3,92	5,04	6,16	7,28	8,40
501–600	1,07	2,05	3,42	4,79	6,15	7,52	8,89	10,26
601–700	1,07	2,43	4,04	5,66	7,28	8,89	10,51	12,13
701–800	1,07	2,80	4,67	6,54	8,40	10,26	12,12	14,00
801–900	1,07	3,18	5,29	7,40	9,51	11,63	13,74	15,86

Ermittlung der Nebenkosten

Den Tarifen für Nebengebühren lassen sich die zu berechnenden Nebengebühren entnehmen. Für diesen Auftrag wird eine Palettentauschgebühr für zwei Gitterboxpaletten = 20,40 € berechnet.

Nebengebühren

1. Für unter Haus-Haus-Entgelt unter anderem aufgeführte zusätzliche Leistungen werden zusätzlich zum Haus-Haus-Entgelt berechnet:

a) Gebühr für Versendernachnahmen	2 %, mindestens	15,30 €
b) Avisgebühren	pro Sendung	5,10 €
c) Zustellung an einem vorgeschriebenen Tag (Fixtag) nach Ablauf der Regellaufzeit		15,30 €
d) Wiegen von Gütern sowie Aufmessen von Sperrgütern nach Zeit und Aufwand	pro Sendung mindestens	2,60 €
e) Lagergeld für Güter normalen Umfangs pro Tag und 100 kg		1,00 €
f) Rechnungserstellung für Unfrei-Empfänger, die nicht zur sofortigen Zahlung bereit sind, sowie für Dritte	mindestens	2,10 € / 6,10 €
g) Nachträgliche Verfügungen des Versenders (z. B. Änderung der Frankatur) und Anweisungen des Empfängers	pro Sendung mindestens	5,10 €
h) Beschaffung eines Ablieferungsnachweises	mindestens	6,10 €
i) Palettentauschgebühr für genormte* Flachpaletten	je Palette	2,60 €
Palettentauschgebühr für genormte* Gitterboxpaletten	je Palette	10,20 €
j) Stand- und Wartezeiten von mehr als einer halben Stunde	je halbe Stunde	17,90 €

* Die Normen für Abmessungen und Güte richten sich nach DIN

2. Die bei der Versendung gefährlicher Güter erforderlichen zusätzlichen Leistungen werden mit einem angemessenen Betrag, mindestens aber in folgender Höhe abgerechnet:
pro Sendung:
bis 300 kg — mindestens 10,20 €

Dem Kunden werden somit folgende Positionen berechnet:

– Haus-Haus-Entgelt:	325,70 €
– Maut:	12,13 €
– Palettentausch:	20,40 €
Netto gesamt:	358,23 €

19.4 Sammelgutabrechnung mit dem Frachtführer und Empfangsspediteur

Der Sammelgutspediteur, der viele Einzelsendungen zusammenfasst, beauftragt meistens mehrere Frachtführer für den Transport der Sendungen. Vorlauf, Hauptlauf und Nachlauf werden häufig von verschiedenen Fuhrunternehmen bzw. Empfangsspediteuren durchgeführt, wenn der Sammelgutspediteur nicht von seinem Selbsteintrittsrecht Gebrauch macht.

Dem Erlös aus der Abrechnung einer Einzelsendung mit dem Auftraggeber stehen mehrere **Kostenpositionen** gegenüber, die an unterschiedlichen Stellen während des Versandes entstehen und von den am Versand Beteiligten dem Versandspediteur berechnet werden.

Bei „unfrei"-Sendungen entstehen während des Versandes **Einnahmen**, die von den Beteiligten eingezogen werden.

Alle diese Kosten und Einnahmen, die an unterschiedlichen Stellen entstehen, muss der Versandspediteur für jede einzelne Sendung verrechnen, um seinen Bruttonutzen zu ermitteln. Die Verrechnung der Einnahmen und Ausgaben erfolgt mithilfe des Borderos, aus dem hervorgeht, ob die Sendung frei Haus oder unfrei geliefert werden soll. Bei „unfrei"-Lieferungen zieht der Empfangsspediteur die Fracht vom Empfänger ein und muss diese an den Versandspediteur weiterleiten, der dann die Verrechnung mit den Kosten des Empfangsspediteurs vornimmt. Wenn alle Rechnungen und eventuelle Nachnahmebelege für „unfrei"-Sendungen der Beteiligten vorliegen, kann der Versandspediteur eine Kosten-Nutzen-Analyse vornehmen und so seinen Bruttonutzen errechnen.

Beispiel

Die Wall GmbH, Spedition & Logistik hat vier Sendungen im Sammelgutverkehr von Hamburg nach München (733 km) abzurechnen. Mit allen Kunden wurde die Abrechnung gemäß Haustarif vereinbart.

Als Frachtführer wurde die Bradenwo Transportges. mbH mit dem Einsammeln der Ware in Hamburg und der Durchführung des Hauptlaufes bis zum Lager des Empfangsspediteurs in München beauftragt. Die Völler Logistik wurde als Empfangsspediteur mit dem Entladen und Verteilen in München beauftragt. Mit dem Frachtführer Bradenwo Transportges. mbH wurde ein fester Betrag für die gesamte Sendung vereinbart, die Abrechnung mit dem Empfangsspediteur erfolgt mithilfe des Borderos, es wurden bereits im Voraus Preise mit ihm vereinbart.

Für eine Kosten-Nutzen-Analyse des Transportes liegen folgende Ausgangs- und Eingangsrechnungen vor, welche in den Schritten A bis D bearbeitet werden:

Schritt A. Ausgangsrechnungen nach Haustarif (weitere Informationen siehe Bordero):

Rechnungsempfänger	Position	Betrag in € (netto)	Summe in € (netto)
Georg Plange	Haus-Haus-Entgelt	325,70	
	Maut	12,13	
	Palettentausch	20,40	358,23
Henle	Haus-Haus-Entgelt	234,90	
	Maut	8,40	
	Palettentausch	2,60	
	Versendernachnahme	15,30	261,20
Korbladen	Haus-Haus-Entgelt	576,20	
	Maut	32,66	
	Palettentausch	13,00	
	Versendernachnahme	15,30	637,16
Schreiber	Haus-Haus-Entgelt	325,70	
	Maut	12,13	337,83
Summe:			1 594,42

Schritt B. Eingangsrechnung der Bradenwo Transportges. mbH für Transport von Hamburg nach München lt. Bordero gemäß telefonischer Vereinbarung über 700,00 € netto.

Folgendes Bordero dient als Abrechnungsgrundlage mit dem Empfangsspediteur:

Versandspediteur				Bordero-Nr. 9			Frachtführer		Empfangsspediteur			
Wall GmbH, Spedition & Logistik				Datum 01.09.20.. Blatt 1 Relation MUC			Bradenwo Transportges. mbH		Völler Logistik			
Pos.	Zeichen und Nummern	Anzahl	Art	Inhalt	Gewicht kg	Versender	Empfänger	Frankatur	Vom Empfänger zu erheben		Rückrechnung	
									Steuerpfl.	Nicht steuerpfl.	Zurollung	Sonstiges
1	Backstark	2	Gitterboxen	Backmischungen	630,00	Georg Plange, Trettaustr. 12	Gloria-Mehl, Pasinger Str. 3	frei			30,00	9,00
2	Vök-33-90	1	Pal.	Spirituosen	410,00	Niewöhner, Gertigstr. 33	Henle, Austr. 145c	unfrei	261,20		16,50	12,30
3	Korbimpex	5	Pal.	Papierkörbe	2 000,00	Korbimpex, Am Stein 66	Korbladen, Adelstr. 12	unfrei	637,16		45,00	12,30
4	Sojusimpex	1	Kst.	Kardanwelle	635,00	Schreiber, Frachthof 43c	Zubrowimpex, Am Markt 45	frei			30,00	9,00
	Summe	9		Summe	3 675,00			Summe	898,36	Summen	121,50	42,60
										Rückrechnung gesamt	164,10	

Schritt C. Abrechnung mit dem Empfangsspediteur:

Eingangsrechnung der Völler-Logistik für E+V, Zurollung und sonstige Kosten lt. Bordero gemäß telefonischer Vereinbarung: 164,10 €
Abzüglich eingezogener **Nachnahmen**: 898,36 €
Nettoüberweisungsbetrag der Völler-Logistik an die Wall GmbH, Spedition & Logistik: 734,26 € zzgl. USt

Schritt D. Errechnung des Brutto-Nutzens:

Speditionserlöse		1 594,42 €
./. Speditionskosten	Vom Frachtführer	700,00 €
	Vom Empfangsspediteur	164,10 €
Brutto-Nutzen		730,32 €

19.5 Vorteile des Sammelgutverkehrs

LSL

Der Hauptvorteil dieser Versendungsform liegt darin, dass deutlich niedrigere Beförderungskosten als bei einer Einzelsendung anfallen. Weitere Kostenvorteile ergeben sich z. B. durch:

- bessere Auslastung des Frachtraumes,
- meist keine Mindestfrachten bei Nichterreichen des Mindestgewichtes,
- Verpackungseinsparung,
- niedrigere Abfertigungskosten, da nur eine Sendung abgefertigt wird.

Ein weiteres Rechenbeispiel verdeutlicht den Kostenvorteil der Versendung von Gütern per Sammelgut gegenüber dem Einzelversand und erklärt das Anbieten dieses Produktes bei den Speditionen:

Die Wall GmbH, Spedition & Logistik erhält von fünf Versendern den Auftrag, jeweils 400 kg Ladung frei Haus zu transportieren, deren Empfänger alle am gleichen Zielort ihren Sitz haben. Der Frachtsatz beträgt für 400 kg 30,00 €. Der Spediteur stellt fünf Frachtbriefe aus und zahlt den Frachtführern für die fünf Sendungen insgesamt 150,00 €, die er zuzüglich seiner Provision den Versendern weiterberechnet.
Fasst der Spediteur die fünf Sendungen zu einer Sendung zusammen, so beträgt der Frachtsatz für 2000 kg 100,00 €. Der Spediteur kann aus dieser Frachtdifferenz den Versendern ein günstigeres Angebot machen.

Fracht für fünf Einzelsendungen zu 400 kg à 30,00 €	150,00 €
Abrechnung mit dem Frachtführer	100,00 €
Frachtdifferenz	50,00 €

MERKE

Kostenvorteil beim Sammelgutverkehr

Abrechnung des Sammelgutspediteurs mit dem Versender bzw. Endempfänger:	Fracht für Einzelsendung
Abrechnung des Sammelgutspediteurs mit den Frachtführern:	Fracht für die Gesamtladung
Kostenvorteil des Sammelgutspediteurs:	Frachtdifferenz

ZUSAMMENFASSUNG

Abrechnung im Sammelgutverkehr

z. B. „frei Haus“-Sendung

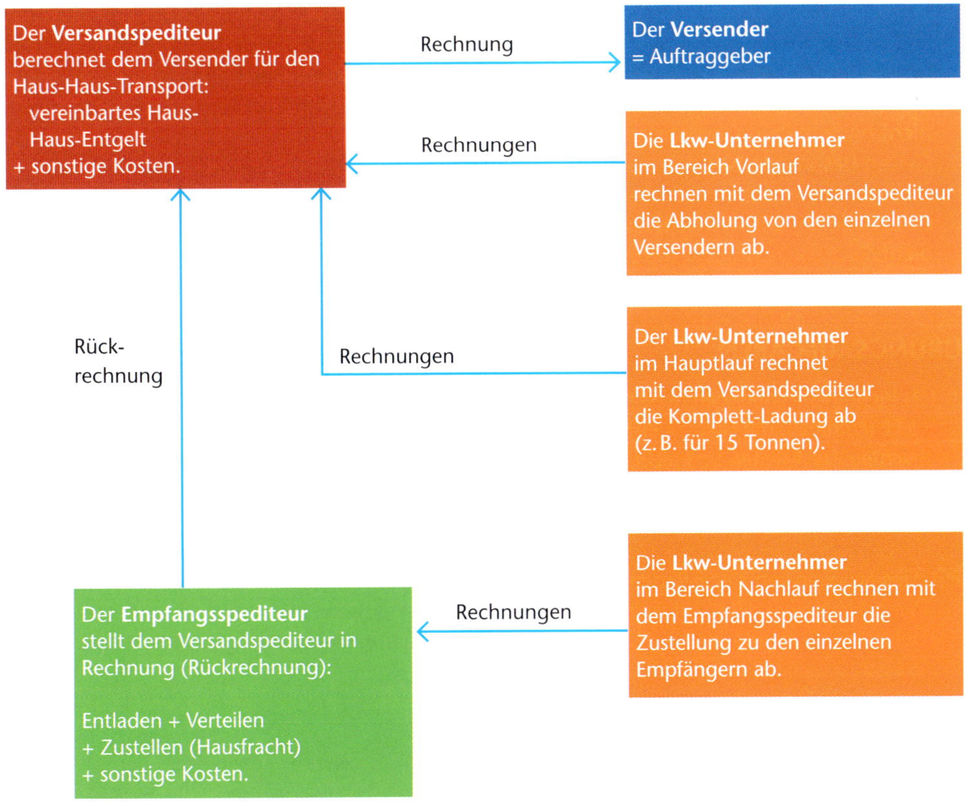

Abschließend ermittelt z. B. der **Versandspediteur** seinen Bruttonutzen (= Speditionsnutzen je Auftrag und für die Komplett-Ladung):

Speditionserlöse
– Speditionskosten von Lkw-Unternehmen (Vor- und Nachläufe)
– Speditionskosten vom Frachtführer (Hauptlauf)
– Speditionskosten vom Empfangsspediteur

= B r u t t o n u t z e n

BEARBEITUNGSVORSCHLÄGE

1. Erläutern Sie die Vorteile des Sammelgutverkehrs aus Sicht des Versandspediteurs.
2. Erläutern Sie die Vorteile des Sammelgutverkehrs aus Sicht der Versenders/Kunden.
3. Welche Lieferbedingungen gibt es im Sammelgutverkehr und mit wem muss abgerechnet werden – wer bekommt also die Rechnung der Wall GmbH, Spedition & Logistik?
4. Klären Sie, wie sichergestellt ist, dass der Versandspediteur bei Unfrei-Sendungen seine Vergütung erhält. – Das Geld nimmt ja ein anderer Beteiligter per Nachnahme ein.
5. Stellen Sie dar, was unter sperrigem Gut zu verstehen ist, und erläutern Sie, warum dieses nicht nach realem Gewicht abgerechnet wird.
6. Gelten bestimmte Mindestgewichte für palettierte Güter?
7. Erklären Sie, wofür dem Partner/Kunden P/P in Rechnung gestellt werden.
8. Geben Sie an, auf welche Rechnungspositionen Umsatzsteuer zu berechnen ist, auf welche nicht.

ÜBUNGSAUFGABEN

1. Folgende Abrechnungen muss Hannes erledigen:
5 FP (Euromaß) mit Faxgeräten sollen von Hamburg nach Bremen (120 km) im Sammelgut verladen werden. Die Paletten sind nicht stapelbar und wiegen je 280 kg. Die Sendung geht „frei Haus" zum Empfänger nach Bremen.
Berechnen Sie den Rechnungsbetrag an den Absender, mit dem 4,50 € P/P vereinbart sind.

2. Eine Sendung von 3 Kolli Rattan-Sesseln wird von der „Spanien Export" in Stelle für einen Kunden in Schweinfurt „frei Haus" aufgegeben (471 km). Da der Kunde keine Maße angeben kann, werden auf seine Anweisung hin die 3 Kolli im Umschlagslager vermessen (Mindestsatz); die Maße sind:
83 x 72 x 157 cm, 65 kg
77 x 80 x 190 cm, 72 kg
90 x 85 x 120 cm, 84 kg
Bei der Beladung in Stelle wird die Sendung zunächst nicht gefunden, daher muss der Fahrer dort insgesamt 11/2 Stunden warten.
Berechnen Sie den Betrag, den der Absender zu zahlen hat.

3. Von Hamburg aus versendet ein Kunde 4 Gitterboxen (stapelbar) mit je 470 kg Stahlschienen nach Frankfurt/Main (495 km). Die Frankatur lautet „frei Haus Frankfurt/Main". Die Sendung wird gemäß Versenderanweisung avisiert. Der Kunde in Hamburg bekommt eine Marge von 15 % auf das Haus-Haus-Entgelt vom Versandspediteur, da die Sendung frei Station geliefert wird. Als P/P sind 3,50 € vereinbart.
Berechnen Sie das Entgelt an den Versender.

4. Ein Spediteur kann in Freiburg folgende Sammelladung als Rückfracht nach Darmstadt (244 km) übernehmen:
– 4 Paletten à 262 kg im Durchschnitt
– 5 Gitterboxen im Gesamtgewicht von 920 kg
Berechnen Sie das Beförderungsentgelt nach Darmstadt.

5. Ein Spediteur erhält von der Firma Richter KG den Auftrag, 2 Europaletten und 3 Gitterboxen im Gesamtgewicht von 1 296 kg von Bremen nach Görlitz zu transportieren. Vor der Beladung des Lkw meldet sich die Firma Richter KG und gibt als neuen Zielort Hamburg (120 km) an.
Welcher Rechnungsbetrag wird der Firma Richter KG in Rechnung gestellt?

6. Ein Spediteur erhält eine Sammelgutsendung eines Kunden für die Relation Nürnberg:
   1. Werkzeugmaschine 0,52 x 1,33 x 0,79 m; 379 kg; Gefahrgut.
   2. 6 Kolli Ersatzteile insgesamt 1,00 x 1,35 x 1,75 m; 558 kg, mussten gewogen werden, Gefahrgut.
   3. 3 Paletten (stapelbar) mit je 500 Packungen Kaffee zu je 550 g brutto, die 2 Tage im Speditionslager eingelagert wurden.

   Wie hoch ist der Transportpreis des Hauptlaufs nach Nürnberg (633 km)?

7. Situation:
   Am heutigen Tag stehen auf dem Umschlagslager die folgenden Sendungen von Hamburger Kunden, mit denen Sie regelmäßig zusammenarbeiten, bereit.
   Alle Sendungen sollen am nächsten Tag zum Empfangsspediteur G. Berger Spedition, Merkurstraße 14, 13127 Berlin (285 km) transportiert werden. Sie beauftragen als Frachtführer die Firma Möller Trans GmbH, Merowinger Str. 8, 25343 Otterndorf.

   Sendung 1
   Versender: Natur und Umwelt, Pohlstrasse 32. Frankatur „frei Haus", Empfänger Binder Gartencenter, Comeniusplatz 148, 10547 Berlin (280 km). Die Sendung besteht aus einer Palette Dünger, Gewicht 980 kg, Markierung N&U. P/P (4,50 €) und sind Avis erforderlich.

   Sendung 2
   Firma E. Lahrmann GmbH, Gellertstr. 181, will drei Paletten Farben (kein Gefahrgut), Markierung LAH 1–3, im Gewicht von insgesamt 2,4 t ins Einrichtungshaus Raum & Design, Christophstr. 88, 13127 Berlin (286 km), geliefert haben, Frankatur „frei Haus". Die Sendung musste gewogen werden.

   Sendung 3
   Einrichtungshaus Raum & Design, Christophstr. 88, hat eine Palette Schulungsmaterial, 600 kg, für die Firma Walter EDV-Training, Koppelskamp 34, 12205 Berlin (265 km), zu liefern. Frankatur „frei Haus", Markierung DEB. Die Ware musste drei Tage eingelagert werden.

   Sendung 4
   Die Metallwerke AG im Tillmannsweg 19, hat vier Paletten Verblendungsmaterial für L. Bäumer GmbH, Hoher Weg 6 in 14109 Berlin (269 km), zu liefern. Frankatur „frei Haus", Gewicht 2,3 t, Nummern MAG 1–4. Der Kunde wünscht Abliefernachweis.

   Sendung 5
   Die Achterhaus Druck in der Bergstrasse 26 hat eine Sendung an die Reise-Verlagsgesellschaft, Fritz-Erler-Str. 47, 10115 Berlin (288 km), Kennzeichnung AD. Es handelt sich um Kataloge, angeliefert auf einer Palette, Gewicht 700 kg, Frankatur „unfrei". Der Kunde wünscht Abliefernachweis, P/P (3,50 €) und Avisgebühr sind erforderlich.

   Sendung 6
   Die Elektrofirma Elsy GmbH in der Steinstrasse 71 hat drei Paletten Sicherungsanlagen im Gewicht von 2,45 t angeliefert, die zur Firma Ernst Bauer KG, Ahornstraße 77, 14974 Ludwigsfelde (305 km), geliefert werden sollen. Frankatur ist „unfrei", die Nummern auf den Paletten lauten ELI 1–3.

   Sendung 7
   Zwei Paletten Industriefilter von der BFA Filtertechnik, Südendstraße 341, sollen zum Empfänger Gerd Lager, Rotdornstraße 33, 12169 Berlin (265 km). Das Gewicht beträgt 1 450 kg, die Frankatur lautet „frei". Markierungen sind BFA1 und BFA2. Die Ware musste gewogen werden und wurde zwei Tage eingelagert.

   Sendung 8
   Druckerei Lage GmbH, Baseler Straße 121, hat eine eilige Sendung mit zwei Paletten Prospekte, 2 000 kg, für die E + S Bürotechnik in der Sandstraße 22 in 13407 Berlin (271 km). Die Kennzeichnungen auf den Paletten sind LA-1 und LA-2. Frankatur ist „frei Haus".

Sendung 9

Die Nolte GmbH, Fußbodentechnik, Domstraße 19, will eine Palette Teppichbodenfliesen, 800 kg, Kennzeichnung NMOL, „frei" an die Firma Gerd Waltermann Teppichboden, Paulusstraße 1 in 14482 Potsdam (239 km) geliefert haben. P/P (4,00 €) sowie Avisgebühr sind zu berechnen.

Versandspediteur				Bordero-Nr. 1			Frachtführer		Empfangsspediteur			
Wall GmbH, Spedition & Logistik				Datum 09.01.20.. Blatt 1 Relation BER			Möller Trans GmbH		Thiesen Logistik			
Pos.	Zeichen u. Nummern	Anzahl	Art	Inhalt	Gewicht kg	Versender	Empfänger	Frankatur	Vom Empfänger zu erheben		Rückrechnung	
									Steuerpfl.	Nicht steuerpfl.	Zurollung	Sonstiges
1	N&U	1	Pal.	Dünger	980,00	Natur und Umwelt, Pohlstraße 32, Hamburg	Binder Gartencenter, Comeniuspl. 148, 10547 Berlin	frei				
2	LAH 1–3	3	Pal.	Farbe (kein Gefahrgut)	2400,00	Firma E. Lahrmann GmbH, Gellertstraße 181, Hamburg	Einrichtungshaus Raum und Design, Christophstr. 88, 13127 Berlin	frei				
3	DEB	1	Pal.	Schulungsmaterial	600,00	Einrichtungshaus Raum und Design, Christophstr. 88, Hamburg	Walter EDV-Training, Koppelskamp 34, 12205 Berlin	frei				
4	MAG 1–4	4	Pal.	Verblendungsmaterial	2300,00	Metallwerke AG, Tillmannsweg 19, Hamburg	L. Bäumer GmbH, Hoher Weg 6, 14109 Berlin	frei				
5	AD	1	Pal.	Kataloge	700,00	Achterhaus Druck Bergstraße 26, Hamburg	Reise-Verlagsgesellschaft, F.-Erler-Str. 47, 10115 Berlin	unfrei				
6	ELI 1–3	3	Pal.	Sicherungsanlagen	2450,00	Elektrofirma Elsy GmbH Steinstraße 71 Hamburg	Ernst Bauer KG, Ahornstraße 77, 14974 Ludwigsfelde	unfrei				
7	BFA 1–2	2	Pal.	Industriefilter	1450,00	BFA Filtertechnik, Südendstraße 341, Hamburg	Gerd Lager, Rotdornstraße 33, 12169 Berlin	frei				
8	LA 1–2	2	Pal.	Prospekte	2000,00	Druckerei Lage GmbH, Baseler Straße 121, Hamburg	E+S Bürotechnik, Sandstraße 22, 13407 Berlin	frei				
9	NMOL	1	Pal.	Teppichbodenfließen	800,00	Nolte GmbH, Fußbodentechnik, Domstraße 19, Hamburg	Gerd Waltermann Teppichboden, Paulusstraße 1, 14482 Potsdam	frei				
	Summe			Summe	13680,00			Summe		Summen		
										Rückrechnung gesamt		

a) Als Disponent erstellen Sie jetzt das Bordero anhand der Speditionsaufträge.
Außerdem berechnen Sie Fracht und Nebengebühren mithilfe des Haustarifes. Diese Preisvereinbarung haben Sie mit Ihren Kunden getroffen. Auch die Unfrei-Empfänger sind mit dieser Vereinbarung einverstanden. Bei Unfrei-Sendungen tragen Sie die Fracht ins Bordero ein.

b) Der Bruttonutzen des Sammelguttransportes soll errechnet werden. Der Frachtführer Möller Trans GmbH berechnet für den Transport 7,43 € pro angefangene 100,00 kg.
Der Empfangsspediteur verlangt pro Sendung für Entladen und Verteilen
bis 1 000,00 kg 1,00 € je angefangene 100,00 kg,
bis 1 500,00 kg 0,90 € je angefangene 100,00 kg,
bis 2 000,00 kg 0,80 € je angefangene 100,00 kg,
über 2 000,00 kg 0,65 € je angefangene 100,00 kg.
Für die Zustellung/den Nachlauf zu den einzelnen Empfängern, die alle in einem Umkreis von maximal 50 km vom Ort des Empfangsspediteurs liegen, wurde ein Preis von 2,60 € pro angefangene 100,00 kg vereinbart.
Für den Einzug der Fracht bei Unfrei-Sendungen verlangt die Empfangsspedition pauschal 10,00 € pro Sendung von uns.

20 Kalkulation von Lagerkosten

LERNSITUATION

In der Lagerabteilung der Wall GmbH, Spedition & Logistik herrscht momentan eine sehr konzentrierte Stimmung, das bekommt auch die Auszubildende Mary Mc Kay zu spüren. Die Geschäftsführerin Frau Seeding plant den Bau einer weiteren Lagerhalle auf dem Nachbargrundstück. Die Auslastung der bestehenden Lagerflächen ist mit 70 % bzw. 80 % so hoch, dass es bei Großaufträgen schon zu Kapazitätsengpässen gekommen ist.

Nun will Frau Seeding vom Lagerspezialisten Herrn Jansen eine Einschätzung, ob die Kosten für die neue Halle auch zu erwirtschaften seien und ob es genügend potenzielle Auftraggeber für eine annehmbare Auslastung geben würde.

Sie legt ihm eine Übersicht über die Dimensionen des Projekts und eine Einschätzung der Kosten vor:

- Fläche der Halle: 6 500 m^2 bei 9 m lichter Höhe
- Erstellungskosten: ca. 1 400 000,00 € bei 25 Jahren Nutzungsdauer, zzgl. der Lagereinrichtung für 97 500,00 € mit unterschiedlichen Nutzungsdauern
- Nutzung: Blocklager, ca. 1 500 m^2 Hochregallager

„Die weiteren Kosten für die Einrichtung mit Abschreibung und Zinsen, Personalkosten für Lagerfachkräfte und Verwaltung sowie die Kostenkalkulation für die Gabelstapler finden Sie auf den folgenden Seiten. Verschaffen Sie sich in der kommenden Woche einen Überblick über die Kosten und gehen Sie die möglichen Kunden durch, um eine Abschätzung für die Auslastung geben zu können. Kalkulieren Sie doch auch ein paar konkrete Aufträge, um zu sehen, ob das Ganze konkurrenzfähig wird. Wir sehen dann Ende der Woche weiter ..." So verabschiedet Frau Seeding Herrn Jansen, der, kaum zurück am Schreibtisch, anfängt zu recherchieren. Er schätzt ein mögliches Auftragsvolumen ab und beschließt, erst einmal mit einer Auslastung von etwas über 75 % zu kalkulieren. Um Denkfehler zu vermeiden, wendet er eine simple Taktik an: Er holt Mary in sein Büro und sagt: „Also, wir haben hier einen besonderen Auftrag, eine echte Chefsache. Sie sind ja schon einige Zeit hier in der Abteilung und können Aufträge tadellos abrechnen. Also kann ich so im mittleren Niveau loslegen." Herr Jansen erklärt Mary zuerst die Situation und dann die bunte Welt der Lagerkostenkalkulation, bis sie kaum noch folgen kann.

Am Schluss sagt er noch: „Okay, und jetzt kalkulieren wir beide getrennt mit den Daten für die neue Halle folgende Anfrage der Pharmicula AG, die 200 Tonnen harmlose Chemikalien einlagern lassen möchte.

Es handelt sich um unterschiedliche Artikel, die als Aroma- und Farbstoffe in der Lebensmittelherstellung verwendet werden. Die Anlieferung und Abholung erfolgt per Lkw auf Europaletten zu je 400,00 kg. Die Lagerungsdauer beträgt etwa einen Monat und die Ware muss vor der Auslagerung kommissioniert werden. Da wir solche Aufträge schon öfters bearbeitet haben, konnte ich den ungefähren Zeitaufwand für die einzelnen Arbeitsschritte schon dazu notieren. Rechnen Sie alles durch, dann vergleichen wir unsere Ergebnisse!" Mary setzt sich an ihren Schreibtisch und fühlt sich zwar geschmeichelt, mit dem Abteilungsleiter um die Wette rechnen zu dürfen, aber es sind doch ganz schön viele Zahlen auf einmal ...

AUFGABEN:

1. Erklären Sie den Unterschied zwischen Grundfläche, Nutzfläche und belegter Fläche eines Lagers am Beispiel eines Blocklagers.
2. Welche vier unterschiedlichen Kostenbereiche sollten in der Lagerkostenkalkulation berücksichtigt werden?
3. Nennen Sie Kosten, die bei der Berechnung der Umschlagkosten berücksichtigt werden müssen.
4. Unterscheiden Sie allgemeine Verwaltungskosten und Lagerverwaltungskosten.

20.1 Gliederung der Kostenfaktoren

Im Vergleich zu anderen Tätigkeiten des Spediteurs ist der Lagereibetrieb ein Geschäftsfeld, in dem sehr viele unterschiedliche einzelne Vorgänge zusammengefasst sind, die je nach Bedarf des Auftraggebers kombiniert werden müssen. Für Kunden, deren einheitliche Ware nur eingelagert und einige Zeit später völlig unbehandelt wieder als komplette Partie ausgelagert wird, ist der Kalkulationsaufwand sehr übersichtlich.

Aber als Logistikdienstleister übernimmt der Spediteur und Lagerhalter heute im Rahmen des Outsourcing auch viele darüber hinausgehende Tätigkeiten. Ware wird nicht nur kommissioniert, unterschiedliche Artikel werden also zusammengestellt und als Einheit versendet, Güter werden auch geprüft, behandelt und für den Verkauf im Einzelhandel vorbereitet. Daraus ergibt sich eine relativ komplexe Struktur einzelner Kostenpositionen, die berücksichtigt werden müssen.

Um eine grobe Übersicht zu erhalten, werden die Lagerkosten in vier große Bereiche unterteilt:

- die **Umschlagkosten**, die für die Einlagerung und Auslagerung anfallen und sowohl Personal als auch Geräte und evtl. den Platzbedarf für das Bewegen der Ware beinhalten,
- die **Lagerungskosten**, die alle Faktoren einschließen, die ständig durch die Aufbewahrung der Güter verursacht werden,

- die **Lagerverwaltungskosten**, welche durch die Dokumentation der Lageraufträge und Lageraktivitäten entstehen,
- die **Kommissionierungskosten**, in die alle Kosten einkalkuliert werden, die auftragsspezifisch bei der speziellen Behandlung und Zusammenstellung der Ware auftreten.

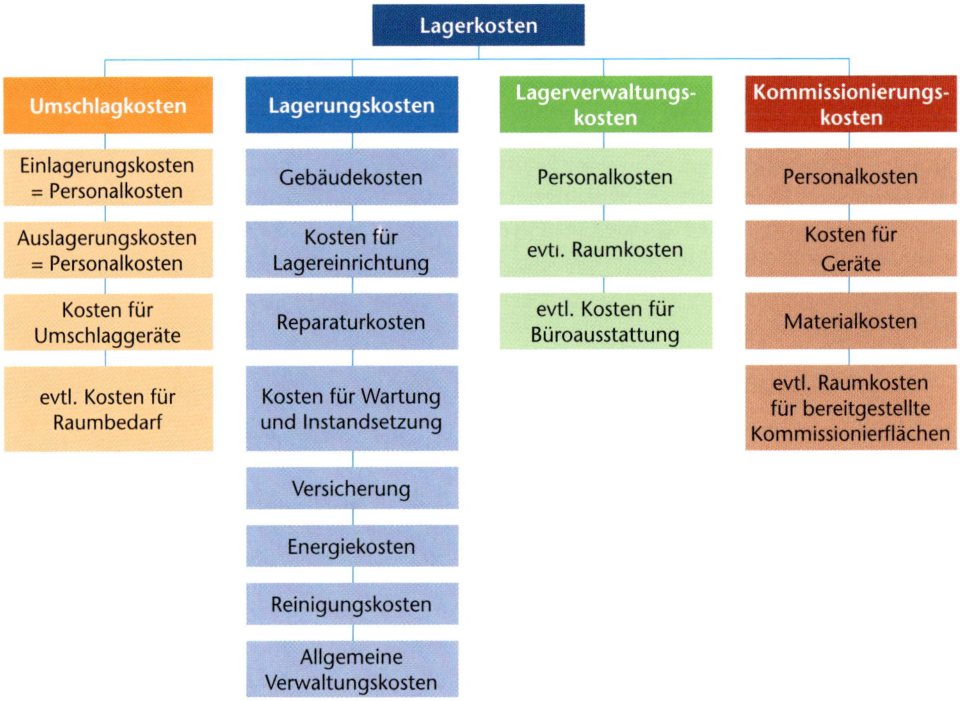

Bei der Kostenberechnung bzw. Angebotskalkulation an Kunden ist es sinnvoll, die Kosten in die oben aufgeführten Kategorien zu unterteilen und zunächst einzeln zu berechnen.

20.2 Umschlagkosten

Dazu gehören die (Arbeits-)kosten für die Ein- und Auslagerung und die Kosten für die Umschlaggeräte. Das **Einlagern** schließt das Entladen des anliefernden Transportmittels, die Eingangs-Schnittstellenkontrolle, den Transport zum Lagerplatz und das fachgerechte Stellen für einen längeren Verbleib am Platz ein. Das kann z. B. Stapeln im Blocklager oder Packen auf Europaletten und Stellen auf Hochregalplätze bedeuten. Mit dem **Auslagern** übernimmt der Lagerhalter die Aufgabe, die Ware vom Lagerplatz bis zum Verkehrsmittel zu transportieren und das Verkehrsmittel bzw. die vorgesehene Ladeeinheit zu beladen. Auch die Schnittstellenkontrolle beim Lagerausgang und die beförderungssichere Verladung gehören zu den erforderlichen Arbeitsschritten.
Von entscheidender Bedeutung für die Kalkulation der Umschlagkosten ist in jedem Fall der Zeitaufwand. Er ist von der Abpackstruktur der Ware (z. B. Verladung einzelner unhandlicher Packstücke von Hand im Gegensatz zu palettierten, d. h. mit der Palette verbundenen Gütern) und dem Vorhandensein von technischen Hilfsmitteln abhängig. Die technischen Hilfsmittel werden in den **Kosten für Umschlaggeräte** berücksichtigt.

Der **Raumbedarf für den Umschlag** kann bereits in die Umschlagkosten einbezogen werden. Dazu müssen die Kosten, die bei der Lagerung anfallen, auch auf die Flächen umgelegt werden, die nur zur Bewegung der Ware genutzt werden, also die Hauptgänge und Zugänge zu den einzelnen Partien. In der Praxis ist es aber üblich, diese Bereiche nicht in die Berechnung einzubeziehen und die Kosten des gesamten Lagers nur auf die Fläche umzulegen, auf der Waren gelagert werden.
Es ist sinnvoll, die Bereiche Ein- und Auslagerung zu trennen, denn ein Gesamtbetrag für die Ein- und Auslagerungskosten verursacht evtl. folgende Probleme bei der Weiterberechnung an den Auftraggeber:

- Werden die Ein- und Auslagerung als ein Betrag kalkuliert und dem Auftraggeber auch so in Rechnung gestellt, dann wird dieser bei der Einlagerung berechnet. Einen großen Teil der Leistung erbringt der Spediteur aber erst sehr viel später, nämlich bei der Auslagerung. Das entspricht nicht einer **zeitgerechten Abrechnung**, der Kunde leistet Vorkasse für den gesamten Zeitraum der Lagerung, was zu berechtigten Reklamationen führt.
- Außerdem **wechseln** Waren während der Lagerung beim Spediteur eventuell den **Eigentümer**. In diesem Fall hätte der Verkäufer mit den Auslagerungskosten einen bedeutenden Kostenbereich abgedeckt, der nicht mehr in seine Zuständigkeit fällt.
- Für eine Kostentrennung von Ein- und Auslagerung muss die Kommissionierung berücksichtigt werden, die zu einer **Veränderung der Abpackstruktur** und den Packstück- und **Sendungsdimensionen** führen kann, die dann nicht mehr mit der Einlagerung übereinstimmen.
- Dazu kommt, dass auch der Zeitaufwand für das Heraussuchen der richtigen Partien im Lager meist größer ist als auf dem relativ übersichtlichen Transportmittel, wodurch der Auslagerungsvorgang meist höheren **Zeitaufwand** verursacht als die Einlagerung. Außerdem beinhaltet die Auslagerung auch den Umschlag auf das Verkehrsmittel und somit die beförderungssichere Verladung, also **Ladungssicherung**, soweit sie in den Zuständigkeitsbereich des Absenders fällt.

MERKE

Umschlagkosten setzen sich zusammen aus
- (Personal-)Kosten für die Einlagerung der Waren,
- (Personal-)Kosten für die Auslagerung der Waren,
- Kosten für die Nutzung von Umschlaggeräten (Gabelstapler, Hubwagen usw.), evtl. anteiligen Kosten der Lagerhalle für die Transportwege.

Ein- und Auslagerungskosten einer Ware werden einzeln erfasst, weil
- sie zeitlich sehr weit voneinander entfernt auftreten können,
- sie bei einem Eigentümerwechsel unterschiedlichen Personen belastet werden,
- sie nach der Kommissionierung der Ware evtl. auf einer anderen Grundlage berechnet werden,
- der Aufwand durch Packen, Heraussuchen oder Ladungssicherung ganz unterschiedlich sein kann.

20.2.1 Kosten der Einlagerung

Darunter sind vor allem die Arbeitskosten für das Lagerpersonal zu verstehen, also Lohn- und Lohnnebenkosten. Entscheidend für die Berechnung des tatsächlichen Zeitaufwandes ist, welche „**Abpackungsstruktur**" die einzulagernden Güter haben, z. B.:

- Stückgüter → manuelle Einlagerung → hoher Zeitaufwand
- Komplett palettierte Güter → voll palettierte Einlagerung → geringer Zeitaufwand

Außerdem muss eventuell berücksichtigt werden, wie lang die Transportstrecke vom anliefernden Verkehrsmittel zum Lagerplatz ist und wie schnell die Ware am Lagerplatz abgesetzt werden kann.

Beispiel
Bei kurzen Transportwegen in einem Einzellager am Boden kann palettierte Ware in zwei Minuten am Platz stehen. Sind die Paletten mit 1 000 kg voll ausgelastet, ergibt sich eine Umschlagsmenge von 30 000 kg pro Stunde. Wird dagegen Ware als loses Stückgut mit voluminösen oder sehr schweren Packstücken angeliefert und müssen die Packstücke weit durch die Halle bewegt werden, dauert der Umschlag eventuell fünf Minuten pro 100 kg, was eine Umschlagsleistung von nur 1 200 kg pro Stunde bedeutet. Die Personalkosten wären 25 Mal so hoch wie im ersten Fall.

Darüber hinaus kann auch das Entladen von Seecontainern, das Sortieren nach Artikelnummern und das Stellen der Ware auf Paletten Teil der Einlagerung sein. Der Zeitaufwand steigt in diesem Fall. Daher ist es wichtig, sich genau über den Zustand der Ware bei der Anlieferung, den Ablauf der Entladung und notwendige Leistungen im Klaren zu sein, bevor die Kosten kalkuliert werden.
Die Kosten für die Einlagerung werden berechnet, indem die Personalkosten pro Stunde mit dem Zeitbedarf pro eingelagerter Menge multipliziert werden.
Die Kosten können entweder pro Palette oder als 100-kg-Satz angegeben werden.

Einlagerungskosten pro Palette:

$$\frac{\text{Personalkosten pro h} \cdot \text{Zeitbedarf in Minuten pro Palette}}{\text{60 Minuten}}$$

oder alternativ, wenn entsprechende Werte gegeben sind:

Einlagerungskosten pro Palette:

$$\frac{\text{Personalkosten pro h} \cdot \text{Zeitbedarf in h pro Monat}}{\text{Einlagerungsgewicht pro Monat}}$$

Einlagerungskosten Wall GmbH, Spedition & Logistik pro Palette:

$$\frac{25{,}20\ € \cdot 2\ \text{Minuten}}{60\ \text{Minuten}} = 0{,}84\ €$$

20.2.2 Kosten der Auslagerung

Die Berechnung entspricht derjenigen für die Einlagerungskosten, allerdings ist in der Praxis der Zeitaufwand bei „normaler“ Ein- und Auslagerung ohne Sonderleistungen für die Auslagerung von Sendungen erfahrungsgemäß höher als für Einlagerungen.

Auslagerungskosten pro Palette:

$$\frac{\text{Personalkosten pro h} \cdot \text{Zeitbedarf in Minuten pro Palette}}{\text{60 Minuten}}$$

oder alternativ, wenn entsprechende Werte gegeben sind:

Auslagerungskosten pro Palette:

$$\frac{\text{Personalkosten pro h} \cdot \text{Zeitbedarf in h pro Monat}}{\text{Auslagerungsgewicht pro Monat}}$$

Auslagerungskosten Wall GmbH, Spedition & Logistik pro Palette:

$$\frac{25{,}20\ € \cdot 3\ \text{Minuten}}{60\ \text{Minuten}} = 1{,}26\ €$$

20.2.3 Kosten der Umschlaggeräte

Die Kostenwerte werden entweder aus der Gabelstapler- und Hubwagenkalkulation entnommen oder als Pauschalbeträge mal Nutzungszeitraum ermittelt. Die Kosten für das Bedienpersonal werden schon in den Kosten für Ein- und Auslagerung berücksichtigt.

Im Fall des eingesetzten Schubmaststaplers der Wall GmbH, Spedition & Logistik sind die Kosten folgendermaßen ermittelt worden:

Kosten des Schubmaststaplers		
Anschaffungskosten	30 000,00	€
Servicepauschale pro Jahr	2 400,00	€/Jahr
Energieverbrauch pro Jahr	791,20	€/Jahr
Nutzungsdauer	6	Jahre
Zins auf gebundenes Kapital	8,00	% p. a.
Abschreibung pro Jahr (30 000,00 €/6 Jahre)	5 000,00	€/Jahr
Kapitalbindungskosten pro Jahr (15 000,00 € · 8 %)	1 200,00	€/Jahr
Gesamtkosten pro Jahr	9 391,20	€/Jahr
Gesamtkosten pro Stunde	782,60	€/Monat
Einsatzzeit (durchschnittlicher gesamter Lagereinsatz)	91	h/Monat
Einsatzkosten pro Sunde	8,60	€/h

Die Kalkulation der Abschreibung auf die Anschaffungskosten und die Kapitalbindungskosten entsprechen dem allgemein üblichen Berechnungsverfahren in der

Fahrzeugkalkulation. Die Kosten werden durch die durchschnittliche Gesamteinsatzzeit des Staplers für alle anfallenden Arbeiten dividiert. Daraus ergibt sich ein Kostensatz pro Einsatzstunde, der in der Kalkulation der Umschlaggeräte genutzt werden kann.

Die Kosten des Umschlaggeräts können getrennt auf die Ein- und Auslagerung berechnet werden, aber eine Berechnung des Satzes für Ein- und Auslagerung gesamt ist ebenso üblich:

Kosten der Umschlaggeräte pro Palette:

$$\frac{\text{Einsatzkosten pro h} \cdot \text{Zeitbedarf in Minuten}}{\text{60 Minuten}}$$

Kosten der Umschlaggeräte Wall GmbH, Spedition & Logistik, pro Palette:

$$\frac{8{,}60\ € \cdot (2 + 3)\ \text{Minuten}}{60\ \text{Minuten}} \approx 0{,}72\ €$$

20.2.4 Gesamte Umschlagkosten

Die Umschlagkosten werden je nach Anfrage potenzieller Auftraggeber auch zusammengefasst als ein Kostensatz berechnet.

MERKE
Gesamte Umschlagkosten: Einlagerungskosten + Auslagerungskosten + Gerätekosten

Gesamte Umschlagkosten Wall GmbH, Spedition & Logistik pro Palette:

$$0{,}84\ € + 1{,}26\ € + 0{,}72\ € = 2{,}82\ €$$

Gesamte Umschlagkosten Wall GmbH, Spedition & Logistik pro 100 kg:

$$2{,}82\ € \cdot 100\,\text{kg} : 400\,\text{kg} \approx 0{,}71\ €$$ [1]

20.3 Lagerungskosten

Die Lagerungskosten ergeben sich eventuell aus der pauschalen Miete für ein Lager, anderenfalls aus einzelnen Kostenfaktoren für ein eigenes Lager:

- Kalkulatorische Miete bzw. Abschreibungen auf:
  - das Gebäude
  - Lagereinrichtung und Geräte
  - Technische Einrichtungen für Schnittstellenkontrolle und Kommissionierung (Scanner, EDV-Anlagen)

[1] *Bei direkter Umrechnung sind Rundungsfehler möglich.*

  - Einrichtung von Aufenthaltsräumen
  - Fördergeräte/Stetigförderer (Rollenbahnen, Aufzüge, Hochregalbediengeräte)
  - Sicherheits- und Löscheinrichtungen
- Kalkulatorische Zinsen auf die genannten Teile des Anlagevermögens
- Reparaturen an Lagergebäude und Einrichtung
- Lagerversicherung
- Energiekosten (Strom, Wasser, Gas, Öl)
- Reinigungskosten
- Anteilige allgemeine Verwaltungskosten

20.3.1 Gebäudekosten

Die Gebäudekosten ergeben sich aus der nutzungsbedingten *kalkulatorischen Abschreibung* auf die Lagerhalle, die in der Lernsituation für 1,4 Millionen € zu erstellen ist und für eine Nutzung von 25 Jahren ausgelegt sein soll. Als Abschreibung ergibt sich also:

1 400 000,00 €/25 Jahre = 56 000,00 € pro Jahr.

Außerdem ist dieses *Kapital* über die Nutzungsdauer *gebunden* (vgl. Fahrzeugkalkulation), zumindest durchschnittlich 50 % davon. Also ergeben sich noch Zinskosten von

700 000,00 € · 6,5 % = 45 500,00 € pro Jahr.

MERKE
Die Gebäudekosten setzen sich aus der kalkulatorischen Abschreibung auf das Gebäude und den kalkulatorischen Zinsen auf das gebundene Kapital zusammen.

20.3.2 Kosten für Lagereinrichtung

Bei dem neuen Lager der Wall GmbH, Spedition & Logistik soll es sich im Wesentlichen um ein Blocklager handeln, es wird daher nur in einem relativ kleinen Teil von 1 000 m^2 ein Hochregallager eingerichtet. Dieses besteht aus acht Doppelhochregalen à 421 cm Länge mit je 15 Feldern und drei Etagen, also vier Feldern übereinander. Die Kosten belaufen sich auf 27 000,00 € inklusive Montage. Das bedeutet bei zehn Jahren Nutzungsdauer eine *kalkulatorische Abschreibung* in Höhe von 2 700,00 € pro Jahr und eine *Kapitalverzinsung* von 13 500,00 € · 8 % = 1 080,00 € pro Jahr. Dazu kommen noch EDV und Scanneranlage, die mit Anschaffungskosten von 15 000,00 € nur auf vier Jahre Nutzungsdauer angelegt ist. Entsprechend gehen sie mit 15 000,00 €/4 Jahre = 3 750,00 € Abschreibung und 7 500,00 € · 8 % = 600,00 € Zinskosten in die Kostenaufstellung ein. Inklusive aller weiteren Einrichtungsgegenstände betragen die Kosten für die Lagereinrichtung 97 500,00 €. Das bedeutet nach dem geschilderten Rechenschema bei einem Zinssatz von 8 % insgesamt 3 900,00 € Zinsen pro Jahr. Die kalkulatorischen Abschreibungen auf die Einrichtung betragen insgesamt 9 500,00 €/Jahr.

LSL

MERKE
Als Kosten für die Lagereinrichtung fallen die Abschreibung und die kalkulatorischen Zinsen für das gebundene Kapital an. Zur Lagereinrichtung zählen u. a.
- Regalsysteme,
- EDV-Anlage und Scanner für die Schnittstellenkontrolle, Label, Picking-Systeme bei der Kommissionierung,
- Sicherheitseinrichtungen gegen Diebstahl und Unfälle,
- Förderfahrzeuge und -einrichtungen,
- Einrichtung der Personalaufenthaltsräume.

20.3.3 Weitere Kostenanteile der Lagerung

Die weiteren Kostenanteile an den Lagerungskosten werden für die durchschnittliche Auslastung des Lagers veranschlagt und führen dann zusammen mit den Gebäude- und Einrichtungskosten zu den gesamten Lagerungskosten, die auf die Menge der Lagerware umgelegt wird.
Die allgemeinen Verwaltungskosten bezeichnen den Anteil, den die Lagerabteilung an den Kosten des Unternehmens zu tragen hat, die nicht direkt einem Umsatzbereich zuzurechnen sind. Dazu zählen Kosten für Personalverwaltung, Geschäftsführung, Marketing und auch Controlling und Buchhaltung.
Es wäre auch möglich, die allgemeinen Verwaltungskosten, die einem Lager zugerechnet werden, auf Umschlag-, Lagerungs- und Kommissionierungskosten zu verteilen, es ist aber nicht erforderlich.
Die Verwaltungskosten des Lagers selbst werden getrennt von den Lagerungskosten kalkuliert und ausgewiesen.

Aufstellung der gesamten Lagerungskosten		
Kalkulatorische Abschreibungen Gebäude	56 000,00	€/Jahr
Kalkulatorische Zinsen Gebäude	45 500,00	€/Jahr
Kalkulatorische Abschreibung Einrichtung	9 500,00	€/Jahr
Kalkulatorische Zinsen Einrichtung	3 900,00	€/Jahr
Reparaturkosten	3 000,00	€/Jahr
Wartung und Instandhaltung	720,00	€/Jahr
Versicherungskosten	2 400,00	€/Quartal
Energiekosten	1 900,00	€/Monat
Reinigungskosten	130,00	€/Monat
Allgem. Verwaltungskosten	27 000,00	€/Jahr
Gesamte Lagerungskosten pro Jahr	179 580,00	€/Jahr
Gesamte Lagerungskosten pro Monat	14 965,00	€/Monat

MERKE
Zu den Lagerungskosten zählen neben den Gebäude- und Einrichtungskosten auch folgende Positionen:
- Kosten für die Wartung und Instandhaltung von Gebäude und Einrichtung,
- Reparaturkosten,
- Lagerversicherung (Sachversicherung),
- Energiekosten für Beleuchtung, Heizung/Kühlung, Betrieb der Einrichtung,
- Reinigungskosten für Lager und Personalräume,
- auf das Lager umgelegte allgemeine Verwaltungskosten des Betriebes.

20.3.4 Lagerfläche als Bezugsgröße der Kalkulation

Unterscheidung der Flächenangaben

Grundsätzlich ist es möglich, die Lagerungskosten auf die Fläche (z. B. als Kostensatz pro Europalette ≈ 1 m²) oder auf das Gewicht der eingelagerten Ware (z. B. als 100-kg-Satz) zu beziehen.
Werden die Lagerungskosten auf die Fläche bezogen, dann ist damit immer die **„verdienende" Fläche** (belegte Fläche) des Lagerhauses gemeint. Diese **Nutzfläche** berechnet sich aus der **Gesamtfläche** abzüglich der Hauptgänge, Transportwege, Abstellplätze für Geräte, Fluchtwege, „Manipulierplätze" für Verpackungs- und Kommissioniertätigkeiten, sog. „Sicherheitsecken" für Feuerlöscheinrichtungen, Sozialräume usw. Dies macht in der Praxis extra 20 % bis 30 % der Gesamtfläche aus. Es stehen also nur 70 % bis 80 % des Gebäudes als Nutzfläche zur Verfügung, auf die die Lagerungskosten bezogen werden können.
Werden die Gesamtkosten des Lagers auf diese Nutzfläche bezogen, ist die Abrechnung zwar zunächst korrekt, aber nicht praxisgerecht. Denn weil das Lager nur sehr selten zu 100 % der Nutzfläche ausgelastet ist, werden die Kosten, die auf die gesamte Nutzfläche bezogen sind, nicht in voller Höhe weitergegeben. Die nicht ausgelastete Nutzfläche sorgt für ein Defizit.

Beispiel
Würden die monatlichen Lagerkosten des neuen Lagers der Wall GmbH, Spedition & Logistik von 14 965,00 € alternativ auf die Gesamtfläche, die Nutzfläche oder die **durchschnittlich belegte Grundfläche** berechnet, ergäben sich folgende Kostensätze pro m²:

Lagerkosten von monatlich 14 965,00 € bezogen auf …		Kostensatz gerundet	Defizit
Gesamtfläche Gebäude	6 500 m²	2,30 €/M.	5 765,00 €
Nutzfläche	5 250 m²	2,85 €/M.	3 565,00 €
Durchschnittlich belegte Grundfläche	4 000 m²	3,74 €/M.	0,00 €
Durchschnittliche Gewichtsauslastung	4 800 t		

Wird die durchschnittlich tatsächlich belegte Fläche auch den Kunden berechnet, so ergibt sich ohne Berücksichtigung eines Gewinnaufschlages folgendes Defizit pro Monat: bei der Gesamtfläche 2,30 € · belegte Fläche von 4 000 m² = 9 200,00. Bei Monatskosten von 14 965,00 entspricht das einer Differenz von 5 765,00 €. Bei der Kalkulation auf die Nutzfläche von 5 250 m² liegt die Differenz immerhin noch bei 3 565,00 €. Nur die Berechnung auf die durchschnittlich belegte Fläche ergibt eine sinnvolle Grundlage für die Abrechnung: Mit dem Kostensatz werden die tatsächlich kalkulierten Kosten für die Lagerfläche abgedeckt.

MERKE
Für die Kalkulation von Lagerungsentgelten, z. B. als Palettensatz, wird nicht die gesamte Grundfläche oder Nutzfläche, sondern die durchschnittlich belegte Lagerfläche zugrunde gelegt.
Dazu ist es sinnvoll, den Auslastungsgrad des Lagers (belegte Grundfläche/Nutzfläche · 100 %) oder die m^2-Kosten zu ermitteln.

Berechnung von Kostensätzen aus den Flächen- und Gewichtsangaben

Wie in der Tabelle schon angegeben, wird der **Kostensatz pro m^2** ermittelt, indem die gesamten Lagerungskosten (pro Monat) durch die durchschnittlich belegte Fläche dividiert werden.

$$\text{Kosten pro } m^2 \text{ im Monat: } \frac{\text{gesamte Lagerungskosten im Monat}}{\text{durchschnittlich belegte Grundstücke in } m^2}$$

Kosten der Wall GmbH, Spedition & Logistik pro m^2 im Monat:

$$\frac{14\,956{,}00\ €}{4\,000\ m^2} \approx 3{,}74\ € \text{ pro } m^2 \text{ im Monat}$$

Dieser Satz ist die Grundlage für eine Abrechnung nach m^2 der **Grundfläche** des Lagers. Allerdings besteht eventuell das Problem, dass auf der Grundfläche mehr Ware gelagert werden kann, als z. B. auf einer Palette mit knapp 1 m^2 Grundfläche steht. Denn durch **Blocklagerung** oder **Verschieberegale**, aber vor allem durch **Hochregale** (ab 12 bis über 20 m Höhe) kann auf geringer Grundfläche viel Ware auf Paletten übereinander gelagert werden.
Falls Ware erst bei der Einlagerung auf Paletten gestellt wird oder bei der Kommissionierung oder anderen Tätigkeiten umgepackt wird, ist es oft sinnvoll, statt der Kosten pro Palette einen **Kostensatz auf das Gewicht der Ware** zu beziehen. Der **100-kg-Satz** oder Tonnensatz ist als Pauschalsatz für die Ware eines Kunden aber nur exakt, wenn es sich um Güter mit einem ähnlichen Volumen/Gewichtverhältnis handelt. Bei großen Unterschieden müssen auch die Sätze angepasst werden.
Um die Kosten auf das Gewicht beziehen zu können, muss zunächst die Gewichtsauslastung des Lagers auf die durchschnittlich genutzte Grundfläche bezogen werden:

Durchschnittliche Gewichtsauslastung pro m^2:

$$\frac{\text{durchschnittlicher Lagerbestand in kg}}{\text{durchschnittlich belegte Grundstücke in } m^2}$$

Durchschnittliche Gewichtsauslastung Wall GmbH, Spedition & Logistik pro m^2:

$$\frac{4\,800\,000\ kg}{4\,000\ m^2} = 1\,200\ kg \text{ pro } m^2$$

Wird berücksichtigt, dass das Gewicht pro Palette bei 400 kg liegt, so sagt die durchschnittliche Gewichtsauslastung von 1 200 kg pro m² Folgendes aus:

- Da eine Europalette fast einen m² Fläche einnimmt, kann es sich nicht um ein Einzellager, also einzeln stehende Paletten handeln.
- Ist das durchschnittliche Gewicht pro m² das Dreifache einer Palette, so müssen im Durchschnitt drei Paletten im Blocklager übereinander stehen. Dafür sind bei diesem Gewicht von 1 200 kg relativ stabile Verpackungen der Ware notwendig.
- Eventuell, so wie in diesem Fall, ist ein Blocklager mit einem Hochregallager mit (vier) übereinanderliegenden Feldern kombiniert.

Aus der durchschnittlichen Gewichtsauslastung pro m² kann ein **100-kg-Satz für die Lagerungskosten** ermittelt werden, wenn sie zu den Kosten des Lagers pro m² im Monat ins Verhältnis gesetzt werden.

$$\text{Lagerungskosten pro 100 kg: } \frac{\text{Lagerungskosten pro m}^2 \text{ im Monat} \cdot 100 \text{ kg}}{\text{durchschnittliche Gewichtsauslastung pro m}^2}$$

Lagerungskosten Wall GmbH, Spedition & Logistik pro 100 kg:

$$\frac{3{,}74 \text{ € pro m}^2 \text{ im Monat} \cdot 100 \text{ kg}}{1\,200 \text{ kg pro m}^2} \approx 0{,}31 \text{ € im Monat}$$

Zur Überprüfung kann der 100-kg-Satz für die Lagerungskosten auch aus dem Verhältnis der **gesamten Lagerungskosten** im Monat zur **durchschnittlichen Gewichtsauslastung des gesamten Lagers** ermittelt werden:

$$\text{Lagerungskosten pro 100 kg: } \frac{\text{Lagerungskosten im Monat} \cdot 100 \text{ kg}}{\text{durchschnittliche Gewichtsauslastung in kg}}$$

Lagerungskosten Wall GmbH, Spedition & Logistik pro 100 kg:

$$\frac{14\,965{,}00 \text{ €} \cdot 100 \text{ kg}}{4\,800\,000 \text{ kg}} \approx 0{,}31 \text{ € im Monat}$$

MERKE

Lagerungskosten pro 100 kg können auf zwei Arten ermittelt werden:

- aus den Lagerungskosten pro m² dividiert durch die Gewichtsauslastung pro m²;
- aus den gesamten Lagerungskosten dividiert durch die gesamte Gewichtsauslastung des Lagers.

Für die Erstellung von Offerten ist es üblich, die Kosten pro Palette zu ermitteln. Sie betragen hier 0,31 € · 400 kg : 100 kg = 1,24 €

20.4 Lagerverwaltungskosten

Darunter versteht man diejenigen Verwaltungskosten, die direkt bei der Abwicklung und Dokumentation von Lageraufträgen **in der Lagerabteilung selbst** entstehen. Die allgemeinen Verwaltungskosten für das Lager werden in der Kalkulation der Lagerungskosten berücksichtigt. Je nach Lagergröße sind die **Personalkosten** für den **Lagerverwalter**/Lagermeister oder ein mehrköpfiges Lagerverwaltungspersonal erfasst. Da Auftraggeber oft unterschiedliche Anforderungen an die Abwicklung in der Verwaltung und die Dokumentation der Aufträge stellen, sind auch die Kosten nicht für alle Auftraggeber pro Auftrag gleich. Außerdem schwankt die Größe der Lagerpartien bei unterschiedlichen Kunden. Daher ist es sinnvoll, die Kosten nach dem **kundenspezifischen Aufwand** zu ermitteln und erst im Verhältnis zum Durchschnittsaufwand bezogen auf den Kunden einen Kostensatz zu bilden.
Diese Kosten werden nach der Arbeitszeit auf einen einzelnen Auftrag berechnet und meist als Pauschalsatz auf 100 kg Ware bezogen.

$$\text{Lagerverwaltungskosten pro 100 kg: } \frac{\text{Zeitaufwand in h} \cdot \text{Stundensatz Verwaltung} \cdot 100\text{ kg}}{\text{Auftragsvolumen/Lagerbestand des Kunden in kg}}$$

Lagerverwaltungskosten Wall GmbH, Spedition & Logistik pro 100 kg:

$$\frac{20\text{ h} \cdot 33{,}00\text{ €} \cdot 100\text{ kg}}{200\,000\text{ kg}} = 0{,}33\text{ €}$$

MERKE
Lagerverwaltungskosten werden als Kostensatz
- für die Tätigkeit des Lagerverwaltungspersonals,
- bei der Abwicklung von Lageraufträgen,
- für einzelne Auftraggeber nach dem Aufwand für die Dokumentation berechnet.

20.5 Kommissionierungskosten

Eingelagerte Ware wird häufig in anderer Zusammensetzung, anderen Einheiten oder sonst verändert wieder ausgelagert. Dieses Zusammenstellen der Ware nach einem Auftrag und die damit zusammenhängenden notwendigen Dienstleistungen nennt man **Kommissionieren**. Unter diesem Begriff werden auch logistische Dienstleistungen zusammengefasst, die über die Kommissionierung hinausgehen. Es können auch das **Ummarkieren** von Ware, das **Umpacken** in andere Verpackungen, das **Bündeln** unterschiedlicher Artikel, das Anschießen von Preisen für den Verkauf im Einzelhandel usw. hier eingeordnet werden. Das Vorgehen bei der Kalkulation ist stets gleich.
Die hierfür anfallenden Kosten werden gesondert erfasst und berechnet, sie sind **unabhängig von der Auslagerungstätigkeit** und deren Kosten zu sehen. Die Faktoren für Kommissionierungsarbeiten sind i. d. R.:
- Gesamtgewicht der kommissionierten Ware,
- Zeitaufwand für die Tätigkeiten bei der Kommissionierung je Einheit (Karton, Gebinde, Palette),

- Gewicht der Einheit,
- Personalkosten je Stunde,
- evtl. Materialkosten je Stück oder Gesamtauftrag.

$$\text{Kommissionierungskosten pro 100 kg: } \frac{\text{Zeitaufwand/Minuten/Einheit} \cdot \text{Stundensatz €} \cdot 100}{\text{Gewicht der Einheit in kg} \cdot 60 \text{ Minuten}}$$

Kommissionierungskosten Wall GmbH, Spedition & Logistik pro 100 kg:

$$\frac{8 \text{ Minuten/Palette} \cdot 24{,}00 \text{ €} \cdot 100 \text{ kg}}{400 \text{ kg} \cdot 60 \text{ Minuten}} = 0{,}80 \text{ €}$$

20.6 Gesamtkosten eines Auftrags

Um Offerten für potenzielle Auftraggeber erstellen zu können, dienen die in der Lagerkalkulation ermittelten Kostensätze dazu, die Gesamtkosten für einen kompletten Lagerauftrag zu bestimmen und daraus einen angemessenen Angebotspreis zu ermitteln. In der Lernsituation sind die Eckdaten gegeben, um den Auftrag zu kalkulieren. Die einzige Vereinbarung, die noch notwendig ist, betrifft die Abrechnung der Lagerungsdauer. Es sind mehrere Varianten möglich, die in der Praxis angewendet werden:

- **Taggenaue Abrechnung.** Es wird die exakte Zeitspanne, in der die Ware tatsächlich eingelagert war, als Grundlage für die Lagerungsdauer verwendet. Sie beginnt mit dem Einlagerungstag und endet mit dem Auslagerungstag. Diese Abrechnung setzt sich in der Praxis immer stärker durch und erfordert von Lagerhaltern zunehmende Flexibilität.

Beispiel

Eine Ware wird vom 22. Juni bis zum 5. Juli eingelagert. Die abzurechnende Lagerungsdauer beträgt 14 Tage.

- **Abrechnung angefangener Monate.** Berechnet wird die Lagerungsdauer in 30-Tage-Schritten, wobei angefangene 30 Tage voll abgerechnet werden.

Beispiel

Eine Ware wird vom 22. Juni bis zum 5. Juli eingelagert. Die abzurechnende Lagerungsdauer beträgt einen Monat/30 Tage.

- **Abrechnung angefangener Kalendermonate.** Hier wird jeder angefangene Kalendermonat abgerechnet. Der über die tatsächliche Lagerungsdauer hinausgehende Zeitraum ist für Auftraggeber nur zumutbar, wenn es sich um sehr lange Lagerungszeiträume handelt oder der Lagerhalter bei spezieller Ware nicht kurzfristig andere Ware akquirieren kann.

Beispiel

Eine Ware wird vom 22. Juni bis zum 5. Juli eingelagert. Die abzurechnende Lagerungsdauer beträgt zwei Monate/60 Tage.

MERKE
Die Abrechnung des Lagerungszeitraumes kann, je nach Vereinbarung,
- taggenau,
- pro angefangenen Monat (Zeitraum 30 Tage),
- pro angefangenen Kalendermonat

erfolgen.

Für den Auftrag der Pharmicula AG wird entsprechend der Lernsituation mit einem Monat Lagerungsdauer kalkuliert. Die Gesamtkosten für 200 000 kg werden folgendermaßen bestimmt:

Kostenfaktoren	für 100 kg	für 200 000 kg
Umschlagkosten	0,71 €	1 420,00 €
Lagerungskosten	0,31 €	620,00 €
Lagerverwaltungskosten	0,33 €	660,00 €
Kommissionierkosten	0,80 €	1 600,00 €
Gesamtkosten:	**2,15 €**	**4 300,00 €**

Die Gesamtkosten für den Auftrag in der Lernsituation betragen 4 300,00 €.

ZUSAMMENFASSUNG

Lagerkosten setzen sich aus vier Kostenbereichen zusammen:

- Umschlagkosten für die Ein- und Auslagerung mit Personal und Umschlaggeräten,
- Lagerungskosten für die fixen und variablen Kosten der Lagerhalle und allgemeine Verwaltungskosten,
- Lagerverwaltungskosten für Personal- und Bürokosten bei der Dokumentation der Aufträge,
- Kommissionierungskosten für Personal, Geräte und Material, wenn im Lager außer der Lagerung weitere Leistungen bzgl. Ware und Verpackung erbracht werden.

Lagerkosten werden ermittelt, indem die Kosten der einzelnen Bereiche

- als Sätze pro Packstück (z. B. Palette, Container) oder
- Gewichtseinheit (z. B. 100-kg-Satz)

zusammengefasst und auf

- die Anzahl der Packstücke oder
- das Gewicht

der Sendung eines einzelnen Auftrags berechnet werden.

BEARBEITUNGSVORSCHLÄGE

Berechnen Sie den Auftrag der Pharmicula AG mit den gleichen Daten. Jedoch hat sich der Abteilungsleiter bei dem Zeitaufwand für die Kommissionierung vertan, es werden statt acht nur sechs Minuten pro Palette benötigt. Außerdem lagern die Sendungen drei Monate vor der Auslagerung. Ermitteln Sie die Kosten, die sich nach dieser Änderung ergeben.

ÜBUNGSAUFGABEN

1. Ordnen Sie die folgenden Kostenfaktoren den Bereichen Umschlag, Lagerung, Lagerverwaltung oder Kommissionierung zu:

a) Verbrauch von Papier beim Drucken von Lagerlisten
b) Lohnkosten für die Entladung von Seecontainern aus Thailand
c) Kalkulatorische Abschreibung auf den Gabelstapler
d) Kalkulatorische Abschreibung auf das Einfahrregalsystem
e) Gehalt des Lagermeisters
f) Gehälter von Angestellten in der Personalabteilung der Wall GmbH, Spedition & Logistik
g) Kalkulatorische Abschreibung auf die Handgeräte des Picking-Systems
h) Kosten für Klebeetiketten, die mit Barcode, Artikelnummer, Produktbezeichnung, Konfektionsgröße und Farbangabe für den Einzelhandel bedruckt werden
i) Kosten für die Anschaffung von Tischen und Kaffeemaschine im Aufenthaltsraum des Lagerpersonals
j) Wartungskosten für die Feuerlöscher
k) Kunststoffverbinder zum Anschießen von Preisschildern
l) Heizkosten für die Halle

2. Die Wall GmbH, Spedition & Logistik hat ein neues Kommissioniergerät angeschafft. Berechnen Sie die Kosten pro Arbeitsstunde für das Gerät.

Daten des Kommissioniergerätes		
Anschaffungskosten	24 000,00	€
Service	3 600,00	€/Jahr
Energie	2 640,00	€/Jahr
Nutzung	5,00	Jahre
Zins	8,00	% p. a.
Einsatzdauer	160,00	h/Monat

3. Die Schmitz Lagerei KG in Köln erhält eine Anfrage und kalkuliert daraufhin die Einlagerungskosten für folgende Situation:
Die angelieferten Güter werden palettiert angeliefert und sollen in das Hochregallager umgeschlagen werden.

Durchschnittliches Gewicht pro Palette:	500 kg
Durchschnittliches tägliches Einlagerungsgewicht:	25 t
Arbeitslohn einschließlich Abgaben:	24,00 €/h
Durchschnittliche Einlagerungszeit pro Palette:	4,5 Minuten
Arbeitstage pro Monat:	20
Arbeitsstunden pro Tag:	10

a) Ermitteln Sie die Einlagerungskosten pro Monat.
b) Ermitteln Sie die Einlagerungskosten pro 100 kg.

4. Für einen Kunden, der Textilien in Kartons auf Paletten aus der Türkei importiert, erhalten Sie folgende Angaben zu den Sendungen, die vor der Saison bei Ihnen eingelagert werden sollen:

Durchschnittliches Einlagerungsgewicht pro Tag:	40 000 kg
Durchschnittliches Gewicht pro Palette:	500 kg
20 Anlieferungstage pro Monat	

Nach Rücksprache mit dem Lagermeister gehen Sie von folgenden Werten aus:

Arbeitskosten des Lagerpersonals:	26,50 €/h
Durchschnittliche Arbeitszeit des Lagerpersonals:	40 h/Woche
Durchschnittlicher Zeitbedarf (mit Gabelstaplerhilfe):	3 Minuten/Pal.
Kosten des Gabelstaplers:	7,50 €/h

a) Berechnen Sie die Einlagerungskosten pro Palette.
b) Berechnen Sie die Gerätekosten pro Palette.
c) Berechnen Sie die Einlagerungskosten pro 100 kg.
d) Ermitteln Sie die Einlagerungs- und Gerätekosten pro Monat.

5. Zur Erweiterung der Kapazität überlegt die Geschäftsleitung der Völler Logistics, eine zusätzliche Lagerhalle anzumieten. Die Grunddaten für die spätere Nutzung werden folgendermaßen geschätzt:

Grundfläche der Halle:	2 800 m^2
Nutzfläche:	2 100 m^2
Durchschnittlich belegte Nutzfläche:	1 800 m^2
Miete für die ausgestattete Lagerhalle:	5 500,00 €/Monat
Wartungskosten:	2 160,00 €/Jahr
Lagerversicherung:	4 800,00 €/Jahr
Energieverbrauch:	750,00 €/Monat
Reinigungskosten:	1 080,00 €/Jahr
Allgemeine Verwaltungskosten:	12 000,00 €/Jahr

a) Berechnen Sie die gesamten Lagerungskosten im Monat.
b) Berechnen Sie die Lagerungskosten pro m^2 belegter Nutzfläche in diesem Lager und begründen Sie, warum diese Berechnung wirtschaftlich sinnvoller als die Berücksichtigung der Gesamtfläche ist.
c) Berechnen Sie (nur) die monatlichen Lagerungskosten für chinesische Textilien, von denen täglich 6 000 kg auf Paletten zu je 250 kg ein- und ausgelagert werden. Die Ware verbleibt nach dem Fifo-Prinzip durchschnittlich zwei Monate im Lager d. h., es befindet sich immer die doppelte pro Monat eingelagerte Menge im Lager. Es können im Regal drei Paletten pro m^2-Fach gestellt werden. Pro Monat wird an durchschnittlich 20 Tagen Ware umgeschlagen.

LSL

6. Ein Großhändler für Outdoor-Ausrüstung erteilt den Auftrag, 150 000 kg eingelagerter Zelte und Rucksäcke für die Lieferung an den Einzelhandel zu kommissionieren. Für die Zusammenstellung pro Palette benötigt eine Hilfskraft 10 Minuten, der Stundenlohn beträgt 23,40 €. Das durchschnittliche Palettengewicht beträgt 300 kg.
Berechnen Sie die Kommissionierungskosten.

7. Die Lagerabteilung der Wall GmbH, Spedition & Logistik erhält die Anfrage, folgende Sendung Aktionsware abzufertigen:
3 × 20-Fuß-Container mit je 20 000 kg Textilien werden angeliefert und sollen auf Paletten zu durchschnittlich je 400 kg kommissioniert und einem Fuhrunternehmen übergeben werden. Dabei soll die Ware für den Verkauf im Einzelhandel vorbereitet werden.

Voraussichtliche Kosten:	
Lohn Fachkraft Lagerwirtschaft	26,00 €/Std.
Kosten Gabelstapler	12,50 €/Std.
Materialbedarf (Stretchfolie, Label, Etiketten)	18,30 €/Palette

Voraussichtlicher Zeitbedarf:	
Einlagern und Palettieren 2 Personen, 1 Stapler	10 Minuten/Teil
Kommissionieren und Auslagern 1 Person, 1 Stapler	12 Minuten/Palette
Auslagern 1 Person, 1 Stapler	2 Minuten/Palette

Berechnen Sie die voraussichtlichen Gesamtkosten.

8. Erstellen Sie mit einem Tabellenkalkulationsprogramm eine Tabelle, um die Ergebnisse der Lernsituation zu berechnen. Übernehmen Sie den Eingabebereich und legen Sie den Rechen- und Ausgabebereich der Tabelle nach folgendem Muster an:

	A	B	C
1	**Lagerkalkulation**		
2	**Eingabe**		
3	**Lagerdaten**		
4	**Gebäudefläche**		m²
5	Nutzfläche		m²
6	Durchschnittlich belegt		m²
7	Durchschnittlicher Bestand		t
8	Durchschnittliche Einlagerungsmenge		
9			
10	**Gebäudekosten**		
11	Anschaffungskosten Gebäude		EUR
12	kalk. Nutzungsdauer		Jahre
13	Zinssatz		%
14	**Einrichtungskosten**		
15	Anschaffungskosten Einrichtung		EUR
16	gesamter Abschreibungsbetrag		EUR/Jahr
17	Zinssatz		%
18			
19			
20	**Lagerauftrag**		
21	**Sendungsgewicht**		**kg**
22	**Einlagerungsdauer**		**Monate**
23	**Palettengewicht**		**kg/Pal.**
24			
25	**Umschlagskosten**		
26	Lohn		€/h
27	Gabelstapler		€/h
28	Einlagerungszeit		min/Pal.
29	Auslagerungszeit		min/Pal.
30			
31	**Umschlaggeräte**		
32	Anschaffung		€
33	Service		€/Jahr
34	Energie		€/Jahr
35	Nutzung		Jahre
36	Zinssatz		% p. a.
37	Abschreibung		
38	Kapitalb.		
39	Gesamt		€/Jahr
40			€/Monat
41	Einsatzzeit		h/ Monat
42			
43	**Lagerung**		
44	**Kosten**		
45	Kalkulatorische Abschreibungen Gebäude		€/Jahr
46	Kalkulatorische Zinsen Gebäude		€/Jahr
47	Kalkulatorische Abschreibung Einrichtung		€/Jahr
48	Kalkulatorische Zinsen Einrichtung		€/Jahr
49	Reparaturkosten		€/Jahr
50	Wartung und Instandhaltung		€/Jahr
51	Versicherungskosten		€/Quartal
52	Energiekosten		€/Monat
53	Reinigungskosten		€/Monat
54	Allgem. Verwaltungskosten		€/Jahr
55			
56	**Lagerverwaltungskosten**		
57	Gehalt		€/h
58	Zeitbedarf		h/Monat
59			
60	**Kommissionierungskosten**		
61	Gewicht komm. Ware		kg
62	Palettengewicht		kg
63	Zeitbedarf		min/Pal.
64	Lohnkosten		€/h
65			
66	**Berechnung**		
67	**Umschlagskosten**	100 kg	Pal.
68	Einlagerung (Lohn*min/60, /Gew)		
69	Auslagerung		
70	**Gesamte Lohnkosten**		
71	Staplereinsatzkosten		
72	**Umschlagskosten gesamt**		
73	**Lagerungskosten**	monatlich	jährlich
74	Kalk. Abschreibung		
75	Kalk. Zinsen		
76	Reparaturkosten		
77	Instandhaltung		
78	Versicherungskosten		
79	Energiekosten		
80	Reinigung		
81	Allgem. Verwaltungskosten		
82	**gesamte Lagerkosten**		
83	Lagerkosten pro m²		
84	Lagerkosten pro 100 kg		
85	Lagerkosten pro Palette		
86	**Lagerverwaltungskosten**	monatlich	jährlich
87		0,00	0,00
88	Lagerverwaltungskosten pro 100 kg		
89			
90	**Kommissionierkosten**	100 kg	
91		#DIV/0!	
92	**Ausgabe**		
93	**Gesamtkosten**	pr0 100 kg	200.000 kg
94	Umschlagskosten		
95	Lagerungskosten		
96	Lagerverwaltungskosten		
97	Kommissionierkosten		
98	**Gesamtkosten:**		

9. Sie erhalten die Anfrage eines potenziellen Kunden, der Trockengemüse importiert und in kleineren Mengen an Hersteller von Fertiggerichten und an den Einzelhandel verkauft. Er plant, 250000 kg getrocknete Zwiebeln einzulagern. Sie werden per Lkw angeliefert, müssen auf Paletten gestellt und für drei Monate gelagert werden. Die Auslagerung erfolgt palettenweise. Die Kartons müssen vor der Auslagerung neutralisiert und neu markiert werden. Die Kosten für das Zurverfügungstellen der Paletten während der Lagerungszeit ist bereits in den Kosten für die Lagereinrichtung enthalten. Die Ein- und Auslagerung wird generell mit Gabelstaplerhilfe abgewickelt, die Kommissionierung nicht.

Auftragsdaten:		
Sendungsgewicht	**250000**	**kg**
Palettengewicht	**450**	**kg/Pal.**
Lagerungsdauer	**3**	**Monate**
Ein- und Auslagerung		
Arbeitslohn Lagerfachkraft	24,00	€/h
Einlagerungszeit	4,5	min/Pal.
Auslagerungszeit	3	min/Pal.
Umschlaggeräte		
Anschaffung	27000,00	€
Service	2280,00	€/Jahr
Energie	780,00	€/Jahr
Nutzung	6,00	Jahre
Zins	8,00	% p. a.
Kalkulatorische Abschreibung	4500,00	€/Jahr
Kalkulatorische Zinsen	1080,00	€/Jahr
Einsatzdauer	90,00	h/Monat
Gebäudekosten		
Kalkulatorische Abschreibungen Gebäude	56500,00	€/Jahr
Kalkulatorische Zinsen Gebäude	56000,00	€/Jahr
Kalkulatorische Abschreibung Einrichtung	9500,00	€/Jahr
Kalkulatorische Zinsen Einrichtung	4120,00	€/Jahr
Reparaturkosten	3000,00	€/Jahr
Wartung und Instandhaltung	720,00	€/Jahr
Versicherungskosten	2400,00	€/Quartal
Energiekosten	1900,00	€/Monat
Reinigungskosten	130,00	€/Monat
Allgem. Verwaltungskosten	20520,00	€/Jahr
Durchschnittliches Lagerungsgewicht	4800000	kg
Gehaltskosten **Lagerverwaltung**	32,50	€/h
Zeitbedarf Lagerverwaltung	30	h/Monat
Lohnkosten Kommissionierer	25,20	€/h
Zeitbedarf für **Kommissionierung**	6	Minuten/Pal.

a) Berechnen Sie die Kosten pro Einsatzstunde des Gabelstaplers.
b) Berechnen Sie die gesamten Lagerungskosten pro Monat.
c) Berechnen Sie die Lagerverwaltungskosten pro Monat.
d) Berechnen Sie die Kommissionierkosten pro 100 kg.
e) Berechnen Sie die Gesamtkosten für den Auftrag.

21 Seefrachtrechnen

LERNSITUATION

Kathrin ist den ersten Tag in der Seefrachtabteilung. Da sie von außerhalb kommt, ist sie immer eine der ersten in der Wall GmbH, Spedition & Logistik. Weil noch kein Sachbearbeiter in der Seefrachtabteilung eingetroffen ist und das Telefon klingelt, nimmt sie das Gespräch entgegen. Ein Kunde gibt ihr Maße für 5 Kolli nach Venezuela auf:
5 Kolli je 2,04 m × 1,05 m × 1,24 m und je 2 623,00 kg. Der Kunde wünscht, dass die Wall GmbH, Spedition & Logistik die Verschiffung übernimmt und ihm eine Offerte für die Beförderung mitteilt.
Gerade rechtzeitig kommt Herr Schreiber, einer der Sachbearbeiter, in das Büro.

AUFGABEN

1. Schildern Sie die Abwicklung eines See-Exportauftrages.
2. Welche Buchungsmöglichkeiten kennen Sie?
3. Wird in obiger Situation nach Maß oder nach Gewicht abgerechnet?
4. Unterscheiden Sie die Begriffe „Konsortium“ und „Outsider“.
5. Unterscheiden Sie die Begriffe „Befrachter“, „Ablader“ und „Verfrachter“.

21.1 Allgemeines

In der Seeschifffahrt erfolgt die Seefrachtberechnung im für den Spediteur wichtigen Linienverkehr mithilfe der Frachttarife der einzelnen **Reedereien**. Auf diesem Markt herrscht ein Angebots-Oligopol, wenige miteinander konkurrierende Reeder stehen einer Vielzahl von Verladern gegenüber. Auf einem so strukturierten Markt setzt der Reeder die Raten fest. Der Verlader kann nur entscheiden, ob und wie viele Güter er zu diesen Raten verschifft. Er hat kaum Möglichkeiten, die Raten zu beeinflussen. Einige Verlader haben sich im ESC (European Shippers Council) zusammengeschlossen, um als wichtiger Nachfrager aufzutreten. So haben die Verlader in einigen Fahrtgebieten eine sehr starke Stellung, die noch durch ein Überangebot von Schiffsraum gefestigt ist. So kann ein ruinöser

WSP

Wettbewerb durch Druck auf die Raten entstehen. Um dieser Gefahr zu entgehen, haben sich die viele Reeder zu **Konsortien** zusammengeschlossen, um einheitliche Raten und Beförderungsbedingungen zu vereinbaren. Ein Linienreeder, der sich diesen Bedingungen einer solchen Kooperationsform nicht anschließt, wird als **Outsider** bezeichnet. Ein Outsider kann auf bestimmten Fahrtrouten eine bis zu 20% günstigere Rate anbieten. Ein Konsortium ist eine hohe Stufe der Kooperation von Linienreedereien. Eine Weiterentwicklung der Konsortien sind die **globalen Allianzen** (z. B. Grand Allianz, New World Alliance, United Alliance).

21.2 Frachttonnenberechnung

In der Seeschifffahrt gilt ein **Maß-/Gewichtsverhältnis** von **1 : 1**. Das heißt, dass entweder **1 Tonne** oder **1 cbm** eine **Frachttonne** ergeben. Wird die Fracht auf Basis Maß/Gewicht („M/G“) angegeben, dann bedeutet dies, dass:

entweder nach dem **Maß** abgerechnet wird, wenn das **Maß** (z. B. 1 cbm) **größer** als das **Gewicht** (z. B. 1 t) ist,
oder nach dem **Gewicht** abgerechnet wird, wenn das **Gewicht** (z. B. 1 t) **größer** als das **Maß** (z. B. 1 cbm) ist.

Der Verfrachter rechnet also in jedem Fall die jeweils **höhere Frachtrate** ab. Neben dem Gewicht hängt die Höhe der Rate auch von der Güterart ab. Bei der Berechnung des **Raummaßes** werden bis zu **drei Nachkommastellen** angegeben. In diesem Fall wird die vierte Nachkommastelle zum Runden der dritten Stelle verwendet. Dabei kommen die normalen kaufmännischen Rundungsregeln zur Anwendung.

Beispiel

Es sollen 5 Kolli nach Venezuela verschifft werden:

a) 5 Kolli mit den Maßen: 2,04 m × 1,05 m × 1,24 m, je 2 623,00 kg;

b) 5 Kolli mit den Maßen: 2,04 m × 1,05 m × 1,24 m, je 2 675,00 kg

Lösung

a) 2,04 · 1,05 · 1,24 m = **2,656 cbm**/2 623,00 kg
5 · 2,656 cbm = **13,280 frt**

b) 2,04 · 1,05 · 1,24 m = 2,656 cbm/**2 675,00 kg**
5 · 2 675,00 kg = **13,375 frt**

In beiden Beispielen werden Frachttonnen ermittelt, obwohl bei a) das Maß und bei b) das Gewicht zur Berechnung herangezogen wird.

MERKE

- Meter · Meter · Meter ergeben Kubikmeter (cbm).
- Je Packstück muss auf drei Stellen nach dem Komma auf- bzw. abgerundet werden und erst dann mit der Anzahl der Packstücke multipliziert werden.
- Eine Frachttonne können entweder 1 000,00 kg oder 1 cbm sein. Bei der Berechnung wird immer das höhere Ergebnis verwendet.

21.3 Gewichtsberechnung

Um zu entscheiden, ob eine Sendung nach Maß oder nach Gewicht abgerechnet wird, genügt es, wenn das Maß und das Gewicht miteinander verglichen werden. **Überwiegt das Gewicht**, ist die Sendung nach dem **Gewicht** abzurechnen.

Beispiel

Es sollen 5 Kolli nach Venezuela verschifft werden:

5 Kolli mit den Maßen: 2,04 m × 1,05 m × 1,24 m; je 2 675,00 kg
Die Seefrachtrate beträgt 123,00 € M.

Lösung

2,04 · 1,05 · 1,24 m = 2,656 cbm/**2675,00 kg**

In diesem Fall wird nach dem Gewicht abgerechnet, weil das Gewicht (2 675,00 kg) höher ist als das Maß (2,656 cbm):

5 · 2 675,00 kg = **13,375 frt**

13,375 frt · 123,00 € = **1 645,13 €**

21.4 Maßberechnung

Eine Sendung (5 Kolli) mit einem Gewicht von 2 623,00 kg hat ein Raummaß von 2,656 cbm. Die Seefracht beträgt 123,00 €.

Berechnung:
5 Kolli mit den Maßen: 2,04 m × 1,05 m × 1,24 m je 2 623,00 kg;

Lösung

2,04 · 1,05 · 1,24 m = **2,656 cbm**/2 623,00 kg

In diesem Fall wird nach dem Maß abgerechnet, weil das Maß (2,656 cbm) größer ist als das Gewicht (2 623,00 kg).

5 · 2,656 cbm = **13,280 frt**

13,280 frt · 123,00 € = **1 633,44 €**

21.5 Unterschiedliche Maß- bzw. Gewichtsraten

Zusätzlich zur Rate werden häufig die Bezeichnungen **M/G** oder **per Frachttonne (frt)** angegeben. Dies bedeutet, dass entweder das **Maß** oder das **Gewicht** zur Abrechnung kommt, je nachdem, welche Berechnung dem Verfrachter die höhere Frachteinnahme sichert. Es ist somit zwingend notwendig, dass beide Berechnungen durchgeführt werden.

Beispiel

10 Kartons je 636,00 kg und je 0,775 cbm;
Seefrachtrate 77,50 € M bzw. 91,20 € G M = Maß G = Gewicht

Lösung

Berechnung nach der Gewichtsrate:

10 · 636,00 kg = **6,360 t**
6,360 t · 91,20 € = **580,03 €**

Berechnung nach der Maßrate:

10 · 0,775 cbm = **7,750 cbm**
7,750 cbm · 77,50 € = **600,63 €**

Somit wird das höhere Frachtergebnis (600,63 €) zur Abrechnung kommen.

MERKE
Die Abrechnung mit der höheren Frachteinnahme ist anzuwenden!

21.6 Minimalfrachtberechnung

Damit der Verfrachter für Kleinstsendungen keinen Verlust bei der Beförderung erleidet, wurden von ihm **Minimalfrachtbeträge** eingeführt. Diese Beträge müssen dann gezahlt werden, wenn die errechnete Fracht geringer ist als der Minimalfrachtbetrag.

Beispiel

Beförderung von 3 Kolli je 0,46 cm × 0,40 cm × 0,24 cm; je 41,00 kg; Seefrachtrate: 47,50 € M/G; Minimalfrachtbetrag: m/m 10,00 €

Lösung

0,46 · 0,40 · 0,24 m = **0,044 cbm**/0,041 t

3 · 0,044 cbm = **0,132 frt**

0,132 frt · 47,50 € = **6,27 €**

Da der Minimalfrachtbetrag 10,00 € beträgt und somit höher als die errechnete Fracht ist, wird der Minimalfrachtbetrag abgerechnet.

MERKE
Der angegebene Minimalfrachtbetrag ist abzurechnen, wenn er höher liegt als die nach Maß bzw. Gewicht ermittelte Frachteinnahme.

21.7 Wertfrachtberechnung

Bei **besonders wertvollen Gütern** wird die Fracht nicht nach dem Gewicht oder dem Maß berechnet, sondern nach dem **FOB-Wert** des Gutes. Vom Verfrachter werden in solchen Fällen Wertfrachten festgelegt, die als Prozentsatz des FOB-Wertes angegeben werden.

Beispiel
4 Kolli je 0,750 cbm; je 731,00 kg;
Seefrachtrate: 46,50 USD M und 48,00 USD G oder
2,25 % des FOB-Wertes in Höhe von insgesamt 6 250,00 USD

Lösung
Berechnung der Maßrate:

4 · 0,750 frt = 3,000 frt
3,000 frt · 46,50 USD = 139,50 USD

Berechnung der Gewichtsrate:

4 · 0,731 frt = 2,924 frt
2,924 frt · 48,00 USD = 140,35 USD

Wertfracht-Prozentsatz des FOB-Wertes:

2,25 % von 6 250,00 USD = **140,63 USD**

Die Wertfracht ergibt in diesem Fall die höchste Frachteinnahme und kommt somit zur Abrechnung.

MERKE
Es ist mit einem vorgegebenen Prozentsatz vom FOB-Wert zu rechnen, falls sich dadurch eine höhere Frachteinnahme für den Verfrachter ergibt als nach der Maß- oder Gewichtsberechnung.

21.8 Maßstaffelung der Frachtraten

Bei **sehr sperrigen Gütern** rechnet der Verfrachter nach einer Maßstaffelung ab. Das Volumen in Kubikmeter je Packstück ist durch das Gewicht in Tonnen je Packstück zu teilen. Der sich daraus ergebende Faktor besagt, wievielmal messend das Gut ist. Danach bestimmt sich die anzuwendende Frachtrate aus der Staffelangabe.

Beispiel

Es sollen drei Partien befördert werden:

a) 4 Kolli je 1,107 cbm; je 345,00 kg
b) 5 Kolli je 0,850 cbm; je 367,00 kg
c) 10 Kolli je 0,767 cbm; je 151,00 kg

Rate bis 3-mal messend 115,00 € M/G
Rate bis 4-mal messend 120,00 € M/G
Rate bis 5-mal messend 125,00 € M/G
Rate über 5-mal messend 135,00 € M/G

Lösung

a)	1,107 cbm : 0,345 t = 3,209-mal messend → Seefrachtrate 120,00 €
b)	0,850 cbm : 0,367 t = 2,316-mal messend → Seefrachtrate 115,00 €
c)	0,767 cbm : 0,151 t = 5,079-mal messend → Seefrachtrate 135,00 €

4 · 1,107 cbm = 4,428 cbm zu 120,00 € =	531,36 €
5 · 0,850 cbm = 4,250 cbm zu 115,00 € =	488,75 €
10 · 0,767 cbm = 7,670 cbm zu 135,00 € =	1035,45 €
	2055,56 €

MERKE

Ist das Raummaß (sehr) viel größer (i. d. R. über 3-mal messend) als das Gewichtsmaß, kann nach einer Maßstaffelung abgerechnet werden.

21.9 Wertstaffelung der Frachtraten

Bei besonders wertvollen Gütern kann der Verfrachter nach einer Wertstaffelung abrechnen. Der FOB-Wert ist durch die gesamten Frachttonnen in Kubikmeter bzw. Tonnen zu teilen, um den FOB-Wert je Frachttonne zu errechnen. Danach bestimmt sich die anzuwendende Frachtrate aus der Staffelangabe.

Beispiel

15 Kolli zu insgesamt 7,5 cbm bzw. 8,3 t
FOB-Wert insgesamt 8 495,00 €

Rate bis FOB-Wert	900,00 € per frt 34,00 € M bzw. 42,50 € G
Rate bis FOB-Wert	1 000,00 € per frt 46,00 € M bzw. 56,00 € G
Rate über FOB-Wert	1 000,00 € per frt 65,00 € M bzw. 84,00 € G

Lösung

8 495,00 € : 7,500 cbm = **1 132,67 €** per frt M → Seefrachtrate **65,00 € M**

7,500 cbm · 65,00 € = **487,50 €**

8 495,00 € : 8,300 t = **1 023,49 €** per frt G → Seefrachtrate **84,00 € G**

8,300 t · 84,00 € = **697,20 €**

Die Wertstaffelung ergibt, dass die Tonnen und die Gewichtsrate eine höhere Frachteinnahme erbringen als die Kubikmeter und das Maß.

MERKE
Werden wertvolle Güter befördert, kann der Verfrachter nach einer Wertstaffelung abrechnen.

21.10 Längengewichts- und Schwergewichtszuschläge

Besonders lange bzw. **schwere Güter** können vom Verfrachter mit einem Zuschlag versehen werden. Dabei gibt es keine festen Grenzen.

21.10.1 Längengewichtszuschlag

Längenzuschläge (Length additional – **LA** – **oder** Long Lenght – **LL**) werden häufig ab einer Länge eines einzelnen Packstückes von 10 Metern und mehr berechnet. Die Höhe des Zuschlages hängt nicht nur von der Länge, sondern auch vom Gewicht oder vom Maß der Frachtstücke ab.

Beispiel
2 Kolli je 2,350 cbm, je 2,115 t, je 15,75 m Länge
Seefrachtrate 145,00 € M/G
Längenzuschlag (Length additional = LA) bei Packstücken über 10 m je weiterem angefangenen m 7,50 € per frt

Lösung

2 · 2,350 cbm = 4,700 frt

4,700 frt · 145,00 €	= 681,50 €	
4,700 frt · (6 · 7,50 €)	= **211,50 €**	LA
	= 893,00 €	

Im Beispiel werden 6 angefangene Meter mit dem Zuschlag multipliziert, da der Zuschlag bei Packstücken über 10 Metern berechnet wird und das Packstück 15,75 m lang ist.

MERKE
Zur Berechnung des Längengewichtszuschlags wird die Meter-Anzahl ermittelt, die die erlaubte Meter-Anzahl übersteigt. Anschließend wird diese Zahl mit dem LA-Satz und der Frachttonne multipliziert.

21.10.2 Schwergewichtszuschlag

Schwergewichtszuschläge (heavy lift – **HL**) werden häufig ab einem Einzelgewicht von 5 Tonnen und mehr berechnet. Sie beziehen sich entweder auf das Gewicht oder auf das Maß.

Beispiel

3 Kolli je 5,750 t, je 2,5 cbm; Seefrachtrate 173,50 € M/G
Schwergewichtszuschlag (heavy lift = HL) 27,50 € per frt bei Packstücken über 5 t

Lösung

3 · 5,750 t = 17,250 frt

17,250 frt · 173,50 €	= 2 992,88 €	
17,250 frt · 27,50 €	= **474,38 €**	**HL**
	= 3 467,26 €	

MERKE

Der Schwergewichtszuschlag wird nach Frachttonnen oder nach Tonnen berechnet. Das Verfahren entspricht dem beim Längengewichtszuschlag.

21.11 Sonstige Zuschläge

Zuschläge sollen temporäre Veränderungen der Kosten abfangen und werden häufig in Abhängigkeit vom Gut oder vom Fahrtgebiet berechnet.

Einige mögliche Zuschläge:

- **Währungsausgleichsfaktor** (CAF = Currency Adjustment Factor) bei Veränderungen des Wechselkurses der quotierten Währung. Dieser Zuschlag wird dann in Rechnung gestellt, wenn Reedereien ihre Frachtraten nicht in der Heimatwährung angeben und die Wechselkurse stark schwanken.
- **Bunkerölausgleichsfaktor** (**BAF** = Bunker Adjustment Factor) bei Erhöhung oder Verfall der Ölpreise
- **Sicherheitszuschlag** (**ISPS** = International Ship and Port Facility Security)
- **Verstopfungszuschlag** (Congestion Surcharge) bei Wartezeiten in bestimmten Häfen (z. B. Colombo/Sri Lanka, Lattakia/Syrien)
- **Winter-** bzw. **Eiszuschlag** (Winter/Ice Surcharge) für eisgefährdete Gebiete
- **Gefährdungszuschlag** (War Risk Surcharge) bei Beförderungen in kriegsgefährdete Gebiete
- **Saisonzuschlag** (Peak Season Charge)
- **Piratenzuschlag** (Pirate Charge)
- **Nebenhafengebühren**, wenn der Hafen nicht direkt angefahren wird, aber zum Tarifgebiet gehört **(Port Charge)**

- **Cargo handling charges:**
  → einkommend (= Import)-postshipment charges
  ← ausgehend (= Export)-preshipment charges
  Hafenkosten für die Güteranlieferung, die entstehen, bevor bzw. nachdem die Ware die Reling des Schiffes passiert hat
- **Kanalzuschläge** (z. B. Suez-Kanal-Zuschlag, Panama-Kanal-Zuschlag usw.) werden berechnet, um die zu entrichtenden Gebühren für das Passieren von Kanälen umzulegen.
- **Palettenabschläge** werden gewährt, wenn Waren auf Paletten angeliefert werden, da dadurch die Ladearbeiten erleichtert werden.

21.12 Kalkulationsschema

Die Reihenfolge der Berechnung kann je nach Tarifgebiet unterschiedlich sein. Die Frachttonne wird zunächst mit der Frachtrate multipliziert und ergibt immer die Grundfracht. Das weitere Vorgehen entnehmen Sie dem nachfolgendem Schema:

MERKE

Die zu zahlende Seefracht berechnet sich wie folgt:

Frachttonne · Frachtrate	= Grundfracht
+/– mögliche Ratenzuschläge	= LA, HL, Surcharge u./o. BAF in M/G
	= erweiterte Grundfracht
+/– Zu-/Abschläge	= Surcharge u./o. BAF in %, CAF
	= zu zahlende Seefracht
– eventueller Rabatt oder eine Kommission	= – Rabatt oder Kommission (z. B. – 9,5 % Sofortrabatt oder – 2 % Spediteurkommission)
	= zu zahlende Seefracht

Beispiel

3 Kolli je 5,5 t; je 5,8 cbm; je 13,75 m
Seefrachtrate : 175,00 € M/G
HL bei Packstücken über 5 t 25,50 € per t G
LA bei Packstücken über 10 m je weiterem angefangenen m 5,60 € M/G
Congestion Surcharge 13,50 € M/G;
CAF – 13 %,
BAF + 5 %

Lösung

3 · 5,800 cbm = 17,400 frt

17,400 frt · 175,00 €	=	3 045,00 €	Grundfracht (GF)
+ 17,400 frt · (4 · 5,60 €)	=	389,76 €	LA
+ 16,500 frt · (3 · 5,5 t) · 25,50 €	=	420,75 €	HL
+ Congestion Surcharge 17,4000 cbm · 13,50 €	=	234,90 €	Cong. Surcharge
	=	4 090,41 €	erweiterte GF
BAF + 5 % CAF – 13 % → – 8 %	=	– 327,23 €	BAF und CAF
	=	3 763,18 €	
– 9,5 % Sofortrabatt von 3 045,00 €	=	289,28 €	Sofortrabatt
	=	**3 473,90 €**	zu zahlende Seefracht

21.13 Treuerabatte

LSL

Wie bereits erwähnt, gewähren Konferenzen den Befrachtern sofort oder in einem bestimmten Zeitraum Treuerabatte, um dadurch die Preisvorteile der Outsider auszugleichen, die in der Regel um bis zu 20 % günstigere Frachtraten gewähren können. In der Praxis werden diese Rabatte aber immer weniger angewendet.

Sofortrabatt

Der **Sofortrabatt** beträgt i. d. R. 9,5 % und wird dem Befrachter sofort bei der Rechnungserteilung abgezogen.

Zeitrabatt

Der **Zeitrabatt** beträgt i. d. R. 10 % und wird dem Befrachter/Spediteur gewährt, wenn er in einem bestimmten Zeitraum (meistens ein halbes Jahr oder ein Jahr) nachweisen kann, dass er sämtliche Ladungen mit der Konferenz verladen hat. Den Zeitrabatt erhält der Befrachter/Spediteur auf Antrag bei der Konferenz.

Beide Rabatte werden nur gewährt, wenn der Befrachter/Spediteur einen Kontrakt mit der Konferenz gezeichnet hat.

21.14 Dienstleistungstarif Deutscher Seehafenspediteure (DDS)

Damit die vielfältigen Leistungen des Seehafenspediteurs erfasst werden können und die Preise und Provisionen überschaubar gehalten werden, wurden der **DDS-Import** und der **DDS-Export** entworfen. Diese unverbindlichen Preisempfehlungen gelten für die Häfen Bremen/Bremerhaven, Hamburg, Lübeck und Rostock. Die neueste Preisempfehlung vom 01.09.2002 berücksichtigt insbesondere den Wunsch der verladenden Wirtschaft nach kostengerechten Übernahmesätzen. Die DDS sind bei der Vereinigung der Seehafen- und Seeschifffahrtsspediteure im KDS (Kds@spediteur.de) erhältlich.

Weitere Häfen, wie z. B. Amsterdam, Rotterdam und Antwerpen, aber auch viele andere Häfen rechnen die Leistungen des Spediteurs ebenfalls nach unverbindlichen Preisempfehlungen ab. Neben diesen unverbindlichen Preisempfehlungen gibt es in jedem Hafen auch noch Entgelte für Kaileistungen an den Umschlagsanlagen.

ZUSAMMENFASSUNG

Die zu zahlende Seefracht berechnet sich wie folgt:

Frachttonne · Frachtrate	= Grundfracht
+/– mögliche Ratenzuschläge	= LA, HL, Surcharge u./o. BAF in M/G
	= erweiterte Grundfracht
+/– Zu-/Abschläge	= Surcharge u./o. BAF in %, CAF
	= zu zahlende Seefracht
– eventueller Rabatt oder eine Kommission	= – Rabatt oder Kommission (z. B. – 9,5 % Sofortrabatt oder – 2 % Spediteurkommission)
	= **zu zahlende Seefracht**

ÜBUNGSAUFGABEN

Berechnen Sie für folgende Angaben die Frachttonne bzw. die zu zahlende Seefracht:

1. 3 Kolli je 215 × 304 × 54 cm

2. 12 Kolli je 1,145 cbm und je 1 039 kg
   Seefrachtrate 82,50 € M und 94,14 € G

3. 14 Kolli je 3,400 cbm und je 3,390 t
   Seefrachtrate 42,40 € M bzw. 42,50 € G
   oder 3 % des FOB-Wertes in Höhe von insgesamt 67 275,00 €

4. 6 Kisten je 2,4 cbm und 1,25 t
   Rate 66,00 € M/G; CAF + 11 % und BAF + 3,25 %
   Congestion Surcharge 11,00 € per frt

5. 3 Kolli je 0,124 cbm
   Gewichte 123 kg, 127 kg und 125 kg
   Seefrachtrate 123,50 € M/G
   War risk Surcharge 14,50 per frt
   Minimalfracht 50,00 €

6. 7 Kartons je 3,300 cbm und je 775 kg sowie
   4 Kisten je 3,900 cbm und je 172 kg
   Rate bis 5-mal messend 149,00 € M/G
   Rate bis 6-mal messend 152,00 € M/G
   Rate über 6-mal messend je weiteres Mal messend 3,50 € auf die Rate bis 6-mal messend
   Congestion Surcharge 12,50 € per frt

7. 22 Kisten je 3,475 cbm und je 2,465 t
   Seefrachtrate 92,75 € M/G
   Surcharge 17,25 € per frt
   CAF – 12,30 % und BAF + 14,25 %

8. 4 Kolli mit 4,200 cbm bzw. 5,200 t; FOB-Wert insgesamt 2 043,00 €
   7 Kisten mit 3,400 cbm bzw. 2,800 t; FOB-Wert insgesamt 1 075,00 €
   Rate bis zum FOB-Wert von 350,00 € per frt 75,00 € M/G
   Rate bis zum FOB-Wert über 350,00 € per frt 94,00 € M/G

9. 1 Verschlag mit 17,50 m Länge und 3,400 cbm bzw. 3,800 t
   Seefrachtrate 212,40 € G bzw. 208,00 € M
   LA bei Packstücken über 12,00 m Länge je weiterem angefangenen Meter 1,30 € per frt
   HL bei Packstücken über 3 t 17,00 € per t G
   Congestion Surcharge 24,00 € per frt, BAF – 12,5 %

10. 3 Kolli je 3,745 cbm und je 3,650 t sowie jeweils eine Länge von 14,75 m
    Seefrachtrate 275,00 € M/G
    LA bei Packstücken über 10 m je weiterem angefangenen Meter 12,25 per frt
    Congestion Surcharge 17,00 %

11. 1 Bund 14,7 m Länge und 8,300 cbm bzw. 7,400 t
1 Bund 12,5 m Länge und 1,200 cbm bzw. 0,800 t
1 Bund 13,4 m Länge und 19,400 cbm bzw. 3,800 t

Rate bis 3-mal messend 193,00 € M/G
Rate bis 4-mal messend 215,00 € M/G
Rate über 5-mal messend 222,00 M/G

HL bei Packstücken über 5 t 27,50 per t G
LA bei Packstücken über 13 Metern je weitere angefangene 50 cm 11,70 € per frt
Congestion Surcharge 11 %, BAF +9 %, CAF −7,25 %

12. 3 Kolli; 96 × 43 × 44 cm, Gewichte verschieden und zwar 180,00 kg; 255,00 kg; 287,00 kg Frachtrate: 115,00 € M/G

13. 10 Kolli je 1,080 cbm und je 980,00 kg; Rate 77,50 € M; 79,00 € G

14. 10 Kolli je 2,5 cbm und je 2,4 t; Rate 76,00 € M bzw. 80,00 € G oder 1,25 % des FOB-Wertes in Höhe von insgesamt 154 000,00 €.

15. 8 Kolli je 1,5 cbm und je 1,3 t; Rate 53,50 € M/G; CAF + 10 %; BAF 17,5 %; Congestion Surcharge 10,00 € per frt

16. 2 Kolli je 0,189 cbm, Gewichte 191 kg und 175 kg; Rate 49,50 € M/G; Surcharge 8,50 € per frt; Minimalfracht 20,00 €

17. 3 Kolli je 2,4 cbm und je 550,00 kg sowie 2 Kolli je 2,2 cbm und je 200,00 kg;
Rate bis 5-mal messend 135,00 € M/G
Rate bis 6-mal messend 138,00 € M/G
Rate über 6-mal messend, je weiteres Mal messend, 2,00 € auf die Rate bis 6-mal messend;
Surcharge 5,00 € per frt, CAF –10 % von der erweiterten Grundfracht

18. 20 Kolli mit insgesamt 2,7 cbm und 3,5 t, FOB-Wert insgesamt 1 111,00 €
15 Kolli mit insgesamt 5,1 cbm und 4,4 t, FOB-Wert insgesamt 1 512,00 €
Rate bis zum FOB-Wert von 300,00 € per frt 34,00 € M/G
Rate bis zum FOB-Wert von 450,00 € per frt 61,00 € M/G
Rate über dem FOB-Wert von 450,00 € per frt 98,00 € M/G

19. 10 Kolli mit insgesamt 2,5 cbm bzw. 3,1 t; FOB-Wert insgesamt 1 050,00 €
10 Kolli mit insgesamt 2,7 cbm bzw. 2,6 t; FOB-Wert insgesamt 1 150,00 €

Rate bis zum FOB-Wert von 350,00 € per frt 49,00 € M/G
Rate über dem FOB-Wert von 350,00 € per frt 63,00 € M/G

20. 1 Verschlag mit 12,5 m Länge und 2,6 cbm bzw. 2,8 t; Rate 126,50 € M bzw 124,00 € G;
LA bei Packstücken über 10 m Länge je weiterem angefangenen m 0,75 € per frt
HL bei Packstücken über 2 t 8,00 € per t G, CAF - 6 % von der erweiterten Grundfracht
Congestion Surcharge 15,00 € per frt

21. 1 Bund 13,5 m Länge; 2,5 cbm bzw. 1,35 t
1 Bund 11,0 m Länge; 12,35 cbm bzw 2,11 t
Rate bis 5-mal messend 136,50 € M/G
Rate über 5-mal messend 138,00 € M/G
HL bei Packstücken über 2 t 10,50 € per G
LA bei Packstücken über 12 m je weitere angefangene 50 cm 2,25 € per frt;
Congestion Surcharge 5 %; BAF + 10 %; CAF + 12,5 % von der erweiterten Grundfracht

22. 23 Rohre
Länge je Rohr 14,7 m
Durchmesser je Rohr 0,38 m
Gewicht je Rohr 1 723 kg;
Rate: USD 73,50 M/G
LA: Für Kolli über 10 m Gesamtlänge werden je angefangener Meter USD 2,75 M berechnet; Congestion Surcharge: USD 16,25 G.

23. 1 Kiste 1 803 kg bzw. 2,145 cbm und 1 Kiste 2,345 t bzw. 2,342 cbm; Rate 98,00 USD M/G; BAF 17,50 USD M/G
CAF 16 % auf die erweiterte Grundfracht; GSC (General Security Charge) 2,50 € pro Sendung, Kaigebühren 29,95 € je t, berechnet je angefangene 100 kg
BL-Erstellung 8,00 € pro BL, Beantragung der B/Z-Nr. 15,00 € pro Nr.; Umrechnungskurs: 1,3240

24. 2 Kisten je 8 800 kg bzw. je 8,50 × 1,15 × 0,75 m
8 Kisten je 5 700 kg bzw. je 13,51 × 0,85 × 0,95 m

Seefracht	88,75 € M/G, HL ab 3 t 7,50 € per G
LA ab 15m	17,50 € je Frt. für jeden weiteren angefangenen Meter
BAF	4,80 € M/G

Spediteurkommission 2 % von der Grundfracht

25. 9 Kisten je 225,0 kg/je 58 x 53 x 81 cm
7 Kisten je 471,6 kg/je 82 x 82 x 79 cm
Der Reeder quotiert: USD 80,00 (G) bzw. 72,00 (M)
Surchage USD 13,50 per frt;
14 % BAF von der erw. GF
2,5 % Spediteurkommission von der GF

26. 3 Kartons je 128 x 142 x 118 cm und 1823 kg
4 Kisten je 214 x 189 x 138 cm und 3,975 t
SF-Rate 78,75 USD M/G; BAF 17,25 USD M/G; CAF 15,50 % auf die GF;
Piracy Risk Charge 3,75 USD M/G; Suez Canal Transit Fee 1,50 USD M/G;
Congestion Surcharge 8,95 USD Frt; LCL Charges HH 22,35 € je t; LCL
Charges Qingdao 14,50 USD M und 21,75 USD G; Schiffskurs 1,3275;
Gewinnzuschlag 6,5 % auf die GF und 17,50 € BL-Fee

27. 6 Rohre je 1.288 cm Länge, 79 cm Außendurchmesser, 7,698 t Gewicht
1 Rohr 972 cm Länge, 68 cm Außendurchmesser, 5,235 t Gewicht
Die Kostenpositionen sind:

Vorlauf:	38,00 € pro Lademeter, die Rohre sind stapelbar
Kaiumschlagentgelt:	57,00 € pro t, angefangene 100 kg werden voll berechnet
Fracht:	78,50 USD M/G
Längenzuschlag:	für Kolli über 10 m Länge 15,50 USD M für jeden über 10 m hinausgehenden angefangenen Meter
Schwergewichtzuschlag:	7,80 USD pro t für Kolli über 6t Gewicht
BAF:	4,00 USD M/G
CAF:	13,35 % von der Grundfracht
ISPS:	8,00 € pro Sendung
AMS Filing:	25,00 € pro B/L
Zapp-Gebühr:	25,00 € pro Sendung
B/L-Fee:	28,00 € pro B/L
Schiffskurs:	1,3879

22 Kalkulation von Selbstkosten im Sammelcontainerverkehr

LERNSITUATION

Der schwierigste Teil in der Seehafenexport-Abteilung ist für Maria de la Cruz, sich zu orientieren, wo die Häfen und Empfangsorte liegen, für die sie Frachten anfragt, Frachtraum bucht und die Dokumente zur Verschiffung erstellt. Meistens erhält sie die Aufträge von Herrn Grewe, der Sendungen im „Short-Sea-Verkehr" nach Skandinavien bearbeitet. Erst vorgestern hatte sie eine Anfrage für den Hafen Mäntyluoto und keine Vorstellung, wo der liegen könnte. Wie sie von Herrn Grewe erfuhr, ist es ein Containerhafen im Westen Finnlands, also im Euroraum. Er hatte auch noch ein paar Geschichten über Land und Leute parat, da er bereits geschäftlich dorthin gereist war. Heute nimmt sie einen weiteren Auftrag für diesen Hafen entgegen und erzählt Herrn Grewe davon. „Wie groß sind die beiden Sendungen, also die von neulich und diese; und wann sollen sie verschifft werden?", fragt ihr Kollege daraufhin. „Beide sollen Ende der kommenden Woche in Hamburg eintreffen, einmal 10 cbm Kfz-Innenverkleidungen mit 2200 kg, die andere Sendung besteht aus 13 cbm Kühlschrankmotoren mit ca. 4000 kg", erinnert sich Maria. „Hhm, dann müssen wir sie wohl nicht, wie sonst üblich, mit einem NVOCC als Stückgut verladen, sondern können selbst einen Container packen lassen. Ich habe da auch noch eine kleine Partie, die in Bamberg abgeholt und nach Pori in Finnland verschifft werden soll. Das sind noch einmal 1,6 t Lampen mit 3,5 cbm, gepackt auf drei Einweg-Paletten. Fragen Sie doch rasch die Seefracht für einen 20-Fuß-Container bei der Reederei an und vergleichen Sie die Kosten. Und wenn ich vom Verkaufsgespräch in zwei Stunden wiederkomme, gehen wir die Abwicklung durch!"

Maria ruft daraufhin bei dem Linienagenten der Reederei an, mit der die Wall GmbH, Spedition und Logistik meistens in diese Relation verlädt, und erfragt die Seefracht. Die ist im Verhältnis zur Stückgutrate sehr günstig. Aber irgendwie zweifelt sie, ob da nicht noch weitere Kosten zu berücksichtigen sind ...

AUFGABEN

1. Ermitteln Sie die Innenmaße, das Ladevolumen und Zuladungsgewicht für 20- und 40-Fuß-Standard-Container.
2. Berechnen Sie, wie viele Europaletten auf die Grundfläche eines 20- und 40-Fuß-Containers gestellt werden können.
3. Skizzieren Sie die wesentlichen Abwicklungsschritte bei einer Verladung im Sammelcontainerverkehr.
4. Grenzen Sie die Incoterms® FOB Hamburg und CIF Empfangshafen gemäß Incoterms® 2010[1] nach dem Übergang der Kosten vom Verkäufer auf den Käufer ab.

---

[1] *„Incoterms" ist ein eingetragenes Markenzeichen der Internationalen Handelskammer (ICC) und die Incoterms® 2010 sind ein urheberrechtlich geschütztes Werk. Weitere Informationen hierzu erhalten Sie unter www.icc-deutschland.de.*

22.1 Überblick über den Sammelcontainerverkehr

22.1.1 Stellenwert des Containerverkehrs

Der Seeverkehr beim Transport von Stückgütern hat sich seit Beginn der Sechzigerjahre des vergangenen Jahrhunderts zum größten Teil umgestellt. Anstelle der konventionellen Verladung, also dem Stauen der einzelnen Packstücke im Schiff oder an Deck des Schiffes werden heute fast ausschließlich Container verladen. Die Ausnahme bildet der Transport von sperrigen oder schweren Gütern, Massengut und Verladungen in Häfen, die nicht über das notwendige Equipment zum Laden und Löschen von Containern verfügen. Weltweit sind heute über 40 Millionen TEU (twenty foot equivalent unit), also Container mit einer Länge von je 6,05 m im Einsatz. Größere Container mit 40 Fuß, 30 Fuß usw. werden auf 20-Fuß-Einheiten umgerechnet, um eine einheitliche Gesamtzahl zu erhalten und das Ladevolumen daraus abzuleiten. Die Container werden nach Einschätzungen der Branche 2013 von ca. 5 500 Containerschiffen mit einer Stellplatzkapazität von 18 Millionen Containern um die Erde bewegt.
Daher nimmt der Containerverkehr auch in der speditionellen Leistungspalette einen immer größeren Raum ein und wird auf unterschiedliche Art genutzt.

22.1.2 Voll- und Sammelcontainerverkehr

Wie in anderen Bereichen auch ist es für Preiskalkulationen notwendig, grundlegende Kenntnisse der Abwicklung eines Auftrages zu besitzen. Im seegehenden Containerverkehr sind zwei Varianten der Abwicklung möglich: Entweder werden Vollcontainer verschifft, d.h., dass dem Kaibetrieb, der die Verladung auf das Seeschiff durchführt, vom Auftraggeber ein bereits komplett seemäßig gestauter Container übergeben wird. Es befinden sich Güter von einem Absender für einen Empfänger im Container. Man spricht dann auch von einer **FCL/FCL**-Verladung, wobei FCL für **„full container load“** steht. Der Auftraggeber kann auch ein Spediteur sein, der den Vorlauf von einem Versender zum Hafen organisiert hat. Es ist aber auch möglich, dass der Spediteur mehrere unterschiedliche Sendungen für einen Empfangshafen zusammenfasst und in einen Container staut. Für den Kaibetrieb und die Reederei macht es keinen Unterschied, da weiterhin ein Vollcontainer übernommen und auch abgerechnet wird.
Eine zweite Variante ist, dass der Spediteur kleinere Sendungen, die keinen ganzen Container auslasten, bei anderen beilädt. Wird nur eine Stückgutsendung angeliefert, die erst nach der Übergabe in einen Container gestaut wird, spricht man von einer **LCL-Sendung**. LCL steht dabei für **„less than a container load“**.
Die Beförderung von LCL-Sendungen wird sowohl von manchen Reedereien als auch von sogenannten **NVOCC** durchgeführt. Dabei handelt es sich um Unternehmen, die im Außenverhältnis zu den Befrachtern wie eine „echte“ Reederei auftreten, aber nicht selbst Schiffe betreiben. Sie sind „Verfrachter ohne Schiffe“ oder **„non-vessel operating common carrier“**, die bei Reedereien Containerkontingente buchen und i.d.R. Laderaum für Stückgutsendungen weiter verkaufen. Manche der NVOCC haben sich auf dieses Geschäft spezialisiert und bieten nur diese Leistung, andere werden von einem oder mehreren Speditionsunternehmen betrieben, um das eigene Sammelladungsaufkommen zu verfrachten und zusätzlich LCL-Aufträge Dritter (Spediteure und Exporteure) abzuwickeln.

MERKE
Seecontainer können auf zwei Arten ausgelastet werden:
- Der Reederei bzw. dem beauftragten Kaibetrieb wird ein bereits gestauter (Voll-)Container zur Beförderung übergeben = FCL.
- Der Reederei/dem NVOCC wird eine Teilladung zur Beförderung übergeben, die erst dann vom beauftragten Staubetrieb in einen Container verladen wird = LCL.

22.2 Zuordnung von Kostenfaktoren zu Abwicklungsschritten

Es bietet sich an, bei der komplexen Abwicklung im seegehenden Sammelcontainerverkehr die wichtigsten Abwicklungsschritte in zeitlicher Reihenfolge nachzuvollziehen. Ist der grundsätzliche Ablauf einer Anlieferung und Verschiffung nicht klar, ist es kaum möglich, einzelne Kostenfaktoren einzuordnen. Es ist aber notwendig, die Reihenfolge in der Abwicklung und somit auch in der Entstehung der Kosten zu kennen, da häufig nur Teile des gesamten Export-Ablaufes von einem Spediteur übernommen und auch abgerechnet werden. Für welche Tätigkeiten tatsächlich Aufwand und somit Kosten entstehen, ist in erster Linie von den Vereinbarungen zwischen Exporteur und Importeur im Kaufvertrag (meistens gemäß „**Incoterms**®“) abhängig. Ob ein Spediteur den Auftrag erhält, den Transport einer Sendung bis FOB Hamburg zu besorgen oder bis CFR Mäntyluoto, wie in der Lernsituation, macht sich in den Selbstkosten und der Abrechnung an den Auftraggeber sehr stark bemerkbar und darf nicht vernachlässigt werden. Daher muss die Zuordnung von Kosten und Abwicklungsschritten sorgfältig durchgeführt werden.

WSP

22.2.1 Besorgen von Schiffsraum und Containern

Die Wall GmbH, Spedition & Logistik bietet in der Seehafenexport-Abteilung auch die Verladung von Stückgutsendungen in Sammelcontainern an. Dabei bestehen feste Routen, die regelmäßig bedient werden, aber es gibt auch die Möglichkeit, im Bedarfsfall Sammelcontainer zusammenzustellen, wenn ein entsprechendes Ladungsvolumen vorhanden ist.
Bei bestehenden Routen sind einige Abläufe stärker standardisiert als bei einzelnen Containern, so werden die Seefrachtraten mit den Reedereien über einen längeren Zeitraum vereinbart und Stellplätze (Slots) im Vorwege reserviert.

LSL

Für den einzelnen Sammelcontainer nach Mäntyluoto wird nach der Anfrage bezüglich Seefracht und Verfügbarkeit von Containern bzw. Schiffsabfahrt der entsprechende Container gebucht. Als Kostenfaktoren sind nur Betriebskosten zu berücksichtigen, die in der Praxis aber i.d.R. nicht explizit für jeden Arbeitsgang aufgeführt werden, sondern als durchschnittliche Betriebskostenpauschale für Aufträge mit ähnlichem (Zeit-)Aufwand einmal aufgeführt werden. Bei diesem Auftrag werden diese Kosten in der Pauschale für die B/L-Erstellung verrechnet.

22.2.2 Vorlauf zum Seehafen

Nach der Buchung des Schiffsraumes (evtl. auch schon vorher, wenn es sich um einen Engpass mit geringer verfügbarer Transportkapazität handelt) wird der Vorlauf organisiert.

In der Kalkulation wird meistens davon ausgegangen, dass die Spedition auch den Transport zum Seehafen organisiert und entsprechende Frachtkosten von Fremdunternehmern oder der eigenen Lkw-Abteilung belastet bekommt, die als Selbstkosten in die Kalkulation eingehen.

22.2.3 Ausgangszollabfertigung

Bevor eine aus Gemeinschaftsware bestehende Exportsendung auf ein Seeschiff verladen werden kann, um den Hafen und somit deutsche Hoheitsgewässer zu verlassen, muss i.d.R. die Ausgangszollabfertigung durchgeführt werden. Das geschieht oft ohne physische Gestellung bei einer Ausgangszollstelle, es wird stattdessen per DFÜ ein entsprechender Antrag bei der zuständigen Zollstelle eingereicht. In Hamburg beispielsweise gibt es dafür das ZAPP-System (Zoll-Ausfuhr-Überwachung im Paperless Port), das als System der Dakosy AG kostenpflichtig ist. Sowohl die Nutzungskosten als auch der Aufwand für die Eingabe und Weiterleitung der Original-Anmeldung an die zuständige Zollstelle werden in der Pauschale für die **„ZAPP-Gebühr“** berücksichtigt.

22.2.4 Kaiumschlag der Stückgutsendung

Die Bezeichnung „Kaiumschlag“ ist im LCL-Bereich häufig irreführend, denn die Gebühr wird nicht für die Verladung vom Kai auf das Schiff erhoben, sondern für die Annahme am Packschuppen und die Bereitstellung für das Stauen in den Container. Das kann auch in größerer geografischer Entfernung vom Hafen geschehen. In welcher Höhe der Kaiumschlag vom Packschuppen berechnet wird und ob er überhaupt erhoben wird, ist nicht einheitlich geregelt. Meistens wird er jedoch als einzelne Kostenposition berechnet und dem Auftraggeber auch entsprechend den Selbstkosten weiterberechnet.
Es besteht beispielsweise in Hamburg der **Kaitarif** der Hamburger Hafen und Logistik AG (HHLA), der auch von anderen Unternehmen als Richtlinie für die Berechnung von Entgelten genutzt wird. Es handelt sich aber nicht um ein branchenverbindliches Tarifwerk, insofern sind starke Abweichungen möglich.

Umschlagsentgelte für konventionell an- bzw. auszuliefernde Güter		
	Ausgehend in €	Einkommend in €
Allgemeines Stückgut, soweit nicht anders genannt (bis 5-mal messend)		
▪ in Packstücken über 20 kg – per 1 000 kg	36,10	45,20
▪ in Packstücken unter 20 kg – per 1 000 kg	45,30	56,40
Stückgut, soweit nicht anders genannt (über 5-mal messend)		
▪ pro cbm	7,20	9,10

Auszug aus dem Kaitarif der Hamburger Hafen und Logistik AG, Ausgabe 01.04.2014

Der für die Sendung nach Mäntyluoto zuständige Packschuppen hat diesen Tarif teilweise als Grundlage der eigenen Berechnung genommen: Es wird für Stückgutsendungen (nicht Gefahrgut) im Export generell ein Umschlagsentgelt von 32,00 € je 1000,00 kg berechnet. Dabei ist zu beachten, dass angefangene 100 kg vollberechnet werden.

Sendungen über 5-mal messend, also mit mehr als 5-fachem Volumen, bezogen auf das Verhältnis von Kubikmeter pro Tonne Gewicht, werden mit 6,40 € pro cbm berechnet. Es ist aber möglich, dass vom Packschuppen nur eine Pauschale für Annahme der Exportgüter, Umschlag und Stauen in den Seecontainer offeriert wird.

22.2.5 Rundlauf des Containers

Da es sich i. d. R. um reedereieigene Container handelt, muss die Einheit am entsprechenden **Containerdepot der Reederei** abgenommen werden. Von dort wird der Container dann bei dem Betrieb gestellt, der das **Stauen der Ware** übernimmt. Um den Transport möglichst effizient und ohne Wartezeit oder doppelte Anfahrt zu gestalten, wird mit dem gleichen Chassis möglichst ein beladener Container abgezogen, der an den entsprechenden **Kaibetrieb** geliefert wird. Der gesamte Transport zum **Packschuppen** und dann zum **Kai** wird von Fuhrunternehmen als sogenannter **Rundlauf**, z. B. innerhalb Hamburgs als „Hamburger Runde“, zu einem festen Kostensatz angeboten.

22.2.6 Packen/Stauen des Containers

Die Sendungen, die in den Container geladen (gestaut, auch gepackt oder „stuffed“) werden, sollten sich bereits dort befinden, wo der Container für den Seetransport beladen wird. Meistens wird diese Arbeit von einem Spezialbetrieb erledigt, dem Packschuppen oder der **„Container Freight Station“ (CFS)**. Da die physische Belastung der Ware beim Seetransport wesentlich höher ist als im Landverkehr, ist ein spezielles **seemäßiges Stauen** notwendig, um Transportschäden zu vermeiden. Der beladene Container wird dann wieder abgezogen und bei dem Kaibetrieb angeliefert, der die Verladung auf das Seeschiff übernimmt. Das Stauen in den Container wird vom Packschuppen entweder **nach Aufwand**, eventuell auch **als Pauschale pro t**, oder, bei einfach zu stauenden Gütern, als **Pauschale für den kompletten Container** berechnet.
Die Packkosten werden i. d. R. individuell zwischen den Packbetrieben und ihren Auftraggebern vereinbart. Es bestand längere Zeit auch eine unverbindliche Empfehlung der Mittelstandsvereinigung im Fachverband der Containerpackbetriebe, die Richtpreise für Leistungen im Im- und Export lieferte. Diese gelten noch als grobe Orientierung.

Preisempfehlungen im Export – Allgemeines Stückgut – in € Aufnehmen ex Planen-Lkw/Überlagernahme/Aufmessen der Ware/Stauen im Container/ Laschen im normalen LCL-Standard (ausgenommen Gefahrgut)	
per 1 000 kg	33,40
Minimale 20-Fuß-Container	290,00
Minimale 40-Fuß-Container	465,00
Minimale High-Cube Container	505,00
Minimale 45-Fuß-Container	545,00

Quelle: www.container-packbetriebe.de; Stand: 22.09.2009

22.2.7 Umschlag auf das Seeschiff

Ist die Zugmaschine beim Kaibetrieb angelangt, wird der Container abgenommen und bis zur Verladung auf das Seeschiff gelagert. Für das Abnehmen vom Lkw und das

Verladen auf das Seeschiff werden vom Kaibetrieb **Terminal Handling Charges (THC)** oder auch **Container Service Charges (CSC)** erhoben.

22.2.8 Seefracht mit Zu- oder Abschlägen

Für die Höhe der Seefracht ist nicht allein die reine Transportentfernung entscheidend. Es spielt auch eine große Rolle, ob es sich um eine stark frequentierte Relation handelt, also Abgangs- und Empfangshafen von sehr großen Schiffen direkt und ohne Umladung angelaufen werden. Außerdem bestehen auf vielen Routen „unpaarige" Güterströme, in eine Richtung sind die Schiffe stärker ausgelastet, die Frachtraten entsprechend höher, während in die andere Richtung teilweise Leercontainer zurückgefahren werden und die Frachtraten dadurch wesentlich günstiger sind. So sind die Frachtraten von Europa nach Ostasien sehr viel geringer als von Ostasien nach Europa, weil die Gütermenge, die containerisiert nach Europa importiert wird, wesentlich größer ist als der Export nach Ostasien.
Die meisten Seefrachtraten werden für übliche Handelswaren angegeben und auch entsprechend im Sammelcontainerverkehr weitergegeben. Man spricht dann von **„Freight All Kind"** oder kurz **FAK**-Raten.
Zur Seefracht werden häufig Zuschläge (selten auch Abschläge) erhoben. Die bedeutendsten sind ein Ausgleich für schwankende Treibstoffpreise, der **Bunker Adjustment Factor (BAF)**, ein Zuschlag zum Ausgleich von Währungsschwankungen, der **Currency Adjustment Factor (CAF)** und ein Zuschlag für das Risiko der Fahrt in Krisengebiete, die **War Risk Surcharge**. Für einzelne Häfen wird auch ein Zuschlag erhoben, um höheren Aufwand durch Wartezeiten bei Überfüllung an die Auftraggeber weiterzugeben, dieser wird als **Congestion Surcharge** bezeichnet.
Darüber hinaus werden lokale Zuschläge wie der **Marpol-Zuschlag (auch Low Nitrous Oxide Emission Surcharge)** für den Ostseeraum, der **Suezkanal-Zuschlag** oder ein **Piraterriezuschlag oder Emergency Risk Surcharge** beim Befahren des Arabischen Meeres erhoben.
Außerdem wird für andere als die Standard-Boxcontainer, also z. B. Kühlcontainer oder High-Cube-Container, ein Zuschlag oder eine höhere Seefracht erhoben.
Mit der Seefracht und den Zuschlägen ist die räumliche Grenze der einbezogenen Kosten erreicht, wenn ein Transport im Sammelcontainer bis frei Ankunft Bestimmungshafen angeboten wird. Die Kosten im Bestimmungshafen würden dann dort vor Ort in Form der LCL-Charges erhoben werden.
Bei Verladungen außerhalb des Euroraumes werden wesentliche Kostenbeträge in Fremdwährungen berechnet. Diese müssen zum **Schiffskurs** in EUR umgerechnet werden. Dabei gibt der Schiffskurs immer das Verhältnis der Fremdwährung zu einem Euro an.

Eine Sonderstellung nimmt der Sicherheitszuschlag ein, der bei Seetransporten erhoben wird. Er ist nach dem **International Ship and Port Facility Security (ISPS)** Code benannt. Mit dieser Gebühr werden Kosten weiterbelastet, die sowohl den Packschuppen und Kaibetrieben, als auch den Reedereien durch Zertifizierung und Durchführung von Sicherheitsmaßnahmen entstehen. Die exakte Höhe der Gebühr variiert von Hafen zu Hafen bzw. zwischen Reedereien.

Häufig wird der Zuschlag, der sowohl Kosten der Reederei für die Schiffssicherheit als auch Kosten für Sicherheitsaufwendungen der Kaiumschlagbetriebe abdecken soll, zusammen mit der Seefracht von der Reederei in Rechnung gestellt. Zur Kostenermittlung ist aber eine exakte Zuordnung der Kostenanteile zu den Beteiligten sinnvoll.

Für die Seehäfen Bremen und Hamburg beträgt die Sicherheitsgebühr **(Port Security Fee)** 9,00 €/Container, die Sicherheitsgebühr der Reederei **(Ship Security Fee)** beträgt für die meisten Relationen von Westeuropa aus 8,00 USD/Container.

In der Praxis wird die ISPS Surcharge häufig als Zuschlag zur Stückgutrate gesondert an die Auftraggeber weitergegeben. Da es sich aber nicht um eine exakte Weitergabe der Kosten handelt, wird diese Möglichkeit in den folgenden Musterkalkulationen nicht berücksichtigt.

22.2.9 Erstellung der Konnossemente und Dokumentation

Die Personalkosten für die Abwicklung der einzelnen Aufträge und deren Dokumentation sind bisher nicht berücksichtigt. Sie werden in Form von Pauschalsätzen berechnet, wobei man von einem durchschnittlichen Zeitaufwand für die Bearbeitung eines Sammelgut-Auftrages ausgeht. Zu den Personalkosten werden die Betriebskosten der Abteilung und die anteiligen Kosten der Verwaltung (z. B. Personalabteilung, Marketing, Controlling, siehe BAB, Seite 188 ff.) addiert und nach dem (Zeit-) Aufwand für die Abwicklung der Aufträge verteilt. Wie diese Pauschale dann letztendlich ausgewiesen wird und in die Kalkulation einfließt, wird in der Praxis unterschiedlich gehandhabt.

Im Fall der Wall GmbH, Spedition & Logistik spiegelt sie sich in den Kosten wider, die unter dem Begriff „Erstellung der Bills of Lading“ einbezogen werden.

22.2.10 Kosten im Empfangshafen

Inwieweit Kosten, die erst nach dem Seetransport entstehen, schon in die Kosten für den eigentlichen Seetransport des Sammelgutes einbezogen werden, ist unterschiedlich. Es ist entweder möglich, den Transport im Sammelcontainer bis frei Ankunft Bestimmungshafen anzubieten. Dann würden die Kosten ab THC im Empfangshafen in die LCL-Charges dort einbezogen.
Es kann aber auch der Sammeltransport bis frei Entladestation angeboten werden, also bis zum Packschuppen am Empfangsort. Dann werden auch die Kosten für THC im Bestimmungshafen und die Transportkosten für den Container zum Packschuppen im Bestimmungsort in die Kalkulation der Selbstkosten im Abgangshafen einbezogen.

22.3 Grundkalkulation der Selbstkosten im Sammelcontainerverkehr

Das Vorgehen bei der Kalkulation der Selbstkosten wird von zwei Faktoren geprägt. Zum einen hängt es davon ab, welche Leistungen für den Auftraggeber im Detail erbracht werden müssen. Zum anderen wird das Vorgehen aber auch davon beeinflusst, welche Kosten bzw. welche Bezugsgrößen in den Offerten der Vertragspartner gegeben sind.

Für den Sammelcontainer nach Mäntilutuo hat Maria nach einem längeren Gespräch mit dem Sachbearbeiter Herrn Grewe folgende Kosten bei einem **Fuhrunternehmer**, dem **Packschuppen**, dem **Kaibetrieb** und der **Reederei** zusammengetragen und als Tabelle notiert.

Containerkosten in €	20-Fuß-Box	40-Fuß-Box
Rundlauf für den Container	120,00 €	120,00 €
Packen des Containers an der CFS	280,00 €	500,00 €
Port Security	9,00 €	9,00 €
THC in Hamburg	171,00 €	171,00 €
Seefracht Hamburg – Mäntiluoto	310,00 €	520,00 €
Marpol Surcharge pro TEU	4,00 €	8,00 €
BAF pro TEU	70,00 €	140,00 €
Ship Security	6,00 €	6,00 €

22.3.1 Kosten ab „Packstation/CFS im Abgangshafen" bis „FOB Seeschiff im Verschiffungshafen"

Um die Kosten für diesen Teil zu berechnen, werden alle Kosten addiert, die nach dem Umschlag am Packschuppen anfallen bis zu dem Zeitpunkt, zu dem der Container auf dem Seeschiff abgesetzt ist. Das sind der Rundlauf des Containers, das Packen, die Port Security Surcharge und die THC im Verschiffungshafen.

Selbstkosten frei Ankunft CFS – FOB Abgangshafen	20-Fuß-Box	40-Fuß-Box
Gesamte Selbstkosten	580,00 €	800,00 €
G[1] pro t bei durchschnittlich 12 t/20 t	48,33 €	40,00 €

Meistens werden diese Kosten pro 1 000 kg berechnet und dem Kunden offeriert. Um sie zu berechnen, muss eine durchschnittliche Auslastung vorausgesetzt werden. Man spricht auch von einer Schnittrate. Die Auslastung kann je nach gängigen Güterarten der Kunden für die Exportregion variieren, liegt aber im Sammelgutbereich i. d. R. weit unter der maximalen Tragfähigkeit der 20-Fuß-Container.

Als Richtwert nimmt die Wall GmbH, Spedition & Logistik, 7 t durchschnittliche Auslastung für 20-Fuß-Container, das doppelte Gewicht für 40-Fuß-Boxen.

Die maximale Tragfähigkeit des 20-Fuß-Containers liegt weit über 20 t, wird aber nur selten im Sammelgutbereich erreicht.
Die Kosten werden durch die durchschnittliche Auslastung dividiert.

22.3.2 Kosten ab „FOB Abgangshafen" bis „frei Ankunft Empfangshafen unentladen"

Um die zugrunde liegenden Kosten, nämlich die Seefracht mit Zuschlägen, auf einzelne Sammelgutsendungen umlegen zu können, wird hier wieder von einer durchschnittlichen Auslastung ausgegangen. Allerdings werden die Frachtkosten entweder pro Gewichtseinheit in Tonnen oder pro Maßeinheit in Kubikmetern berechnet. Dabei wird

[1] *G = Gewichtrate der Selbstkosten*

wieder von den 7 t und einer Volumenauslastung ausgegangen, die unter der theoretischen Grenze von etwa 32 cbm liegt.

Die Wall GmbH, Spedition & Logistik geht von 25 cbm für 20-Fuß-Container und 46 cbm für 40-Fuß-Container aus. Die Gesamtfracht wird durch diese Werte geteilt.

Selbstkosten FOB – Empfangshafen	20-Fuß-Box	40-Fuß-Box
Gesamt	390,00 €	674,00 €
G pro t bei durchschnittlich 12 t/20 t	32,50 €	33,70 €
M[1] pro cbm bei durchschnittlich 25 cbm/46 cbm	15,60 €	14,65 €

Bei der Abrechnung mit dem Auftraggeber wird dann „in Reeders Wahl" jeweils der höhere Betrag, bezogen auf die Packstücke der einzelnen Sendung, zugrunde gelegt.

22.3.3 Verwendung von Schnittraten im Verkauf

Die Schnittrate wird in der Praxis im Verkauf meistens als eine Maß-/Gewichtsrate offeriert. Das bedeutet, dass die Fracht für eine Tonne Ladung ebenso hoch abgerechnet wird wie für einen Kubikmeter.
Um die Schnittrate aus den Kosten zu ermitteln, muss man die **durchschnittliche Güterstruktur** kennen. Damit erhält man ein **Maß-/Gewichtsverhältnis**, das für die weitere Kalkulation verwendet werden kann. Dabei besteht immer das Risiko, bei unregelmäßiger Güterstruktur zu niedrige Werte in der Vorkalkulation anzusetzen. In der **Nachkalkulation** ist daher der **Soll-Ist-Vergleich** für den **gesamten Container** wesentlich aussagekräftiger als die Beurteilung von Kosten und Nutzen **einzelner Sendungen**.
Die Maß-/Gewichtsrate für einzelne Sendungen ist zwar „kundenfreundlich" im Verkauf, da die Kosten für den Auftraggeber besonders einfach zu ermitteln sind, für die Kalkulation der Selbstkosten ist diese Rate aber zu ungenau.

MERKE
Es handelt sich beim Sammelcontainer, der mit einer einheitlichen Maß-/Gewichtsrate abgerechnet wird, stets um eine ungenauere Mischkalkulation für die Abrechnung mit Auftraggebern. Für die interne Selbstkostenermittlung sind die Werte zu ungenau.

22.4 Variationen bei der Kalkulation des Sammelcontainers

22.4.1 Kosten ab „FOB" bis „frei Ankunft Packstation am Empfangsort"

In manchen Relationen ist es üblich, die Kosten, die durch das Entladen des Containers und das Anliefern bei der CFS im Bestimmungsort entstehen, schon in die Sätze einzubeziehen, die am Abgangshafen berechnet werden.

Im Beispiel würden die THC von z. B. 160,00 € und der Nachlauf per Lkw zum Packschuppen in Mäntyluoto oder Pori von umgerechnet 185,00 € in die Frachtrate einbezogen werden.

---

[1] *M = Maßrate (Volumenrate) der Selbstkosten*

Diese Beträge einzubeziehen wird aber möglichst vermieden, da die Ermittlung sehr aufwendig sein kann und die Kosten sich kurzfristig ändern können.
Wird der Aufwand im Bestimmungshafen einbezogen, erhöhen sich die Kosten entsprechend und somit auch die Frachtrate für die einzelne Sammelsendung.

Selbstkosten FOB – frei Ankunft CFS Empfangsort	20-Fuß-Box	40-Fuß-Box
Gesamt	735,00 €	1 019,00 €
G pro t bei durchschnittlich 7 t/14 t	61,25 €	50,95 €
M pro cbm bei durchschnittlich 25 cbm/46 cbm	29,40 €	22,15 €

Im Umkehrschluss werden die LCL-Charges am Empfangsort dann nur noch für das Entladen des Containers berechnet.

MERKE
Werden die Kosten für das Moving des Containers vom Seeschiff und den Nachlauf zur Packstation am Bestimmungsort in die Kalkulation einbezogen, ändert sich die Gesamtkalkulation kaum:
Die Kosten für „frei Packschuppen bis FOB Verschiffungshafen" sind identisch, die beiden zusätzlichen Kostensätze werden zur Seefracht addiert und als „FOB bis frei Ankunft Packschuppen Bestimmungsort" ausgewiesen.

22.4.2 Gestaffelte Container-Packkosten

Falls die Gewichtsauslastung oder der Aufwand für das Packen der Sammelcontainer stark schwankt, werden die Kosten für das Packen meist nach Zeitaufwand oder Gewicht berechnet. Hier wird beispielhaft eine Abrechnung für schwankende Gewichtsauslastung vorgestellt:
Wenn der Packschuppen das Stauen des Containers nach der Gewichtsauslastung berechnet, ist es nahe liegend, einen Kostensatz pro Tonne Ladungsgewicht zu kalkulieren. Die **Packkosten** werden in diesem Fall getrennt von Rundlauf und THC ausgewiesen und können als Kostensatz **„frei Ankunft Packstation"** bis **„frei beladener Container"** bezeichnet werden.
Die weiteren Kosten für **THC** und **Rundlauf** werden mit der **Seefracht** zusammengefasst und ergeben die Kosten ab **„frei beladener Container"** bis **„frei Ankunft Empfangshafen unentladen"**.

Containerkosten in €	20-Fuß-Box	40-Fuß-Box
Selbstkosten ab CFS – beladener Container		
Packen des Containers an der CFS pro t	27,50 €	27,50 €
Selbstkosten ab beladener Container – Empfangshafen		
Rundlauf für den Container	120,00 €	120,00 €
Port Security	9,00 €	9,00 €
THC in Hamburg	171,00 €	171,00 €
Seefracht Hamburg - Mäntiluoto	310,00 €	520,00 €
Marpol Surcharge pro TEU	4,00 €	8,00 €
BAF pro TEU	70,00 €	140,00 €
Ship Security	6,00 €	6,00 €

Falls zusätzlich die THC im Empfangshafen und der Nachlauf zur CFS im Bestimmungsort einzubeziehen sind, werden auch diese zu den Kosten ab „beladener Container" addiert. Die Kostengrenze verschiebt sich wieder bis „frei Ankunft Packstation am Bestimmungsort".

MERKE
Werden die Kosten für das Stauen des Containers nicht pauschal, sondern gewichtsabhängig ermittelt, ändert sich die Verteilung der weiteren Kostenpositionen, die vorher als Kosten „frei Packschuppen bis FOB Verschiffungshafen" zusammengefasst waren:
- Das Stauen des Containers wird gesondert als Betrag pro 1 000 kg kalkuliert und als „frei Packstation" bis „frei beladener Container" bezeichnet.
- THC und Rundlauf werden zur Seefracht addiert und als ab „frei beladener Container" bis „frei Ankunft Empfangshafen unentladen" bezeichnet.

22.5 Kosten zur Kalkulation eines kompletten Auftrags

Ausgehend von der oben beschriebenen Abwicklung sind noch weitere Kostenfaktoren zu berücksichtigen, um einen ganzen Auftrag zu erfüllen:

Vorlauf zum Verschiffungshafen
Für die kleinste Sendung im Container, die 1,6 t Lampen auf drei Einweg-Paletten aus Bamberg, berechnet die eigene Sammelgut-Abteilung 45,00 € pro Palette für die Haus-Haus-Lieferung ab Versender in Bamberg zum Packschuppen in Hamburg. Die Vorlaufkosten betragen demnach 135,00 €.

Ausgangszollabfertigung
Die Kosten für die Übertragung der Sendungsdaten an die Zollstellen und der damit verbundene Personalaufwand werden pauschal als ZAPP-Gebühr ausgewiesen. Zur Vereinfachung wird ein Grundbetrag von 15,00 € einschließlich drei Zollpositionen in der Anmeldung festgelegt, erst bei darüber hinausgehenden Positionen werden die Kosten für die Eingabe der zusätzlichen Daten mit 1,50 € je Position berechnet. Für die vorliegende Sendung handelt es sich um fünf Zollpositionen, also 18,00 €.

Kaiumschlag
Der Packschuppen der Wall GmbH, Spedition & Logistik, berechnet für die Annahme der Sendung vom anliefernden Lkw, Umschlag in das Lager, Lagerung für maximal sieben Tage und Bereitstellung für das Verladen in den Sammelcontainer den im Kaitarif ausgewiesenen Betrag von 32,00 € pro t oder 5,70 € pro cbm für über 5-mal messende Güter. Für die Sendung von 1,6 t und 3,5 cbm, die (Maß/Gewicht) nur rund 2,19-mal messend ist, werden also 51,20 € abgerechnet.

Sonderleistungen
Weitere Sonderleistungen wie Markieren, seemäßiges Verpacken usw. werden nach Aufwand an Personal und Material berechnet.

Kosten ab „Packstation" bis „FOB Seeschiff im Verschiffungshafen"
Für die LCL-Sendung werden von der Packstation bis auf das Schiff 48,33 € pro t · 1,6 t, also 77,33 € berechnet.

Kosten ab „FOB Abgangshafen" bis „Ankunft Empfangshafen unentladen"

Da diese Kostenposition immer für den höheren Kostenbetrag von Maß und Gewicht ausgelegt ist, um die eigenen Kosten auch im ungünstigsten Fall voll zu berücksichtigen, müssen wie in der konventionellen Stückgutverladung beide Beträge berechnet werden:

Abrechnung nach Gewicht:	1,6 t · 32,50 €	= 52,00 €
Abrechnung nach Maß:	3,5 cbm · 15,60 €	**= 54,60 €**

Der höhere Betrag, in diesem Fall **54,60 €** wird in die Kalkulation einbezogen.

Erstellung der Bills of Lading

In die Erstellung der Konnossemente werden die Kosten für die Dokumentation allgemein mit einkalkuliert, der Betrag liegt für einen normalen LCL-Auftrag bei 20,00 €.

Zusammengefasste Kostenpositionen und -beträge für einen Auftrag:	
Vorlaufkosten	135,00 €
Kaiumschlag	51,20 €
Selbstkosten frei Ank. CFS – FOB	77,33 €
Selbstkosten FOB bis Empfangshafen unentladen	54,60 €
B/L-Erstellung	20,00 €
Zollabfertigung	18,00 €
Selbstkosten Auftrag	**356,13 €**

ZUSAMMENFASSUNG

Kostenpositionen der Sammelcontainer-Verladung im Seeexport
Kosten vom Verkäufer/Versender bis „FOB im Verschiffungshafen" (FOB-Kosten)

- Fracht für den Transport vom Haus des Verkäufers/Versenders zum Packschuppen im Verschiffungshafen (Lkw, Bahn, Binnenschiff)
- Ausgangs-Zollabfertigungskosten im Exportland für:
  - die Eingabe der Sendungsdaten
  - die Nutzung der DFÜ für die Einreichung der Daten beim Zoll
  - die Weiterleitung der Ausfuhranmeldung
- (evtl.) Kaiumschlag zur Deckung der Kosten für die Entladung des Vorlauf-Verkehrsmittels und Bereitstellung für die Verladung in den Container als Schnittrate pro Tonne Bruttogewicht
- Kosten „frei Ankunft Packschuppen" bis „FOB Verschiffungshafen"
  - Packen/Stauen in den Container als Pauschalsatz
  - Container-Rundlauf (Depot-Packschuppen-Kaibetrieb)
  - THC

  als Schnittrate pro Tonne Bruttogewicht

Kosten ab „FOB im Verschiffungshafen" bis „frei Ankunft Empfangshafen unentladen" (Verschiffungskosten)

- Seefracht als Schnittrate pro Tonne oder Kubikmeter „in Reeders Wahl"
- Erstellung der Konnossemente (B's/L)

Sonderfälle:

- Zusätzliche Kosten am Empfangsort werden bereits im Empfangshafen abgerechnet → Addition zur Seefracht → Schnittrate ... bis „frei Empfangsort"
- Packen/Stauen in den Container wird als Kostensatz pro Tonne berechnet → Bildung eines separaten Kostensatzes pro Tonne → Addition von Rundlauf und THC zur Seefracht → Schnittrate ab „beladener Container" bis ...

BEARBEITUNGSVORSCHLÄGE

Außerdem soll ein Containerdienst nach La Spezia/Italien eingerichtet werden. Um die Kalkulationsarbeit zu erleichtern, ist eine Tabelle in einem Kalkulationsprogramm zu erstellen, in die später lediglich die Sendungsdaten nach folgendem Schema eingegeben werden müssen:

1. Legen Sie zunächst einen Eingabebereich an, der Raum für folgende Angaben enthält und entsprechend formatiert ist:

	A	B	C
1	**Containerkalkulation**		
2	**Relation: La Spezia**		
3	**Basisdaten - Eingabebereich**		
4	**Ladeeinheit (in Fuß):**	**20**	**40**
5	**Auslastung:**		
6	Gewicht in t	11,00	20,00
7	Kubage in cbm	24,00	45,00
8			
9	**Containerkosten in EUR**	**20**	**40**
10	Rundlauf für den Container	120,00	120,00
11	Packen des Containers an der CFS	280,00	500,00
12	Port Security	9,00	9,00
13	THC in Hamburg	155,00	155,00
14	Seefracht Hamburg - La Spezia	490,00	800,00
15	Low Sulphur Fuel Surcharge pro TEU	7,00	14,00
16	baf pro TEU	172,00	344,00
17	Ship Security in	6,00	6,00
18	**Vorlaufkosten zum Verschiffungshafen**		
19	pro Palette	50,00	
20			
21	**Kaiumschlag:**		
22	pro t normal	32,00	
23	pro cbm ab 5 x messend	6,40	
24			
25	**sonstige Kosten der Abwicklung**		
26	B/L Erstellung pro Sendung	20,00	
27	ZAPP Gebühr + Zuschlag über 3 Pos.	15,00	1,50
28			
29	**Sendungsdaten**		
30	Gewicht in t	3,20	
31	Maß in cbm	5,80	
32	Palettenstellplätze Vorlauf Lkw	5	
33	Zollpositionen	4	
34			
35	**Gewinnzuschlag in %**	5,00	

2. Legen Sie jetzt den Rechenbereich und den Ausgabeteil mit der Kalkulation der gesamten Selbstkosten für den Auftrag und den Angebotspreis unter Berücksichtigung eines Gewinnzuschlages an. Beachten Sie dabei, dass
   a) mit „wenn"-Formeln die Maß-/Gewichtsraten selbstständig korrekt einbezogen werden,
   b) die Beträge entsprechend der Vorgaben aus der Kalkulation im konventionellen Stückgut, also Tonnen- und Kubikmeterangaben, auf drei Nachkommastellen gerundet werden.

	A	B	C
37	**operativer Bereich/ Rechenbereich**		
38	**Selbstkosten frei Ankunft. CFS - fob**		
39	Gesamt		
40	G pro t		
41			
42	**Selbstkosten fob - Empfangshafen unentladen**		
43	Gesamt		
44	G pro t		
45	M pro cbm		
46			
47	**Abfertigung/ Verwaltung**		
48	**B/L-Erstellung**		
49	**ZAPP-Gebühren**		
50			
51	**Ausgabebereich**		
52	Vorlaufkosten		
53	Kaiumschlag		
54	Selbstkosten frei Ank. CFS - fob		
55	Selbstkosten fob bis Empfangshafen		
56	B/L-Erstellung		
57	Zollabfertigung		
58			
59	**Selbstkosten Auftrag**		
60	**Gewinnzuschlag**		
61	**Angebotspreis**		

ÜBUNGSAUFGABEN

1. Von der Wall GmbH, Spedition und Logistik, wird ein regelmäßiger Sammelcontainerdienst nach Port Reunion angeboten. Die Akquisiteure des Unternehmens benötigen bereits vorkalkulierte Schnittraten, um auf Anfragen hin schnell Angebotspreise ermitteln zu können.

   a) Ermitteln Sie die Schnittraten „frei CFS Hamburg bis FOB Hamburg" und „FOB Hamburg bis frei Empfangshafen unentladen" für einen 20`Dry Cargo Container.
   b) Berechnen Sie die entsprechenden Schnittraten für einen 40`High Cube Container. Beachten Sie, dass sich die Kostenanteile pro TEU jeweils verdoppeln.
   c) Berechnen Sie die Gesamtkosten einer Sendung Maschinenteile mit 12 t/24 cbm ab „EXW Hannover" bis „CFR Port Reunion". Die Vorlaufkosten Hannover-Hamburg im Lkw-Sammelgut betragen 31,00 € pro Einwegpalette. Es handelt sich um nur eine Zollposition im Ausfuhrbegleitdokument.
   Die Sendung soll als Sammelgut im 40`HC mit den berechneten Schnittraten verladen werden.

d) Vergleichen Sie die Kosten mit der Alternative, die Maschinenteile als 20`FCL zu versenden.

Relation: Port Reunion		
Basisdaten – Eingabebereich		
Ladeeinheit (in Fuß): **Auslastung:**	**20`DC**	**40`HC**
Gewicht in t	10,000	21,000
Kubage in cbm	26,000	63,000
Containerkosten	**20`DC**	**40`HC**
Rundlauf Hamburg pro Container	140,00	
Packen CFS Hamburg	300,00	580,00
THC Hamburg pro Container	195,00	
Port Security Fee pro Container	9,00	
Seefracht	1 500,00	2 900,00
War Risk Surcharge pro TEU	16,00	
BAF pro TEU	210,00	
Ship Security Fee in USD pro Container	6,00	
Vorlaufkosten zum Verschiffungshafen		
pro Palette	31,00	
Kaiumschlag:		
pro t normal	32,00	
pro cbm ab 5-mal messend	6,40	
sonstige Kosten der Abwicklung in EUR		
B/L Erstellung pro Sendung	20,00	
ZAPP Gebühr + Zuschlag über 3 Pos.	15,00	1,50
Sendungsdaten		
Gewicht in t	12,000	
Maß in cbm	24,000	
Palettenstellplätze Vorlauf Lkw	12	
Zollpositionen	1	
Gewinnzuschlag in %	**5,0**	

2. Für den Sammelcontainerdienst nach Singapur entstehen die folgenden Kosten ab CFS in Hamburg bis zum Empfangshafen:

Singapore			
Basisdaten – Eingabebereich			
Ladeeinheit (in Fuß): **Auslastung:**	**20`DC**		**40`DC**
Gewicht in t Kubage in cbm	10000 26000		20000 55000
Containerkosten	**20`DC**		**40`HC**
Rundlauf Hamburg pro Container	140,00		
Packen CFS Hamburg	290,00		520,00
THC Hamburg pro Container	210,00		
Port Security Fee pro Container	9,00		
Seefracht in USD	1 300,00		2 400,00
Suez Canal Transit Fee in USD pro TEU	9,00		
Emergency Risk Surcharge in USD pro TEU	20,00		
BAF in USD pro TEU	495,00		
Ship Security Fee in USD pro Container	7,00		
CAF auf die Grundfracht	13,20	%	
Schiffskurs	1,25	$	
Vorlaufkosten zum Verschiffungshafen			
pro Palette	35,00		
Kaiumschlag:			
pro t normal pro cbm ab 5-mal messend	32,00 6,40		
sonstige Kosten der Abwicklung in EUR			
B/L Erstellung pro Sendung ZAPP Gebühr + Zuschlag über 3 Pos.	18,00 18,00		 1,50

a) Berechnen Sie die Schnittrate „frei CFS Hamburg bis FOB Hamburg" für den 20`DC.

b) Berechnen Sie die Schnittrate „FOB Hamburg bis frei Singapur unentladen" für den 20`DC.

c) Vergleichen Sie diese Raten mit den entsprechenden Raten bei Verschiffung im 40`DC.

d) Kalkulieren Sie die Kosten für die Verschiffung einer Sendung Kunststoffschläuche (2100 kg, 5,3 cbm) im 40`Sammelcontainer, die vom Hausspediteur des Exporteurs bei der CFS angeliefert wird. Für die B/L-Erstellung und Zollabfertigung erhaben Sie gemäß Offerte Gebühren von je 18,00 €.

e) Berechnen Sie die zusätzlichen Kosten, die entstehen, falls mangels Auslastung nur ein 20`DC gepackt wird.

f) Berechnen Sie die Kosten für eine Sendung Ersatzteile für Schweißbrenner (14920 kg, 23 cbm, 22 Paletten). Sie organisieren den Vorlauf aus Köln für 35,00 € pro Palette, die Sendung wird dann in der CFS als Sammelgut in einen 40`DC gestaut und bis „CFR Singapore" geliefert.

g) Berechnen Sie den Angebotspreis mit 6 % Gewinnaufschlag auf Vorlauf und die Kosten gemäß Schnittraten.

3. Im Sammelcontainerverkehr nach Dalian/VR China verlädt die Karlsen Speditions KG je nach Auslastung 20`DC und 40`HC-Einheiten. Dabei entstehen folgende Kosten für die 20`Container:

Containerkosten	20`DC	40`HC
Rundlauf Hamburg pro Container in EUR	150,00	
Packen CFS Hamburg in EUR	290,00	520,00
THC Hamburg pro Container in EUR	210,00	
Port Security Fee pro Container in EUR	9,00	
Seefracht in USD	590,00	900,00
Suez Canal Transit Fee in USD pro TEU	9,00	
Emergency Risk Surcharge in USD pro TEU	25,00	
Emergency Bunker Surcharge in USD pro TEU	92,00	
Ship Security Fee in USD pro Container	8,00	
CAF auf die Grundfracht	10,80	%
Schiffskurs	1,23	$

a) Berechnen Sie die Schnittraten „Frei CFS bis FOB Hamburg" und „ab FOB Hamburg bis frei Dalian unentladen" für 20`DC, Auslastung 10 t/25 cbm.

b) Berechnen Sie den Gewinn/Verlust pro 20`DC, wenn Sie (bei ansonsten identischen Werten) am Markt eine Rate von 23,00 € M/G „FOB bis Empfangshafen unentladen" erzielen könnten und alle Ihre Sendungen mindestens 2-mal messend wären.

c) Berechnen Sie, wie hoch ein 20`DC ausgelastet werden müsste, um die Kosten „FOB bis Empfangshafen unentladen" mit 23,00 € M/G bei mindestens 2-mal messenden Sendungen zu decken.

d) Berechnen Sie die Schnittraten „Frei CFS bis FOB Hamburg" und „ab FOB Hamburg bis frei Dalian unentladen" für den 40`HC, Auslastung 22 t/54 cbm.

e) Berechnen Sie die Kosten für einen Transport von Winsen/Luhe nach Dalian. Es handelt sich um 8 Paletten Kunststoffhaken, 4,35t/16 cbm, die in einen 40`HC verladen werden. Die Offerte für den Vorlauf beträgt 25,00 € pro Palette. Die Ausgangszollabfertigung wird pauschal mit 20,00 € abgegolten, die Dokumentation mit 25,00 €.

4. Für den Sammelcontainerdienst nach Shanghai der Draco Shipping KG, Hamburg, sind Basisdaten gegeben.

Shanghai		
Basisdaten		
Ladeeinheit (in Fuß): Auslastung:	20`DC	40`HC
Gewicht in t	12,000	25,000
Kubage in cbm	25,000	58,000
Containerkosten	20`DC	40`HC
Rundlauf Hamburg pro Container	180,00	
Packen CFS Hamburg	290,00	520,00
THC Hamburg pro Container	210,00	
Port Security Fee pro Container	9,00	
Seefracht in USD	590,00	900,00
Suez Canal Transit Fee in USD pro TEU	9,00	
Aden Gulf/Piracy Risk Surcharge in USD pro TEU	15,00	
BAF in USD pro TEU	657,00	
Ship Security Fee in USD pro Container	8,00	
CAF auf die Grundfracht	16,30	%
Schiffskurs	1,23	$

Vorlaufkosten von Berlin zum Verschiffungshafen		
pro Palette	35,00	
Kaiumschlag:		
pro t normal (angefangene 100 kg werden voll abgerechnet) pro cbm ab 5-mal messend	29,85 6,10	
sonstige Kosten der Abwicklung in EUR		
B/L Erstellung pro Sendung ZAPP Gebühr + Zuschlag über 3 Pos.	15,00 20,00	 1,50
Gewinnzuschlag in %	**6,0**	

a) Berechnen Sie daraus die Schnittraten
- „frei Ankunft CFS bis FOB Hamburg" pro t sowie
- „ab FOB bis frei Ankunft Shanghai unentladen" pro t und pro cbm für beide Containerarten.

b) Berechnen Sie die Kosten für eine Sendung mit folgenden Daten, die in Berlin übernommen werden soll und über Hamburg nach Shanghai im 40`HC verschifft wird.

Sendungsdaten	
Gewicht in t	17,36
Maß in cbm	26,5
Palettenstellplätze Vorlauf Lkw	20
Zollpositionen	1

c) Berechnen Sie die alternativen Kosten, falls die Sendung an der CFS in Hamburg nicht im 40`HC verschifft wird, sondern in einen 20` gestaut und als FCL verschifft wird.

d) Berechnen Sie den Kostenunterschied beider Varianten.

e) Berechnen Sie den prozentualen Kostenunterschied für einen FCL (FOB Hamburg bis Shanghai), falls der Reeder die Seefracht im 20` um 50,00 USD senkt.

23 Luftfrachtrechnen

LERNSITUATION

Der Auszubildende Hannes fühlte sich gerade fit im Seefrachtrechnen, und schon ist wieder ein Abteilungswechsel angesagt. Von der Luftfrachtberechnung hörte er bereits von Kathrin, einer Mitauszubildenden, dass diese etwas anders ablaufen soll. Bevor er aber in die Luftfrachtabteilung wechselt, ist eine Übergabe durch die zuvor in den Abteilungen arbeitenden Azubis üblich. Dafür ist jeweils ein ganzer Nachmittag vorgesehen. Hannes möchte nun Folgendes von Kathrin wissen:

AUFGABEN

1. Schildern Sie eine Luftfracht-Exportabwicklung.
2. Beschreiben Sie die wesentlichen Unterschiede zwischen der Luftfrachtberechnung und der Seefrachtberechnung.
3. Erläutern Sie die Einteilung der Konferenzgebiete der IATA.
4. Stellen Sie den Unterschied von Normalraten und Mengenrabattraten heraus.

23.1 Tarifhandbücher

LSL

Die International Air Transport Association (IATA) gibt in regelmäßigen Abständen einen Tarif mit Frachtraten und Berechnungsregeln heraus. Das Tarifhandbuch der IATA heißt „The Air Cargo Tarif (TACT)“ und besteht aus drei Bänden, einem Regelhandbuch und zwei Ratenhandbüchern:

- Der orangefarbene Band (Rules Book) ist das Regelhandbuch des Tarifsystems und erscheint zweimal jährlich.
  Inhalte sind z. B.
  - allgemeine Informationen wie z. B. die Einteilung der Tarifgebiete, die Drei-Buchstaben-Codes (= 3-letter-codes), die Gefahrgut-Codes (DGR), der Code der Fluggesellschaften u. a.,
  - Bedingungen für die Annahme zur Beförderung im Luftverkehr,

  - allgemeine und ratenbezogene Vorschriften zur Berechnung der Frachtraten,
  - Hinweise und Beispiele zum Ausfüllen des Luftfrachtbriefes (AWB) u. a.

- Der grüne Band (Worldwide) ist eines der beiden Ratenhandbücher und beinhaltet die Raten zwischen allen weltweiten Destinationen mit Ausnahme der nordamerikanischen.
  Inhalte sind z. B.
  - Erklärungen zu den Warennummern der Spezialwarenraten,
  - Anmerkungen einzelner Fluggesellschaften,
  - Ratenteile u. a.
- Der **rote** Band **(North America)** ist das zweite Ratenhandbuch und beinhaltet den Bereich Nordamerika. Der Inhalt dieses Bandes ist mit dem Worldwide-Band identisch und hat zusätzlich ein Kapitel mit den Raten innerhalb der USA und den Raten im grenzüberschreitenden Verkehr mit Kanada.

Beide Ratenhandbücher werden alle zwei Monate neu aufgelegt. Neben dem TACT gibt es weitere Tarifhandbücher von diversen Fluggesellschaften, die ähnlich aufgebaut sind. Sie orientieren sich jeweils am IATA-Tarifsystem. Außerdem geben die Airlines **Ratenblätter** an die IATA-Agenten heraus, die oftmals die Grundlage der Abrechnungen bilden.

LSL

Der IATA-Agent rechnet aber die IATA-Rate nicht immer tatsächlich ab, denn zwischen der IATA-Rate und der Marktrate herrscht eine Spanne, die zugunsten der Marktrate ausfällt. Die Marktrate orientiert sich nämlich an der IATA-Rate, es wird häufig ein prozentualer Abschlag von der IATA-Rate berechnet.

23.2 Allgemeines zum TACT

Im TACT werden grundsätzlich vier Ratentypen unterschieden:
- Allgemeine Frachtraten (General Cargo Rates),
- Warenklassenraten (Class Rates),
- Spezialraten (Specific Commodity Rates),
- Raten für Ladeeinheiten (Unit Load Devices,= ULD).

Im Ratenteil der Tarifhandbücher werden die Raten von einem bestimmten Flughafen nach bestimmten Zielflughäfen dargestellt. Hierbei ist zu erwähnen, dass die angegebenen Raten sogenannte **Einwegdurchraten**, also „one-way-through-rates“ darstellen, die nur in einer Richtung vom Abgangs- zum Bestimmungsflughafen gelten.

23.3 Rundungsregeln

Zur Berechnung der Fracht wird immer das Bruttogewicht der Sendung herangezogen. Dabei werden angebrochene Kilogramm immer auf das jeweils nächste halbe oder volle Kilogramm aufgerundet.

FG = Frachtpflichtiges Gewicht B = Bruttogewicht

MERKE
Das Kilogramm bzw. das Volumen muss auf halbe oder volle Kilogramm aufgerundet werden.

23.4 Sperrigkeitsberechnung

Eine Sendung gilt im Luftfrachtverkehr als sperrig, wenn der Rauminhalt 6 dm^3 oder 6000 cm^3 je kg brutto übersteigt. Das Volumen wird aus der größten Länge, Breite und Höhe des Packstückes in Zentimetern errechnet. Dabei werden angebrochene Zentimeter bis 49 abgerundet und ab 50 auf volle Zentimeter aufgerundet. Um die Sperrigkeit einer Sendung zu errechnen, wird folgende Formel angewendet:

$$\frac{\text{Länge} \cdot \text{Breite} \cdot \text{Höhe in cm}}{6\,000} = \text{Volumen-Gewicht in Kilogramm}$$

Auch beim Volumengewicht ist auf das nächste halbe oder volle Kilogramm aufzurunden. Anschließend werden das Bruttogewicht und das Volumengewicht miteinander verglichen und das höhere Gewicht kommt zur Abrechnung. Wenn eine Sendung aus mehreren Packstücken besteht, dann ist das Gesamtbruttogewicht mit dem Gesamtvolumengewicht zu vergleichen, und auch hier wird das jeweils höhere abgerechnet.

Beispiel
Eine Sendung besteht aus drei Partien und soll nach Guayaquil auf einem Luftfrachtbrief befördert werden:

5 Kolli je 68 × 42 × 23 cm; je 7,20 kg
8 Kolli je 73 × 52 × 18 cm; je 13,80 kg
4 Kolli je 72 × 38 × 19 cm; je 8,40 kg

Lösung

Berechnung des Volumengewichtes:

$$5 \cdot 68 \cdot 42 \cdot 23\ \text{cm} = 328\,440\ \text{cm}^3$$
$$8 \cdot 73 \cdot 52 \cdot 18\ \text{cm} = 546\,624\ \text{cm}^3$$
$$4 \cdot 72 \cdot 38 \cdot 19\ \text{cm} = \underline{207\,936\ \text{cm}^3}$$
$$1\,083\,000\ \text{cm}^3 : 6000 = \mathbf{180{,}50\ Vol\text{-}kg}$$

Berechnung des Bruttogewichtes:

$$5 \cdot 7{,}20 = 36{,}00\ \text{kg}$$
$$8 \cdot 13{,}80 = 110{,}40\ \text{kg}$$
$$4 \cdot 8{,}40 = \underline{33{,}60\ \text{kg}}$$
$$180{,}00\ \text{kg}$$

Da das Volumengewicht höher ist als das Bruttogewicht kommt das Volumengewicht zur Abrechnung.

MERKE
Ist das Volumengewicht höher als das Bruttogewicht, dann ist die Sendung sperrig und es wird nach dem Volumengewicht abgerechnet!

23.5 Grenzgewichtsberechnung

Es wird das Gewicht (Schnittgewicht) gesucht, das bei der Anwendung einer höheren Rate, im Beispiel unten die Q-100-Rate (11,89 €), den gleichen Frachtbetrag ergibt wie die niedrigere Rate, im Beispiel die Q-45-Rate (8,87 €).

Beispiel

1 Verschlag Maschinenteile 82,00 kg/75 × 75 × 85 cm

Volumen-kg-Berechnung:
75 · 75 · 85 cm = 478 125 cm³ : 6000 = 79,69 Vol-kg

Tatsächliches Gewicht:
82,00 kg

Auszug aus einer Ratentabelle einer Airline/€	
M	84,36
N	18,33
Q 45	11,89
Q100	8,87
Q 300	7,65

Lösung

$$x \cdot 11{,}89 = 100 \cdot 8{,}87$$

$$x = \frac{100 \cdot 8{,}87}{11{,}89} = \mathbf{74{,}60\ kg}$$

Bis zu einem Gewicht von 74,60 kg wird die Q-45-Rate berechnet. Bei höheren Gewichten erfolgt die Abrechnung nach der Q-100-Rate.

MERKE
Bei der Grenzgewichtsberechnung wird das Gewicht gesucht, das bei der Anwendung einer höheren Rate den gleichen Frachtbetrag ergibt wie die niedrigere Rate.

23.6 Minimalfrachtbeträge (Minimum Charge)

Für jede Luftfrachtbeförderung sind **Minimalfrachtbeträge (M)** festgelegt, die grundsätzlich nicht unterschritten werden dürfen. Die einzelnen IATA-Tarifgebiete haben unterschiedlich hohe Minimalfrachtbeträge:

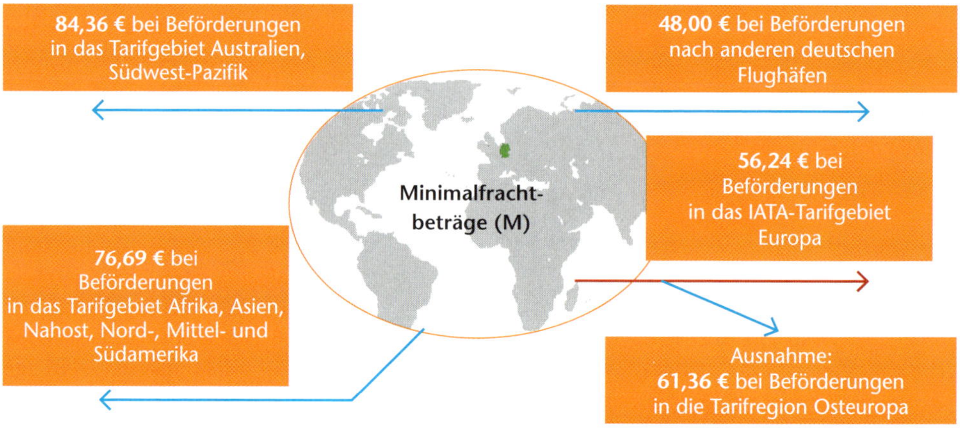

MERKE
Bei jeder Luftfrachtbeförderung wird mindestens die Minimalfracht berechnet.

23.7 Ratentypen im TACT

Die oben erwähnten vier Ratentypen des TACT (vergleiche Seite 325) werden im Folgenden näher erläutert.

23.7.1 Allgemeine Raten (General Cargo Rates)

Die **Allgemeinen Raten** werden in „**Normalraten (Normal Rates)**" und in „**Mengenrabattraten (Quantity Rates)**" unterschieden.
Normalraten sind Raten für Sendungen mit einem frachtpflichtigen Gewicht unter 45,00 kg. Sie werden im TACT mit „**N**" (= **normal**) ausgewiesen.

Mengenrabattraten (z. B. 45, 100, 300, 500, 800, ...) gelten für Sendungen mit einem zu berechnenden Gewicht von über 45,00 kg sowie weiteren höheren Gewichtsstaffelungen **(Breakpoints)**, die für den jeweiligen Streckenabschnitt angeboten und veröffentlicht werden. Sie werden im TACT mit „**Q**" (= **Quantity**) ausgewiesen.

Befindet sich das Sendungsgewicht unter dem Breakpoint einer Mengenrabattrate, so ist es oft günstig, die Sendung trotzdem mit dieser Rate abzurechnen. Mit 42,5 kg tatsächlichem Sendungsgewicht müsste man 45 kg abrechnen, um die günstigere 45-kg-Rate zu erhalten. Das lohnt sich meistens, weil sich trotz des höheren frachtpflichtigen Gewichts wegen der niedrigeren Frachtrate ein insgesamt niedrigeres Frachtergebnis ergibt.

Beispiele

1. Beförderung einer Sendung nach Asuncion
   1 Kolli zu 68 × 41 × 18 cm und 7,90 kg

Auszug aus einer Ratentabelle einer Airline/€
M = 76,69 €
N = 19,74 €
45 = 17,91 €

Lösung

Berechnung des Volumengewichtes:

68 · 41 · 18 cm = 50 184 cm^3 : 6 000 = 8,36 Vol-kg → 8,50 Vol-kg

Vergleich zwischen dem Bruttogewicht und dem Volumengewicht:

Bruttogewicht: 7,90 kg und Volumen-Gewicht: **8,50 Vol-kg**

Das Volumengewicht kommt zur Abrechnung, da es höher ist als das Bruttogewicht.

8,50 Vol-kg · 19,74 € = **167,79 €**

2. Beförderung von zwei Parteien nach Buenos Aires auf getrennten Luftfrachtbriefen
   a) Eine nicht sperrige Sendung mit 42,80 kg
   b) Eine nicht sperrige Sendung mit 170,10 kg

Auszug aus einer Ratentabelle einer Airline/€
M = 76,69 €
N = 12,23 €
45 = 10,48 €
100 = 8,17 €
300 = 4,63 €

Lösung für 2a):

42,80 kg → 43,00 kg
N-Rate:
43,00 kg · 12,23 € = 525,89 €
oder alternativ
Q-45-Rate
Abrechnungsmindestgewicht: 45,00 kg
45,00 kg · 10,48 € = **471,60 €**

Die Q-45-Rate ist abzurechnen, da sie eine geringere Luftfracht ergibt.

Lösung für 2b):

170,10 kg → 170,50 kg
Q-100-Rate:
170,50 kg · 8,17 € = 1 392,99 €
oder alternativ
Abrechnungsmindestgewicht 300,00 kg
300,00 kg · 4,63 € = **1 389,00 €**

Die Q-300-Rate ist abzurechnen, da sie eine geringere Luftfracht ergibt als die Q-100-Rate.

MERKE
- N-Rate (Normalrate) bis 45,00 kg
- Q-Rate (Mengenrabattrate) über 45,00 kg, eventuell weitere Staffelungen: 100, 300, 500, 800 kg …

Es muss immer eine Alternativrechnung vorgenommen werden, um das niedrigste Frachtergebnis zu ermitteln.

23.7.2 Warenklassenrate (Class Rates)

Für die Tarifierung von speziellen Warengruppen werden **Warenklassenraten** angewendet. Für die Güter dieser Warengruppen ist eine besondere Behandlung von der Annahme über den Transport bis zur Auslieferung am Bestimmungsflughafen erforderlich. Eine Luftfrachtbeförderung zu den normalen Raten ist oftmals wirtschaftlich nicht zu vertreten. Die Warenklassenraten haben in der Anwendung stets Vorrang vor den allgemeinen Frachtraten, aber nur, wenn die ermäßigte Warenklassenrate günstiger als die allgemeinen Raten ist und keine Spezialrate (siehe 4.6.3) existiert.

Die Warenklassenraten werden durch **Zu- und Abschläge** von der **N-Rate** gebildet:

Beispiele für zuschlagspflichtige Warengruppen
- Lebende Tiere
- Tierbehälter
- Wertfracht wie Goldbarren, Schmuck, Platin, Wertpapiere usw.

Zuschläge müssen auf jeden Fall beachtet werden, auch wenn eine andere Rate, als die N-Rate + Zuschlag eine günstigere Fracht erbringen würde.

Beispiele für abschlagspflichtige Warengruppen
- Zeitschriften, Zeitungen, Bücher, Kataloge …
- unbegleitetes Reisegepäck

Abschläge müssen nicht angewendet werden, wenn eine andere Rate eine günstigere Fracht ergibt.

Beispiele

Beförderungen von drei Luftfrachtpartien auf separaten Luftfrachtbriefen.

Auszug aus einer Ratentabelle einer Airline/€
M = 76,69
N = 17,18
45 = 12,35
100 = 10,14
200 = 7,09

1. 1 Karton Schmuck mit 66,80 kg. Für diese Sendung ist ein Aufschlag von 100% auf die N-Rate erforderlich!

Lösung

N-Rate + 100%
17,18 € · 2 = 34,36 €
66,80 kg → 67,00 kg
67,00 kg · 34,36 € = **2 302,12 €**

Bei dieser Berechnung muss unbedingt der Aufschlag auf die N-Rate abgerechnet werden, da es sich um eine wertvolle Beförderung handelt. Eine geringere Rate kann in diesem Fall nicht abgerechnet werden.

2. Kisten Zeitschriften mit 18,90 kg
Für diese Sendung ist ein Abschlag von 50% auf die N-Rate möglich.
TACT-Auszug siehe Beispielaufgabe 1

Lösung

N-Rate – 50 %
17,18 € – 50 % = 8,59 €
18,90 kg → 19,00 kg
19,00 kg · 8,59 € = **163,21 €**

Bei dieser Berechnung findet der Abschlag seine Anwendung, da die N-Rate mit 17,18 € höher ist als die ermäßigte Rate von 8,59 €.

3. 5 Kisten Bücher mit 166,00 kg
   Für diese Sendung ist ein Abschlag von 50 % auf die N-Rate möglich.
   TACT-Auszug siehe Beispielaufgabe 1

   Lösung

N-Rate – 50 %	
17,18 € – 50 %	= 8,59 €
166,00 kg · 8,59 €	= 1 425,94 €
oder Alternativ	
Q-200-Rate	
200,00 kg · 7,09 €	= **1 418,00 €**

   Die Q-Rate ergibt die günstigere Fracht und ist deshalb anzuwenden.

MERKE
- Die Warenklassenraten werden durch Zu- oder Abschläge auf die N-Rate gebildet.
- Zuschläge müssen auf jeden Fall abgerechnet werden.
- Abschläge können hingegen abgerechnet werden.
- Die Minimalfrachten dürfen dabei aber nicht unterschritten werden.

23.7.3 Spezialraten (Specific Commodity Rate)

Um ein neues Aufkommen bei der Luftfrachtbeförderung zu erzielen, wurden Spezialraten eingeführt. Sie sind gegenüber den allgemeinen Raten sehr stark ermäßigt und sollten den Anreiz geben, Sendungen von anderen Verkehrsträgern zugunsten des Flugzeuges zu verlagern. Sie gelten nur zwischen zwei genau bestimmten Orten und haben vierstellige Nummern (Item-Nr.). Außerdem bilden sie zehn Warengruppen (von 0001 bis 9999) mit Warenbeschreibungen. Nach den IATA-Vorschriften haben die Spezialraten Vorrang vor allen anderen Tarifarten, es können aber auch günstigere allgemeine Raten verwendet werden. Zu berücksichtigen sind bei der Frachtberechnung auch die Mindestfrachtgewichte.

Beispiele

Beförderungen von drei Luftfrachtpartien von Hamburg nach Hongkong auf separaten Luftfrachtbriefen.

Auszug aus einer Ratentabelle einer Airline/€
M = 76,69
N = 16,82
45 = 12,19
100 = 8,17
0006 Lebensmittel 500 4,92
7109 Zeitungen 100 4,20

1. 4 Kisten Zeitungen mit 79,70 kg
   Für diese Sendung ist ein Abschlag von 50 % auf die N-Rate möglich.

   Lösung

N-Rate – 50 %	
16,82 € – 50 %	= 8,41 €
79,70 kg → 80,00 kg	
80,00 kg · 8,41 €	= 672,80 €
oder alternativ	
Abrechnungsmindestgewicht Q-100-Rate	
Mindestgewicht: 100,00 kg: 100,00 kg · 8,17 €	= 817,00 €
oder alternativ	
Spezialrate 7109 für Zeitungen	
Mindestgewicht: 100,00 kg: 100,00 kg · 4,20 (7109)	= **420,00 €**

   Die Spezialrate ergibt die günstigste Facht und ist somit anzuwenden.

2. 20 Kartons Lebensmittel mit 230,00 kg
   TACT-Auszug siehe Beispielaufgabe 1

   Lösung
   Q-100-Rate
   230,00 kg · 8,17 € = **1879,10 €**
   oder alternativ
   Spezialrate 0006 Lebensmittel
   Mindestgewicht: 500,00 kg: 500,00 kg · 4,92 € = 2460,00 €

   Die Q-100-Rate ergibt die günstigere Fracht und ist deshalb abzurechnen.

3. 30 Kartons Lebensmittel mit 398,60 kg
   TACT-Auszug siehe Beispielaufgabe 1

   Lösung
   Q-100-Rate
   398,60 kg → 399,00 kg
   399,00 kg · 8,17 € = 3259,83 €
   oder alternativ
   Spezialrate 0006 Lebensmittel
   Mindestgewicht: 500,00 kg: 500,00 kg · 4,92 € = **2460,00 €**

   In diesem Fall ist die Spezialrate anzuwenden, da sie eine günstigere Fracht als die Q-100-Rate ergibt.

MERKE
Spezialraten bestehen für bestimmte Warengruppen nach bestimmten Relationen mit einer Mindestgewichtsangabe. Sie müssen nicht abgerechnet werden, wenn andere Raten günstiger sind.

23.7.4 Treibstoffzuschlag und Sicherheitszuschlag

Seit einiger Zeit werden aufgrund des steigenden Ölpreises und der erhöhten Sicherheitsanforderungen Treibstoff- und Sicherheitszuschläge berechnet.

Beispiel

Eine Beförderung von Düsseldorf nach Seoul, die auf einem AWB abgefertigt wird:

6 Kartons je 12,00 kg und je 60 × 42 × 28 cm
3 Kartons je 3,80 kg und je 70 × 45 × 23 cm

Treibstoffzuschlag: 0,25 € je kg frachtpflichtiges Gewicht
Sicherheitszuschlag: 0,15 € je kg tatsächliches Gewicht

Auszug aus einer Ratentabelle einer Airline/€
M = 76,69
N = 15,18
45 = 10,96
100 = 7,62
200 = 6,25

Lösung Luftfracht:

6 Krts. je 12,00 kg = 72,00 kg/ je 60 · 42 · 28 cm = 423 360 cm³
3 Krts. je 3,80 kg = 11,40 kg/ je 70 · 45 · 23 cm = 217 350 cm³
83,40 kg 640 710 cm³ : 6 000 = 106,79 Vol-kg

107,00 Vol-kg	·	(Q100)	7,62 €	=	815,34 €(abzurechnen)
107,00 kg	·	(Q45)	10,96 €	=	1 172,72 €
+ Treibstoffzuschlag 107,00 kg · 0,25 €				=	26,75 €
+ Sicherheitszuschlag		83,40 kg · 0,15 €		=	12,51 €
zu zahlende Luftfrachtkosten					**854,60 €**

MERKE
Für jede Sendung muss zurzeit bei jeder Abrechnung ein Sicherheitszuschlag und ein Treibstoffzuschlag gezahlt werden.

23.7.5 Wertzuschlag

Nach den IATA-Bedingungen haften die Luftverkehrsgesellschaften bis zu **27,35 €/kg** brutto. Im Luftverkehr werden aber sehr häufig **höherwertige Güter** befördert, wo dieser Haftungsbetrag nicht ausreicht. Deshalb besteht ein großes Bedürfnis nach einer höheren Haftung des Carriers. Die Luftverkehrsgesellschaften erhöhen den Haftungsumfang bis zur Höhe des im AWB angegebenen Wertes. Nur in diesem Fall leistet der Carrier Ersatz über den normalen Haftungsbetrag bis zur Höhe des angegebenen Lieferwertes im AWB. Der Auftraggeber muss für diese zusätzliche Haftung einen **Wertzuschlag** (Valuation Charge) zahlen. Dieser Wertzuschlag beträgt zurzeit **0,75 %** und wird von dem Wert erhoben, der 27,35 € je kg brutto übersteigt. LSL

Beispiel
Ein Kunde möchte 1 Kollo Schmuck von Hongkong nach Düsseldorf befördern lassen.

Schmuck von Hongkong nach Hamburg
1 Kollo 42,40 kg; 100 % Aufschlag, doppelte Mindestfracht
a) Errechnen Sie die Frachtrate.
b) Warenwert 66.619,27 € insgesamt;
Wertzuschlag ab 27,35 €/kg (0,75 %).
c) Errechnen Sie die zu zahlenden Kosten.

Auszug aus einer Ratentabelle einer Airline/€
M = 76,69
N = 37,44
45 = 24,89

Lösung

a) 37,44 € · 100 = 74,88 € · 42,50 €	=	3 182,40 €
b) Warenwert	=	66 619,27 €
– Höchsthaftung (42,40 kg · 27,35 €)	=	1 159,64 €
	=	65 459,63 €
Wertzuschlag (0,75 %)	=	**490,95 €**
c)	=	3 673,35 €

Als Wertzuschlag muss ein Betrag von 490,95 € zusätzlich bezahlt werden, damit die Luftverkehrsgesellschaft für die Schmucksendung über den Wert von 27,35 € je kg brutto haftet.

MERKE
Der Wertzuschlag von 0,75 % ist eine Gebühr, die der Carrier zusätzlich verlangt, weil dieser sich bei höherwertigen Gütern verpflichtet, bis zur Höhe des im AWB angegebenen Lieferwertes zu haften.

Wird allerdings nach dem Montrealer Übereinkommen gehaftet, dann haften die Luftverkehrsgesellschaften mit 19 SZR je kg brutto.

Obiges Beispiel würde dann wie folgt aussehen:

Beispiel
Ein Kunde möchte 1 Kollo Schmuck von Hongkong nach Düsseldorf befördern lassen.

Kollo 42,40 kg; 100 % Aufschlag, doppelte Mindestfracht
a) Errechnen Sie die Frachtrate.
b) Warenwert 66 619,27 € insgesamt;
   Wertzuschlag ab 19 SZR/kg (0,75 %) (1 SZR = 1,20 EUR);
c) Errechnen Sie die zu zahlenden Kosten.

Auszug aus aus dem TACT
in €
M = 76,69
N = 37,44
45 = 24,89

Lösung

a) 37,44 € · 100 = 74,88 € · 42,50 €	=	3 182,40 €
b) 19 SZR · 1,20 € = 22,80 €		
Warenwert	=	66 619,27 €
– Höchsthaftung (42,40 kg · 22,80 €)	=	966,72 €
	=	65 652,55 €
Wertzuschlag (0,75 %)	=	**492,39 €**
c)	=	3 674,79 €

Als Wertzuschlag muss ein Betrag von 492,39 € zusätzlich bezahlt werden, damit die Luftverkehrsgesellschaft für die Schmucksendung über den Wert von 22,80 € je kg brutto haftet.

23.7.6 Raten für Ladeeinheiten (Unit Load Device = ULD)

Für Sendungen, die im Container oder auf Paletten befördert werden, können spezielle Raten verwendet werden. Sie beziehen sich nicht auf einen Warenwert, sondern auf das zu verladende Gewicht. Somit ist die Container- bzw. Palettenrate eine **FAK-Rate** (Freight All Kind). Die Ladeeinheiten werden mit den Ziffern 1 bis 9 bezeichnet und je nach Fluggebiet wird ein frachtpflichtiges Mindestgewicht festgelegt. Bei der Berechnung wird das frachtpflichtige Mindestgewicht als „**Pivot Weight**" bezeichnet. Im TACT ist diese Fracht an der Bezeichnung /B zu erkennen. Wenn eine Ladeeinheit über das Mindestgewicht hinaus beladen wird, wird dies als „**Over Pivot Rate**" bezeichnet und ist im TACT mit /C gekennzeichnet.

Beispiele

Beförderungen von drei separaten Ladeeinheiten von Hamburg nach Singapur auf getrennten Luftfrachtbriefen.

Auszug aus einer Ratentabelle einer Airline/€			
	M	=	76,69
	N	=	15,89
	45	=	12,75
	100	=	10,12
	300	=	8,25
/C		=	5,23
5 /B	2000	=	7320,00
8 /B	1000	=	3928,00

1. 1 Container der Klasse 8
   Das Sendungsgewicht beträgt 1328,00 kg

   Lösung

Fracht für Pivot Weight, Klasse 8	= 3928,00 €
+ 328,00 kg Over Pivot (328 · 5,23 €)	= 1715,44 €
	= **5643,44 €**

2. 1 Container der Klasse 5
   Das Sendungsgewicht beträgt 2008,00 kg
   TACT-Auszug siehe Beispielaufgabe 1

   Lösung

Fracht für Pivot Weight, Klasse 5	= 7320,00 €
+ 8,00 kg Over Pivot (8 · 5,23 €)	= 41,84 €
	= **7361,84 €**

3. 1 Container der Klasse 8
   Das Sendungsgewicht beträgt 812,00 kg
   TACT-Auszug siehe Beispielaufgabe 1

   Lösung

Fracht für Pivot Weight, Klasse 5	= **3928,00 €**

MERKE
Ladeeinheiten werden mit dem frachtpflichtigen Mindestgewicht (Pivot Weight) berechnet. Bei Ladeeinheiten, die über das Mindestgewicht hinaus beladen sind, wird das überzählige Gewicht mit der Over-Pivot-Rate multipliziert und zu der Pivot-Weight-Rate hinzuaddiert.

23.8 Weitere Tarife

In letzter Zeit wurden vermehrt neue Tarifarten entwickelt. Neben den Kontraktraten und den Expresstarifen gehören hierzu u.a. auch die Pauschaltarife für Haus-Haus-Beförderungen. Wenn ein Kunde regelmäßig größere Sendungen befördern will, dann wird ihm vom Carrier ein Kontrakt angeboten, in dem er bestimmte Rabatte erhält, die an Mindestmengen gebunden sind und auch gestaffelt angeboten werden können.

Natürlich enthalten die Luftfrachttarife lediglich das Beförderungsentgelt zwischen den Flughäfen, alle sonstigen Leistungen müssen noch gesondert abgerechnet werden.

Nebenentgelte werden für einzelne Leistungen in Import, Export und Transit in sogenannten **Luftfrachtnebengebührentarifen (LNGT)** erhoben.

Beispielsweise kann ein LNGT folgende Leistungen beinhalten:

- AWB-Dokumentation,
- Abfertigungs- und Umschlagskosten,
- Ausfuhr-/Versendungsbehandlung bzw. Einfuhr und Erwerbsbehandlung,
- sonstige Kosten wie z. B. Gefahrgutbehandlung, Lagergeld usw.,
- Rollgelder für Vor- und Nachlaufkosten,
- zusätzliche Kosten.

23.9 Beispiel: td-Service der Lufthansa Cargo

Die Lufthansa Cargo befördert ihre Güter im Rahmen ihres td.Services. td bedeutet hierbei „time definite“. Das td-Service-Paket bietet dem Kunden eine maßgeschneiderte Logistiklösung bei zeitgenauer Planung. Für diverse td-Service-Angebote werden spätestmögliche Annahmezeiten am Abflugort (LAT – Latest Acceptance Time) und frühestmögliche Verfügbarkeitszeiten am Zielort (TOA – Time of Available) angegeben.
Steht ein td-Service-Gut nicht zur versprochenen Verfügbarkeitszeit zur Verfügung, zuzüglich einer vorgegebenen Karenzzeit, so erhält der Kunde ohne Nachweis eines Schadens eine Zahlung von bis zu 100 % der gezahlten Frachtkosten (ohne Nebenkosten), maximal 10 000,00 USD pro Luftfrachtbrief. Bei höherer Gewalt, Krieg, Streik u. a. entfällt diese Zahlungsverpflichtung.

Beispiele für td-Service-Angebote der Lufthansa Cargo:

td-Service	Service-Paket für	td.Pro	td.X	td.Flash
Live/td	Tiere	–	–	X
Cool/td	konstante Temperaturführung	X	X	X
Fresh/td	verderbliche Güter	X	X	–
Safe/td1	hochwertige Güter	–	–	X
Safe/td2	diebstahlgefährdete Güter	X	X	X
Smooth/td	erschütterungsempfindliche Güter	X	X	–
Care/td	Gefahrgut	X	–	–

- **td.Pro** ermöglicht die schnelle und wirtschaftliche Planung von komplexen Just-in-time-Logistikkonzepten beim Transport von Standardfrachten.
- **td.X** ist der schnelle Weg, unabhängig von der Größe und dem Gewicht des Gutes. Garantiert wird die Beförderung von Sendungen bis zu 1 Tonne, auf wenigen Strecken sogar bis zu 2 Tonnen.
- **td.Flash** ist für alle wichtigen und dringenden Sendungen bis 100,00 kg mit den Abmessungen 110 × 65 × 65 cm. Dieser Service wird besonders stark genutzt, da für diesen Service eine Um- und Entladepriorität gilt.
- **td.SameDay** ist die schnellste Beförderungsmöglichkeit für Kleinstsendungen bis 32,00 kg.
  Im Rahmen dieser Dienste bietet die Lufthansa Cargo noch folgende Dienste an:
  - Capacity Guarantee
    Die Lufthansa Cargo bietet die Möglichkeit, Frachtaufkommen zu reservieren. Dies gilt für td.X-Sendungen bis 1 Tonne und td.Flash-Sendungen bis 100,00 kg.

– Performance Guarantee
Die Performance Guarantee sichert die Anlieferung in einem bestimmten Zeitfenster. Dies gilt für td.X und td.Flash-Sendungen. Beim Überschreiten der TOA-Zeit um mehr als drei Stunden erstattet die Lufthansa Cargo bis zu 100 % der gezahlten Frachtkosten, bis maximal 10 000,00 USD pro Luftfrachtbrief.

– Quality Assurance
Sollte es innerhalb des festgelegten Zeitfensters zu Verspätungen kommen, werden diese rechtzeitig erkannt. Es erfolgt eine umgehende Benachrichtigung und das weitere Vorgehen wird abgestimmt.

– Tracking
Aktuelle Statusinformationen über den Beförderungsprozess können vom Kunden rund um die Uhr via Internet, Fax, WAP sowie in Deutschland über den automatischen Sprachprozessor ASTRIT abgefragt werden. Für diese Abfrage wird lediglich die AWB-Nummer benötigt.

Die Serviceelemente der td-Services:

td-Service	td.Pro	td.X	td.Flash
Time definite	X	X	X
Capacity Guarantee	–	X	X
Performance Guarantee	–	X	X
Quality Assurance	X	X	X
Tracking	X	X	X

ZUSAMMENFASSUNG

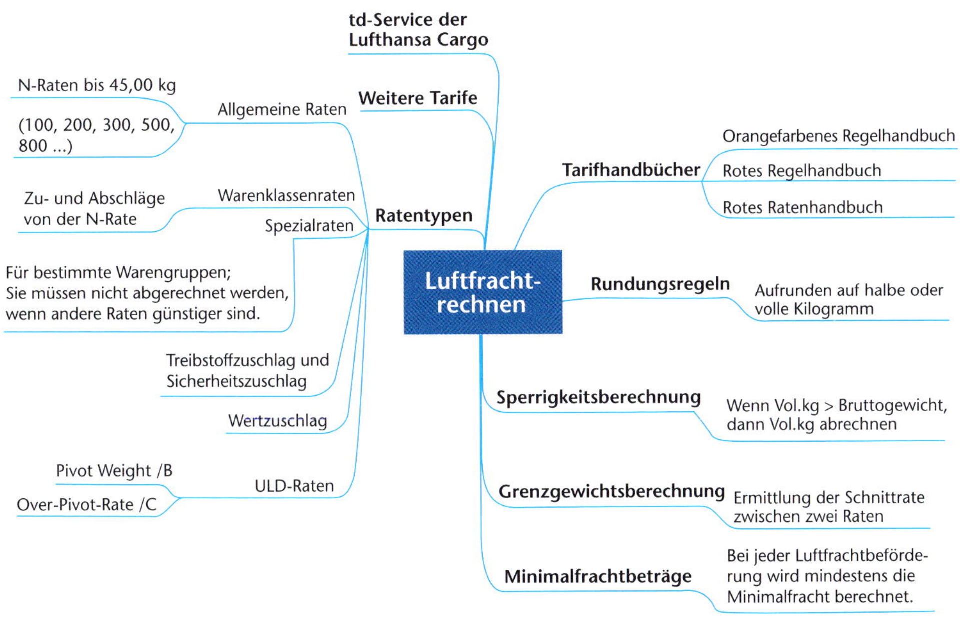

ÜBUNGSAUFGABEN

Sie arbeiten bei einem IATA-Luftfrachtagenten und haben folgende Beförderungen abzurechnen:

1. Hamburg – Guayaquil

5 Kolli je 68 × 42 × 23 cm; je 7,2 kg
8 Kolli je 73 × 52 × 18 cm; je 13,8 kg
4 Kolli je 72 × 38 × 19 cm; je 8,4 kg

Auszug aus einer Ratentabelle einer Airline/€	
M	76,69
N	27,43
45	23,12
100	19,17
200	17,31

2. Hamburg – Asuncion

1 Kollo zu 68 × 41 × 18 cm; 7,9 kg

Auszug aus einer Ratentabelle einer Airline/€	
M	76,69
N	19,74
45	17,91

3. Hamburg – Casablanca

5 Kolli je 7,8 kg; je 73 × 38 × 23 cm
7 Kolli je 6,3 kg; je 68 × 25 × 18 cm

Auszug aus einer Ratentabelle einer Airline/€	
M	76,69
N	4,43
45	3,12
100	2,81

4. Hamburg – Hawaii

15 Kolli je 48,9 kg; je 71 × 45 × 98 cm

Auszug aus einer Ratentabelle einer Airline/€	
M	76,69
N	19,74
45	17,91
100	17,12
200	11,47
500	9,41
1 000	7,36

5. Zeitungen von Hamburg in die Schweiz

1 Kollo zu 38,00 kg

Ermäßigung von 33 % auf die Normalrate

Auszug aus einer Ratentabelle einer Airline/€	
M	56,24
N	19,42
45	10,84

6. a) Auf einem Air-Way-Bill (AWB) wird folgende Sendung von Frankfurt/Main nach Adelaide/Australien versandt.

7 Kolli je 33 × 27 × 30 cm bzw. je 3,1 kg
1 Kollo 41 × 11 × 14 cm bzw. 2,6 kg

Berechnen Sie die zu zahlenden Frachtkosten für die obige Sendung.
Alternative Frachtberechnung erforderlich.

Auszug aus einer Ratentabelle einer Airline/€	
M	84,36 €/kg
N	19,74 €/kg
Q45	11,37 €/kg
Q100	7,32 €/kg
Q300	6,17 €/kg
Q500	5,57 €/kg
Q800	5,07 €/kg

b) Auf einem Air-Way-Bill (AWB) wird folgende Sendung von Frankfurt nach Adelaide/Australien versandt:

70,40 kg Tageszeitungen

Hinweis Warenklassenraten:
Zeitungen: Sendungen ab 5,00 kg und mehr können mit einer Ermäßigung von 33 % auf die allgemeine Rate unter 45 kg befördert werden. Es werden die normalen Mindestfrachtkosten berechnet.

Berechnen Sie die zu zahlenden Frachtkosten für den Versand der Zeitungen. Alternative Frachtberechnung erforderlich.

7. Berechnen Sie die Luftfracht für folgende Sendungen, die auf getrennten AWB von Hamburg nach Tokio abgefertigt werden.

a) Sendung 1:
6 Kartons Bücher je 19,5 kg; je 58 × 50 × 35 cm

b) Sendung 2:
2 Kisten Maschinenersatzteile
je 118,00 kg; je 82 × 112 × 88 cm

Auszug aus einer Ratentabelle einer Airline/€	
M	84,36
N	18,33
Q45	11,29
Q100	9,23
Q300	7,65

Hinweis Warenklassenraten:
Bücher: Sendungen ab 5 kg und mehr können mit einer Ermäßigung von 50 % auf die allgemeine Rate unter 45 kg befördert werden. Es werden die normalen Mindestfrachtkosten berechnet.

8. a) Berechnen Sie die Luftfrachtkosten in Euro für folgende Sendung, die auf einer AWB von Hamburg nach Perth befördert werden soll.

1 Verschlag Maschinenteile 63,00 kg; 80 × 68 × 89 cm

b) Ab welchem tatsächlichen Gewicht ist die Q-45 Rate günstiger als die Q-100-Rate?

Auszug aus einer Ratentabelle einer Airline/€	
M	84,36
N	18,33
Q45	11,29
Q100	9,23
Q300	7,65

9. Die folgenden Sendungen sollen jeweils auf einem AWB von Hamburg nach Houston versandt werden. Eine alternative Frachtberechnung ist erforderlich.

a) 6 Kartons je 17,25 kg bzw. je 40 × 58 × 43 cm

b) 3 Kisten je 66,8 kg bzw. je 77 × 88 × 52 cm

c) Berechnen Sie den Frachtvorteil in Euro, wenn der Spediteur als IATA-Agent die Sendungen unter 9a) und 9b) auf einem AWB abfertigt.

Auszug aus einer Ratentabelle einer Airline/€	
M	76,69
N	7,13
Q45	6,38
Q100	5,55
Q300	4,99
Q500	3,66

10. Schmuck von Hongkong nach Hamburg:
1 Kollo 38,7 kg; 100 % Aufschlag, doppelte Mindestfracht

a) Errechnen Sie die Frachtrate.

b) Warenwert 89 479,39 € insgesamt; Wertzuschlag ab 27,35 €/kg (0,75 %).

c) Errechnen Sie die zu zahlenden Kosten.

Auszug aus einer Ratentabelle einer Airline/€	
M	76,69
N	37,44
Q45	24,89

11. Glaswaren von Hannover nach Santos:

1 Kollo 39,70 kg

Auszug aus einer Ratentabelle einer Airline/€	
M	76,69
N	19,47
Q45	16,31
Q100	7,29

12. Ersatzteile von Nikosia nach Hamburg:

8 Kollo zusammen 78,90 kg

Auszug aus einer Ratentabelle einer Airline/€	
M	56,24
N	9,12
Q45	6,15
1127 Nikosia – München	100 = 3,12
Lokalrate München – Hamburg	N = 1,97
	45 = 1,89

13. Folgende Sendungen sollen auf getrennten AWB von Hamburg nach Auckland abgefertigt werden.

Sendung A: 1 Kiste Schmuck
insgesamt 28,4 kg bzw. 266 800 cm³

Sendung B: 1 Container der Klasse 8/B
beladen mit 1 428,00 kg

Hinweis Warenklassenraten:
Wertpapiere, Schmuck: Für diese Sendung wird ein Aufschlag von 100 % auf die Unter-45-Rate erhoben. Es gelten die doppelten Mindestfrachtgebühren.

Auszug aus einer Ratentabelle einer Airline/€	
M	84,36
N	15,88
Q45	13,45
Q100	8,25
Q300	6,93
Q500	6,23
Q800	5,82
/C	5,38
5 2000 /B	10 978,30
8 1000 /B	6 347,74

14. Auf einem Air-Way-Bill (AWB) wird folgende Sendung elektronischer Schaltelemente und elektrischer Kleinmotoren von Frankfurt/M nach New York versandt:
17 Kolli je 40 × 30 × 17 cm bzw. je 0,8 kg
7 Kolli je 25 × 25 × 43 cm bzw. je 1,2 kg

a) Berechnen Sie die zu zahlenden Frachtkosten für die obige Sendung. Eine alternative Frachtberechnung ist erforderlich.

b) Der IATA-Agent hat mit einer Fluggesellschaft eine individuelle Kontraktrate ausgehandelt. Dadurch kann er für die Abrechnung nach seinem Haustarif das Grenzgewicht zwischen der N-Rate und der Q-45-Rate auf 30,00 kg absenken.

Berechnen Sie die hauseigene Q-45-Rate des IATA-Agenten, wenn er die N-Rate aus der Ratentabelle zugrunde legt.

Auszug aus einer Ratentabelle einer Airline/€	
M	76,69
N	5,91
Q45	4,84
Q100	4,52
Q300	4,30
Q500	4,09

15. Die folgenden Sendungen sollen jeweils auf einem Air-Way-Bill von Frankfurt nach Houston TX US versandt werden. Geben Sie eine alternative Abrechnung an.

a) 4 Kartons je 22,8 kg bzw. je 52 × 41 × 63 cm

b) 3 Kisten je 68,9 kg bzw. je 87 × 51 × 105 cm

c) Berechnen Sie den Frachtvorteil in Euro, wenn der Spediteur als IATA-Agent die Sendungen unter 15a) und 15b) auf einem AWB abfertigt.

Auszug aus einer Ratentabelle einer Airline/€	
M	76,69
N	6,66
Q45	5,59
Q100	5,16
Q300	4,94
Q500	4,73

16. Sie arbeiten in der Wall GmbH, Spedition und Logistik. Berechnen Sie die Luftfrachtkosten in Euro für die folgende Sendung, die auf einem AWB von Hamburg nach Guadalajara befördert wird.

2 Kolli Maschinenersatzteile je 19 × 32 × 42 cm, je 4,2 kg

Auszug aus einer Ratentabelle einer Airline/€	
M	76,69
N	8,52
Q45	6,39

17. Sie arbeiten in der Luftfrachtabteilung des IATA-Agenten Wall GmbH. Die folgenden Sendungen sollen jeweils separat auf einem Air-Way-Bill (AWB) von Hamburg nach Surabaja (Indonesien) versandt werden.

8 Kartons je 21,4 kg bzw. je 42 × 53 × 75 cm
3 Kisten je 58,7 kg bzw. je 62 × 81 × 35 cm

Auszug aus einer Ratentabelle einer Airline/€	
M	76,69
N	4,99
Q45	4,11
Q100	3,48
Q300	2,97
Q500	2,07

a) Berechnen Sie die Luftfracht inklusive der Zuschläge für die obigen Sendungen. Eine alternative Frachtberechnung ist erforderlich.

b) Berechnen Sie den Frachtvorteil in Euro, wenn der Spediteur als IATA-Agent die Sendungen unter 17a) auf einem AWB abfertigt.

Weitere zu berechnende Zuschläge:
Treibstoffzuschlag: 0,25 € je kg frachtpflichtiges Gewicht
Sicherheitszuschlag: 0,15 € je kg tatsächliches Gewicht

18. Auf einem AWB wird eine Sendung bestehend aus 1 Kiste Edelsteine 38,47 kg bzw 208 464 cm³ von Salvador (Brasilien) nach Hamburg versandt.
Hinweis zu Warenklassenraten Wertpapiere, Schmuck:
Für diese Sendungen wird ein Aufschlag von 100 % auf die Unter-45-Rate erhoben. Es gelten die doppelten Mindestfrachten.

Auszug aus einer Ratentabelle einer Airline/€	
M	76,69
N	41,09
Q45	31,12
Q100	27,75

a) Berechnen Sie die Luftfrachtkosten inklusive Zuschläge.
Treibstoffzuschlag: 0,80 € je kg tatsächlichem Gewicht
Sicherheitszuschlag: 0,17 € je kg tatsächlichem Gewicht

b) Ermitteln Sie den Wertzuschlag für diese Sendung.
Der Warenwert der Kiste Schmuck beträgt 80 266,67 €. Der Wertzuschlag ab 19 SZR je kg brutto wird mit 0,75 % berechnet. 1 SZR = 1,08 EUR

c) Berechnen Sie die Gesamtkosten (Luftfracht + Zuschläge + Wertzuschlag), die für diese Sendung zu zahlen sind.
Luftfrachtkosten inkl. Zuschläge und Wertzuschlag.

19. Berechnen Sie die Frachtkosten inklusive Zuschlägen für die Luftfrachtsendungen von Hamburg nach Maracaibo auf verschiedenen Air-Way-Bills. Alternative Berechnungen, soweit erforderlich, sind anzugeben.

Auszug aus einer Ratentabelle einer Airline/€	
M	84,36
N	15,76
Q45	11,35
Q100	6,73
Q300	6,09

AWB 1:	6 Kisten Lebensmittel je 21,4 kg bzw. je 37 × 58 × 52 cm
AWB 2:	4 Kartons Spare Parts je 8,8 kg bzw. je 8,8 Vol-kg Wert: 8.435,00 € je Karton
Zuschläge:	Fuel Surcharge: 0,85 €/kg chargeable weight Security Surcharge: 0,19€/kg actual weight
Kurse:	1,00 EUR = 1,37021 USD 1,00 SZR = 1,0514 EUR

Hinweise

- Lebensmittel: … Sendungen von 5 kg und mehr werden mit einer Ermäßigung von 50 % auf die Allgemeine Rate unter 45 kg berechnet. Innerhalb Europas und zwischen Europa und Nord-, Mittel- und Südamerika wird eine Ermäßigung von 33 % gewährt. Es werden die normalen Mindestfrachtkosten berechnet.
- Wertfracht: Platin … , Gold … , alle Güter mit einem deklarierten Beförderungswert von 1 000,00 USD je kg (brutto). Für diese Sendungen wird ein Aufschlag von 100 % auf die Allgemeine Rate unter 45 kg erhoben. Mengenrabatt wird nicht gewährt. Es werden die doppelten Mindestfrachtkosten berechnet.

20. Eine Sendung soll von Hamburg nach Manila befördert werden. Alternative Berechnungen, soweit erforderlich, sind anzugeben.

Auszug aus einer Ratentabelle/€	
M	84,36
N	14,75
Q45	10,27
Q100	6,77
Q300	5,95
Q500	5,40
Q800	4,91

5 Kisten	je 18,80 kg, je 93 500 cm^3 deklarierter Wert je Kiste 13 675,00 €
Zuschläge:	Fuel Surcharge: 0,85 €/kg chargeable weight Security Surcharge : 0,19 €/kg actual weight
Kurse:	1,00 EUR = 1,37021 USD 1,00 SZR = 1,08 EUR

Hinweise

- Wertfracht: Alle Güter mit einem deklarierten Beförderungswert von 1 000,00 USD (oder Gegenwert) oder darüber je Brutto-Kilogramm: Für diese Sendungen wird ein Aufschlag von 100 % auf die Allgemeine Rate unter 45 kg erhoben.
  Es gelten die doppelten Mindestfrachtgebühren, Mengenrabatt wird nicht gewährt.
- Wertzuschlag: Die Höchsthaftung des Carriers ergibt sich aus dem Montrealer Übereinkommen; der aktuelle Wertzuschlag beträgt 0,75 % .

a) Berechnen Sie die Frachtkosten inkl. aller Zuschläge für die Sendung, alternative Berechnungen, soweit erforderlich, sind anzugeben.

b) Prüfen Sie, ob und ggfs. in welcher Höhe für diese Sendung ein Wertzuschlag eingedeckt werden sollte (Rechnung erforderlich).

21. Die Luftfrachtabteilung der Clasen Speditions- und Logistik GmbH bucht für Sammelgut nach Neuseeland regelmäßig Container zur Beförderung ihrer Sendungen.

Container Klasse 8: 1 766,20 kg, 9 997 500 cm^3
Zuschläge: Fuel Surcharge : 0,95 €/kg chargeable weight
Security Surcharge: 0,17 € kg chargeable weight

a) Berechnen Sie die Frachtkosten inkl. aller Zuschläge für einen Container der Klasse 8 von Frankfurt (FRA) nach Wellington (WLG).
b) Kurz vor Ladeschluss trifft noch die eine Sendung ein, die ebenfalls in den Container nach Wellington verladen wird: 8 Kisten je 48,90 kg, nicht sperrig
Berechnen Sie erneut die aktuellen Frachtkosten inkl. aller Zuschläge. Alternative Berechnungen, soweit erforderlich, sind anzugeben.

Auszug aus einer Ratentabelle einer Airline/€	
M	84,36
N	15,75
Q45	11,37
Q100	7,32
Q300	6,17
Q500	5,57
Q800	5,07
/C	4,48
5 /B 1 000	4 545,00
8 /B 2 000	8 808,00

22. Die Clasen GmbH, Spedition und Logistik, erhält Exportaufträge nach Shanghai, die auf einem AWB versendet werden.

A: 28 Kolli Elektroartikel je 7,45 kg und 68 x 39 x 18 cm
B: 24 Kolli Büroartikel je 6,69 kg und 38 x 29 x 19 cm

Zuschläge:		
	FSC chargeable weight	0,95
	SSC actual weight	0,17

a) Berechnen Sie die Fracht und Zuschläge auf Grundlage des Tarifs der BrettSky Airline. Die Airline gewährt der Clasen GmbH aufgrund ihres hohen Aufkommens einen Rabatt von 40 % auf die Frachtraten. Alternativberechnung notwendig.
b) Vergleichen Sie die Kosten für die Sendung, wenn Sie mit der CelineWing Airline verflogen wird. Deren Ratenofferte liegt bei einer „Flatrate" von 1,78 €/kg, FSC und SSC sind identisch zur BrettSky Airline.

Auszug aus dem Haustarif BrettSky Airline/€	
M	42,18
N	8,36
Q45	5,70
Q100	4,19
Q300	3,18
Q500	2,61
Q800	2,42
/C	1,98
5 /B 2 000	3 999,15
8 /B 1 000	2 209,15

Sachwortverzeichnis